商用心理学

宿文渊　编著

中國華僑出版社
北　京

图书在版编目(CIP)数据

商用心理学/宿文渊编著.—北京:中国华侨出版社,2015.7(2020.6 重印)
ISBN 978-7-5113-5542-3

Ⅰ.①商… Ⅱ.①宿… Ⅲ.①商业心理学 Ⅳ.①F713.55

中国版本图书馆 CIP 数据核字(2015)第 151344 号

商用心理学

编　　著:宿文渊
责任编辑:羽　仙
封面设计:李艾红
文字编辑:彭泽心
图文制作:北京东方视点数据技术有限公司
经　　销:新华书店
开　　本:720mm × 1020mm　1/16　印张:28　字数:470 千字
印　　刷:北京德富泰印务有限公司
版　　次:2015 年 9 月第 1 版　2020 年 6 月第 2 次印刷
书　　号:ISBN 978-7-5113-5542-3
定　　价:68.00 元

中国华侨出版社　北京市朝阳区西坝河东里 77 号楼底商 5 号　邮编:100028
法律顾问:陈鹰律师事务所
发 行 部:(010)58815874　传　真:(010)58815857
网　　址:www.oveaschin.com　E-mail:oveaschin@sina.com

前言

商用心理学是指在商业活动中运用心理学的相关原理、效应和方法等，精准市场定位、优化营销管理，以及使公关、谈判、投资、合作等商业活动顺利达成的方法和策略。那些商界精英们，大都善用心理学规律为商业活动把脉，一眼洞悉竞争对手、合作伙伴及潜在客户的心理诉求，从而准确把握商机、适时促进交易，在云谲波诡的商战中无往不利，赢得事业和生活的成功。

如果你想钓到鱼，就要像鱼那样思考。古人说，“人事之最难在于知人”；在如今的商场中，“商事之最难在于知心”。商业活动中的许多现象背后都包含着心理学的规律：大到企业与企业之间的竞争与合作，产品的市场定位、营销策划，小到具体的推销、谈判，甚至接打电话，从本质上说都是人与人之间的交往活动，都离不开对人类心理规律的了解和运用。尤其在现代社会，随着商业格局的日益复杂化和细化，心理学在商业中的应用也越来越重要，已成为达成一切商业目标的必备工具。正如 7－11 的创始人铃木敏文所说的，“现在最需要的不是经济学，而是心理学。”商用心理学因此而被称为“心理学的 MBA”，并得到主流教育机构的认可，被纳入对商界精英的培养计划当中。美国著名实业家约翰·D.洛克菲勒一生创造了数以千亿美元的财富，他的商业头脑和经商天赋令人惊叹，而实际上，那正是基于他对人的心理的精准把握。他在写给儿子的信中曾这样说道：“……在商场上，没有任何结盟是永远持久的，合作只是一种获利战术……不论你从事哪一个行业，譬如经营石油、地产，做钢铁生意，还是做总裁、做雇员，都是在从事一个行业，那就是跟人打交道的行业。谈判更是如此，与你开战的不是那桩生意，而是人！所以，真实地了解自己、了解对手，是保证你在决胜中取得大胜的前提。你需要知道，准备是游戏心理的一部分，你必须知己知彼。”

了解和掌握商用心理学，可以更好地理解商业活动中人的心理特点，把握商机、促进交易，获取利益的最大化。很多商务人士都曾发出这样或那样的困惑和感叹：为什么别人能够轻轻松松地拿到商业成功的入场券，而自己虽然已经非常努力，却总是四处碰壁、挫折不断？其实，问题就在于我们投资理财、谈判经商时，不仅仅是要凭自己的诚意和能力，还要有心理学的知识和策略做指导。在从事商业活动的过程中，不懂心理学，会给自己的事业带来意想不到的困难和障碍，如：谈判师难以洞察对方真实的心理意图，就无法看准时机签订协议，赢得谈判；营销员难以摸透客户的消费心理，就无法有的放矢地推销商品，获得订单；商家难以获得消费者的信赖，就会造成大量库存积压，信誉度骤降；投资者认为选择了获利的股票，结果损失惨重；罐头厂想要低价抛售清仓，结果价格越低越是无人问津……诸如此类的情形在商场中真是不胜枚举！了解并掌握一定的商用心理学知识，就可以依据既定的心理活动规律，透过具有迷惑性的语言、行为等外在表象，洞悉人性，一眼认清事实的真相，提高商业决策的科学性和准确性。对于在商海中苦苦打拼的商业人士来说，一旦掌握了商用心理学这门工具，就能在云谲波诡的商业竞争中占得先机、无往不利。

本书是一本商用心理学的智慧宝典，通过对消费者心理学、推销心理学、营销心理学、谈判心理学、公关心理学、广告心理学、创业经营心理学、决策心理学、投资心理学和商用心理密码等十个方面内容的深入阐释，力求生动、全面地向读者介绍商用心理学的基本知识、原理和技巧。书中以理论联系实际，将心理学的各种知识、原理与真实的商业案例相结合，贴近现实生活，让你拥有一双看不见的力量之手，在商业活动中用小策略解决大问题，出奇制胜，占据主动，轻松化解商业难题，顺利达成各类目标。

目录

· 第一篇 ·

消费者心理学

·第二篇·
推销心理学

·第三篇·

营销心理学

·第四篇·
谈判心理学

·第五篇·
公关心理学

·第六篇·
广告心理学

·第七篇·

创业经营心理学

·第八篇·

决策心理学

·第九篇·

投资心理学

·第十篇·
商用心理密码

第一篇

消费者心理学

·第一章·

诚心：让你成为顾客的朋友

引导顾客了解市场，改变顾客对自己的“奸商”评价

顾客：“我说我想要原来的那一款，你总是向我推荐我没有仔细研究的款式，而且似乎总是高端的产品，莫非你打算从中赚取差价？嗯……你是奸商吗？”

销售人员：“……”

“嗯……你是奸商吗？”这句话很冷很直接，足以使场面陷入十足的尴尬。不可否认，在转变顾客需求的过程中，经常会遇到顾客提出这个问题的情况，这是顾客对销售人员极度不信任的表现。但归根结底，这是销售人员没能成功向顾客普及新产品知识和市场情况的结果，没能打消顾客的疑虑所致。

很多时候，转变顾客需求会变得非常麻烦，尤其是遇到心存疑虑、态度又比较坚决的“心重”型顾客的时候，这时你就不能一味地围绕着证明自己的“非奸商”身份的话题来展开，否则会“越描越黑”。

顾客存有这种疑虑很正常，因为有很多顾客在走进卖场前，就已经认真了解了自己想要的产品的大致价格范围，甚至确定了具体型号。而当自己非常熟悉的产品因为各种原因无法买到时，顾客已经比较焦虑，此时加上销售人员对顾客预定产品的贬低和对新产品的抬高，顾客难免会有怀疑销售人员动机的想法。这时候，销售人员必须尽快让顾客认识到新产品的市场情况，让顾客认识到这种产品在其他卖场中的报价和服务，以及同类产品的报价等情况，从而打消顾客疑虑，重新取得顾客的信任。

销售人员可以按照以下模板灵活应对顾客：

“这位大哥，您的想法很有必要，毕竟现在市场上确实有一些不良销售人员借机欺诈顾客，但那些销售人员都是没有固定店铺、游走于电器城的闲散人员。咱们这家家电卖场是正规的大公司，我们这些销售人员都是经过公司正规培训

的，我们始终以信誉为本，您放心就是啦！此外您要购买的产品由于市场销量不是很好，大部分卖场库存都不多，因此在市场上不好买到。我之所以向您推荐另一款产品，并不是说我能从其中多赚多少钱，不信您可以从我们卖场的联网电脑上查询一下其他卖场的价格情况，作为一名销售人员，为您提供满意且高效的服务，从而节省您宝贵的时间和金钱，这是我们不可推卸的责任。此外，拥有和您原来想购买的产品一样的功能甚至比那款产品性能还好的有好几款产品，这些产品有很多都针对原有产品性能的缺陷进行了改进，从而让您的生活更加安心，比如这款D型号的产品，就比原来那款节能。”

顾客：“哦，这样啊。我就是害怕被奸商骗了。上一次在一座数码大厦里，我就被一个销售人员骗了好几百，我都成惊弓之鸟了。那你给我介绍一下这个新产品吧，我看看是不是如你所说的那样。”

（这时候，顾客重新被吸引，销售人员就可以进行专业解说了。）

应对顾客的怀疑，你不仅要以各种方式“还自己的清白”，更要以顾客为中心，普及新产品的优势和市场状况，让顾客了解市场，消除心中的疑虑。

对于表情冷淡的顾客，要用真情去感化

正值家电卖场淡季，一位表情严肃的顾客走进某家电销售专区。

销售人员小赵：“先生您好！欢迎光临××家电大卖场，我们正在搞淡季大促销活动，请问您需要购买什么家电？”

顾客看都没看小赵一眼，径自走进家电卖场。

小赵有些尴尬，然后就在距顾客4米远处不时观察着顾客。

顾客看了一会儿，摸了摸一款数码摄像机。

销售人员小赵忙上前去：“您要购买相机啊，这款相机正值厂家促销，是今年柯达公司力推的主力机型，像素1200万，防抖功能很好……”

“哦！我随便看看。”顾客打断了小赵的介绍。

过了几分钟，顾客什么也没说就走出了家电卖场。

销售人员笑颜以对，顾客却毫无反应，一言不发或冷冷回答一句“我随便看看”，这种场面其实非常尴尬。这类顾客对销售人员的冷淡往往是出于情感上的警戒，要化解这种警戒，销售人员应该从顾客行为中尝试分析顾客类型，然后利用情感感化法朝着有利于活跃气氛和购买的方向引导。

作为销售人员，其实我们每天都能遇到这样的顾客，冷冰冰地进来，对你爱搭不理，顶多甩给你一句“我随便看看”，场面比较尴尬，让你不知道如何是好。其实，这些类型的顾客不外乎以下三种情形：

一是对要买的产品比较熟悉，没必要让销售人员介绍，自己看就行了，顶多讨价还价和支付的时候需要销售人员；二是顾客只是来收集一下所要购买产品的信息，比如要购买的产品到底是什么样子的，各家卖场报价是多少等各种对比信息；还有一种就是随便逛逛，看着玩。因此，针对不同的顾客，销售人员应该采取不同的方法来接近，而不是只用一种方法。

很明显，“没关系，您随便看看吧，需要什么帮助叫我就行”之类的话是错误的，因为销售人员没有主动去顺势引导顾客需求，从而减少了顾客购买产品的可能性。

此外，顾客对销售人员都有戒备心理，生怕刚来就中了销售人员的圈套，因此他们都对销售人员有着非常消极的看法。作为销售人员，你可以尝试从以下几个方面接近顾客：

一是找好接近顾客的时机。这个时机往往不是在顾客刚进店的时候，而是在顾客浏览商品时对其中一件比较感兴趣的时候，此时你可以根据顾客感兴趣的商品，大致联想出顾客想要什么类型的商品，因势利导，成功率往往会比较高。

二是在顾客挑选商品的过程中，不要像盯贼似的跟着顾客，更不要顾客跑到哪里销售人员就跟到哪里；不要问一些无关痛痒的话题，比如“需要帮助吗”等一些惹人烦的问题。

三是在一段时间后要尝试积极引导顾客。如果再次询问顾客时顾客还是回答“我随便看看”，销售人员就要尽量朝着有利于活跃气氛的方向引导。

另外，销售人员可以按照如下模板灵活应对顾客：“没关系，呵呵，现在买不买无所谓，在购买之前一定要了解一下产品，做一些对比，才能买到心满意足的产品。这个行业我做了 3 年啦，我给您介绍一下这些家电吧！”（以专业人士的身份介入）

面对冷淡型顾客，销售人员的信心常会被对方冰冷的口气摧毁，或者被对方的沉默不语给打垮，其销售热情也会降到零点。其实顾客冰冷的口气并不代表顾客是个毫无情感的人，销售人员需要做的就是用情感去感化他们。

对态度不好的顾客采取迂回战术

一个打扮时髦的女人走进家电卖场，后面跟了一个五大三粗的男子。

销售人员小韩："小姐、先生您好！欢迎来到××购物广场！有什么需要帮助您的？"

男子："小姐？你叫谁小姐呢？"

销售人员小韩："哦！呵呵，是，女士！"

男子："你的态度太差了吧！"

销售人员小韩："对不起，真的很抱歉，是我的口误，今后我一定改正。"

男子："你是不是见个女人就叫人家'小姐'啊？都什么世道了啊！"

销售人员小韩："对不起，我以后会注意的。"

男子："不要把我当作傻瓜，你们这些销售人员没一个好东西，都只会忽悠人，你老实点儿！"

销售人员小韩："我绝对没有这个意思。如果让您有这种感觉的话，我郑重向您道歉。"

男子："你说话能不能再客气一点？"

销售人员小韩："冒犯您了，真是对不起。"

男子："你懂不懂说话礼节？"

销售人员小韩："真对不起，以后我一定注意。"

然后这个男子就被那个女子劝了几句，拉进了卖场。

销售人员小韩："呵呵，这位帅气的大哥，实在抱歉，刚才是我的错。嗯，欢迎帅哥美女来到家电卖场，我是这里的销售人员小韩，在这里工作了3年了，因此对这个大卖场的产品非常熟悉，二位有什么疑问，我立刻帮你们解答，请问二位要买什么产品？"

男子："嗯！看你说话挺和气，我带我女友来买一台冰箱，这样她买的很多新鲜水果就能放在冰箱里了……"

有时候，商场里会因为鸡毛蒜皮的事情而引起误会甚至打斗，这些情况往往是因为销售人员意气用事，不肯让步造成的。正所谓"生意不在人情在"，销售人员要始终记清自己引导消费的职责。场景中的小韩处理事情比较稳当，没有出现什么冲突，而且"厚着脸皮"将顾客从无关的事情中引向产品销售。

作为一名销售人员确实很不容易，但你必须时刻应对各种情况，不可意气用事与顾客顶撞，要明白，你的唯一使命就是顺利地把产品卖出去。

态度不好甚至是吹毛求疵的顾客一般疑心很重，不信任销售人员，片面认为销售人员只会夸张地介绍产品的优点，而尽可能地掩饰缺点，如果相信销售人员的甜言蜜语，可能会上当受骗。

必须承认，吹毛求疵的顾客的确存在，而态度不好的顾客也不在少数。那么，你应该如何应对这样的顾客呢？

与这类顾客打交道，销售人员要采取迂回战术。先与他交锋几个回合，但必须适可而止，最后故意宣布“投降”，假装战败而退下阵来，宣称对方有高见，等其吹毛求疵和生气的话说完之后，再转入销售的论题。

强调基本属性，成功化解顾客的刁难

潜在顾客在已经充分了解了产品之后，可能会在购买前到竞争对手那里询问一下，然后回来问销售人员如下的问题：

顾客：“人家的那个冰箱不仅内部空间大，自动除霜，还特别省电。你们这个好像没有这个特点呀。”

销售人员：“您关注得真的非常仔细，我想请您思考一个问题：冰箱的主要功能是什么？首先应该是保鲜，以及容量是否可以存放整个家庭用的蔬菜、水果或者熟食，如果为了达到省电的要求而降低冰箱的制冷温度，导致保存的食品变质，那么省电的意义何在呢？”

案例中销售人员回答的关键就是让顾客回到对冰箱的最基本功能的思考上，不被竞争对手额外的所谓的产品创新牵引，通过强调产品的基本功能赢得顾客的信任。

当顾客用竞争对手的优点来刁难时，销售人员要引导顾客回到实质性的问题上来。如果销售人员对潜在顾客的问题做出如下答复，“其实也省不了多少电，保鲜和空间才是冰箱主要考虑的要点”，这样的回答并不能消除顾客内心的顾虑，他对于省电的疑问没有得到真正的解决。

这里介绍一些与竞争对手比较的技巧：

（1）了解对手的优缺点，特别是哪些地方比你弱。

（2）对竞争对手做出肯定评价，绝对不要贬损对手。

（3）追问顾客对竞争对手最看重的地方。

（4）指出你与对手的差异之处，并强调你的优点。

（5）评价对手时，先说优点后说缺点；评价自己时，先说缺点后说优点。

（6）强调顾客经过对比后还是选择你们。

商场如战场，如何在竞争中赢得顾客，是销售人员面临的最大问题。顾客用竞争对手的优势来刁难时，销售人员应强调产品的基本属性，赢得顾客的信任。

用“垫子”法解答顾客挑衅性追问

销售人员：“这款笔记本的速度还是相当快的，何况我们的售后服务也很周到，毕竟是著名品牌嘛！”

顾客：“前两天新闻说，你们准备削减保修网点了，而且，对许多属于产品质量的问题还回避，甚至服务热线都拨不通，一直占线，是怎么回事？”

销售人员：“那是有一些顾客故意找碴儿，属于自己失误操作导致的笔记本无故死机，完全是不正当操作导致的，不属于保修范围，当然就不能保修了。”

顾客：“只要顾客有争议，你们都说自己有理，再说了，计算机这个事情，谁说得准，怎么能相信你们呢？”

无论销售人员怎么解释，潜在顾客就是不让步，咄咄逼人。

案例中销售人员的回答方法是不可取的，当顾客提出“听说你们的售后服务不好”这样的问题时，销售人员不要做出以下回答：

——“不会啊，我们的售后服务可好啦！”（直接的否定会让顾客对你及你的品牌更加不信任。）

——“您放心，我们的产品绝对保证质量！”（答非所问，难以让顾客信服）

——“您听谁说的，那不是真的！”（质问顾客、极力否认只会适得其反）

这个时候，销售人员正确的回答方法应该是有效使用“垫子”。案例中的销售人员应采用如下回答方式：“您真是行家，这么了解我们的品牌，而且，对于采购笔记本特别在行，问的问题都这么尖锐和准确。”此时要停顿片刻，让潜在顾客回味一下。然后，接着说：“许多顾客都非常关心产品质量保修问题，当产品发生问题时，顾客是首先得到尊重和保障的，我们要求国家工商部门批准的质量部门鉴定产品质量问题的责任归属，一旦最后鉴定的结果是我们负责，那么我们就承担所有的责任。在产品送去鉴定的过程中，为了确保顾客有电脑使用，我们还提供一个临时的笔记本供顾客使用，您看这个做法您满意吗？”

销售的过程是相互交流的过程，顾客在销售对话时也会问问题。有时他们的问题似乎是反驳性的，但实际上只是顾客对自己思路的澄清，不然就是企图将销售人员重新引导至正确的产品或服务上。面对顾客对销售人员的某个问题提出反驳，销售人员不应对顾客的反驳予以辩解，而要反思自己交流环节是否出了问题，并且对问题环节加以调整，及时回到销售的正轨上来。

以售后服务问题为例，由于家电的使用寿命一般都在十年或十年以上，所以顾客在选购家电时会比较关注厂家提供的售后服务，特别是对于体积较大、移动不方便、内部零件较为复杂的大件电器，顾客会非常在意厂家能否能提供快速、便利的维修服务。

面对顾客提出关于产品售后服务的问题，销售人员首先不要正面反驳顾客，而要通过提问来了解顾客对我方的售后服务是否有不愉快的经历，然后以事实为依据，列举厂家在售后服务方面做出的努力，例如网点数量和服务承诺书等，消除顾客对我方售后服务的担忧。但要注意，销售人员在消除分歧的同时，不要做过度的承诺，避免给厂家造成不必要的纠纷。

［案例一］

销售人员：“先生，请问您是不是有亲戚朋友买过我们品牌的产品？”

顾客：“对呀，我有个同事三年前买过你们的产品，但出现问题后找不到维修的地方，后来只能邮寄回厂家维修，真是太麻烦了！”

销售人员：“先生，很抱歉给您的同事带来了不便！（真诚向顾客道歉）我们前几年的服务网点确实不够健全，给我们的用户造成了不便。针对这种情况，我们公司做出了很大的努力和投入，您可以看一下我们现在的服务网点数量（拿出产品说明书后的网点介绍部分）。为了保证我们品牌售后服务的质量，我们在地级城市都设置了技术服务中心，并签约大量的特约维修点，以保证我们的用户能够享受到更加便捷的上门服务。对于我们这款产品，您还可以享受到终身免费清洗和免费上门维修的贴心服务，保证您买得放心，用得安心！今天就定下来吧？”

［案例二］

销售人员：“大姐，您这是从哪里听来的？”

顾客：“我邻居说的，她家用的就是你们品牌的洗衣机，年前出现了故障，打电话报修后的第三天，你们的售后服务人员才上门。这不是不重视顾客吗？”

销售人员：“大姐，我明白了！这确实给您的邻居带来了不便！不过，这是因为这些售后维修人员都是我们自己的员工，他们都是受过专业训练的，维修技术和服务态度绝对都是优秀的，只是数量上不是很多，应付平常的维修没有问题，但年前购买洗衣机的顾客特别多，安装的工作量特别大，所以他们上门维修的时间才有所拖延的，还望您及您的邻居能够理解！”

顾客：“难道别的品牌的维修人员不是厂家的人吗？”

销售人员：“对呀，现在很多品牌都把售后服务以协议的形式外包到各个地方的家电维修点，由于厂家与特约维修点之间并不是上下级关系，而是一种互利的合作关系，所以消费者得到的售后服务质量无法得到保证。我们公司正是为了保证售后服务的质量，才自建维修队伍的。这也是我们对消费者负责任的表现，对吧？所以，您就放心买我们的产品吧，售后服务方面绝对让您无后顾之忧！”

当顾客问一些挑衅性问题时，销售人员不能正面反驳顾客的挑衅，而应采取柔性引导方式，从侧面提供解决方案。此外，还应提供本品牌售后服务好的证据：

（1）维修网点数量多、分布广。

（2）服务态度好。

（3）维修技术过硬。

（4）提供的维修服务迅速。

·第二章·

猜心：洞悉“上帝”都在想什么

人人都喜欢被赞美

在生活中，赞美无处不在。当你夸赞一个女孩说：“小姐，你真漂亮！”她会谦虚地说：“哪里哪里，谢谢你！”当你夸赞一位男士说：“先生，你真绅士！”他会愉快地回答：“过奖！过奖了！”当你以请教的口吻称赞你的消费者说：“王太太，您穿上这件衣服越发显得年轻漂亮，而且更有气质了，您平时是怎么保养的啊！”她就会高兴地说：“那就给我包起来吧，我买了。”

一句话就能够让客户下定决心购买？

是的，这就是赞美的力量。因为，对方得到了极大的心理满足。

何为赞美？赞美就是将对方身上确实存在的优点强调给对方听。那么何为请教？请教就是挖掘出对方身上的优点并请求对方进行传授和分享。心理学研究发现，在现实生活中，每个人都渴望得到别人的赞美和欣赏，更希望别人向他请教，从而体现出自身的价值，获得心理的满足感和优越感。

从心理需求的角度来讲，喜欢听到别人的赞美，希望得到别人的认可是人之常情，无可厚非，因为没有任何人喜欢被否定和指责。哈佛心理学家威廉·詹姆斯说：“人类最基本的相同点，就是渴望被别人欣赏和成为重要人物的欲望。”

作为一名销售人员，更要学会赞美和欣赏自己的客户，真诚地给客户以赞美，并针对客户的优势适当地请教客户问题，多加肯定。掌握赞美和请教的技巧，让客户喜欢你、相信你、接受你，从而购买你的商品。

姜波是某油漆股份有限公司的推销员，这个公司刚刚开发出一种新型油漆，虽然广告费花了不少，但销售收效甚微。这种新油漆色泽柔和，不易剥落，防水性能好，不褪色，具有很多优点。这么好的产品推销不出去一定和策略有关，姜波通过仔细调查，最终决定以市内最大的家具公司为突破口来打开销路。

这天，他直接来到家具公司，找到总经理，说：“张总，我听说贵公司的家具质量相当好，特地来拜访一下。久仰您的大名，您又是本市十大杰出企业家之一，您在这么短的时间内取得了这么辉煌的成就，真是太了不起了。”

张总听后，心里很高兴，于是向他介绍了本公司的产品特点，并在交谈中谈到他从一个贩卖家具的小贩，走向生产家具的大公司总经理的奋斗历程，还领姜波参观了他的工厂。在上漆车间里，张总拉出几件家具，向姜波炫耀那是他亲自上的漆。

姜波顺手将喝的饮料在家具上倒了一点，又用一把螺丝刀轻轻敲打，但总经理很快制止了他的行为。还没等总经理开口，姜波发话了：“这些家具造型、样式是一流的，但这漆的防水性不好，色泽不柔和，并且容易剥落，影响了家具的质量，您看是不是这样？”

张总连连点头：“是啊，最近听说有家公司推出了一种新型油漆，但并不了解，没有订购。”姜波连忙从包里掏出了一块刷了漆的木板，把它放在身边的水池里，然后介绍说：“如果待会木板没有膨胀，就说明漆的防水性很好，如果用工具敲打，漆不脱落，放到火上烤，漆不褪色，就说明漆的耐用性很好。”就在张总赞叹效果的时候，姜波亮出了自己的推销员身份。这家公司很快就成了姜波所在公司的大客户，双方都从中受益。

姜波在见到客户时，并没有直接称赞自己的油漆多好，而是从赞美这家公司的产品入手。这让总经理的心里非常高兴，防范心理逐渐减弱。总经理在高兴之余，带领客人去参观其产品，姜波趁其心情愉快，在车间内，点出了家具公司的产品的油漆性能差，直接影响了家具的质量，并在这个时候，展示了本公司最上乘的产品。相比之下，凸显了本公司新型油漆的优点。

姜波通过赞美对方，先让客户对自己建立了好感，然后通过产品展示引导客户进行理性思考，于是，客户很自然地接受了姜波的建议。就这样，姜波争取到了这家客户，达到了推销产品的目的。

可见，采用赞美的策略确实能辅助生意的成功。但在使用这一策略的同时，以下几点也必须注意：

首先，赞美千万不要过头，否则会令人生厌。

其次，赞美一定要是顾客所喜爱的东西，是他引以为傲的，若乱加赞美就不会使顾客心动。

最后，赞美的同时最好提出自己的一些看法，这能充分证明推销员的态度是诚恳的。

客户都希望自己的意见能得到尊重

礼貌的尊重胜过激烈的雄辩。有多少种人就会有多少种观点，我们没有资格去要求他人的看法与我们步调一致，这同时也能体现我们的修养。

拜访客户或平时交往时，谈论到一些话题时常常会发生意见分歧，尤其是针对产品本身的性能、外观等。遇到这样的情况我们该如何应对呢？是凭借我们的专业知识驳倒客户，还是一味地迁就顺从他们？恐怕都不是最佳解决办法。

克洛里是纽约泰勒木材公司的销售人员。他承认，多年来，他总是尖刻地指责那些大发脾气的木材检验人员的错误，他也赢得了辩论，可这一点好处也没有。因为那些检验人员和“棒球裁判”一样，一旦判决下去，他们绝不肯更改。

克洛里虽然在口舌上获胜，却给公司造成了成千上万元的损失。他决定改变这种习惯。他说：“有一天早上，我办公室的电话响了。一位愤怒的主顾在电话那头抱怨我们运去的一车木材完全不符合他们的要求。他的公司已经下令停止卸货，请我们立刻把木材运回来。在木材卸下25%后，他们的木材检验员报告说，55%的木材不合规格。在这种情况下，他们拒绝接受。

“挂了电话，我立刻去对方的工厂。途中，我一直思考着一个解决问题的最佳办法。通常，在那种情形下，我会以我的工作经验和知识来说服检验员。然而，我又想，还是把在课堂上学到的为人处世原则运用一番看看。

“到了工厂，我见购料主任和检验员正闷闷不乐，一副等着抬杠的姿态。我走到卸货的卡车前面，要他们继续卸货，让我看看木材的情况。我请检验员继续把不合格的木料挑出来，把合格的放到另一堆。

“看了一会儿，我才知道是他们的检查太严格了，而且把检验规格也搞错了。那批木材是白松，虽然我知道那位检验员对硬木的知识很丰富，但检验白松却不够格，而白松碰巧是我最内行的。我能以此来指责对方检验员评定白松等级的方式吗？不行，绝对不能！我继续观看，慢慢地开始问他某些木料不合格的理由是什么，我一点也没有暗示他检查错了。我强调，我请教他是希望以后送货时，能确实满足他们公司的要求。

“以一种非常友好而合作的语气请教，并且坚持把他们不满意的部分挑出来，使他们感到高兴。于是，我们之间剑拔弩张的空气消散了。偶尔，我小心地提问几句，让他自己觉得有些不能接受的木料可能是合格的，但是我非常小心，不让他认为我是有意为难他。

“他的态度渐渐地改变了。他最后向我承认，他对白松的检验经验不多，而且问我有关白松木板的问题。我对他解释为什么那些白松木板都是合格的，但是我仍然坚持：如果他们认为不合格，我们不要他收下。他终于到了每挑出一块不合格的木材就有一种罪恶感的地步。最后他终于明白，错误在于他们自己没有指明他们所需要的是什么等级的木材。

“结果，在我走之后，他把卸下的木料又重新检验一遍，全部接受了，于是我们收到了一张全额支票。

“就这件事来说，讲究一点技巧，尽量控制自己对别人的指责，尊重别人的意见，就可以使我们的公司减少损失，而我们所获得的良好的关系，不是金钱所能衡量的。”

尊重客户的意见，不仅能为我们赢得客户的尊重，同时也是良好修养的体现。

我们谁都不敢说自己的观点就是100％正确，也不敢说自己的眼光最好。因此，我们有什么理由不接纳他人的不同意见呢？而且有时因为我们的激烈辩驳，常引发客户强烈的逆反心理与厌恶心理，眼看着能成功的合作也会因此而搁浅。多一份包容心，多一点尊重，最终获益的总是我们自己。

尊重客户的意见并不是要抹杀我们的观点与个性，而是指在对方陈述其意见时切勿急于打击、驳倒。

顾客喜欢跟着大多数人的感觉走

动物中常常存在这样一种现象：大量的羊群总是倾向于朝同一个方向走动，单只的羊也习惯于加入羊群队伍并随着其运动的方向而运动。

这一现象被动物学家称作“羊群效应”。心理学家发现，在人类社会中，也存在着这样一种羊群效应。

心理学家通常把“羊群效应”解释为人们的“从众心理”。“从众”，指个人受到外界人群行为的影响，而在自己的知觉、判断、认识上表现出符合于公众舆论或多数人的行为方式。每个生活在社会中的人都在设法寻求着“群体趋同”的安全感，因而也会或多或少地受到周围人倾向或态度的影响。大多数情况下，我们认为，多数人的意见往往是对的。

顾客的“从众心理”的存在给了商家营销的机会。最典型的就是广告的效应，商家通过广告不断地向消费者传递诸如“××明星也用我们的产品”“今年的流行是我们引领的"，或者是更直白的"送礼只送×××"之类的广告信息，让消费者觉得所有人都在用我们的产品——你当然不能例外。

客户在其消费过程中，如果对自身的购买决策没有把握时，会习惯性地参照周围人的意见。通过了解他人的某种定向趋势，为自己带来决策的安全感，认为自己的决策可以避免他人的失败教训，从他人的成功经验中获益。

让客户感觉到他"周围的每个人"都存在某种趋势是销售中一个非常有效的技巧。"羊群理论"为我们带来的就是这样一种全新的说服技巧。销售员在与客户交流的过程中应当设法让客户了解他周围的人都存在着某种趋势，并询问客户："你知道这是为什么吗"，从而有效地利用"群体趋同"产生的能量建立自己的可信度。

另外，"羊群理论"还被证明能够有效地激起客户的好奇心，促使他们想要知道更多——如果听说你的产品或服务在市场上产生了极大的影响，客户怎么会不想了解详情呢？

著有《提问销售法》的托马斯·福瑞斯可以说是将"羊群理论"在销售中运用得得心应手的前辈和典范。

1990年，时任KW公司堪萨斯城地区销售经理的托马斯·福瑞斯需要开办一场关于公司CASE工具的研讨会。在尝试各种传统的拜访程序受阻后，福瑞斯想到了"羊群理论"：如果整个"羊群"的大部分都倾向于KW公司的CASE工具，其他客户一定也会想要了解究竟。

于是福瑞斯改变了策略，他不再乞求客户参加会议，而是让他们知道其他人都会去，并希望他们不会被遗漏在外。

福瑞斯与客户这样说道："你好，客户先生。我叫托马斯·福瑞斯，是KW公司在堪萨斯城的地区经理。很荣幸通知您，我公司将在8月26日在IBM的地区总部召开CASE应用程序开发研讨会，还记得我们给您发过的请柬吗？

"这次出席我们的研讨会的有百事可乐公司、美国运通公司、万事达公司、联邦储备银行、堪萨斯城电力公司、西北寿险公司等公司的研发经理。当然，这些只是名单中的一小部分。坦率地说，我想这次会议的参加人数可能是破纪录的，将会超过100人。我打这个电话是因为我们还没有收到贵公司的同意回复函，我需要确定您不会被遗漏在外。"

毫无意外，福瑞斯的这次研讨会最终的确取得了"破纪录"的成功。虽然大多数同意前来的客户都是因为"其他人"也会来，但事实上，当他们来的时候，

"其他人"也的确都来了。

在销售过程中，"羊群理论"是一个非常有力的技巧，它可以帮助你建立信用度，同时激发客户的兴趣。当你对你的客户说"我只是想确定你不会被遗漏在外"的时候，他一定会好奇自己可能错过什么东西，并且会主动询问进一步的情况。这就是"羊群理论"的微妙之处，他提供给客户心理上的安全感，并促使他们做出最后决策。

我们应当理解，顾客在对于可能发生的交易有可能存在顾虑，尤其是做出重大决定的时候更是如此。而这正是"羊群理论"的价值所在，你因此能够通过激发客户的好奇心，处理异议，告诉客户为什么你的产品或服务是最好的。还有就是，当潜在客户有购买的意愿，但嫌价格贵时，这种方法也非常有效。

销售员："是刘总啊，您好，您好！"

客户："小汪啊，我上回看中的那辆尼桑，还没有谁付下订金吧？"

销售员："哦，那个车，客户来了都要看上几眼，好车嘛。但一般人哪买得起，这不，它还等着刘总您呢。"

客户："我确实中意这辆车，你看价格上能否再优惠些，或者我是否有必要换一辆价位低一点的？"

（小汪知道，换车只是刘总讨价还价的潜台词。）

销售员："价格是高了一点，但物有所值，它确实不同一般，刘总您可是做大生意的人，配得上！开上它，多做成两笔生意，不就成了嘛。"

客户："你们做销售的呀，嘴上都跟抹了蜜似的。"

销售员："刘总，您可是把我们夸得太离谱了呀。哦，对了，刘总，××贸易公司的林总裁您认识吗？半年前他也在这儿买了一辆跟您一模一样的车，真是英雄所见略同呀。"

客户："哦，林总，我们谁人不知啊，只是我这样的小辈还无缘和他打上交道。他买的真是这种车？"

销售员："是真的。林总挑的是黑色的，刘总您看要哪种颜色？"

客户："就上回那辆红色吧，看上去很有活力，我下午去提车。"

小汪先是赞美客户，获得客户的好感，为最后的成交奠定基础；然后，使出"撒手锏"："对了，刘总，××贸易公司的林总裁您认识吗？半年前他也在这儿买了一辆跟您一模一样的车，真是英雄所见略同呀。"看似不经意的一句话，其实是充分利用了潜在客户的从众心理，通过他人认同影响潜在客户，促使潜在客户做出购买决定。

聪明的销售员应该知道，你的销售并不是一味地劝说客户购买你的产品，而是让潜在客户了解，你的其他大多数客户做出最后决策之前都面临过与他们相似的问题。而你要做的是与你的客户分享其他客户成功的经验，从而消除客户的逆反心理，自然，你的产品就不愁没有销路了。

客户只关注能给自己带来好处的产品

书店里，一对年轻夫妇想给孩子买一些百科读物，销售员过来与他们交谈。以下是当时的谈话摘录。

客户："这套百科全书有些什么特点?"

销售人员："你看，这套书的装帧是一流的，整套都是这种真皮套封烫金字的装帧，摆在您的书架上非常好看。"

客户："里面有些什么内容?"

销售人员："本书内容按字母顺序编排，这样便于资料查找。每幅图片都很漂亮逼真，比如这幅，多美。"

客户："我看得出，不过我想知道的是……"

销售人员："我知道您想说什么！本书内容包罗万象，有了这套书您就如同有了一套地图集，而且还是附有详尽地形图的地图集。这对您们一定大有用处。"

客户："我是为孩子买的，让他从现在开始学习一些东西。"

销售人员："哦，原来是这样。这套书很适合小孩子的。它有带锁的玻璃门书箱，这样您的孩子就不会将它弄脏，小书箱是随书送的。我可以给您开单了吗?"

（销售人员作势要将书打包，给客户开单出货。）

客户："哦，我考虑考虑。你能不能找出其中的某部分比如文学部分，让我们了解一下其中的内容?"

销售人员："本周内有一次特别的优惠抽奖活动，现在买说不定能中奖。"

客户："我恐怕不需要了。"

对客户来讲，"值得买的"不如"想要买的"，客户只有明白产品会给自己带来好处才会购买。在销售时，如果销售人员只把注意力放在销售产品上，一心只想把产品推给对方，甚至为了达到目的不择手段，这样，失去的可能比得到的更多，因为你可能推出了一件产品，但从此失去了一个客户。

这位销售人员给客户的感觉是太以自我为中心了，好像他需要的就是客户需要的。他完全站在自己的角度上对产品进行理解，然后强加于客户，让客户感觉：这样的书是你需要的，而不是我需要的。

以上的失败只是源于销售人员的疏忽，他自顾自地说话，没有仔细想一想对方的需求，其实客户已给过他机会，只是可惜他没有及时抓住这样的信息。因此，一场不欢而散的谈话所导致的失败结局也就在所难免。

所以在推销某一产品的时候，销售员不要只是说明产品的特点，而要强调产品能为客户带来哪些好处。

客户："我10分钟后还有一个会议要开。"

吴昊："好的，张科长，我会在10分钟内把更适合贵企业的建议案说完，绝不耽误您的时间。

"一辆好的配送车，能比同型货车增加21%的载货空间，并节省30%的上下货时间。根据调查显示，贵企业目前配送的文具用品体积不大，但大小规格都不一致，并且客户多为一般企业，数量多且密集，是属于少量多次进货的形态。一趟车平均要装载50家客户的货物，因此上下货的频率非常高，挑选费时，并常有误拿的情形发生。如何正确、迅速地在配送车上拿取客户采购的商品，是提高效率的重点。这点张科长是否同意?"

张科长："对，如何迅速、正确地从配送车上拿出下一家客户要的东西是影响配送效率的一个重要因素。"

吴昊："配送司机一天中大部分时间都在驾驶位上，因此驾驶位的设置要尽可能舒适，这是配送司机们一致的心声。"

张科长："另外，车子每天长时间在外行驶，车子的安全性绝对不容忽视。"

吴昊："张科长说得很对，的确，一辆专业配送车的设计，正是要满足上面这些功能。本企业新推出的××型专业配送车，正是为满足客户对提高配送效率而专门开发设计出来的。它除了比一般同型货车超出了15%的空间外，并设计有可调整的陈放位置，可依空间大小的需要，调整出0～200个置物空间，最适合放置大小规格不一致的配送物，同时能活动编号，依号码迅速取出配送物。贵企业目前因为受制于货车置货及取货的不便，平均每趟只能配送50个客户，若使用此种型号的配送车，可调整出70个置物空间，经由左、右门及后面活动门依编号迅速取出客户所要的东西。

“配送车的驾驶座，如同活动的办公室。驾驶室的位置调整装置能依驾驶人的特殊喜好而做适当的调整。坐椅的舒适度，绝对胜过一般内勤职员的椅子，并且右侧特别设置了一个自动抽取式架子，能让配送人员书写报表及单据，使配送人员能感到企业对他们的尊重。

“由于配送车在一些企业并非专任司机使用，而采取轮班制，因此，车子的安全性方面的考虑更是重要。××型配送车有保护装置、失误动作防止、缓冲装置等。电脑安全系统控制装置，能预先防止不当的操作给人、车带来的危险。贵企业的配送人员也常有轮班、换班的情形，使用本车能得到更大的保障。”

张科长：“××型配送车听起来不错。但目前我们的车子还没到企业规定的汰旧换新的年限，况且停车场也不够。”

吴昊：“科长您说得不错。停车场地的问题，的确给许多成长的企业带来一些困扰。贵企业业务在科长的领导下，每年增长15%，为了配合业务成长，各方面都在着手提升业务效率。若贵企业使用××型配送车，每天平均能提升20%的配送量，也就是可以减少目前1/5的配送车辆，相对的，也可以节省1/5的停车场地。

“贵企业的车子目前仍未达企业规定的使用年限，淘汰旧车换新车好像有一些不合算。的确，若是贵企业更换和目前同型的车子，当然不合理，可是若采取××型专业配送车，不但可以因提高配送效率而降低整体的配送成本，而且还能节省下停车场地的空间，让贵企业两年内不需为停车场地操心。

“据了解，目前贵企业50辆配车中有10辆已接近汰旧换新年限，是否请科长先同意选购10辆××专业配送车，旧车我们会以最高的价格估算过来。”

在吴昊充分进行了利益解说之后，客户同意签订购车合同。

在本案例中，吴昊通过对客户的调查发现了他们对配送车的需求特征，就是要提高效率。而提高效率的关键点在于客户配送的东西大小规格都不一致，导致每一辆车的装载量少，装卸速度慢。

在明确了客户的具体需求后，吴昊便有针对性地解说他们公司所提供的配送车的利益点：“它除了比一般同型货车超出了15%的空间外，并设计有可调整的陈放位置……同时能活动编号，依号码迅速取出配送物。”

在客户说明原来的车还没有到企业规定的汰旧换新的年限且停车场也不够时，吴昊更是抓住时机说明使用××配送车的利益点。最后，吴昊根据客户的实际情况，建议将其中10辆接近汰旧换新年限的车换成××型专业配送车。

在整个销售解说过程中，吴昊一直牢牢地把握住客户的需求，并结合自己产品的特性和利益来解说××型专业配送车，让客户在利益需求思考下做出购买决定。

根据对实际的销售行为的观察和统计研究，60%的销售人员经常将特点与好处混为一谈，无法清楚地区分；50%的销售人员在做销售陈述或者说服销售的时候不知道强调产品的好处。销售人员必须清楚地了解特点与好处的区别，这一点在进行销售陈述和说服销售的时候十分重要。

那么推销中强调的好处都有哪些呢？

（1）帮助顾客省钱。

（2）帮助顾客节省时间。效率就是生命，时间就是金钱，如果我们开发一种产品可以帮顾客节省时间，顾客也会非常喜欢。

（3）帮助顾客赚钱。假如我们能提供一套产品帮助顾客赚钱，当顾客真正了解后，他就会购买。

（4）安全感。顾客买航空保险，不是买的那张保单，买的是一种对他的家人、他自己的安全感。

（5）地位的象征。一块百达翡丽的手表拍卖价 700 万人民币，从一块手表的功用价值看，实在不值得花费，但还是有顾客选择它，那是因为它独特、稀少，能给人一种地位的象征。

（6）健康。市面上有各种滋补保健的药品，就是抓住了人类害怕病痛死亡的天性，所以当顾客相信你的产品能帮他解决此类问题时，他也就有了此类需求。

（7）方便、舒适。

客户不仅喜欢低价，更狂爱免费

现在的商家们每天都在绞尽脑汁地思考怎样获取利润的最大化，但是，你越想掏空消费者的口袋，消费者们则越是捂紧口袋，同商家展开猫捉老鼠的游戏。在这个过程中不少商家消耗了大量的营销费用，收益效果却并不理想。这是为什么呢？

原因很简单，当消费者们看着商家们贪婪的意图时，自然会本能地产生防卫心理，怎么可能轻易打开钱包呢？

这个时候，精明的商家们可以停下脚步来，换一个思路，拿出一块蛋糕放在脚边，悠闲地等待“馋嘴鼠”自己送上门来。而这块蛋糕，就是——免费。

随着经济不断发展，国民的生活水平也在不断地提高，这让我们通常误以为脱离了温饱威胁的人们对免费的兴趣会有所减弱，但事实并非如此。

有科学家做过一个调查实验，调查 300 名低收入者与 300 名高收入者从超市所购买的商品。他们发现，低收入者并非只挑便宜的商品，他们也会选择一些高价的实用性商品；而高收入者所购买的商品也并不像想象中那样的高端，虽然也有部分高档商品，但是其中也包括了很多打折商品和免费赠送的商品。

这个实验让我们了解到，消费者不仅喜欢低价，更狂爱免费。不仅低收入者喜欢免费，高收入者同样喜欢免费。

很多超市、商场常常搞免费赠送、试吃之类的活动，大多数消费者得到赠品之后就离开了。看似商家亏了，但实际上搞这种促销活动的商家每天可以增加8%左右的销量，而这些消费者可能产生的持续购买力所带来的收益会更大。比如销售牛排，消费者原本可能压根就没有购买的计划，但是免费试吃不仅可以打消消费者对产品品质的顾虑，敢于放心购买，同时美味的牛肉也会让消费者产生购买冲动。还有一个比较微妙的因素，那就是，国人都比较好面子，当免费当着人面吃了人家东西，人家又建议购买时，似乎就会开始有了拿人手短吃人嘴短的感觉了，大都不太好意思拒绝。加上如果产品确实不错的话，消费者往往会决定当场购买。

还有就是，消费者在购买商品之前大都会衡量一下商品的价值。经比较后被认为是有价值的商品才会被消费者选择，而非最贵或者最便宜的商品。毕竟，即使再富有，也没人愿意被人当作“大头”，而且往往越是富有的人越是善于去计算商品的价值，低收入者则更在意商品的价值，由此导致了两者在购买商品时都会先去衡量商品的价值。而免费的商品，无疑是具有绝对价值的。在日常生活中，物美价廉永远是大多数客户最求的目标。免费的产品和服务对于他们来说不啻于是白捡的诱人蛋糕，又有几个人能抵制得住这种诱惑呢？

有一个周末，小雅去沃尔玛购物。从沃尔玛走出来后，有位西装革履的男士拦住了她：“凭您的购物小票，可以到我们的美容院做一次免费美容体验。”

爱美是女孩子的天性，小雅听后压抑不住自己的惊喜，同时也有些担心怕上当受骗，所以就愣了几秒钟。只见那位先生非常善意地对着她微笑着说：“您别担心，不会要您一分钱的，您长得这么漂亮，唯一的缺憾就是皮肤有点儿干，您有沃尔玛的购物小票我们就可以让您免费做一次护理，让您的皮肤更加水水嫩嫩的。”

就在小雅犹豫之间，那位先生就已经开始很热情地引导小雅进入了旁边的美容院。果然，美容院除了让小雅买了一块一次性小毛巾之外，没有让小雅出一分钱。在高级温馨的美容室里，美容小姐非常耐心周到地为小雅做了整整一小时的面膜和按摩。

享受了全套服务的小雅心情无比舒畅地闭眼享受着这种惬意。这时，美容小姐一边给她按摩，一边轻轻地对她说："实际上，刚才给你做的美容项目，如果不继续做下去是不会有效果的。由于刚才给您做按摩时使用的是价值上百元的精油，所以我们也做好了亏本的准备了……"

小雅听后不免开始有些愧疚感，毕竟免费享受了如此亲切的服务，心里也难免过意不去。不由兴起了报答这位美容小姐的念头，心想如果再光顾几次，应该可以补偿这种心理亏欠了。于是小雅在美容小姐的引导下办了这家美容店的会员卡。

从那以后，小雅每次去这家美容店的时候，都会被半强迫地购买各种化妆品或是做各类美容护理。小雅虽然很心疼这些哗啦哗啦抽出去的钞票，但仍自我安慰："如果花钱可以变漂亮的话，还是挺划算的，再说美容小姐人又那么好。"在这种心态下，小雅不断出入该美容店，最终花费了好几万块钱。

现在，整个社会已经被"免费"所萦绕，免费营销比以往的营销手段更强烈地吸引着消费者，各类免费产品、免费服务以及免费体验蜂拥而至。怎样才能让免费营销真正有效，将免费营销的午餐，做成一席皆大欢喜的盛宴呢?

一、副产品免费带动主产品销售

比如充话费送手机。还有就是苹果公司在推出 iPod 时也用了这一招，他们用副产品免费提供音乐下载来促销 iPod，结果使 iPod 全球热卖。其实，iPod 高昂的价格早已使其提供免费音乐来促销的成本可以忽略不计。

二、零首付形式的"免费"

这种方式类似于分期付款，消费者可通过信用担保，以零首付的方式购买商品，然后在分期偿还。虽然消费者一时不用付款，但是累计支付的金额远高过一次付款的金额。因为分期付款，每次还款时看来款项都不高，压力也不大，所以受到欢迎。而不用付费就可以马上拿到心仪的商品，这样可以极大地刺激消费者进行冲动消费，这对于一些价格高昂的商品可谓是一个使消费者冲动消费的好方法，如高档手机、笔记本电脑等。

三、由免费衍生收费

现在很多娱乐场所都会在某些时候采取一种策略，使多位顾客光顾，其中一名顾客可以免票或相关费用。比如游乐园对儿童免门票，吸引来的自然是带着儿童的父母。不过很多采用此种免费策略的商家手段单一，方法僵硬，使消费者一眼识破其伎俩，产生反感，因此效果不佳。

四、免费产生消费

先免费提供商品，然后通过商品的副产品消费或提供的服务获利。比如美国很多电动车生产企业为了拓展市场，推出电动车免费赠送的营销活动，消费者只要签订一份使用协议就可以不花一分钱就把最新型的电动车开回家，但是，该企业的电动车只能到该厂特设的充电站去充电。当电池寿命耗尽时，也只能去厂家更换配套的电池。该企业电动车免费了，之后依靠价格较高的电池与充电费用赚钱。这种方式可行吗？事实证明，企业第一年收回成本，第二年就开始盈利，并且因此迅速地打开了大家一直犹豫观望的电动车市场。

五、互利免费

企业为消费者提供免费产品或服务，消费者在受益的同时，成为广告的接收者或传递者，最终促进收费产品销售。比如洗衣机生产者可以在说明书中推荐使用某品牌的洗衣粉或洗涤液，而洗衣粉生产企业则在洗衣粉包装上推荐特定品牌洗衣机或其他产品。这种互利形式使双方都可以免费得到广告宣传的机会，而这种建立于双方品牌影响力基础之上的相互背书式推荐宣传的效果，又远胜过硬性广告传播。

六、免费转嫁

比如通用汽车下属的一家 4S 店曾经出色地搞过一次消夏赏车晚会。组织者找到一家啤酒厂，一家汽车装饰店，一家地产公司进行合作，举行喝啤酒大赛与汽车知识问答比赛。啤酒厂提供饮品，汽车装饰美容店提供奖品，地产公司则负责前期的宣传品印制与邮寄工作，同时共享了地产公司与汽车 4S 店相同的客户资源。各合作企业都可以在现场摆放展板、发放宣传品和优惠券，同时又获得在电视台与广播电台曝光的机会。整个活动，这家 4S 店花费不足千元，却红红火火地招待了消费者，同时也大做了一次广告，皆大欢喜。

七、用免费吸引人气

比如百事可乐公司则与电玩制作公司合作，推出了一款《百事超人》的游戏，作为购买饮料的附赠品或奖品免费送给顾客，年轻人在有趣的游戏中无形接收了各种百事可乐的广告信息，促进了百事可乐的品牌建设。

八、通过免费获得综合收益

比如在美国，Google 采用了一种为使用者免费提供电话查号的服务，让美国的用户不再需要花钱去查号，只要在 Google 上就可以免费快捷地查到号码，用户数量多到惊人。而 Google 不仅仅收获了大量点击率带来的广告收益，更重要的是获得了价值上千万美元的数据资料，这些资料是 Google 下一步进军手机语音搜索市场所必需的。

·第三章·

洞察：细节里窥见客户的心理动向

在对话中判断对方性格

任何一种客户的性格都要在我们进行分析后才会得出结论，分析来源于资料，资料来源于聆听。

许多销售人员把“你希望别人怎样待你，你就怎样对待别人”视为推销的黄金准则。问题是，业务员的性格和处事方式并非与客户完全一样，业务员按照自己喜欢的方式对待客户，有时会令客户不愉快，从而给成功投上阴影。业务员按照客户喜欢的方式对待客户，才会赢得客户的喜欢。

销售人员在面对一位潜在客户时，必须清楚地了解自己和客户的行为方式是什么，使自己的行为恰如其分地适合于客户的需要。销售人员要学会用客户希望的方式与之交往，要学会用人们希望的方式向他们出售，要学会调整自己的行为、时机选择、信息、陈述以至要求成交的方式，以便使自己的行为适合于对方。

所以，在销售沟通过程中就要求销售人员及时分析客户的性格以便适应。一般情况下，我们可以将客户的性格特征和行为方式按照行事的节奏和社交能力分为四种类型，并分别用四种动物来表示：

一、老鹰型的性格特征

老鹰型的人做事爽快，决策果断，通常以事实和任务为中心，他们给人的印象是不善于与人打交道。这种人常常会被认为是强权派人物，喜欢支配人和下命令。他们的时间观念很强，讲求高效率，喜欢直入主题，不愿意花时间同人闲聊，讨厌自己的时间被浪费。所以，同这一类型的客户长时间交谈有一定难度，他们会对事情主动提出自己的看法。

由于他们追求的是高效率，他们的时间观念很强，所以，他们考虑的是他们的时间是否花得值；他们会想尽办法成为领先的人，希望具有竞争优势，向往

“第一”的感觉，他们需要掌控大局，往往是领袖级人物或总想象自己是领袖级人物；对他们来说，浪费时间和被别人指派做工作，都是难以接受的。

二、猫头鹰型的性格特征

这类人很难让人看懂，做事动作缓慢。他们在交流中音量小而且往往处于被动的一方，不太配合对方的工作。如果对方表现得很热情，他们往往会难以接受。

他们喜欢在一种自己可以控制的环境下工作，习惯于毫无创新的守旧的工作方式。他们需要与人建立信任的关系。个人关系、感情、信任、合作对他们很重要。他们喜欢团体活动，希望能参与一些团体，而在这些团体中发挥作用将是他们的梦想。另外要注意，他们不喜欢冒险。

三、鸽子型的性格特征

该类人友好、镇静，做起事来显得不急不躁，讲话速度往往适中，音量也不大，音调会有些变化。他们是很好的倾听者，也会很好地配合对方。他们需要与人建立信任关系。他们喜欢按程序做事，且以稳妥为重，即使要改革，也是稳中求进。他们往往多疑，安全感不强，在与人发生冲突时会主动让步，在遇到压力时，会趋于附和。

四、孔雀型的性格特征

孔雀型的人基本上也属于做事爽快，决策果断的人。但与老鹰型的人不同的是，他们与人沟通的能力特别强，通常以人为中心，而不是以任务为中心。如果一群人坐在一起，孔雀型的人很容易成为交谈的核心，他们很健谈，通常具有丰富的面部表情。他们喜欢在一种友好的环境下与人交流。社会关系对他们来讲很重要。他们给人的印象一般是平易近人、朴实、容易交往。

孔雀型的人做决策时往往不关注细节，凭感觉做决策，而且速度很快，研究表明，三次的接触就可以使他们下决心。同时，他们也喜欢有新意的东西，那些习以为常、没有创意、重复枯燥的事情往往让他们倒胃口。

在销售过程中，我们可以依靠对方的声音要素和做事的方式来进行判断。但如果是第一次与客户交流，可能对客户的做事方式了解得还不够，所以，声音要素就成了我们在第一时间判断客户性格特征的重要依据。

怎样判断对方讲话的速度是快还是慢，声音是大还是小呢？一般来说，老鹰型的人和孔雀型的人讲话声音会大些，速度会快些，而鸽子型和猫头鹰型的人则相反。所以，通过对方讲话的速度和音量可以判断他是属于老鹰型和孔雀型的人，还是鸽子型和猫头鹰型的人。

对方是热情还是有些冷淡？对方在讲话时是面无表情呢，还是眉飞色舞？对方是否友好？一般来说，老鹰型和猫头鹰型的人，在交流中会让人觉得有些冷淡，不轻易表示热情，销售人员可能会觉得较难与其打交道；而孔雀型的人和鸽子型的人则是属于友好、热情的。

通过对话交流识别了客户的性格特征之后，我们应该尽可能地配合客户的性格特征，然后再影响他。举例来说，如果客户的讲话声音很大，我们也要相应提高自己的音量；如果客户讲话很快，我们也要相应提高语速。然后，我们再慢慢恢复到正常的讲话方式，并影响客户也将音量放低或放慢语速。

从“话外之意”揣摩客户的心理

销售过程中及时领会客户的意思非常重要。只有及时领会客户的意思，读懂其弦外之音，才能有针对性地给予答复，消除其顾虑，并为下一步的销售创造条件。

迈克是一家公司的销售人员，这个公司专门为高级公寓小区清洁游泳池，还包办一些景观工程。伊蓝公司的产业包括 12 幢豪华公寓大厦。迈克为了拿下这个项目和伊蓝公司董事长史密斯先生交谈。

［案例一］

史密斯：“我在其他地方看过你们的服务，花园弄得还算漂亮，维护修整做得也很不错，游泳池尤其干净。但是一年收费 100000 万元，太贵了吧？”

迈克：“是吗？你所谓‘太贵了’是什么意思？”

史密斯：“现在为我们服务的 C 公司一年只收 80000 万元，我找不出要多付 20000 元的理由。”

迈克：“原来如此，但你满意现在的服务吗？”

史密斯：“不太满意，以氯处理消毒，还勉强可以接受，花园就整理得不太理想；我们的住户老是抱怨游泳池里有落叶。住户花费了那么多，他们可不喜欢住的地方被弄得乱七八糟！虽然给 C 公司提了很多次，可是仍然没有改进，住户还是三天两头打电话投诉。”

迈克：“那你不担心住户会搬走吗？”

史密斯：“当然担心。”

迈克：“你们一个月的租金大约是多少？”

史密斯："一个月 3000 元。"

迈克："好，这么说吧！住户每年付你 36000 元，你也知道好住户不容易找。所以，只要能多留住一个好住户，你多付 20000 元不是很值吗？"

史密斯："没错，我懂你的意思。"

迈克："很好，这下，我们可以开始草拟合约了吧？什么时候开始好呢？月中，还是下个月初？"

［案例二］

史密斯："我对你们的服务质量非常满意，也很想由你们来承包。但是，100000 元太贵了，我实在没办法。"

迈克："谢谢你对我们的赏识。我想，我们的服务对贵公司很适用，你真的很想让我们接手，对吧？"

史密斯："不错。但是，我被授权的上限不能超过 90000 元。"

迈克："要不我们把服务分为两个项目，游泳池的清洁费用 45000 千元，花园管理费用 55000 元，怎样？这可以接受吗？"

史密斯："嗯，可以。"

迈克："很好，我们可以开始讨论管理的内容……"

［案例三］

史密斯："我在其他地方看过你们的服务，花园很漂亮，维护得也很好，游泳池尤其干净。但是一年收费 100000 元，太贵了吧？我付不起。"

迈克："是吗？你所谓'太贵了'是什么意思呢？"

史密斯："说真的，我们很希望从年中，也就是 6 月 1 号起，你们负责清洁管理，但是公司下半年的费用通常比较拮据，半年的游泳池清洁预算只有 38000 元。"

迈克："嗯，原来如此，没关系，这点我倒能帮上忙，如果你愿意由我们服务，今年下半年的费用就 38000 元，另外 62000 元明年上半年再付，这样就不会有问题了，你觉得呢？"

迈克能及时领会史密斯的话，巧妙地做出适当的回应，并不断地提出益于销售的有效方案，使事情朝越来越好的方向发展。如果迈克没有及时领会史密斯的话，就无法很好地解除对方的疑虑。

对于推销人员来说，客户的某些语言信号不仅有趣，而且肯定地预示着成交有望。很多销售人员在倾听客户谈话时，经常摆出倾听客户谈话的样子，内心却迫不及待地等待机会，想要讲他自己的话，完全将“倾听”这个重要的武器舍弃不用。如果你听不出客户的意图，听不出客户的期望，那么，你的销售就会跟射错了方向的箭一样徒劳无功。

要是一个推销人员忙于闲谈而没有听出这些购买信号的话，那真的非常可惜。

除了领会客户的话外之音，还需要掌握一些沟通技巧，从客户的话语中挖掘深层次的东西；而在领会客户的意思以后，要及时回答；当客户犹豫不决时，要善于引导客户，及时发现成交信号，提出成交请求，促成交易。

读懂客户的肢体语言

一个人想要表达他的意见时，并不见得需要开口，有时肢体语言会更丰富多彩。有人统计过，人的思想多半是通过肢体语言来表达的。我们对于他人传递的信息内容的接受，10％来自对方所述，其余则来自肢体语言、神态表情、语调等。

下面简要列举一些常见的肢体语言，希望能通过这样的破译助你和客户的沟通顺畅。

（1）客户瞳孔放大时，表示他被你的话所打动，已经准备接受或在考虑你的建议了。

（2）客户回答你的提问时，眼睛不敢正视你，甚至故意躲避你的目光，那表示他的回答是“言不由衷”或另有打算。

（3）客户皱眉，通常是他对你的话表示怀疑或不屑。

（4）与客户握手时，感觉松软无力，说明对方比较冷淡；若感觉太紧了，甚至弄痛了你的手，说明对方有点虚伪；如感觉松紧适度，表明对方稳重而又热情；如果客户的手充满了汗，则说明他可能正处于不安或紧张的状态之中。

（5）客户双手插入口袋中，表示他可能正处于紧张或焦虑的状态之中。另外，一个有双手插入口袋之癖的人，通常是比较神经质的。

（6）客户不停地玩弄手上的小东西，例如圆珠笔、火柴盒、打火机或名片等，说明他内心紧张不安或对你的话不感兴趣。

（7）客户交叉手臂，表明他有自己的看法，可能与你的相反，也可表示他有优越感。

（8）客户面无表情，目光冷淡，就是一种强有力的拒绝信号，表明你的说服没有奏效。

（9）客户面带微笑，不仅代表了友善、快乐、幽默，而且也意味着道歉与求得谅解。

（10）客户用手敲头，除了表示思考之外，还可能是对你的话不感兴趣。

（11）客户用手摸后脑勺，表示思考或紧张。

（12）客户用手搔头，有可能他正试图摆脱尴尬或打算说出一个难以开口的要求。

（13）客户垂头，是表示惭愧或沉思。

（14）客户用手轻轻按着额头，是困惑或为难的表示。

（15）客户顿下颌，表示顺从，愿意接受销售人员的意见或建议。

（16）客户颌部往上突出，鼻孔朝着对方，表明他想以一种居高临下的态度来说话。

（17）客户讲话时，用右手食指按着鼻子，有可能是要说一个与你相反的事实、观点。

（18）客户紧闭双目，低头不语，并用手触摸鼻子，表示他对你的问题正处于犹豫不决的状态。

（19）客户用手抚摸下颚，有可能是在思考你的话，也有可能是在想摆脱你的办法。

（20）客户讲话时低头揉眼，表明他企图要掩饰他的真实意图。

（21）客户搔抓脖子，表示他犹豫不决或心存疑虑；若客户边讲话边搔抓脖子，说明他对所讲的内容没有十分肯定的把握，不可轻信其言。

（22）客户捋下巴，表明他正在权衡，准备做出决定。

（23）在商谈中，客户忽然把双脚叠合起来（右脚放在左脚上或相反），那是拒绝或否定的意思。

（24）客户把双脚放在桌子上，表明他轻视你，并希望你恭维他。

（25）客户不时看表，这是逐客令，说明他不想继续谈下去或有事要走。

（26）客户突然将身体转向门口方向，表示他希望早点结束会谈。

当然，客户的肢体语言远不止这些，平时善于察言观色的客服人员，再加上阅人无数的工作，一定可以总结出一套行之有效的方法。

百般辨别“石头”顾客

有些时候，尽管推销员做出很多努力，但仍无法打动顾客。他们明确地用消极的信号告诉你，自己并不感兴趣。推销员与其继续游说，不如暂停言语，相机而动。

一般来说，如果一个顾客明显做出下列表情，就说明他已经进入消极状态。

一、眼神游离

如果顾客没有用眼睛直视推销员，反而不断地扫视四周的物体或者向下看，并不时地将脸转向一侧，似乎在寻找更有趣的东西，这就说明他对推销的产品并不感兴趣。如果目光呈现出呆滞的表现，则说明他已经感到厌倦至极，只是可能碍于礼貌不能立刻让推销员走开。

二、表现出繁忙的样子

假如顾客一见到推销员就说自己很忙，没有时间，以后有机会一定考虑相关产品；或者在听推销员解说的过程中不断地看手表，表现出有急事的样子，说明他可能是在应付推销员。

实际上，他很可能并没有考虑过被推销的产品，也不想浪费时间听推销员的解说。而如果推销员没有足够的耐心引导他进行购买，交易将很难成交。

三、言语表现

如果顾客既不回应，也不提出要求，更没让推销员继续做出任何解释，而是面无表情地看着推销员，说明顾客感到自己受够了，这个聒噪的推销员可以立刻走人了。

四、身体的动作

顾客在椅子上不断地动，或者用脚敲打地板，用手拍打桌子或腿、把玩手头的物件，都是不耐烦的表现。如果开始打呵欠，再加上头和眼皮下垂，四肢无力地瘫坐着，就表明他感到推销员的话题简直无聊透顶，他都要睡着了，即使推销员硬说下去，也只会增加他的不满。

面对顾客的上述表现，推销员可以做出最后一次尝试，向顾客提出一些问题，鼓励他们参与到推销之中。如果条件允许，可以让顾客亲自参与示范、控制和接触产品，以转变客户对产品冷漠的态度。如果客户的态度仍不为所动，则你可以尝试退一步的策略，即请顾客为公司的产品和自己的服务提出意见并打分，如果顾客留下的印象是正面的，或者下一次他想购买相关产品时，就会变成你的顾客。在这一过程中，一定要保持自信和乐观、热情的态度，不应因为遭到拒绝而给客户脸色看。

满足客户的隐含期望

一些期望只有在它们没有得到满足的时候才会浮出表面，它们通常被理解为必然的或者是理所当然可以获得的。例如，我们期望周围的人要注意的礼貌。只有当我们遇到一个特别粗鲁的人时才会表示出不满。类似的这些期望存在于潜意识中，因为只有当客户经历的服务低于特定的合理界限时，它们才会成为影响满意度的重要因素。

一家公司与它的客户之间的大多数互动和交往都发生在一定的范围之内，这使得大多数互动都成为惯例。一般不会有什么东西使客户特别满意或者不满意。我们不会过多考虑这些遭遇。但为了让客户真的满意，以至于他们必定会回来并且会对公司进行正面的口头宣传，公司必须超出他们的期望。公司必须做些事情吸引住客户的注意力，诱使他发出赞叹：“哇！我真的是没有想到！”

许多年前，巴诺斯先生经历过一次令人激动的经历。当时是二月份，他从多伦多到 Halifax 去参加一个商务会议。傍晚的时候，出租车将巴诺斯先生带到了 Halifax 市中心的 Delta Barrington 酒店的门前。天色已经暗了下来，下着小雨，但他决定吃饭前痛痛快快地出去跑一会儿，于是就穿上运动衣绕着 Point Pleasant Park 跑了个来回。一个小时以后，他回到了酒店，这时他的身上已经湿透了。他希望能悄悄走进电梯而不要打扰其他的客人，因为客人们与一个浑身湿透、不停滴水的中年人一起坐电梯的时候会感到很不舒服。

当巴诺斯穿过大厅的时候，前台传来了一个声音：“先生，我们能为您把衣服弄干吗？”他往传来这个意外问候的方向望去，发现一个服务生站在旁边。服务生走上前来，说道：“巴诺斯先生，您明天不打算穿这些湿透的衣服进会议室吧？让我们帮您烘干它们吧。”这令巴诺斯感到惊奇，他向服务生表示感谢并且和他约定，将这些还在滴水的运动衣和其他衣服，装在洗衣袋里放在巴诺斯的门外。

9 点半左右的时候巴诺斯回到了房间，他的运动衣不仅已经烘干了，甚至还洗过熨好并且整整齐齐地放在床头！而这几乎是他的运动服第一次被熨过。

我们中的大多数人作为客户的时候，不会将我们的标准或者期望毫无道理地提得很高，通常它们会得到满足，但并不会让我们喜出望外。同样，大多数公司并不能成功地做到让客户特别满意。大多数公司的工作是按部就班的。问题在于，如果你做的每件事情都是按部就班的，那么你做的可能是不够的。只有超出客户的期望，让他们惊叹，你才能做到高人一等。

所以，我们在与客户接触的时候，一定要细心一些，多个心眼儿，多注意观察客户隐含的期望，适时地与他们的隐含期望相对接。

· 第四章 ·

引导：让顾客心甘情愿掏腰包

让爱占便宜型客户真真切切地感受到实惠

爱占便宜追求的是一种心理满足，无可厚非，且每个人都或多或少具有这种倾向，唯一的区别就是占便宜心理的程度深浅。我们所说的爱占便宜的人，通常是指占便宜心理比较严重的那部分人。

销售过程中，这类客户不在少数，他们最大的购买动机就是是否占到了便宜。所以，面对这类客户，销售员就是利用这种占便宜的心理，通过一些方式让客户感觉自己占到了很大的便宜，从而心甘情愿地掏钱购买。

在英国有一家服装店，店主是两兄弟。在店里，一件珍贵的貂皮大衣已经挂了很久，因为高昂的价格，顾客在看到价格后往往望而却步，所以，这件衣服一直卖不出去。两兄弟非常苦恼。后来，他们想到了一个办法，两人配合，一问一答确认大衣的价格，但弟弟假装耳朵不好使将价格听错，用低于卖价很多的价格出售给顾客，遇到爱占便宜的人，大衣一定能卖出去。两人商量好以后，第二天清早就开始张罗生意了。

弟弟在前面店铺打点，哥哥在后面的操作间整理账务。一个上午进来了两个人，这个方法并没有奏效。到下午的时候，店里来了一个妇人，在店里转了一圈后，她看到了那件卖不出去的貂皮大衣，于是问道："这件衣服多少钱?"作为伙计的弟弟再次假装没有听见，依然忙自己的。于是妇人加大嗓门又问了一遍，他才反应过来。

他抱歉地说："对不起，我是新来的，耳朵不太好使，这件衣服的价格我也不太清楚。您稍等，我问一下老板。"

说完他冲着后面大声问道："老板，那件大衣多少钱?"

老板回答："5000 英镑!"

“多少钱？”伙计又问了一遍。

“5000英镑！”

声音如此大，妇人听得很真切，她心里觉得价格太贵，不准备买了。而这时，店员憨厚地对妇人说：“老板说3000英镑。”

妇人一听，顿时非常欣喜，肯定是店员听错了，想到自己可以省下足足2000英镑，还能买到这么好的一件貂皮大衣，于是心花怒放，害怕老板出来就不卖给她了，于是匆匆付钱买下就离开了。

就这样，一件很久都卖不出去的大衣，按照原价卖了出去。

以上的案例中，两兄弟就是利用了妇人爱占便宜的心理特点，成功地将大衣以原价销售了出去。对于爱占便宜型的顾客，可以善加利用其占便宜心理，使用价格的悬殊对比或者数量对比进行销售。占便宜型的客户心理其实非常简单，只要他认为自己占到了便宜，他就会选择成交。

利用价格的悬殊差距虽然能对销售结果起到很好的作用，但多少有一些欺骗客户的嫌疑。所以，在使用的过程中一定要牢记一点：销售的原则一定是能够帮助客户，满足客户对产品的需求，做到既要满足客户的心理，又要确保客户得到实实在在的实惠。只有这样，才能避免客户在知道真相后的气愤和受伤感，保持和客户长久的合作关系，实现双赢结果。

对叛逆型客户实行欲擒故纵的策略

想一想，作为消费者，当有人向我们强行推销某种商品的时候，我们会不会很反感，第一反应便是拒绝？而作为销售员，当我们向客户推销的时候，怎么说他们都不买，而有时候我们决定不卖的时候，他们反而追着要买？这种情况时有发生，到底为什么？

这就是叛逆心理在起作用。人们不会拒绝自己去改变，但大多数情况下一定会拒绝被别人改变。

一般情况下，人们做任何事情都会有自己最初的理解和想法，也会通过自己分析、判断做出决定和选择，在这个过程中一切都是自主的，因为没有人会希望受到别人的指使或限制。所以，当有人想要改变一个人的想法、决定或要把他的意念强加给这个人的时候，就会引起此人强烈的逆反心理，在这种心理的促使下，他会采取相反的态度或者言行，以保证自我的安全及维护自己的自尊。在心理学中，逆反心理是人们的一种自我保护，是为了避免自己受到不确定因素的威胁而树立的一种防范意识。

在日常生活中，逆反心理几乎是每个人都有的，差别只在于逆反程度的不同。在销售过程中，销售员在大多数的情况下都会遭遇客户的逆反心理，即销售员越是苦口婆心地推荐产品，客户就越会拒绝，销售员想要卖掉产品的欲望越强，客户的逆反心理就越强。

例如，在实际销售中，有很多销售员为了尽快签单，往往采取穷追猛打的策略，一味地介绍产品，劝导客户购买，以为通过密集轰炸就可以搞定客户，却不知道这恰恰会起到相反的效果，使客户产生逆反心理，打定主意不购买。我们知道，在与销售人员接触的时候，客户常常怀有戒备之心，如果此时只是一味强调己方产品如何好、如何实用等信息，客户反而会更加警惕，因为害怕受骗而拒绝接受。

相反，当客户的兴趣点或心理需要得不到满足的时候，反而会更加刺激他想要得到的欲望。越是得不到的东西，人们往往越想得到；越是不能接触的东西，人们反而越想接触；越是保密不让知道的事情，人们也会越想知道。

某售楼中心的推销员小邵，负责推销A、B两套房子。一天有个客户前来咨询，并要求看看房子。而这时小邵想要售出的是A套，在带客户去看房子的同时，他边走边向客户解释说："房子您可以先看看，但是A套房子在前两天已经有位先生看过并预订了，所以如果您要选择的话，可能就剩下B套了。"

这样说过之后，在这位客户的心里会产生这样一种想法，那就是："既然已经有人预订A套房子，就说明A、B两套房子相比，A套比较好一些。"有了这样的心理，在看过房子以后，客户更加觉得A套房子好，但是既然已经有人预订了，只能怪自己来得太晚了，于是客户带着几分遗憾离开了。

过了两天，推销员小邵主动打电话给前两天来看房子的客户，并兴高采烈地告诉他一个好消息："您现在可以买到A套房子了，您真是很幸运，因为之前预订A套房子的客户因为资金问题取消了预订，而当时我发现您对这套房子也比较喜欢，于是就先给您留下了，您看您还需要购买吗?"

客户听到这样的消息，十分高兴，有一种失而复得的感觉。既然机会来了，一定要把握住，于是他迅速地与推销员小邵签了这份单子。

销售人员应紧紧抓住逆反心理强烈的客户这一鲜明的心理特征，根据实际情况对自己的销售策略及沟通方式做一些调整，利用客户的逆反心理达到销售的目的。在具体的销售过程中，客户逆反心理一般有以下几种表现形式：

（1）反驳。这是在客户身上最常见的逆反心理表现。客户往往会故意地针对销售员的说辞提出反对意见，让销售员知难而退。

（2）不发表意见。这种逆反更难以应付，因为在销售员苦口婆心地介绍和说服的过程中，客户始终保持缄默，态度也很冷淡，不发表任何意见，销售人员也就无从反驳或引导客户。

（3）高人一等的作风。不管销售员说什么，客户都会以一句“我知道”来应对，意思是说，我什么都知道，你不用再介绍了。这样的客户往往会给销售员带来一种很大的压力。

（4）断然拒绝。在销售员向客户推荐时，有的客户会坚决地说：“这件商品不适合我，我不喜欢，让我自己先看看。”

优秀的销售员会第一时间察觉客户的逆反心理，从而不着痕迹地结束自己滔滔不绝的介绍，改变销售策略，从照顾客户的感受开始，让客户的心理得到放松，从而增加销售成功的概率。

简洁明快切入正题才能抓住外向型客户目光

在一般情况下，相对于沉默内敛的内向型客户，大部分的销售人员更喜欢与开朗健谈的外向型客户打交道。但在成交的时候，却发现外向型客户也并不好“对付”，往往是销售人员还在介绍产品，客户就直接离开了。为什么会这样？

因为，外向型客户怕啰唆，是你喋喋不休或滔滔不绝的介绍吓走了客户。

著名的心理学家荣格以人的心态是指向主观内部世界还是客观外在世界为依据，将人分为内向型与外向型两种类型。一般内向型的人心理活动倾向于内部世界，他们对内部心理活动的体验深刻而持久；而外向型的人心理活动倾向于外部世界，他们最大的特点是经常对客观事物表现出超过常人的兴趣，他们不喜欢苦思冥想，因此常常要求别人帮助自己满足情感需要。

也正因为外向性格的人比较心直口快、活泼开朗，善于交际，待人也热情、诚恳，所以，他们会得到更多人的喜欢。销售员同样很喜欢和外向型的客户相处，因为这样的客户非常容易交流，且不会让人感觉压抑。当销售员在给这样的客户介绍商品的时候，他会很乐意地听销售员说明，并且会积极地参与进来，在谈判过程中也会创造出比较融洽的气氛。

虽然外向型的客户通常比较有主见，能够迅速地做出判断，但其判断往往只限于善恶、正邪、敌我及有用无用等，比较极端化，不关注实物的具体情况及细节。所以，在销售过程中，如果他喜欢，他会很痛快地购买，不喜欢的话就会果断拒绝。

面对外向型客户的特点，销售员也应该以比较外向的方式来与之交往。做到说话要赶上客户的节奏，干脆利落，回答客户的问题要准确清晰，绝不拖泥带水，这样才会使客户产生志趣相投的感觉，从而拉近与客户的距离。

小杨是一家设备公司的销售员，他联系了一位客户，是某公司姓方的经理。小杨向他推销一套办公设备，与客户约定早上9点在方经理办公室见面。小杨最近一段时间的销售工作进展得很不顺利，他不知道这次能不能成功，心里忐忑不安。

按照地址，小杨很顺利地找到客户所在的办公大楼。他意外地发现，方经理的秘书已经按照经理的吩咐在迎接小杨。这让小杨感到受宠若惊，异常欢喜，他想这应该是位比较和善的客户。

果然，方经理对小杨非常热情，并且主动和他聊天。小杨在与方经理沟通的过程中，仔细观察方经理的言行举止，并做出判断：方经理是一个不拘小节、性格外向的人，应该很容易交流。于是小杨也不再拘谨，而是顺着方经理的话题，迎合方经理，侃侃而谈，并巧妙地把他引到办公设备的话题上。

中间小杨还穿插了几个自己推销过程中比较有趣的故事，使方经理把注意力完全转移到自己及自己的产品身上。对于方经理关于产品的一些提问，小杨总是很清晰、准确、简洁地给以答复，说话不拖泥带水，给方经理留下了业务专业、行事干练、自信诚恳、精神饱满的好印象，因而更加拉近了彼此之间的距离。

方经理将自己对于办公设备的想法向小杨说明，小杨很快就针对他的想法提出了合理的方案，让方经理很是满意。最后，方经理很痛快地订购了整套设备，给小杨带来了不小的收益。

外向型的客户做事爽快，他们喜欢在一种友好的环境下与人交流，对销售人员更是平易近人。但他们不喜欢销售员一进门就滔滔不绝地介绍自己的产品如何优秀、如何畅销、如何适合自己，像念经一样说个没完，这样很容易引起他们的厌烦，啰唆拖拉与没完没了不符合他们爽快开朗的性格。

虽然容易对外界事物产生兴趣是外向型客户的特点，但他们也容易对同一个话题感到厌倦。如果销售员抱住一个话题，就啰唆地说个没完，会让他们无法忍受。销售员应该摸清客户的兴趣和意愿，顺着他们的话题说，并想办法引起他们的关注，巧妙地把自己的产品引到谈话当中，让客户在不知不觉之中被吸引。

先让客户体验，然后再谈销售

销售是服务的孪生姐妹，相辅相成。有好的服务，必有好的销售业绩。如果服务仅仅为了促进销售而做，那么一定不会有很好的效果。

经济学上将买卖分为一次性博弈和重复性博弈两种。如果将销售当作一次性博弈，销售员很可能就将服务当作为销售而做的功利性服务。

成功的销售是将与消费者之间的交易看作重复性博弈。因为他们知道不是一次博弈，需要为将来考虑。如果在第一次博弈中就要尽卑鄙手段，不诚实合作，那么很难真正享受到“服务”带给你的长期回报。

任何带有功利性的服务都不能让销售成为重复性博弈。相反，不为销售而为客户提供的服务，是一种真诚付出，只有这种无私的服务才会打动客户的心，让客户愿意长期与你合作。因此，对于销售员来说，只有把销售融入服务当中，才能真正让服务发挥效果，为你的销售锦上添花。

安娜是美国一家房地产公司顶尖的经纪人之一，她一年的销售额高达1000万美元。谈及自己获得高额销量的制胜法宝时，安娜只说了一句话：“绝不只为销售而服务。”

一天，一对夫妇想在罗克威买一栋房子并定居下来。经人介绍，这对夫妇找到安娜，安娜热情地接待了他们。

安娜没有立刻带这对夫妇去看待售的房子，而是带他们参观社区、样板房，介绍当地的生活习惯、生活方式，带这对夫妇参加小城的节日，让他们免费享受热狗、汉堡、饮料。

“每到傍晚时分，滑水队伍会在湖上表演，市民则在船上的小木屋里吃晚餐。”安娜为他们一一介绍道，“再稍后，他们在广场看五彩烟火，然后去商场，这里的购物环境非常优美，价格也非常公道。待会儿，我再带你们去看看我们社区内最好的学校。”安娜带着顾客一一了解他们入住此处后可能会遇到的各项生活细节。

最终，这对夫妇满意地决定在湖畔购买一套价值60万美元的房子。客户付款后，安娜的服务仍然没有结束：协助客户联系医生、牙医、律师、清洁公司，帮助客户联系女儿的上学事宜，帮客户买电、买煤气。

安娜通常会在每年的圣诞假期为自己服务过的客户举办一场盛大的宴会，从纽约请5～7人的乐队进行伴奏，准备香槟、饮料、鲜嫩的牛肉片和鸡肉，提供各种型号的晚礼服。安娜举杯向客户敬酒，感谢客户们的支持与信任，祝福客户生活得更美好。她会一个一个地与客户私下沟通，问对方是否需要帮助，并承诺以后会提供更好、更优质的服务。在客户离开的门口，放着许多挂历、钢笔、书籍等实用的小礼物，让客户离开时随意拿。

有了如此细致周到的贴心服务，安娜何愁没有惊人的销售业绩呢？

正如安娜所言，她成功的秘诀就在于真正做到了“绝不只为销售而服务”。在与客户见面后，她不急着直接介绍房子，而是先带他们了解周围的环境和当地的文化，让客户充分获得有效的信息，同时思考是否适合在这里居住。当客户购买房子后，安娜还提供许多看似与房产无关的服务，时刻与客户保持良好的关系，让客户感觉不仅仅买了一套设施便捷的房子，更获得了未来生活的安全感。这正是将与客户的关系当作多次的重复性博弈来看待，自然也能够收获长期的忠实客户。

真诚的服务不是为了销售而服务，而是设身处地站在客户的角度，将买卖当作重复性博弈，建立长期的好感与互信，将销售融入服务当中而使销售变得无痕无迹。作为推销员，要想获得很好的销售业绩，也要像安娜学习，让优质的服务起到“四两拨千斤”的作用。

给内向型客户信赖和依靠感

在我们的周围，总是有两类人，他们的做事风格完全相反。比如对于一个友好的帮助，一种人往往会很真诚、很高调地表达感谢，然后，抛在脑后；另一种人可能什么都不会说，但是，在接下来的时间里你就会发现，他在默默地对你好，并且，对你越来越好。为什么？

内向型的人往往更倾向于相信自己内心的感觉，他们会根据自己的判断做出选择。

心理学研究发现，相比性格开朗、易于沟通的外向型的人，性格封闭、不易接近的内向型的人感情及思维活动更加倾向于心灵内部，感情比较深沉。他们不善言辞，待人接物小心谨慎，一般情况下他们避免甚至害怕与陌生人接触。虽然内向性格的人比较爱思考，但他们的判断力常常因为过分担心而变弱，对于新环境或新事物的适应，他们往往需要很长的周期。

因为内向型客户对陌生人的态度比较冷漠，且情绪内敛，沉默少言，在消费过程中也会小心翼翼，甚至久久拿不定主意，使得销售员的销售工作很难有进展。在销售过程中，往往是销售员问一句，神情冷漠的内向型客户答一句，不问就不答，导致交谈的氛围沉闷，销售人员的心情也比较压抑，想要迅速促成交易往往是很困难的一件事情。

但是，销售人员切不要被内向型客户的外表神情蒙骗，从而打退堂鼓。善于观察的销售员会发现，虽然内敛型的客户少言寡语，甚至表面看似反应迟钝，对销售员及其推销的商品都表现得满不在乎，不会发表任何意见，但他其实在认真地听，并已经对商品的好坏进行了思考。内向型客户其实非常细心，只是源于其性格中的对陌生人极强的防御和警惕本能，他们即使对销售员的观点表示赞同，也不会说太多的话。这时候销售人员应对客户一如既往地温柔对待。根据内向型客户嘴上不说，但是心中有数的特点，他们一旦开口，所提的问题大多很实在、尖锐并且会切中要害，销售员应想好对策，从容温和地回答，打消客户的质疑，这样就会很容易得到内向型客户的信赖。

王建是某手机超市的销售员。有一天，一位先生来店里看手机，很多当班的柜台销售员都主动跟他打招呼，热情地询问他需要什么样的手机。每一次被询问，这位先生都只是说自己随便看看，到每个柜台前都是匆匆地浏览一下就迅速离开了。面对着许多销售员的热情询问，这位先生显得有些窘迫，脸涨得通红，转了两圈，觉得没有适合自己的手机，就准备离开了。

这时王建根据经验，判断出该客户是一个比较内向腼腆的人，并且根据观察，王建断定客户心中肯定已经确定了某一品牌的手机，只是由于款式或者价格等原因，或者是由于被刚才那些销售员的轮番“轰炸”，有些不知所措而一时失去了主意。

于是，王建很友好地把客户请到自己的柜台前，他温和地说：“先生，您是不是看上某款手机，但觉得价格方面不是很合适，如果您喜欢，价格可以给您适当的优惠，先到这边来坐吧，这边比较安静，咱再聊聊！”客户果然很顺从，王建请他坐下，与他聊起天来。

王建开始并没有直接销售手机，而是用闲聊的方式说起自己曾经买手机，因为不善言辞而出丑的事。他说自己是个比较内向的人，做推销这几年变化挺大。与客户聊了一些这样的话题以后，客户显然对他产生了一定的信任感，于是在不知不觉中主动向王建透露了自己的真实想法。

王建适时地给他推荐了一款适当的机型，并且在价格上也做出了一定的让步，给客户一定的实惠，同时王建还给客户留了自己的电话，保证手机没有质量问题。最后，客户终于放心地购买了自己想要的手机。

其实内向型客户并不是真的冷若冰霜、难以沟通，他们往往用冷漠来保护自己，却拥有一颗火热的心。只要他通过自己的判断觉得你比较诚恳，他一定也会表达出善意，而双方越熟悉，他就越会信任你，甚至依赖你。对于缺乏判断力的内向型客户来说，只要他信任你，他甚至会让你替他做决定。而且如果他对你的产品感到满意，他就会变成你的忠诚客户，一次次向你购买。因此，利用温柔攻势及切实为客户着想，获取客户的信任是面对内向型客户的制胜法宝。

在销售中，与不善于表达自己的内向型客户交朋友吧，用心观察和分析他们的特点，用自己的真诚和温柔来打动客户，赢得内向型客户的信赖就不再是一个难题。

第二篇

推销心理学

· 第一章 ·

别被顾客挡在门外

三分钟提案突破秘书关

大多数秘书一般不会对第一次与之打交道的供应商存有成见。你只要做一件事就行了：把你要找的人的名字或职务告诉她，她就会替你接通或是告诉你何时可以来电。

在进行电话行销时，只有找到决策人才算是沟通的开始，因为非决策者无法对你所提供的产品和服务做出购买的决定，甚至根本不感兴趣，所以商务电话沟通最重要的一点是如何找到真正的购买者。能做决策的购买者往往是公司或企业的高层或负责人，在找到他们之前，电话往往迂回地被对方的秘书或接线员挡驾。所以学会如何在短时间内，甚至在三分钟内突破这些秘书的挡驾也将是一个重要的环节。因此，你就要好好做好这三分钟提案，以此突破秘书关。

对于电话行销人员来说，带有否定意味的语言对达成共识百害而无一利。大多数人在打电话时会这样提问："你好，腾飞公司吗？请问，经理现在有时间吗？"接线人就说："你下午打来吧。"你准备了大半天的好态度，被她一句话就给对付了。错在哪里？错就错在你不懂得语气是个什么概念，语气会传达出什么样的暗示效果。

什么是语气？你的询问方式正是一种语气。

某公司经理曾这样说："有时我看着业务新手打电话，真让我啼笑皆非。我说，你怎么不问他们经理今天呼吸吗？你可以等他忙完了再打吗？那你就永远也不要打了。"

所以说，绕障碍的时候，不要先去问人家有没有时间，而要表达出这个电话的重要性。

绕障碍时，你可以暗示出你与拍板人有一定的关系，也可以暗示这个电话是不容耽误的，或使用其他技巧避免说出具有否定意味的话。

这种时候，你可能会遇到对你的业务感兴趣的秘书，但你要明白负责人才有权采购货品，秘书并不具备这种权力，尽管她可能会有兴趣，但同她谈生意是没有意义的。假如秘书想知道你要求约见的原因，你只能笼统地回答，详情如颜色、尺寸、价格等对采购部负责人才有意义的，用不着告诉秘书。对秘书讲的话要尽可能少，其原因如下：

（1）如果是由秘书把你谈的详情转达给采购部负责人，虽然你讲得很诱人，但她的转达可能会有出入。

（2）你讲的话可能会被曲解。

（3）就买方的特殊要求而言，你的商品的真正优势可能体现不出来。

有时候，推销员在过秘书这一关时，总喜欢用提问的语言，可是有些时候提问也会引起接线人的纠缠，引得你不得不谈问题。所以，应避免在绕障碍时信口提问。有些人说："如果你想让人听你讲话，你首先就要给对方制造出一种积极心理，让他乐于听你讲话。"然后又说，"最有效的方法是，通话时先问对方：'我现在可以同您交谈吗？'"接着就想当然地猜测说："对方会因为你尊重了他的时间，就有了与你通话的愿望。"

这种开场白说了之后，的确会使接线人意识到对方把谈话的主动权交给了自己，从而减少了一些电话暴力的印象，但是我们不提倡在绕障碍时用这种方法向接线人提问。比如说，"请问您现在有时间吗？我找一下你们经理，他在不在？"你这样说，就做出一个想跟接线人深入交谈的架势。这种暗示是错误的，就算接线人刹那间感到了你那脉脉的温情，同时也会产生警觉，接下来就会问你："你到底是谁？你有什么事？你要做什么？你要求什么？"这会给绕障碍造成很大的麻烦。

有一点要特别注意：接线人之所以有问题，是电话行销人员引导他们提问的。而如果接线人没有问题，不是因为他没有想法，而是你给了他信任，当信任大于问题时就没有什么问题了。

那么如何才能顺利突破秘书关？下面的法则可供参考。

一、恳求帮助法则

每个人内心深处都有贡献他人和社会的情怀，有帮助他人的意愿。所以突破秘书关的第一个方法就是帮助法则。

"××小姐，您好！我有急事需要马上跟张总商讨一下，您可不可以帮我把电话直接转给张总？"提出这个愿望，同时你说的话又讲得非常贴切有礼貌，对方就很难拒绝。

二、妙用私事法则

“我找王总。”

“请问你找王总有什么事情?”

“我跟王总之间有些个人私事，麻烦帮我转接他的电话。”

“好吧，我帮你转进去。”一般的秘书害怕涉及总裁的隐私，万一处理不好她就要被炒鱿鱼，她觉得不太合算，就会马上给你转进去。不过，你讲话的语言、声音要让她感觉到你跟总裁之间有私事、私交、私情。

三、赞美须恰如其分

如果一位秘书听到了对她非常巧妙的赞美，而且这些赞美的语句在她的生活当中从来没有遇到过，她会非常高兴的。很多人往往都会在电话中这样赞美别人:“喂，小姐，你好漂亮!”“噢，你没有看到我，怎么会知道我很漂亮?”“啪”的一声把你的电话挂断了，因为你的赞美不切实际。你在这个时候的赞美一定要非常贴切，赞美秘书的时候一定要能够建立跟秘书的亲和力。“×××秘书，你的声音真的是我听过的最动听的声音。一听到你的声音我就感觉到你在这个方面真的是非常有涵养。”

四、让秘书觉得你是一流人物

你可以在接通电话后，马上用和缓的口吻问一下对方的姓氏:“您好，请问您是哪位?”这样就在错觉上扭转了双方立场上的关系。因为，当你要求对方报出姓名时，本来是代表着权威的接线人立即就被拉到了一般水准。她甚至会觉得不可以不认真对待这个电话，否则，就会有一些责任上的追究。当对方想尽快解除心理上的压力时，就把相关的信息泄露了出来。如果自己觉得在绕过秘书这道障碍时没有把握，你可以先把你要说的话或采取的说话方式以提案的形式写在纸上，打电话的时候就多了一份信心和底气。再者还要注意，打电话时应尊重对方的员工，一开始就取得他们的信任及好感，对以后的工作将有极大帮助。

像商品一样，把自己最好的一面展示在顾客面前

优秀的销售员在与他人分享自己的经验时，总会说到这样一句话，“销售产品前，首先是销售你自己”，或者“销售就是销售自己”。

“形象就是自己的名片”，给客户留下的第一印象，决定了一个销售员能否让客户接受并购买产品。对于销售员来说，个人的形象十分重要，要想销售产品，

首先要将自己推销给客户，只有客户接受了你，他才会考虑你的产品。

销售员的外表和修饰在客户心目中会直接影响所销售产品本身的质量。销售员作为产品与客户之间的纽带，其外形和举止是决定客户是否购买的关键因素，因为让客户满意就等同于客户的“安心”需求得到满足。

在留给客户的第一印象中，衣装的决定作用高达95%。当销售人员穿着得体、修饰恰当、皮鞋锃亮，是一个专业的职业形象时，客户会第一时间下意识地判断这个销售员的背后是一个优秀的公司，且其具备优质的产品或服务。而守时、礼貌、准备充分的行为同样会给客户留下积极的印象。这些好的印象会像光圈一样扩展到销售员所销售的产品或服务上。

相反，如果一个销售人员衣着邋遢、不修边幅，或者有迟到、举止轻率、零乱等行为，“所看即所得”的印象会让客户对其充满质疑。客户会想当然地认为销售员所在的公司是一家二流甚至三流的公司，提供的产品或服务也不会好到哪里去。

吴坤刚来公司时和一般人一样，都是从普通的业务员做起。为了工作需要，公司统一发了一套西服，但需交服装押金300元。由于他刚毕业，这又是第一份工作，手头比较紧张，而且他嫌西服过于正式，干脆就不穿西服了。吴坤平时喜欢穿休闲装，他觉得，一个男人穿着西服，却骑着一辆自行车，简直不伦不类。所以，上门谈业务时，他没有按公司的要求，而是一如既往地穿着一身休闲装；同时，他也不太在乎客户的感觉，说话大大咧咧，行为举止显得十分不雅。因此，虽然他每天出入于写字楼和高档宾馆做业务，但几个月下来一项业务也没有做成。

一天，当吴坤敲开一家客户的门时，女主人在门缝里对他说：“你来晚了，他带着孩子到河边去了，你到那里去找他吧。”吴坤一听，就显得特别不高兴，这种情绪马上反应在脸上，他刚想发挥口才，但门已关上了。

当吴坤扫兴地走下台阶时，一个女孩儿冲他打招呼：“嗨，能陪我打一会儿网球吗?”

反正业务也吹了，有漂亮女孩儿相陪也能解闷。吴坤与女孩儿打了三局，女孩对他的球技非常欣赏。谈话中，吴坤告诉她自己是某公司的业务员，运气不好，一直未能说服客户。

女孩儿问吴坤：“你平时也穿休闲装与客户谈业务吗?”他点点头。女孩儿背起球拍对吴坤说：“只有在网球场上我才理你，如果你是这样的脸色、行为举止以及这身打扮到我家谈业务，我也不会理你！”

真是这样吗？第二天，吴坤改变习惯，换上了一套西服，礼貌地再次敲响客户的门。这次还真的成功了！从此他开始注重自己的仪表装束，业务进展很快，一年后便当上了部门经理。

当然，印象的形成不单单只以外表为参照标准，表情、动作、态度等也非常重要，即使你长得不是很漂亮，只要充满自信，态度积极诚恳，同样会感染、感动客户。

日本著名的销售大师原一平先生根据自己50年的推销经验，总结出了“整理服饰的8个要领”和“整理外表的9个原则”。

整理服饰的8个要领：

(1) 与你年龄相近的稳健型人物，他们的服装可作为你学习的标准。

(2) 你的服装必须与时间、地点等因素符合，自然而大方，还得与你的身材、肤色相搭配。

(3) 衣着穿得太年轻的话，容易招致对方的怀疑与轻视。

(4) 流行的服装最好不要穿。

(5) 如果一定要赶流行，也只能选择较朴实无华的。

(6) 要使你的身材与服装的质料、色泽保持均衡状态。

(7) 太宽或太紧的服装均不宜，大小应合身。

(8) 不要让服装遮掩了你的优秀素养。

整理外表的9个原则：

(1) 外表决定了别人对你的第一印象。

(2) 外表会显现出你的个性。

(3) 整理外表的目的就是让对方看出你是哪一类型的人。

(4) 对方常依你的外表决定是否与你交往。

(5) 外表就是你的魅力表征。

(6) 站姿、走姿、坐姿是否正确，决定你让人看起来顺不顺眼。不论何种姿势，基本要领是脊椎挺直。

(7) 走路时，脚尖要伸直，不可往上翘。

(8) 小腹往后收，看来有精神。

(9) 好好整理你的外表，会使你的优点更突出。

感动接待人员，变销售障碍为签单的桥梁

陈成是推销水泥用球磨机的业务员，他认为某市是个水泥厂集中的地区，对球磨机的需求肯定不小，于是他打点行装就过去了。

通过走访，陈成了解到，不久之前，有一家外资企业在此刚刚开业，他们的悬窑生产线采用了世界上最先进的技术，其球磨机对铸球料的质量要求极高。如果能和这家大企业建立起购销关系，该地区其他小厂肯定会纷纷效仿。

做好准备后，陈成就登门拜访去了。没想到刚到大门前，他就被门卫非常客气地挡在了外面。在出示了一系列证件后，门卫才帮他拨通总经理办公室的电话。可想而知，陈成遭到了拒绝。

跑了上千公里路，结果连人家的厂门也没有进去，陈成当然很不甘心。他想，阻拦自己的是谁呢？是门卫。所以，他就在门卫身上下起了功夫。

陈成使尽了各种方法，门卫都不愿意放他进去，门卫说："我不会让你进去的！你要搞清楚，我好不容易才得到这份工作，请你不要给我添乱了！"

陈成见正面请求没有见效，于是，就转换策略与门卫拉起了家常。门卫开始不愿意与他多说话，后来见他比较真诚，就爱搭不理地应付了几句。

到了后来，两人竟然聊得很投机，陈成就对门卫说："大哥，我这份工作来得也不容易啊！这次我跑了上千多公里路来到这里，如果连你们的厂门都进不去的话，我的饭碗可能会保不住。但我知道您也不容易，就不难为您了，我打算明天就回去，以后记得常联系啊！"

门卫就动了真感情，悄悄告诉他说："总经理每天早上8点准时进厂，如果你有胆量，就堵住他的车。记住，他乘坐的是一辆白色宝马。我只能帮你这么多了。"

获此消息，陈成喜不自禁。第二天天刚蒙蒙亮，他就开始在厂外等候，并终于见到了总经理。经过一番艰苦的谈判，厂方订了一大批货。

对于那些上门做业务的推销员而言，门卫、秘书等接待人员往往成为他们接触负责人的最大障碍。因此，推销员首先应取得这些人的认可，才有可能达到签单的目的。

在案例中，推销员陈成为了拿下一个大客户而登门拜访，但始终过不了门卫这一关，无论他怎样请求，都无济于事。门卫不放推销员进去是在履行自己的职责，也就是说此时的门卫正在使用左脑思考，推销员要想进入公司，就必须改变

策略，让门卫放弃使用左脑。

陈成不愧为一个左右脑推销的高手，他及时转变了策略，与门卫拉起了家常，这是一个典型的右脑策略。两人越聊越投机，最后陈成说："大哥，我这份工作来的也不容易啊！……以后记得常联系啊！"这句话同样是直接作用于门卫的右脑，尤其是"大哥"这个非正式的称呼更是拉近了两个人的距离，获得了对方进一步的好感。最终，右脑策略取得了成功，门卫彻底放弃了左脑的理性思考，而向他透露了总经理的信息，陈成最终见到了总经理，成功签约。

可见，当推销员遭到接待人员的拒绝后，千万不要灰心，而是要积极发挥自己右脑的实力，与他们搞好关系，一旦获得了接待人员的认可，由于他们对负责人的情况比较了解，就可以变障碍为桥梁，顺利达到你的目的。

以朋友介绍的名义开场，消除客户的戒备心

刚辞职"下海"的张娟做起了推销日用化妆品的工作，由于是新手，又摸不清客户心理，因此推销的成绩很不理想，一连几天都没有把东西推销出去，因此她心里焦急万分，便想打退堂鼓。不料，这时突然"柳暗花明"了。那一天，她又在推销。进入一家商店时，正好碰上了以前高中时的同学王丽。

得知张娟正在推销化妆品后，王丽为她介绍了一个熟人——一位百货公司化妆品部经理。

张娟高兴极了，第二天她就登门拜访了这位经理。

"您好，是李总吗？我是王丽的朋友，是她介绍我认识您的。王丽是我高中同学，而且同桌了一年，比我大一岁。"

"是吗，你好，我也很长时间没见到她了，不知道她最近怎么样了。"

"我昨天刚碰到过她了，她最近挺好的，在进修国际贸易，她总是那么爱学习。她对您赞誉有加，说您勇于打破一切常规，敢于从零做起，她相当欣赏您。"

"真的吗？"

"她说您在学生时代还看不出什么，但是没想到进入社会后就慢慢崭露头角。您有朝一日必定大有作为，所以还要请您多多关照，多多提拔。"

"哪里，过奖了。"

"听王丽说，你们在大学读书时经常利用节假日去学校附近的江边做野炊，江里边有个小岛，叫作什么岛来着？"

"孔雀岛。"

“对，对，孔雀岛，上面肯定有很多孔雀吧。听说有一次你们在岛上野炊，忽然下起大雨，江面突然涨水了，平日干涸的河段也涨满水，你们差点回不来了。我听着，都感到挺有趣的。想来，您亲身经历过，应该感触更深吧！”

“你们那班的朋友，现在还都有联系吧？”

“也没有，有好多朋友失去了联系。”

“说得也是，离开学校后，各有各的事业，各有各的前程，天各一方的，联系起来就没有那么容易了。”

“李总，不好意思，只顾谈你们的过去，忘了自我介绍。我叫张娟，现在从事的是化妆品销售工作。我想，在这方面您一定可以帮到我。”

“……”

“现在化妆品比较走俏，市场也很大。”

“可是，质次价高，名不副实，也不好经营，我们现在正在为这个问题发愁呢！”

“李总，我们公司新近研制出了几个型号，现在正在开拓市场。”

“那你说说看。”

于是，张娟认真地将准备好的工作说了一遍，得到了李总的认同，签订了合同。

经过这件事以后，张娟也有了信心，慢慢地摸索出了一套寻找客户的方法，推销业绩日趋上升，也不再想着转行了。

在推销行业中，推销员以朋友介绍的名义去拜访一个新客户，这个新客户要想拒绝推销员是比较困难的，因为他如果这样做就等于拒绝了他的朋友。这个案例中张娟就是通过朋友的关系成功拿下一个新客户的。

在案例中，日用化妆品推销员张娟偶遇高中同学王丽，在王丽的介绍下，去拜访某百货公司的化妆品部经理。见到潜在客户后，张娟自报家门说：“我是王丽的朋友，是她介绍我认识您的。”我们知道，面对陌生人，任何人都会很自然地产生一种警惕心理。如果在推销员刚开始就说明自己与介绍人的关系，客户的警惕心理就会减少很多。这是一种典型的右脑策略。

然后，张娟又向客户传达了介绍人的近况，以及介绍人对客户的评价、客户以前的趣事等，让客户的右脑逐渐感知到，这个人确实是朋友介绍来的，可以信任，这对销售起到了很好的促进作用。

最后，张娟又顺势引导客户到自己的销售目的上来，由于客户已经对推销员建立了好感和信任，接下来的谈话也就非常顺利了，张娟成功地拿下了这个新客户。

由此可见，通过朋友介绍的名义去拜访客户，更容易获得客户的信任，对成交更有利。因此，推销员们一定要注意与朋友和客户保持联络，有时甚至是只见过一面的人都可以使你获得更多的客户资源。

借用其他企业的名气赢得信任

与客户初次沟通时，可以借用客户比较信任的企业，与客户拉近关系。

电话销售人员："您好，是张总吗？"

客户："是的，什么事情？"

电话销售人员："您好，张总，我是广州广交会客户服务部的王飞，前几天您刚参加过我们的广交会，今天打电话过来是为了感谢您对我们工作的支持！同时也有一份小礼品要送给您！这份小礼品是订房优惠卡，因为每次广交会期间订房都非常困难，所以为了顾客的方便，我们特意送出这份礼物，希望您喜欢。我会以邮寄方式寄给您，请问您的地址是……"

客户："××市，××区……"

电话销售人员："谢谢！顺便说一下，这张卡是广交会客户服务部与××公司合作共同推出的，所以我会通知他们马上邮寄给您。我相信您很快就可以得到它。再次感谢您！"

在接通电话时，最忌讳的是一开口就推销产品，这样成功的机会少之又少。因为初次打交道，人们最直接的反应就是对销售人员的不信任。要消除这种不信任，销售人员可采用借"东风"的策略。

在三国时，诸葛亮能在赤壁之战中，一把火烧掉曹操几十万大军，借用的就是东风。如果电话销售人员能够敏锐发现身边的"东风"，并将之借用，往往能起到"四两拨千斤"的效果。所谓借"东风"，就是指借用客户比较信任的企业，拉近与客户的距离，从而巧妙地把自己销售的产品与要借力的企业联系在一起，如此客户就很难拒绝。案例中，电话销售人员就是借用了"广交会服务部"这个"东风"而获得成功的。

在运用巧借"东风"这个方法时，以下几点要注意：

（1）借力对象必须是与本企业合作的、知名的企业，并且能够让客户信任的企业。

（2）借力对象必须与自己公司销售的产品有密切关系。

（3）以客户服务回访的方式进行"借力"一般比较有效。

·第二章·

会听会问，挖掘客户的真实意愿

倾听其实是对客户最大的尊重

倾听是一种特殊的沟通技巧，这个技巧很简单，但却很少能引起推销员的重视。

艾格：“您好！我是艾格。今天下午我曾经向您介绍了一辆新车，眼看您就要买下，却突然走了。”

客户：“喂，您知道现在是什么时候吗?”

艾格：“非常抱歉，我知道现在已经是晚上 11 点钟了，但是我检讨了一下午，实在想不出自己错在哪里，因此特地打电话向您讨教。”

客户：“真的吗?”

艾格：“肺腑之言。”

客户：“很好！你在用心听我说话吗?”

艾格：“非常用心。”

客户：“可是今天下午你根本没有用心听我讲话。就在签字之前，我提到小儿子的学科成绩、运动能力以及他将来的抱负，我以他为荣，但是你却毫无反应。”

艾格：“如果是这样，我对我的行为深感歉意。我也万分感激您让我懂得了一个重要的道理，那就是任何时候都需要认真聆听客户的话语。”

人人都喜欢被他人尊重，受别人重视，这是人性使然。当你专心听客户讲话，客户会有被尊重的感觉，因而可以拉近你们之间的距离。卡耐基曾说：专心听别人讲话的态度，是我们所能给予别人的最大赞美。不管对朋友、亲人、上司、下属，聆听有同样的功效。

很显然，艾格之所以失去这个客户，正是因为他没有领会到聆听的重要性。

在推销过程中，耐心倾听顾客的心声，用肯定的话对客户进行附和，你的客户会对你心无旁骛地听他讲话感到非常高兴。根据统计数据，在工作中和生活中，人们平均有40％的时间用于倾听。倾听让我们能够与周围的人保持接触。失去倾听能力也就意味着失去与他人共同工作、生活、休闲的可能。

所以，在商务电话沟通中，发挥听的功效是非常重要的，只要你听得越多、听得越好，就会有越多的客户喜欢你、相信你，并且要跟你做生意。成功的聆听者永远都是最受人欢迎的。

恰当重复客户语言，把话说到对方心坎上

有这样一个故事：

曾经有一个小国派使者到中国来，进贡了三个一模一样的小金人，其工艺精良，造型栩栩如生，真把皇帝高兴坏了。可是这个小国有点儿不厚道，派来的使者出了一道题目：这三个小金人哪个最有价值？如果答案正确，才可以留下三个小金人。

皇帝想了许多的办法，请了全国有名的珠宝匠来检查，但都无法分辨。

最后，一位退位的老大臣说他有办法。

皇帝将使者请到大殿，老大臣胸有成竹地拿着三根稻草，插入第一个金人的耳朵里，这稻草从另一只耳朵出来了；插入第二个金人的耳朵里，稻草从嘴巴里直接掉了出来，而第三个金人，稻草进去后掉进了肚子，什么响动也没有。

老大臣说："第三个金人最有价值！"

使者默默无语，答案正确。

有的话别人听了只当耳边风，一只耳朵进，另一只耳朵出；有的话别人听了只是当了一个传声筒，从耳朵听进去，从嘴巴传出来，并没有听到心里去。这两种情况都是做无用功。要想使说的话有价值，就必须把话说到对方的心坎上，这样说的话就没有浪费，把话听到心里去的人也得到了价值。

推销也是这样，那么怎样才能把话说到对方心坎上去呢？那就是说客户想听的话。

可是，现实中有一个问题就是：销售员往往喜欢说自己想说的话，例如，公司、产品、自己认为自己的产品与众不同之处、自己认为自己的产品能给客户带来的利益等，但客户不想听这些话，尤其是在销售员第一次拜访时。所以销售员

在推销之前，就要考虑自己要说的话客户是否喜欢听，不然即使打电话也只是浪费时间和金钱。所以，销售员要学会把自己的每一句话都说到对方的心坎上去。

恰当重复客户语言，不失为一种把话说到对方心坎上的好方法。重复客户说的话，是让客户感觉销售员与他站在同一个立场上，这是拉近关系的很好的方式。

当客户说“现在企业很难找到敬业的员工”时，销售员在听到这句话之后应该说：“不错，现在敬业的员工的确太难找了。”以表示赞同。

另外，你也可以说一些表示赞美与理解的话，让对方高兴。例如，你可以这样赞美他：“您的声音真的非常好听！”“听您说话，我就知道您是这方面的专家。”“公司有您这种领导，真是太荣幸了。”

你也可以说一些话，对他表示理解和尊重，你可以说：“您说的话很有道理，我非常理解您。”“如果我是您，我一定与您的想法一样。”“谢谢您听我谈了这么多。”

这些话无疑都是说到了对方的心坎上，让对方觉得受用、中听，说不定欣喜之余就会决定与你合作。

聆听客户的抱怨，会有新的发现

俗话说：“伸手不打笑脸人。”我们不难联想到自己工作、生活中的一些场景，比如当领导发火时，赶紧主动道歉，将责任全部揽到自己身上；比如爽约了，见面马上道歉，并想办法让对方开心，你笑脸待人，对方还忍心对你“开枪”吗？

微笑和真诚是影响客户情绪的重要因素，可以化客户的怒气为平和，化客户的拒绝为认同。

在销售过程中，客户的情绪往往是变化无常的，如果销售人员不注意，则很可能会由于一个很小的动作或一句微不足道的语言，使客户放弃购买，导致之前所做的一切努力都付诸东流。尤其是面对客户对于产品的价格、质量、性能等各个方面的抱怨，如果销售员不能够正确妥善地处理，将会给自己的工作带来极大的负面影响，不仅仅影响业绩，更可能会影响公司的品牌。

所以，学会积极回应客户的抱怨，温和、礼貌、微笑并真诚地对客户做出解释，消除客户的不满情绪，让他们从不满到满意，相信销售员收获的不仅仅是这一次的成交，而是客户长久的合作。

客户的抱怨一般来自以下两个方面。

第一，对销售人员的服务态度不满意。比如有些销售员在介绍产品的时候并不顾及客户的感受和需求，而是像为了完成任务而一味说产品多好；或者是在客户提出问题后销售人员不能给出让客户满意的回答；或是在销售过程中销售员不能做到一视同仁，有看不起客户的现象等。

第二，对产品的质量和性能不满意。这很可能是客户受到广告宣传的影响，对产品的期望值过高引起，当见到实际产品，发现与广告中存在差距，就会产生不满。还有一些产品的售后服务或价格虚高都会成为客户抱怨的诱因。

销售人员面对这种抱怨或不满，要从自己的心态上解决问题，认识到问题的本质。也就是说，应将客户的抱怨当成不断完善自身从而做到最好的机会和指导。客户为什么会对我们抱怨？这是每一个销售人员应该认真思考的问题。其实，客户的抱怨在很大程度上是来自期望，对品牌、产品和服务都抱有期望，当发现与期望中的情形不同时，就会促使抱怨情绪的爆发。不管面对客户怎么样的抱怨，销售人员都能做到保持微笑，认同客户，真诚地提出解决方案。这样，不但不影响业绩，相反会使业绩更上一层楼。

情绪管理是每一个人都应该必修的课程，对于从事销售的人尤其如此。面对客户的抱怨，销售人员首先需要做的就是控制情绪，避免感情用事，即使客户的抱怨是鸡蛋里挑骨头，甚至无理取闹，销售人员都要控制好自己的情绪，回客户以真诚的笑容，用温和的态度和语气进行解释。解释之前一定要先对客户表示歉意和认同，这就是继控制情绪之后的第二个步骤：影响客户的情绪，化解他的不满。

在面对客户的抱怨时，销售员最忌讳的是回避或拖延问题，要敢于正视问题，以最快的速度予以解决。站在客户的立场思考问题，并对他们的抱怨表示感谢，因为他们帮助自己提高了产品或服务的质量。

记住，微笑和真诚永远是解决问题的最好方式。微笑多一些，态度好一些，解决问题的速度快一些，就会圆满解决问题。化干戈为玉帛，化抱怨为感谢，化质疑为信赖。这样，抱怨的客户反而很可能会成为你永远的客户。

技巧提问胜于一味讲述

在推销活动中，大多数推销人员总是喜欢自己说个不停，希望自己主导谈话，而且还希望顾客能够舒舒服服地坐在那里被动地聆听，以了解自己的观点。

但问题是，客户心里往往很排斥这种说教式的叙述，更不用说推销员及产品会获得客户的好感了。

无论哪种形式的推销，为了实现其最终目标，在推销伊始，推销人员都需要进行试探性的提问与仔细聆听，以便顾客有积极参与推销或购买过程的机会。当然，最重要的还是要尽可能地有针对性地进行提问，以便使自己更多、更好地了解顾客的观点或者想法，而非一味地表达自己的观点。

我们来看一下这位家具推销员与顾客琳达之间的对话，你可以从中得到启发。

推销员："我们先谈谈你的生意，好吗？你那天在电话里跟我说，你想买坚固且价钱合理的家具，不过，我不清楚你想要的是哪些款式，你的销售对象是哪些人？能否多谈谈你的构想？"

琳达："你大概知道，这附近的年轻人不少，他们喜欢往组合式家具连锁店跑；不过，在111号公路附近也住了许多退休老人，我妈妈就住在那里。一年前她想买家具，可是组合式家具对她而言太花哨了，她虽有固定的收入，但也买不起那种高级家具；以她的预算想买款式好的家具，还真是困难！她告诉我，许多朋友都有同样的困扰，这其实一点也不奇怪。我做了一些调查，发现妈妈的话很对，所以我决心开店，顾客就锁定这群人。"

推销员："我明白了，你认为家具结实，是高龄客户最重要的考虑因素，是吧？"

琳达："对，你我也许会买一张300元的沙发，一两年之后再换新款式。但我的客户生长的年代与我们有别，他们希望用品常葆如新，像我的祖母吧，她把家具盖上塑胶布，一用就30年。我明白这种价廉物美的需求有点强人所难，但是我想，一定有厂商生产这类的家具。"

推销员："那当然。我想再问你一个问题，你所谓的价钱不高是多少？你认为主顾愿意花多少钱买一张沙发？"

琳达："我可能没把话说清楚。我不打算进便宜货，不过我也不会采购一堆路易十四世的鸳鸯椅。我认为顾客只要确定东西能够长期使用，他们能接受的价位应该在450元到600元。"

推销员："太好了，琳达，康福一定帮得上忙，我花几分钟跟你谈两件事：第一，我们的家具有高雅系列，不论外形与品质，一定能符合你客户的需要，至于你提到的价钱，也绝对没问题；第二，我倒想多谈谈我们的永久防污处理，此方法能让沙发不沾尘垢，你看如何?”

琳达：“没问题。”

这位推销员在与客户琳达交谈的过程中，通过针对性的提问了解到客户的需求，并清楚、准确地向顾客介绍了自己的产品，让顾客确切地了解自己推销的产品如何满足他们的各种需要。因此，推销员详细地向顾客提问，尽可能找出自己需要的、产品完全符合顾客的各种信息，这是必不可少的。

与客户洽谈的过程中，通过恰到好处的提问与答话，有利于推动洽谈的进展，促使推销成功。那么，在推销实践中都有哪些提问技巧呢?

一、单刀直入法提问

这种方法要求推销人员直接针对顾客的主要购买动机，开门见山地向其推销，请看下面的场面：

门铃响了，当主人把门打开时，一个穿着体面的人站在门口问道：“家里有高级的食品搅拌器吗?”男人怔住了，转过脸来看他的夫人，夫人有点窘迫但又好奇地答道：“我们家有一个食品搅拌器，不过不是‘高级的’。”推销人员回答说：“我这里有一个高级的。”说着，他从提包里掏出一个高级食品搅拌器。接着，不言而喻，这对夫妇接受了他的推销。

假如这个推销人员改一下说话方式，一开口就说：“我是×公司推销人员，我来是想问一下你们是否愿意购买一个新型食品搅拌器。”这种说话的效果一定不如前面那种好。

二、诱发好奇心法提问

诱发好奇心的方法是在见面之初直接向潜在的买主说明情况或提出问题，故意讲一些能够激发他们好奇心的话，将他们的思想引到你可能为他提供的好处上。

一个推销人员对一个多次拒绝见他的顾客递上一张纸条，上面写道：“请您给我十分钟好吗?我想为一个生意上的问题征求您的意见。”纸条诱发了采购经理的好奇心——他要向我请教什么问题呢?同时也满足了他的虚荣心——他向我请教!这样，结果很明显，推销人员应邀进入办公室。

三、“刺猬反应”提问

在各种促进买卖成交的提问中，“刺猬反应”技巧是很有效的。所谓“刺猬反应”，其特点就是你用一个问题来回答顾客提出的问题，用自己的问题来控制你和顾客的洽谈，把谈话引向销售程序的下一步。让我们看一看“刺猬反应”式的提问法。

顾客：“这项保险中有没有现金价值?”

推销人员：“您很看重保险单是否具有现金价值的问题吗?”

顾客：“绝对不是。我只是不想为现金价值支付任何额外的金额。”

对于这个顾客，你若一味向他推销现金价值，你就会把自己推到河里去，一沉到底。这个人不想为现金价值付钱，因为他不想把现金价值当成一桩利益。这时，你应该向他解释现金价值这个名词的含义，提高他在这方面的认识。

投石问路，发现客户的兴奋点

不会提问的销售员，卖不掉产品。因为当销售员见到客户的时候，不一定知道客户是什么情况。《孙子兵法》说，知己知彼，方能百战百胜。摸不清楚对方的情况就贸然进行销售，其结果也是很难摸得清楚的。这种低效率的事情，聪明人是从来不做的。提问销售法与其他销售方法最显著的区别就是，提问销售法认为销售员不应该试图说服客户做出购买决定。相反的，提问销售法着重于让客户自己“想要”购买、回答问题和倾听。那么，怎样才能用提问销售法取得销售的成功呢？这就需要启动我们的大脑，投石问路，积极地发现客户的兴奋点。

一、激起客户的好奇心

如果仔细观察我们就会发现，优秀的销售员总是不断地开发新客户，而普通的销售员却不行。这不是因为优秀的销售员是谈判高手，也不是因为他们更善于接近他人，而是因为他们知道该如何获得客户的时间和注意力。好奇心是打开销售大门的钥匙。提问销售法最不赞成的就是与那些天生对销售员就抱有戒心的客户勉强建立关系，而是设法激起客户的好奇心，赢得他们的时间和注意力，从而开启销售之门。

二、缩小提问范围来建立可信度

当我们步入了销售行业的时候，就已经继承了人们对销售员的所有偏见。除非你能证明自己，否则大多数客户都会认为你是没有什么信用的。所以，很多客户往往在还没有搞清楚对方要销售什么的时候，就把我们拒之门外。这就要求我们必须在最短的时间之内建立起自己的可信度。客户一般都希望自己是在和一个专业人士打交道，而非只会照本宣科的人。他们需要相信销售员能够帮助自己找出问题所在，并给出有价值的解决方案。这就要求我们必须把提问的范围缩小到顾客最需要的范围之内。

最常用的提出会谈要求的技巧就是问：“我能问你一个问题吗?”如果客户对于你是谁或者你能为他们做点什么感兴趣的时候，一般都会说“可以”，这样你就获得了提问题的权利。缩小提问的范围，只问客户感兴趣、最关心的问题是销售程序开始阶段建立信用的一种有效手段。一旦你被客户认定为是值得信任的，你就获得了扩大提问范围以发现客户需求的权利。

三、逐步提升提问重点来发掘客户需求

销售员必须发现客户需求才能销售成功，因此提问就显得十分重要。虽然我们希望成功发现顾客需求，但又不能让客户感到被信息“塞得太满”而产生逆反情绪。这就要求我们在提问过程中有一个循序渐进的过程，逐步提升提问的“重点”，从而发现客户的需求，提高销售会谈的价值。在这个过程中，我们可以按照这个程序来探明客户的需求：是否存在销售机会→客户可能面临的困难→这些困难意味着什么→是否存在潜在的有价值的解决方案。

四、用倾向性的提问获得更多更准确的反馈信息

在销售的早期阶段，潜在客户对于回答问题持有谨慎态度，这大多是因为销售员此时还没有获得他的信任。但是到了后期，客户可能会仍然对回答问题保持谨慎，这时候是因为他们不愿意谈及某些可能危及自身，或伤害与你建立的业务关系。无论是哪种情况，对于销售员来说知道事情的进展程度总是有价值的。因为很多问题都是有倾向性的，许多影响销售结果的因素总是处在不停的变化之中，销售机会也总处于游移不定的状态。有时销售会往好的方面进行，有时却会向坏的方向发展。所以销售员在提问时一定要有一个导向性，准确了解自己到底处在销售过程的哪个阶段，还需要怎么做才能完成交易。

五、推进销售的程序

销售员要懂得维系与客户的关系，因为极少的策略性销售会在初次拜访中圆满完成，有兴趣立刻做出购买决策的客户太少了。但更可能的情况是，客户对产品非常有兴趣，想了解更多的信息。这时候就需要我们的销售员通过一定的程序来强化客户的合作欲望，这个过程包括以下几个程序：

（1）引发兴趣。在提问销售法销售过程开始的时候，所有事情都要围绕着引发和巩固客户兴趣来进行。可通过进行销售拜访、贸易秀、讨论座谈会、大量邮寄和特殊演示等方式使客户尽可能地了解更多有价值和能激发他们兴趣的信息。

（2）销售演示。是否进行销售演示取决于产品本身。在绝大多数销售中，销售演示通常需要伴随着一些活动和情境，这样既可以影响听众，也可以做到信息差异化。

（3）达成交易。这是购买者和销售员在一起讨论购买时间、条款和达成交易的阶段。我们所要做的就是让客户得出结论：你的产品和服务都是物有所值的。

·第三章·

突破客户的心理薄弱点

天下客户都一样，四大效应让你轻松赢得客户好感

作为销售人员，我们总会遇到各种各样的客户，最大的问题就是如何让客户接受我们并愿意与我们进一步接触。

一、移情效应

“爱人者，兼其屋上之乌”，心理学中把这种对特定对象的情感迁移到与其相关的人、事、物上来的现象称为“移情效应”。

移情效应表现为人、物和事情上，即以人为情感对象而迁移到相关事物的效应或以物、事为情感对象而迁移到相关人的效应。据说蹴鞠（足球）是高俅发明的，他的球踢得好，皇帝从喜爱足球到喜爱高俅，于是最后高俅成了皇帝的宠臣。而生活中的“以舞会友”“以文会友”等很多活动都是通过共同的爱好而使不相识的人建立了友谊，这些都是移情效应的表现。

销售人员在与客户打交道的过程中，这种移情效应的巧妙应用会大大增加交易成功的概率。

拉堤埃是欧洲空中汽车公司的推销员，他想打开印度市场，但当他打电话给拥有决策权的拉尔将军时，对方的反应却十分冷淡，根本不愿意会面。经过拉堤埃的强烈要求，拉尔将军才不得不答应给他10分钟的时间。

会面刚开始，拉堤埃便告诉拉尔将军，他出生在印度。拉堤埃又提起自己小时候印度人对自己的照顾，和自己对印度的热爱，使拉尔将军对他生出好感。之后，拉堤埃拿出了一张颜色已经泛黄的合影照片，恭敬地拿给将军看。那是他小时候偶然与甘地的一张合影。于是，拉尔将军对印度和甘地的深厚感情，便自然地转到了拉堤埃身上。毫无疑问，最后生意也成交了。

移情效应是一种心理定式。正所谓“七情六欲”是人的本性，所以人和人之

间最容易产生情感方面的好恶，并由此产生移情效应。洞悉人性，把握人性，要迈出销售第一步，就应该像拉堤埃一样懂得这一点。

二、喜好原理

人们总是愿意答应自己认识和喜欢的人提出的要求。而与自己有着相似点的人、让我们产生愉悦感的人，通常会是我们喜欢的人。这就是喜好原理。

不怕客户有原则，就怕客户没爱好。销售员可以从下面 5 个方面发觉自己对别人与客户的相似度。

（1）打造迷人的外表吸引力。一个人的仪表、谈吐和举止，在很大程度上决定了其在对方心目中是否能受到欢迎。

（2）迅速寻找彼此的相似性。物以类聚，有着相同兴趣、爱好、观点、个性、背景，甚至穿着的人们，更容易产生亲近感。

（3）想办法与目标对象接触。人们总是对接触过的事物更有好感，而对熟悉的东西更是有着特别的偏爱。

（4）制造与美好事物的关联。如果我们与好的或是坏的事情联系在一起，会影响到我们在旁人心中的形象。

（5）毫不吝惜你的赞美之词。发自内心的称赞，更会激发人们的热情和自信。

喜好原理的关键是获得他人的好感，进一步建立友谊。在中国，将喜好原理用得炉火纯青的就是保险公司了。他们还总结提炼了“五同”，即同学、同乡、同事、同窗以及同姓。总之，只要可以联系上的都可以展开销售的动作，因为这有利于建立关系，达成交易。

三、自己人效应

19 世纪末欧洲最杰出的艺术家之一的温森特·梵·高，曾在博里纳日做过一段时间的牧师。那是个产煤的矿区，几乎所有的男人都下矿井。他们工作危险，收入微薄。梵·高被临时任命为该地的福音传教士，他找了峡谷最下头的一所大房子，和村民一起在房子里用煤渣烧起了炉子，以免房子里太寒冷。之后，梵·高开始布道。渐渐地，博里纳日人脸上的忧郁神情渐渐消退了，他的布道受到了人们的普遍欢迎。作为上帝的牧师，他似乎已经得到了这些满脸煤黑的人们的充分认可。

可是为什么呢？梵·高百思不得其解。突然脑海中突然闪过一个念头，他跑到镜子前，看见自己前额的皱纹里、眼皮上、面颊两边和圆圆的大下巴上，都沾着万千石山上的黑煤灰。“当然！”他大声说，“我找到了他们对我认可的原因，因为我终于成了他们的自己人了!”

一个人，一旦认为对方是“自己人”，则从内心更加接受，不自觉地会对其另眼相待。

在生活中，“自己人效应”很是普遍。一个很简单的例子：本专业的教师向大学生介绍一种工作和学习的方法，学生比较容易接受和掌握；若其他专业的教师向他们介绍这些方法，学生就不容易接受。

销售员要想得到客户的信任，想办法让对方把自己视为“自己人”，这无疑是一条捷径。

四、兴趣效应

人与人在交往的过程中，常常会出现“惺惺相惜”的情况，社会心理学认为，共同的兴趣是“相见恨晚”的重要因素。

高珊是一名自然食品公司的推销员。一天，高珊还是一如往常，登门拜访客户。当她把芦荟精的功能、效用告诉客户后，对方表示没有多大兴趣。当她准备向对方告辞时，突然看到阳台上摆着一盆美丽的盆栽，上面种着紫色的植物。于是，高珊好奇地请教对方说：“好漂亮的盆栽啊！平常似乎很少见到。”

“确实很罕见。这种植物叫嘉德里亚，属于兰花的一种，它的美，在于那种优雅的风情。”

“的确如此。一定很贵吧?”

“当然了，这盆盆栽要800元呢!”

高珊心里想：“芦荟精也是800元，大概有希望成交。”于是她开始有意识地把话题转入重点。

这位家庭主妇觉得高珊真是有心人，于是开始倾其所知传授所有关于兰花的学问。等客户谈得差不多了，高珊趁机推销产品：“太太，您这么喜欢兰花，一定对植物很有研究。我们的自然食品正是从植物里提取的精华，是纯粹的绿色食品。太太，今天就当作买一盆兰花，把自然食品买下来吧!”

结果这位太太竟爽快地答应了。她一边打开钱包，一边还说：“即使我丈夫，也不愿听我絮絮叨叨讲这么多，而你却愿意听我说，甚至能够理解我这番话，希望改天再来听我谈兰花，好吗?”

客户的兴趣是销售员成功实现销售的重要的突破口。志趣相投的人是很容易熟识并建立起融洽的关系的。如果销售员能够主动去迎合客户的兴趣，谈论一些客户喜欢的事情或人物，把客户吸引过来，当客户对你产生好感的时候，购买你的商品也就是水到渠成的事情了。

从客户感兴趣的话题入手建立关联度

向陌生客户电话推销产品时，如果直接说明来意，客户很可能当场拒绝。如何找一个合适的借口并顺理成章地迎合潜在客户的心理，是推销成功的关键。当我们打电话给有防范心理的陌生客户时，应该抓住潜在客户感兴趣的话题建立关联度，赢得客户的理解和尊重。

[案例一]

销售人员："先生您好，这里是国际知名IT品牌××个人终端服务中心，我们在搞一个调研活动，您可以回答两个问题吗?"

客户："您讲。"

销售人员："您使用电脑的时间长吗?"

客户："是的，用了好几年了。"

销售人员："您用的是什么电脑?"

客户："台式机和笔记本电脑都用。"

销售人员："我们的笔记本电脑最近在搞促销活动，您是否有兴趣?"

客户："您不是搞调研，而是在促销笔记本电脑吧?"

销售人员："是的，但又不完全是。"

客户："对不起，我现在的笔记本用得很好，还没有购买的必要。"

销售人员："可是这次机会很难得，您可以再考虑……"

[案例二]

销售人员："先生您好，我是国际知名IT品牌××个人终端服务中心的，您一定奇怪我是怎么知道您的电话的吧?"

客户："您有什么事情?"

销售人员："我们的数据库中有您的记录，您对电脑笔记本特别有研究，而且不是一般的研究。"

客户："您到底有什么事情?"

销售人员："这个电话就是想征求您的意见，如果对现在使用的笔记本电脑有不是特别满意的地方，就告诉我们，我们会支付您报酬，因为我们特别需要像您这样的笔记本电脑方面的专家帮助我们改进产品性能。”

客户：“噢，这样呀。您是谁?”

销售人员：“我是××的王丽娜，您肯定没有太多的时间来写，您可以三言两语随便说一下，我记录，然后就可以参加评比了。您如果现在没有时间，我们换一个时间也行，您看呢?”

电话销售经常需要面对陌生人，让陌生人能够继续听销售人员讲话的诀窍不是推销产品的话多么流利，也不是口气多么甜美。对于一个接到陌生的推销电话的人来说，防范以及敌意是第一位的，因此对于销售人员来说关键就是赢得信任。[案例一] 的销售员一味地按照自己的思路讲话，其实说到第二句时客户就已经知道是推销电话了，这就容易引起客户的反感，使其迅速挂断电话。[案例二] 的销售员则紧紧抓住潜在客户感兴趣的话题建立关联度，使话题向对销售人员有利的方向平滑过渡，从而赢得客户的理解和尊重。也只有这样，才可能推销成功。

切中客户追求的自我重要感

小张和小孟是同一家公司的销售员，两人销售同一种产品，而且恰巧同时面对一个客户销售。小张销售时一直很专业地介绍自己的产品，却无法被客户喜欢和接受；而小孟大部分时间在与客户闲聊，并不时向客户请教一些问题，适当地表示感谢，对产品的介绍仅仅是一带而过，结果是小孟当场成交。为什么会这样?

这就是自我重要感。客户真正需要的并不仅仅是商品本身，更重要的是一种满足感。

为什么小张不被客户欢迎?是因为他一直在滔滔不绝地介绍自己的产品，而忽略了对客户起码的尊重和感谢。而小孟始终对客户恭敬有礼，不时的请教和感谢让客户受到了足够的重视，给客户一种自己很重要的感觉，从而使客户被重视的心理得以满足，于是很自然地从情感上对小孟也表示了认同，促成了这笔交易。

客户选择购买的原因，从心理学的角度分析，是希望通过购买商品和服务而得到解决问题的方案及获得一种愉快的感觉，从而获得心理上的满足。所以，可以这样说，客户真正需要的除了商品，更是一种心理满足，心理满足才是客户选择购买的真正原因。

劳尔是铁管和暖气材料的推销商，多年来，他一直想和某地一位业务范围极大、信誉也特别好的铁管批发商做生意。

但是由于那位批发商是一位特别自负、喜欢使别人发窘的人，他以无情、刻薄为荣，所以，劳尔吃了不少苦头。每次劳尔出现在他办公室门前时，他就吼叫："不要浪费我的时间，我今天什么也不要，走开！"

面对这种情形，劳尔想，我必须改变策略。当时劳尔的公司正计划在一个城市开一家新公司，而那位铁管批发商对那个地方特别熟悉，在那地方做了很多生意。于是，劳尔稍加思考，又一次去拜访那位批发商，他说："先生，我今天不是来推销东西，是来请您帮忙的，不知您有没有时间和我谈一谈？"

"嗯……好吧，什么事？快点说。"

"我们公司想在××地开一家新公司，而您对那地方特别了解，因此，我来请您帮忙指点一下，您能赏脸指教一下吗？"

闻听此言，那批发商的态度与以前简直判若两人，他拉过一把椅子给劳尔，请他坐下。在接下来的一个多小时里，他向劳尔详细地介绍了那个地方的特点。他不但赞成劳尔的公司在那里办新公司，还着重向他说了关于储备材料等方面的方案。他还告诉劳尔他们的公司应如何开展业务。最后扩展到私人方面，他变得特别友善，并把自己家中的困难和夫妻之间的不和也向劳尔诉说了一番。

最后，当劳尔告辞的时候，不但口袋里装了一大笔初步的装备订单，而且两人之间还建立了友谊，以后两人还经常一块去打高尔夫球。

心理学家弗洛伊德说，每一个人都有想成为伟人的欲望，这是推动人们不断努力做事的原始动力之一。因为渴求别人的重视，是人类的一种本能和欲望。渴望被人重视，这是一种很普遍的、人人都有的心理需求，我们每个人都在努力往高处爬，希望得到更高的利益和地位，希望得到别人的尊重和喜欢。没有一个人愿意默默无闻，不为人知。

重要感更存在于消费者的消费心理中，特别是在生存性消费需要得到满足之后，客户更加希望能够通过自己的消费得到社会的承认和重视。敏锐的销售员已经意识到，顾客的这种心理需求正好给销售员推销自己的商品提供了一个很好的突破口，销售员可以通过刺激客户的自我重要感来促成客户的购买决定。

与寻求重要感相对的，是害怕被人轻视的心理。销售员要仔细观察，适当地通过反面刺激，也会达到欲扬先抑的效果。所以在销售过程中，销售员适度地说一些反面的话来刺激客户的自尊心，从而引发他的自我重要感，可能会促使客户一狠心买下更贵的产品以显示自己的不容小视。

真诚地尊重客户，给他们重要感，是打开对方心门的金钥匙。销售员要永远都让客户感受到自己的重要，多给客户一些关心和理解，对客户的尊重和付出，会得到客户同样甚至更多的回报。

放出稀缺光，直击客户担心错过的心理

“物以稀为贵，情因老更慈。”这是出自唐代著名诗人白居易的《小岁日喜谈氏外孙女孩满月》一诗中的名句，描写了一位老人初抱外孙女的喜悦之情，诗中还写到“怀中有可抱，何必是男儿”，也就是说自己在离世之前能抱上外孙，管他是男孩还是女孩，有总比没有强。而物以稀为贵也是心理学中一个非常重要的原理，即稀缺原理。

制造短缺甚至是稀缺的假象，可以极大影响他人的行为。

稀缺产生价值，这也是黄金与普通金属价格有着天壤之别的原因。当一样东西非常稀少或开始变得稀少的时候，它就会变得更有价值。简单地说就是“机会越少，价值就越高”。

从心理学的角度看，这反映了人们的一种深层的心理，因为稀缺，所以害怕失去，“可能会失去”的想法在人们的决策过程中发挥着重要的作用。心理学家研究发现，在人们的心目中，害怕失去某种东西的想法对人们的激励作用通常比希望得到同等价值的东西的想法作用更大。这也是稀缺原理能够发挥作用的原因所在。

而在商业与销售方面，人们的这种心理表现尤为明显。例如商家总是会隔三差五地搞一些促销活动，打出“全场产品一律五折，仅售三天”“于本店消费的前 30 名客户享受买一送一”等诱惑标语，其直接结果是很多消费者听到这样的消息都会争先恐后地跑去抢购。为什么？因为在消费者心中，“机不可失，失不再来”对他们的心理刺激是最大的，商家利用的就是客户的这种担心错过的心理来吸引客户前来购买和消费。

夏季过去了大半，而某商场的仓库里却还积压着大量衬衫，如此下去，该季度的销售计划将无法完成，商场甚至会出现亏损。商场经理布拉斯心急如焚，他思虑良久，终于想出了一条对策，立即拟写了一则广告，并吩咐售货员道：“未经我点头认可，不管是谁都只许买一件！”

不到 5 分钟，便有一个顾客无奈地走进经理办公室：“我想买衬衫，我家里

人口很多。”

“哦，这样啊，这的确是个问题。”布拉斯眉头紧锁，沉吟半晌，过了好一会儿才像终于下定决心似的问顾客：“您家里有多少人？您又准备买几件？”

“5个人，我想每人买一件。”

“那我看这样吧，我先给您3件，过两天假如公司再进货的话，您再来买另外两件，您看怎样？”

顾客不由得喜出望外，连声道谢。这位顾客刚一出门，另一位男顾客便怒气冲冲地闯进办公室大声嚷道：“你们凭什么要限量出售衬衫？”

“根据市场的需求状况和我们公司的实际情况。”布拉斯毫无表情地回答着，“不过，假如您确实需要，我可以破例多给您两件。”

服装限量销售的消息不胫而走，不少人慌忙赶来抢购，以至于商场门口竟然排起了长队，要靠警察来维持秩序。傍晚，所有积压的衬衫被抢购一空，该季的销售任务超额完成。

物以稀为贵，东西越少越珍贵。在消费过程中，客户往往会因为商品的机会变少、数量变少，而争先恐后地去购买，害怕以后再买不到。销售员要牢牢把握客户的这一心理，适当地对客户进行一些小小的刺激，以激发客户的购买欲望，使销售目标得以实现。

有一个客户走了很多商店都没有买到他需要的一个配件，当他略带疲惫又满怀希望地走进一家商店询问的时候，销售员否定的回答让他失望极了。销售员看出了客户急切的购买欲望，于是对客户说：“或许在仓库或者其他地方还有这种没有卖掉的零部件，我可以帮您找找。但是它的价格可能会高一些，如果找到，您会按这个价格买下来吗？”客户连忙点头答应。

在销售活动中，稀缺原理无处不在，关键是如何应用才会达到销售目的甚至超出销售目标。最好的销售员无疑也是最能够把握客户心理的。

“独家销售”——别的地方没得卖，可供选择的余地小。

“订购数量有限”——获得商品的机会稀缺，极有可能会买不到。

“仅售三天”——时间有限，一旦错过就不再有机会。

也就是说，销售人员设置的期限越彻底，其产品短缺的效果也就越明显，而引起的人们想要拥有的欲望也就越强烈。这在销售员进行产品销售的过程中是很有成效的。这些限制条件向客户传达的信息就是：除非现在就购买，否则要支付更多的成本，甚至根本就买不到。这无疑给客户施加了高压，使其在购买选择中被稀缺心理俘虏。

真心为客户着想，才能俘获客户的心

有这样一个故事，一个盲人，在夜晚走路时，手里总是提着一个明亮的灯笼，人们很好奇，就问他："你自己什么都看不见，为什么还要提着灯笼走路呢?"盲人说："我提着灯笼，为别人照亮了路，同时别人也更容易看到我，不会撞到我。这样既帮助了别人，也保护了我自己。"作为销售人员，看到这个故事，你有什么感受?

销售人员提升业绩的诀窍并不是"以营利为唯一目的"，而是"为客户着想，以共赢为目的"。

在销售过程中，很多销售人员为了获取更多的利益，总是不惜损害客户的利益。他们或者是让客户购买一些质量差且价格高的产品，或者是当商品售出后出现质量问题不负责。其实，表面上看这样或许获得了不菲的收益，但却是短期的。从长远的角度看，对销售员的发展是不利的。试想，如果客户的利益受到损害，对销售人员的信赖度就会降低。时间长了，客户就会不断流失，从而使销售人员自身利益受到巨大的损害。

因此，优秀的销售人员一定是将客户的问题当作自己的问题来解决，这样才能赢得客户的信赖。为客户着想是一个对客户投资的过程，会使销售员与客户之间的关系更加稳定牢固，使合作更加长久。

在销售中，为客户着想最重要的一点是提供能够为客户增加价值和省钱的建议。客户购买产品，最关注的是产品的价值和产品的价格。时时刻刻为客户着想，先不要考虑即将得到的利润，而是帮助客户考虑怎样才能为他省钱，帮客户省钱就等于为客户赚钱，帮助客户挑选最合适的产品，让客户以最少的投入获取最大的回报，而不是一味出售最贵的。

在美国零售业中，有一家知名度很高的商店，它就是彭奈创设的"基督教商店"。

有一次，彭奈到爱达荷州的一个分公司视察业务，他没有先去找分公司经理，而是一个人在店里"逛"了起来。

当他走到卖罐头的部门时，店员正跟一位女顾客谈生意。

"你们这里的东西似乎都比别家贵。"女顾客说。

“怎么会，我们这里的售价已是最低的。”店员说。

“你们这里的青豆罐头就比别家贵了三分钱。”

“噢，你说的是绿王牌，那是次级货，而且是最差的一种，由于品质不好，我们已经不卖了。”店员解释说。

女顾客讪讪的，有点不好意思。

店员为了卖出产品，就又推销道：“吃的东西不像别的，关系一家老小的健康，您何必省那三分钱呢。这种牌子是目前最好的，一般上等人家都用它，豆子的光泽好，味道也好。”

“还有没有其他牌子的呢?”女顾客问。

“有是有，不过那都是低级品，您要是想要的话，我拿出来给您看看。”

“算了，”女顾客面有愠色，“我以后再买吧。”连挑选出的其他罐头她也不要了，掉头就走。

“这位女士请留步，”彭奈急忙说，“你不是要青豆吗?我来介绍一种又便宜又好的产品。”

女顾客愣愣地看着他。

“我是这里专门管进货的，”彭奈赶忙自我介绍，消除对方的疑虑，然后接着说，“我们这位店员刚来不久，有些货品不太熟悉，请您原谅。”

那位女士当然不好意思再走开。彭奈顺手拿过××牌青豆罐头，他指着罐头说：“这种牌子是新出的，它的容量多一点，味道也不错，很适合一般家庭用。”

女顾客接了过去，彭奈又亲切地说：“刚才我们店员拿出的那一种，色泽是好一点，但多半是餐馆用，因为他们不在乎贵几分钱，反正羊毛出在羊身上，家庭用就有点划不来了。”

“就是嘛，在家里用，色泽稍微差一点倒是无所谓，只要不坏就行。”

“卫生方面您大可放心，”彭奈说，“您看，上面不是有检验合格的标志吗?”

这笔小生意就这样做成了。

可见，在销售过程中，为客户着想就是为自己着想，当客户从内心感受到你是在为他服务，而不是要从他的口袋中掏钱时，他自然会愿意购买你的产品。

没有人愿意拒绝他人真诚的帮助。为客户着想是销售的最高境界，因为只有让客户自己发现你是在为他着想时，他才会愿意与你合作。所以，销售员一定要站在客户的立场考虑问题，切实做到为客户利益着想，这样，你得到的将是无数长期合作的“粉丝”客户。

·第四章·

把握客户的微妙心理

给客户安全感，让客户没有后顾之忧

当你购买某一产品的时候，你最怕什么？质量不好，不安全，不适合自己，花冤枉钱？是啊，几乎所有的消费者在面对不熟悉的产品时，都会有这些担心和害怕，怎么做才能让他们安心购买呢？

用心传递价值，让客户没有任何后顾之忧。

心理学研究发现，人们总是对未知的人、事、物产生自然的疑虑和不安，因为缺乏安全感，在销售的过程中这个问题尤为明显。一般情况下，客户对销售员大多存有一种不信任的心理，他们认定销售员所提供的各类商品信息，都或多或少包含一些虚假的成分，甚至会存在欺诈的行为。所以，在与销售员交谈的过程中，很多客户认为他们的话可听可不听，往往不太在意，甚至是抱着逆反的心理与销售员进行争辩。

因此，在销售过程中，如何迅速有效地消除顾客的顾虑心理，就成为销售员最重要的能力之一。因为聪明的销售员都知道，如果不能从根本上消除客户的顾虑心理，交易就很难成功。

客户会产生顾虑的原因有很多，除了对产品性能的不确定外，主要有以下几点：

第一，客户以往的生活经历中，曾经遭遇过欺骗，或者买来的商品没有达到他的期望。

第二，客户从新闻媒体上看到过一些有关客户利益受到伤害的案例。新闻媒体经常报道一些客户购买到假冒伪劣商品的案例，尤其是一些伪劣家电用品、劣质药品或保健品，会给客户的健康甚至生命造成巨大的威胁。

第三，客户害怕损失金钱或者是花冤枉钱，他们担心销售员所推销的这种产品或者服务根本不值这个价钱。

第四，客户担心自己的看法与别人的会有不同，怕销售员因此而嘲笑他、讥讽他，或是遭到自己在意的、尊重的人的蔑视。

种种顾虑使得客户自觉不自觉地绷紧了心中的那根弦，所以说，在面对消费者时，销售员要尽自己最大努力来消除客户的顾虑心理，用心向他们传递产品的价值，使他们打消顾虑。

消除客户的顾虑心理，首先要做的就是向他们保证，他们决定购买是非常明智的，而且购买的产品是他们在价值、利益等方面做出的最好选择。

一位客户想买一辆汽车，看过产品之后，对车的性能很满意，现在所担心的就是售后服务了，于是，他再次来到甲车行，向推销员咨询。

客户："你们的售后服务怎么样?"

销售员："先生，我很理解您对售后服务的关心，毕竟这可不是一个小的决策，那么，您所指的售后服务是哪些方面呢?"

客户："是这样，我以前买过类似的产品，但用了一段时间后就开始漏油，后来拿到厂家去修，修好后过了一个月又漏油。再去修了以后，对方说要收5000元修理费，我跟他们理论，他们还是不愿意承担这部分费用，没办法，我只好自认倒霉。不知道你们在这方面怎么做的?"

销售员："先生，您真的很坦诚，除了关心这些还有其他方面吗?"

客户："没有了，主要就是这个。"

销售员："那好，先生，我很理解您对这方面的关心，确实也有客户关心过同样的问题。我们公司的产品采用的是欧洲最新AAA级标准的加强型油路设计，这种设计具有很好的密封性，即使在正负温差50度，或者润滑系统失灵20小时的情况下也不会出现油路损坏的情况，所以漏油的概率很低。当然，任何事情都怕万一，如果真的出现了漏油的情况，您也不用担心。我们的售后服务承诺：从您购买之日起1年之内免费保修，同时提供24小时之内的主动上门服务。您觉得怎么样?"

客户："那好，我放心了。"

最后，客户买了中意的汽车。

从某种意义上来说，消除疑虑正是帮助客户恢复购买信心的过程。因为在决定是否购买的一刻，买方信心动摇、开始后悔是常见的现象。这时候顾客对自己的看法及判断失去信心，销售员必须及时以行动、态度和语言帮助顾客消除疑虑，加强顾客的信心。

消除顾客疑虑的最佳武器就是自信。优秀的销售员的沉稳和自然显现的自信可以重建顾客的信心。

除了自信的态度之外，另一个重要的武器便是言辞。比如有一位顾客原本想采购一种电子用品，但是他没有用过，不确定这个决定对不对。聪明的销售员会马上说："我了解你的想法，您不确定这种电子产品的功能，怀疑是不是像产品说明书所说的，对不对？您看这样好不好，您先试用……"在关键时刻，销售员纯熟的成交技巧会让顾客疑虑全消。

在销售过程中，顾客心存顾虑是一个共性问题，如若不能正确解决，将会给销售带来很大的阻碍。所以，销售员一定要努力打破这种被动的局面，善于接受并巧妙地化解客户的顾虑，使客户放心地买到自己想要的商品。只要能把握脉络，层层递进，把理说透，就能够消除客户的顾虑，使销售成功进行。

只给客户三个选择的绝妙之处

在给客户介绍产品时，提供三个可供客户选择的备选选项，并且表明每一个选项的利害得失，让客户从自己的实际利益出发，做出认可的选择。而这一认可的选择通常是销售人员提前就为客户做出的选择。

［案例一］

电话销售："您好，LD 笔记本专卖，请问您有什么需要？"

客户："我想买台笔记本电脑。"

电话销售："好的，没问题，我们这里品牌齐全。您需要什么价位的？对品牌有要求吗？主要是办公还是娱乐？经常携带吗？"

客户："不要太大的，七八千左右，也就是打打字，看看电影什么的。牌子嘛，最好好一点。"

电话销售："好的。根据您的要求，我觉得 HB、AD 和 DL 中的几款都比较适合您，具体来看，HB 是国内第一大品牌，质量、服务都不错，但价格过高，有些不值。

"至于 AD，机器虽然便宜，但是售后服务跟不上，全国的维修点非常有限，以后机器出了问题不好修。

"而 DL 既是大品牌，售后又是免费上门服务，保修期内还能免费换新机，还有 24 小时的免费电话技术支持，就是价格高了一点而已，要知道笔记本的总价里有 30％就是它服务增值啊。"

客户："那么，DL的哪款机型性价比高一些呢？"

电话销售："我认为B款挺不错的，在同等价位中，它的配置是最高的。而且现在这款机正在搞促销活动，买笔记本加送笔记本锁、摄像头、清洁套装、128兆U盘和正版瑞星杀毒软件，这可是个很好的机会呀。"

客户："你们什么时候能送货上门？"

［案例二］

客户："你们的减肥产品主要有哪些？"

电话销售："我们代理的有三种减肥产品：一种是腹泻型的，它是通过大量的腹泻达到减肥的效果的，不过价格是最便宜的，像减肥胶囊、减肥茶，等等。这种适合那些不怕副作用而且身体强壮的人服用，优点是便宜，缺点是有副作用、服用痛苦。

"还有一种是抑制食欲型的，常见的就是减肥饼干，像这种减肥食品，一般人服用后再见到饭就感觉难以下咽，没有饥饿感。这一类基本都是中等价格，您现在服用的减肥产品就是这一类型的。不过长此下去，对身体也有不小的伤害。

"现在最流行的一种是高科技的减肥产品，比较安全并且没有副作用。这种产品的减肥原理主要是通过高科技方法，分解体内脂肪、抑制脂肪再生。而且使用效果好，停药后不反弹，也没有副作用，但是价格一般不是很贵就是中等，一般都在300元到400元不等。不过我们现在有一种正在促销，价格很便宜，还不到300元。建议你还是试一试这种新产品吧。"

推荐的过程其实就是找出符合客户要求的产品，然后介绍它们的品牌、型号、配置和价格，最后由客户来选择。

这个选择性过程基本可以总结为以下两步：第一步，列举几种可供选择的产品和这些产品各自的特点；第二步，让消费者从中选择认可的一个备选选项。

但是，切记只能推荐两到三款，三款最好。少了，客户没有挑选的余地，自己也没有回旋的余地；多了，客户会挑花眼，自己也会因为盲目推荐而没有目标。接下来的谈话很重要，要让客户实实在在地体会产品本身的优异性能。

以上两个案例都体现了这一点，就是给消费者提供了三个可供选择的备选选项，并表明其利害得失，让消费者从自己的实际利益出发，做出认可的选择，从而完成营销的说服过程。

把准客户之间的微妙心理博弈

小王是一家服装店的营业员。一天早上，服装店刚开门，就来了三位顾客。一位是60多岁的老太太，后面是一对青年男女。男的戴一副眼镜，颇有知识分子风度。女的穿着入时，显然是一位注重打扮的姑娘。

小王热情地迎上去打招呼："三位要买些什么？"老太太回头对这对青年男女说："这里货多，你们仔细看看，拣条称心的买。"小王心里明白了，这是婆婆为未来的儿媳妇买裤子。于是，她指着挂在货架上各种各样的裤子说："这些式样现在都有现货，你们要看哪一条，我拿出来让姑娘穿上试试。"

三个人都抬起头来不做声。小王发现，老太太的目光总是停在40几元一条的裤子上，而姑娘却目不转睛地盯着80几元一条的裤子。这时，男青年的眼睛一会儿望望裤子，一会儿又看看老太太和姑娘，脸上露出一些不安的神色。

几分钟过去了，细心的小王从他们目光中捉摸出老太太想节约一点，买条物美价廉的裤子；姑娘倾心时髦，想不惜破费买条高档的裤子，但两人都不好意思先开口。男青年大概看出了双方的心情，既怕买了便宜的得罪了女友，又怕买了贵的得罪了母亲，所以左右为难，一声也不吭。

了解了顾客的心理后，小王对老太太说："这种40几元的裤子，虽然价格便宜、经济实惠，但都是用混纺料做成的，一般穿穿还可以，如果要求高一些恐怕就不能使人满意了。"接着，她又对姑娘说："这种80几元一条的裤子，虽然样式新颖，但颜色均比较深，年轻姑娘穿恐怕老气了点，不太合适。"说着，她取出一条60几元的米黄色裤子说："这种裤子式样新颖，质量也不错，而且米黄色是今年的流行色，高雅富丽、落落大方，姑娘们穿上更能显出青春的活力，许多人都竞相购买，现在只剩几条了，您不妨试穿一下。"

营业员的一席话，使气氛顿时活跃起来，姑娘喜形于色，老太太眉开眼笑，男青年转忧为喜。三个人有说有笑地翻看着这条裤子，姑娘试穿后，也十分满意，老太太高高兴兴地付了钱。善于察言观色是与顾客沟通的一个重要技能，不仅对销售行为有明显的促进作用，而且对与顾客关系的改善都有明显的作用。在这个案例中，服装店营业员小王就通过察言观色把握了不同顾客的心理而成功卖出了一条裤子。

案例中，三位顾客的年龄和身份都不同，小王通过细心观察发现了他们的不同心理特征：老太太想买便宜的，姑娘想买贵的，男青年夹在中间为难。得出这个结论靠的是推销员的右脑能力，即要善于察言观色，能准确判断出潜在顾客的偏好和情绪。

当小王了解了三个人的不同心理后，对他们之间的微妙心理博弈洞若观火，于是他及时调整了自己的对策，对顾客说：便宜的裤子不实用，贵的裤子颜色不适合，中间价位的既很实用又流行。这段话说出来让三个人都高兴起来，最后付钱成交。

在销售过程中，推销员要能够察言观色，对顾客之间的微妙心理博弈更是不可放过，然后找准一个多方都能接受的心理平衡点，促成销售。

抓住最能令客户心动的卖点，并无限扩大

发现客户对某一个独特的卖点感兴趣时，就要及时强调产品的独特卖点，把客户的思维始终控制在独特的卖点上，促使其最后做出购买的决策。

销售员："早上好，宋经理，我是M乳品公司的客户经理陈玉田，想和您谈一谈我们产品进店的事宜，请问您现在有时间吗？"

（通过前期了解，销售员已经知道卖场的负责人姓名及电话）

客户："我现在没有时间，马上就要开部门例会了。"

（急于结束通话，很显然对此次交谈没有任何兴趣）

销售员："那好，我就不打扰了。请问您什么时间有空，我再打电话给您？"

（这时一定要对方亲口说出时间，否则你下次致电时他们还会以另一种方式拒绝）

客户："明天这个时间吧。"

销售员："好的，明天见。"

（明天也是在电话里沟通，但"明天见"可以拉近双方的心理距离）

周二早晨，销售员再次拨通了宋经理办公室的电话。

销售员："早上好，宋经理，我昨天和您通过电话，我是M乳品公司的客户经理陈玉田。"

（首先要让对方想起今天致电是他认可的，所以没有理由推脱）

客户："你要谈什么产品进店？"

销售员："我公司上半年新推出的乳酸菌产品，一共5个单品，希望能与贵卖场合作。"

客户："我对这个品类没有兴趣，目前卖场已经有几个牌子销售了，我暂时不想再增加品牌了，不好意思。"

（显然已经准备结束谈话了）

销售员："是的，卖场里确有几个品牌，但都是常温包装，我公司产品是活性乳酸菌，采用保鲜包装，消费者在同等价格范围内肯定更愿意购买保鲜奶。其次我公司产品已全面进入餐饮渠道，尤其是您附近的那几家大型餐饮店，有很多消费者到卖场里二次消费。我公司采用'高价格高促销'的市场推广策略，所以我公司产品给您的毛利点一定高于其他乳产品。"

（用最简短的说辞提高对方的谈判兴趣，在这段话中销售提到了产品卖点、已形成的固定消费群体、高额毛利，每一方面都点到为止，以免引起对方的反感从而结束谈判）

客户（思考片刻）："还有哪些渠道销售你的产品？"

（对方已经产生了兴趣，但他需要一些数据来支持自己的想法）

销售员："现在已经有 100 多家超市在销售我们的产品了，其中包括一些国际连锁店，销售情况良好，我可以给您出示历史数据。"

（通过对事实情况的述说增强对方的信心）

客户："好吧，你明天早上过来面谈吧，请带上一些样品。"

从销售的角度来说，没有卖不出去的产品，只有卖不出去产品的人。因为聪明的推销员总可以找到一个与众不同的卖点将产品卖出去。独特卖点可以与产品本身有关，有时候，也可以与产品无关。独特卖点与产品有关时，可以是产品的独特功效、质量、服务、价格、包装等；当与产品无关时，这时销售的就是一种感觉，一种信任。以上两个销售故事就是推销员用独特的卖点打动客户的典型案例。

案例中的销售员在首次通话时，买方没有给销售员交谈的机会，很多销售人员在此刻只能无奈地结束通话，而本案例中的销售员表现出灵活的应变能力，争取了一次合理的通话机会。在第二次通话时，面对买方的拒绝，销售员按照电话谈判的要点，在很短的时间内简洁地向对方告之产品的独特卖点与竞争优势，成功地提高了对方的谈判兴趣，最终赢得了双方常规谈判的机会。

总之，如果你想卖出产品，就先把产品的独特卖点找出来并展示给客户。

淡化功利的目的性，才能让客户愿意接近你

托马斯是一位证券经纪人，高尔夫球是他最喜欢的娱乐之一，在打高尔夫球时，总能得到彻底放松。在上大学期间，托马斯是格罗斯高尔夫球队的队长。虽然如此，但他的首要原则就是在打高尔夫时不谈生意，尽管接触的一些极好的客户事实上就是他所在的乡村俱乐部的会员。托马斯习惯于把个人生活与生意区分开来，他绝不希望人们认为他利用关系来推销。也就是说，在离开办公室后，托马斯不会把个人的娱乐与生意搅在一起。

托马斯这样做并不是说所有的高尔夫球伴都不是他的客户，只是说他从不积极地怂恿他们同他做生意。但从另一个角度来讲，当他们真心要谈生意时，托马斯也从不拒绝他们。

吉米是一家建筑公司的经理，该公司很大而且能独自提供用于汽车和家具的弹簧。

托马斯与吉米在俱乐部玩高尔夫球双人赛。他们在一轮轮比赛中玩得很高兴。后来，过了一段时间，他们就经常在一块玩了。他们俩球技不相上下，年龄相仿，兴趣相投，尤其在运动方面。随着时间的推移，他们的友谊逐渐加深。

很显然，吉米是位再好不过的潜在顾客。既然吉米是位成功的商人，那么跟他谈论生意也就没有什么不正常。然而，托马斯从未向吉米建议做他的证券经纪人。因为，那样就违背了托马斯的原则。

托马斯和吉米有时讨论一些有关某个公司某个行业的问题。有时，吉米还想知道托马斯对证券市场的总体观点。虽然从不回避回答这些问题，但托马斯也从未表示非要为他开个户头不可。

吉米总是时不时地要托马斯给他一份报告，或者他会问："你能帮我看看佩思尼·韦伯的分析吗？"托马斯总是很乐意地照办。

一天，在晴朗的蓝天下，吉米把手放在托马斯肩膀上说："托马斯，你帮了我不少忙，我也知道你在你那行干得很出色。但你从未提出让我成为你的客户。"

"是的，吉米，我从未想过。"

"那么，托马斯，现在告诉你我要做什么，"他温和地说，"我要在你那儿开个账户。"托马斯笑着让他继续说下去。

"托马斯，就我所知，你有良好的信誉。就以你从未劝我做你的客户这点来看，你很值得我敬佩，实际上我也基本遵守这一点。我同样不愿意与朋友在生意

上有往来。现在既然我这样说了，我希望你能做我的证券经纪人，好吗?”

接下来的星期一上午，吉米在办公室给托马斯来电话开了个账户。随后，吉米成了托马斯最大的客户。他还介绍了几个家庭成员和生意往来的人，让他们也成了托马斯的客户。

作为一个优秀的推销员，应该了解何时该“温和地推销”，何时该默默地走开。富裕的人总是对他人保持提防的态度，对于这些极有潜力的未来客户，推销员应该尽力接近他们而不是让他们从一开始就抱有戒心，相互信任是关系营销的最高境界。

就像这个案例中的推销员托马斯，喜欢打高尔夫球，也因此结识了很多有实力的客户，但他并没有利用这个机会去推销，而是把个人娱乐和生意分开，与球伴建立了很好的关系，这是建立信任、赢得客户好感的一种典型策略，它也常常能取得非常好的效果。托马斯赢得了与他一起打球的某公司的总经理吉米的敬佩，对方主动要求与他做生意。

这桩看似轻而易举的生意，其实是与客户长期接触，赢得客户的信任与尊重而获得的。这其中，与潜在客户长期接触时的言谈尤其重要，不能流露出功利心，这也是托马斯取得成功的关键。

可见，强硬推销的结果必是遭到拒绝，而经过一段时间发展得来的关系会更长久。作为推销员，不妨借鉴一下托马斯的做法，先取得潜在客户的信任，生意自然水到渠成。

第三篇
营销心理学

·第一章·

“为什么卖不动”

不同人群的心理需求完全不同

20世纪50年代，美国营销学家史密斯提出了市场细分这个崭新的概念。即依据消费者的需求与欲望、购买行为和购买习惯等方面的明显的差异性，把某一产品的市场整体划分为若干个消费者群。

企业面对错综复杂的市场和需求各异的消费者，不可能满足所有顾客的整体要求，并为其提供有效的服务。所以，企业要在分析市场的基础上进行细分，并选择一部分顾客作为其服务对象，这样才能打开产品的销路。

日本的泡泡糖市场曾长期被“劳特”垄断，其他企业很难涉足其间。但“江崎”决心打破这种垄断。

江崎公司进行深入的市场调研后发现，劳特公司的消费对象是以儿童为主，目标顾客和产品品种都比较单一，而成年人的泡泡糖市场潜力还很大。于是，江崎公司针对细分了的市场，推出四大功能的成人泡泡糖：用于消除困倦的司机泡泡糖；清洁口腔的交际泡泡糖；改良情绪的轻松泡泡糖；消除疲劳的体育泡泡糖。这些能满足成年人不同需求的泡泡糖问世后，像飓风一样席卷日本市场，当年销售额就达150亿日元，占领了25%的市场份额，极大地动摇了“劳特”泡泡糖的霸主地位。

不同人群的心理需求完全不同，市场细分能够帮助企业在充分认识消费者需求差异的基础上，选择适合企业自身条件的目标市场，使企业能在充分发挥资源优势的前提下为顾客提供差异化的产品和服务。

清华大学三位博士和三位硕士建立了时代蔚蓝网站，最初想发展成为专业的学术图书网站，但是“卖书太不挣钱了”，在两轮风险投资介入之后，时代蔚蓝的发展思路逐渐有了转变。

这是个什么样的转变呢？网站开始向女大学生们卖化妆品。这个转变给网站带来了意想不到的收获，女大学生的消费潜力远远超过多数人的想象。而且网站一旦被女性客户认可，其传播的速度就相当惊人。

数据显示，我国每年在校女大学生化妆品消费有20亿元。女大学生的消费潜力很大，除化妆品、饰品、服装外，女生还不断为男朋友买东西，市场太大了，而且前景相当光明。在时代蔚蓝网站改卖化妆品后，公司高管们形容，利润已经“走上了好的方向”。

有位女大学生发帖子，把自己购买的彩妆罗列出来，结果让人瞠目结舌，仅眼影一类就有100多盒。女性爱美，不管有没有消费能力，为了美丽不计成本。女性认为购买护肤品、化妆品、服装、饰品可以变美丽，有了这种心理之后，女性的不可想象的消费能力就得到了充分施展。

统计显示，目前我国女性每年化妆品消费额达80亿元，加上服装、珠宝、饰品、汽车等，市场很大。“她经济”正受到越来越多人的关注。

“她经济”是教育部2007年8月公布的171个汉语新词之一。随着女性经济和社会地位提高，围绕着女性理财、消费形成了特有的经济圈和经济现象，因此形成的女性经济现象也被称之为“她经济”。“她经济”的火爆表现着性别细分正在当今市场上发挥着越来越重要的作用。

营销学者发现，即便在同一人口群体中，也可能表现出差异性极大的心理特性。那么，就需要按照心理细分的方式对他们区别对待了。

北京前门全聚德烤鸭店是北京全聚德烤鸭集团的起源店（老店），创建于1864年，以经营传统挂炉烤鸭蜚声海内外，是京城著名的老字号。

曾创造过餐饮单店日销售67.7万元的全国最高纪录的全聚德，总结其经营策略是——攻击型服务。所谓“攻击型服务”，就是要求服务员针对不同类型的就餐顾客，提供不同的服务对策。北京前门全聚德烤鸭店按照人的四种不同气质类型，总结了以下具体服务对策：

（1）多血质——活泼型：这一类型的顾客活泼好动，反应迅速，善于交际但兴趣易变。他们常与餐厅服务人员攀谈，在点菜时较匆忙，过后可能改变主意而退菜；他们喜欢尝新，但又易厌倦；他们的想象力和联想力丰富，受菜名、菜肴的造型、器皿及就餐环境影响较大，但有时注意力不够集中，表情外露。

服务对策：服务员在可能的情况下，要主动同这一类型的消费者交谈，但不应有过多重复，否则他们会不耐烦。要多向他们提供新菜信息，让他们进行主动选择，遇到他们要求退菜的情况，应尽量满足他们的要求。

（2）黏液质——安静型：这一类型的顾客安静、稳定、克制力强、很少发脾气；他们不够灵活，不善于转移注意力，喜欢清静、熟悉的就餐环境，不易受服务员现场促销的影响；对各类菜肴喜欢细心比较，缓慢决定。

服务对策：领位服务时，应尽量安排他们坐在较为僻静的地方，点菜服务时，尽量向他们提供一些熟悉的菜肴，还要顺其心愿，不要过早表述服务员自己的建议，给他们足够时间进行选择，不要过多催促，不要同他们进行太多交谈或表现出过多的热情，把握好服务的“度”。

（3）胆汁质——兴奋型：这一类型的顾客热情、开朗、直率、精力旺盛、容易冲动、性情急躁，具有很强的外倾性；他们点菜迅速，很少过多考虑，容易接受服务员的意见，喜欢品尝新菜；比较粗心，容易遗失所带物品。

服务对策：点菜服务时，尽量推荐新菜，要主动进行现场促销，但不要与他们争执；在上菜、结账时尽量迅速，就餐后提醒他们不要遗忘所带物品。

（4）抑郁质——敏感型：这一类型的顾客一般沉默寡言，不善交际；缺乏活力，情绪不够稳定；遇事敏感，言行谨慎，内心复杂，较少外露。

服务对策：领位时尽量安排僻静处，如果临时需调整座位，一定讲清原因，以免引起他们的猜测和不满。服务时应注意尊重他们，服务语言要清楚明了，与他们谈话要恰到好处。在他们需要服务时，要热情相待。

全聚德烤鸭店通过对顾客细分的个性气质进行分析，从而能够对不同类型的顾客采用一一对应的“攻击型服务”，取得营销的成功。

市场细分分析是一种对消费者思维的研究。对于营销人员来说，谁能够首先发现更好的划分客户的依据，谁就能获得丰厚的回报。

选取能让消费者产生认同的市场

美国福特汽车公司是世界上最大的汽车生产厂家之一，是美国最大的工业垄断组织和世界超级跨国公司。福特公司成为全球领先的以消费者为导向的公司，始终坚持“低成本制造商品汽车”的价值创新理念，不断提升企业核心竞争力，创造了百年辉煌的业绩。最初的生产经营过程中，在选定汽车类型的过程中，公司决策人员首先考虑到的是社会上的惯例。当时，汽车业传统的做法无一例外是面向较为富有的阶层，因此，福特公司 1906 年推销的新型汽车也是这样一种“豪华型”产品，车体笨重，且多为定制，非一般人的财力所及。

同时，他们提高了售价，最便宜的车售价为1000美元，最贵的为2000美元。这一变革带来了灾难性的后果，销售数量猛然下降，利润仅10万美元，为前一年度的1/3。

1908年初，福特制定了一个划时代的决策，公司宣布从此致力于生产标准化，只制造较低廉的单一品种，即生产统一规格，价格低廉，能为大众接受的车辆，以850美元一辆出售。由此产生了福特梦寐以求的，并能使他的公司征服市场的新产品——T型车。这是福特公司生产的世界上第一辆属于普通百姓的汽车，从此拉开了世界汽车工业革命的序幕。

T型车一投产就受到广泛的欢迎，并跃居当时各类汽车之首，这是因为农民正需要这种车，普通人又都买得起。从此，代表地位和财富象征的汽车进入“寻常百姓家”。它的机械原理极为简单，任何外行人都会很快地掌握。与当时其他类型的汽车相比，T型车具有经久耐用、构造精巧和轻盈便利的优点。这种车底盘较高，具有能穿越沙地、腐殖土和泥潭的优良性能。

T型车仅用一年时间就跃居畅销车之首，成为第一号盈利产品。这一年出售了11万辆，在销售量和利润方面都超过了其他汽车制造商。

福特公司对目标市场的错误选择，铸成营销计划失败的结果，同时也正是福特公司对目标市场选择进行了及时的修正，在市场中拯救了自己。一个企业的定位能否成功，消费者支持与否是关键。企业所确定的目标消费者是最可能对本品牌提供的好处做出肯定反应的人。如果所选择的目标市场很大，但该市场的消费者对你的品牌不感兴趣，仍然不能获得利润。

在20世纪70年代中期，德国“宝马”牌汽车在美国市场上将目标对准当时的高级轿车市场。然而，对美国市场进行深入调查后，“宝马”发现，这个细分市场对“宝马”的高超性能并无兴趣。美国市场的消费者不但不喜欢，甚至还嘲笑“宝马”，说“宝马”既没有自动窗户也没有皮座套，就像是一个大箱子。

在对消费者偏好进行深入分析与调查的基础上，“宝马”决定将目标转向收入较高、充满生气、注重驾驶感受的青年市场。青年市场的消费者更关心汽车的性能，更喜欢能够体现不同于父辈个性和价值观的汽车，“宝马”决定取得这一部分消费者的认同。“宝马”在宣传中突出该车的高超性能，果然备受好评。到1978年，该车的销售量虽未赶上“奔驰”，但已达到3万多辆，1986年，已接近10万辆。

20世纪80年代末、90年代初，美国经济开始走向萧条，原来的目标消费者已经成熟，不再需要通过购买高价产品来表现自我，加上日本高级轿车以其“物美价廉”的优势打入美国市场，“宝马”面临新的挑战。调查发现，消费者之所以喜欢“宝马”，是它能给人一种与众不同的感觉，即“人”驾驭车而不是“车”驾驭人。“宝马”的驾驶带给人的是安全、自信的体验，因为他们不仅可以感觉汽车、控制汽车，还可以得到如何提高驾驶技术的反馈。于是，厂家又将目标市场对准下列三种人：相信高技术驾驶人应该驾驶好车的消费者、为了家庭和安全希望提高驾驶技术的消费者、希望以高超驾驶技术体现个人成就的消费者。在这样的定位下，1992年，尽管整个美国汽车市场陷入萧条，“宝马”的销售量却比1991年提高了27%。

宝马的成功就在于能够调查分析消费者的偏好变化，根据消费者偏好不断调整自己的目标市场，寻求消费者认同，自然能够立于不败之地。产品定位的准确是赢得市场的关键，在产品定位上，企业要了解不同消费能力的消费者所追求的消费目标，选取自己能够达到消费者认同的市场进行定位。

消费者对企业产品的认同，实际上就是对品牌的认同。因此，企业必须以品牌为依托获得消费者的支持。从某种意义上来说，企业的品牌与消费者的认同是相互推进与影响的。品牌文化要从目标市场消费群体中去寻找，要通过充分考察他们的思想心态和行为方式而获得。而反过来，消费者的认同又能够进一步提升品牌的影响力与竞争力，对品牌有认同感的消费者很容易就成为我们的忠实消费者。

企业如何取得消费者的认同，一般需要从以下几个方面努力：

（1）广泛开展体验活动。选择了消费者认同的市场之后，需要吸引消费者不断参与体验，以判断选择的目标市场是否正确，并有助于不断完善我们的营销策略。

（2）让利消费者。给予消费者更多的实惠，是取得消费者认同的一个重要法宝。让消费者能够以更合理的价格，买到物美价廉的产品，是吸引消费者认同的不二法门。

（3）加强信息交流与消费者沟通。企业要取得消费者的认同，需要加强与消费者的沟通。

了解消费者的偏好，才能投其所好

一个小伙子细心经营着一个很大的玫瑰园，他几乎倾注了所有的精力，科学地按时浇水，定期施肥。因此，玫瑰园的玫瑰长势很好，玫瑰品种齐全，五颜六色，有红、黄、绿、紫、白，煞是好看。小伙子定期到集市上去卖玫瑰，喜欢玫瑰的人都喜欢在这里买，因为他的玫瑰不仅鲜艳漂亮，而且从不漫天要价，每株玫瑰的价格为 1～2 元。

令人惊诧的是，不知什么时候，小伙子的玫瑰园里竟然长出了一些黑玫瑰。小伙子发现了这些黑玫瑰，差点慌了神，这肯定没人买，谁会要黑玫瑰呢！但是小伙子还是舍不得毁掉，想着让黑玫瑰在玫瑰园里点缀一下，也是一个特色。

后来，一位植物学家听说了小伙子的黑玫瑰，惊喜地叫起来："黑玫瑰！这是旷世稀有的品种！"植物学家为了研究黑玫瑰，保存和繁衍这个珍贵品种，愿意高价购买小伙子的黑玫瑰。植物学家出价 10 元/株订购小伙子的黑玫瑰，小伙子自然欣然接受，他没想到，黑玫瑰竟然给他带来了意想不到的财富，远远超过了他的预期收入。

后来，当人们知道了黑玫瑰是旷世稀品后，争相购买。小伙子种的黑玫瑰渐渐比其他玫瑰还要多，占了玫瑰园的一半。

最初小伙子认为黑玫瑰颜色不合人们的偏好，因而没有将黑玫瑰作为自己的盈利产品。但是，当植物学家发现黑玫瑰的稀有价值后，黑玫瑰的身价也随之一路飙升，人们对各色玫瑰的偏好也发生了改变。

这个故事说明，人的偏好会发生改变，同时，消费者的偏好对于市场和商品有很大的决定作用。聪明的销售员应当敏锐地捕捉到消费者的偏好变化，将最受欢迎的产品作为自己的主打，最大限度地获得利润。反过来看，黑玫瑰引发了新的流行，告诉我们，要主动引入新产品，创造消费者的偏好。

销售就是对消费者"投其所好"的过程。销售员必须知道目标消费人群的偏好，同时紧密关注他们的偏好变化。通常来说，影响人的偏好改变的因素主要有以下几项：

一、原有的偏好习惯

由于消费者行为方式的定型化，经常消费某种商品，会习惯性地采取某种消费方式，就会使消费者心理产生一种定向的结果。这在经济学上被称为"路径依赖"。

二、身体条件的变化

一个人身体条件的改变将直接影响其效用偏好结构的改变，如有的人得了肝病，则原来饮酒、吸烟的偏好将会随之改变。

三、工作环境的变化

不同的行业必然具有不同的环境和作息习惯，一个人的效用偏好结构也会随之变化，以适应新情况。如常常加夜班的白领可能会偏好咖啡、方便面，而从事较为轻松的公务员可能不会对此有偏好。

四、社会环境影响

主要指一个人所处的社会环境及社会潮流、主流文化对一个人效用偏好结构的改变所产生的作用。例如一个广州人到哈尔滨定居，其效用偏好结构肯定会发生变化。同样，由于社会潮流不断变化，即使一个人处在同一城市中，他也会为了适应形势和潮流而不断改变自己的效用偏好结构。

认识到不同消费者的偏好变化后，销售人员可以科学地指导自己的销售工作，使所售物品更好地满足消费者的偏好需求，从而赢得消费市场。

跟着消费者的感觉走，精准推荐合适的产品

在认识消费者的“偏好”之后，我们还应当认识与之息息相关的另一个概念——效用。还是要说到“萝卜白菜，各有所爱”，同样的东西对不同的人效用不同。因此“效用”其实是个感觉。

比如同样大小的一个馒头，一个饿极了的人吃了，觉得效用特大，特别地满足；一个快吃饱的人，吃不吃这个馒头无所谓，所以效用就很小；而对于一个吃撑了的人，让他再吃这样一个馒头纯粹是浪费，甚至引发其肠胃的不适，因而馒头的效用反而是负的。

效用的概念是人获得某种物品或服务时的满意程度，这是一种心理状态。效用是主观的东西而不是客观之物，而且，效用也会因人、因地、因时而异。同样是一杯水，对于长途跋涉、口干舌燥的人来说，他感到的满足程度肯定会大于一个随处都可以喝到水的人；同样是一包香烟，对于烟民来说，具有很大的效用，而相对于不吸烟的人来说，根本就没有任何效用可谈。

由此可以看出，效用与个人偏好有着密切的关系。消费偏好的商品，得到的效用会比不喜好的商品多很多。例如有的人喜欢吃甜，吃不了酸，如果你给他吃哈密瓜，他一定很高兴地接受了；如果你给他酸梅，他肯定皱着眉头再三推辞。

惠子曰：子非鱼，安知鱼之乐乎？鱼在水中畅游是苦不堪言，还是悠然自得、其乐无穷，只能由鱼自己的感受来决定。这形象地说明了效用的主观性。同样，我们衡量同一商品对于不同消费者的效用时，也要注意从消费者的角度出

发，分析这一商品对其的效用。

因为错误地判断同一商品对不同消费者的效用而导致营销失败的案例比比皆是。20 世纪 80 年代中期的日本服装界就为此付出过代价。当时，日本电视连续剧《血疑》热播，剧中主角信子和她父亲大岛茂的故事赚足了观众的眼泪，精明的商人则赚足了钱。一家服装厂推出了信子裙，另一家服装厂推出了大岛茂风衣，但结果很不一样。信子裙的厂家大获其利，大岛茂风衣的厂家却亏本了，其原因就在于不同消费者的不同行为。同一类商品对于不同的消费者而言，产生的效用是不同的。

女中学生崇尚信子，认为穿信子裙可以得到极大的心理满足，因而信子裙对于女中学生效用大，即主观评价高，她们愿意用高价购买，因而销售信子裙当然获利；而中年男子虽然尊敬大岛茂这样的父亲，但并不以穿同样的衣服为荣，大岛茂风衣对他们并没有什么特殊效用，也就更不愿意出高价购买，所以卖家赔本。可见，能否对消费者的心理效用做出深度分析和准确判断是决定买卖成败的重要因素。

销售者在销售过程中必须能够准确判断目标消费群体对所售产品的心理效用，才能有针对性地进行推销与说服。例如，对于对某产品丝毫不感兴趣的人，你费尽口舌百般说服，不仅完全没有积极作用，反而招致顾客的反感。如果某客户认为你所销售的产品和服务对他而言具有较大的效用，你应抓住时机进行适当的介绍与推销，这样才能够收获良好的效果。

人性化产品，打造产品新竞争力

麦克的鞋店开在城中心的商业街。商业街大小商铺鳞次栉比，各类商品琳琅满目，因此顾客如织，客源不断。不过，顾客往往看得多买得少，再加上商业街店租成本不菲，麦克的经营一度非常艰难。

麦克深知，要在竞争激烈的商业街杀出重围，不花点心思很难做到。不过，既然敢在此花血本租下旺铺，麦克也有他的把握。

对消费心理学有过深入研究的麦克明白，要获得顾客的青睐，必须要赋予产品以情感。麦克认为，市场既是店铺之间交战的战场，也是与消费者进行感情交流的场所。而要战胜对手，获得消费者的青睐，必须让自己的产品与众不同。

麦克经过调查与思考，认为当今很多消费者购买鞋子已不仅仅出于防冻和护脚的需要，而更多是为了显示个性和生活水准。“价廉”“质高”的老一套经营方式已不是产品畅销的唯一法宝了。所以，要促进鞋的销售，必须使鞋子像演员一样体现出不同的个性、不同的情感，以其独特鲜明的形象、独特的魅力吸引众多的“观众”。

于是，麦克决定实施一种人性化的营销模式。具体而言，麦克决定发挥自己的创意元素，打造独一无二的“情感鞋”。

麦克首先在进货时就有意挑选有特色风情的鞋，同时聘请了几个美术学院毕业的学生兼职，按照自己或顾客的创意，对简单的鞋子进行一些小的改造，对鞋子本身以及它的包装都做出个性化的“彩绘”处理，改变传统鞋类单一的设计风格，将设计风格引向多元化。而在陈列方面，麦克分化出“男人味”和“女人味”、“狂野”和“优雅”、“老练”和“青春”等不同风格的鞋子，在款式、色彩的配置等方面使鞋子的风格趋于多元化。

同时，麦克还给每双鞋取了一个独特的名字，诸如“爱情”“愤怒”“欢乐”“眼泪”等，有名字的鞋子仿佛有生命的物体，令人耳目一新，回味无穷。这些情感的表现形态，有式样的别致性，也有色彩的和谐性；有简繁之别，也有浓淡之分。这些充满生命和情感特征的“情感鞋”，在不同消费层次中广泛宣传，迎合了不同顾客的需求。

果然，带有不同情感的“麦克”式情感鞋，在消费者当中广为流传，不少顾客都慕名来到麦克的小店，想要寻找一双属于自己的“情感鞋”。而麦克也凭着“给产品赋予感情色彩”的诀窍，为自己的小店带来了持续的销售高潮。

麦克的鞋店除了提供质优价廉的鞋子外，最大的赢处还在于对“情感”鞋的定位。每一双充满了人情味的鞋子，给顾客带来的不仅仅是防冻、护脚的体验，更重要的是让鞋子与顾客的个性融为一体，让顾客的装扮更具生命力和情感特色。

我们的产品刚投入市场时，最先靠的是产品的独特性和价格优势，随之而来的是质量的角逐。然而，随着市场竞争的激烈，当市场中同类产品趋多，产品质量相差无几时，单纯靠价格和质量已经不容易打开产品的销路，这时就要采用更高级的营销战术，通过剖析顾客的情感心理，从而达到更好的营销效果。

优秀的营销懂得超前而正确地把握消费者的心理需要，对消费者的个性化需求做出积极的响应。成功的营销不仅仅是提供实用实惠的产品，还要使自己的产品具有人情味，让每一个产品都有自己的生命，以其独特的款式、包装、色彩、名称等吸引消费者。这样可以促使消费者对产品产生喜爱之情，用购买的产品来标榜自己的独特个性。

·第二章·

产品畅销中的心理学密码

商圈是商品畅销的绝密地带

经常光顾麦当劳或肯德基的人不难发现，麦当劳与肯德基经常在同一条街上选址，或在同一商场相邻门面，或在街道两侧相隔不到 100 米。不仅麦当劳与肯德基布局如此，许多商场、超市的布局也同样偏好比邻而居。

销售时，不是应当尽量避免与竞争对手正面冲突吗？集结在一起意味着更激烈的竞争，可能导致恶性压价或是相互诋毁。为什么麦当劳、肯德基要比邻而居呢？

许多聪明的商家就是喜欢聚合经营，在一个商圈中争夺市场。

因为聚集的同一商圈，能够聚集大量的消费者“人气”，吸引更多的顾客前来购买。分散经营使商家无法获得与其他商家的资源共享优势，市场风险明显增大，获利能力下降。

不少人会有这么一种误解，在某一条商业街区或市场街，如果自己的店铺与众不同，做的是独门生意，那么，生意一定会非常红火，也一定能够赚到大钱。这种思想认识不是没有一定的道理，但是从当前的市场情况来看，各种商品大都是集中经营，比如建材市场就是专门销售建筑材料，衣帽市场就是专门经营穿戴用品，化妆品市场就是专门经营化妆品，木材市场就是专门经营木材，蔬菜市场就是专门经营蔬菜，等等。尽管集中经营存在竞争风险，但从消费者的心理角度来看，他们会形成一个思想定位，那就是“对号入座”。比如，消费者想购买化妆品，他绝对不会跑到建材市场或者木材市场。换句话说，如果零售商把经营烟酒的店铺放在建材市场，尽管只仅有你一家这样的门市，是独门生意，那么，在这样的一个“商圈”之下，你的生意肯定不会有多好，因为消费者根本不会想到建材市场还有经营烟酒的店铺。

聚合选址当然存在竞争，如果要生存和发展，就必须提升自己的竞争力。虽然麦当劳和肯德基总是处在同一商圈中，但都有各自的品牌个性和核心竞争力，经营上各有特色。

在北京南桥镇聚集了永乐、国美、苏宁三巨头连锁家电超市，聚合的市场使三家巨头家电销售商在激烈竞争的同时寻求着特色的发展之路。

永乐电器推广 CDMA 手机，推出以退换保障、质量保障、价格保障和额外支出保障为基础的四大保障体系，以服务和价格的双重优势吸引顾客。

国美电器在其连锁店内开设了各类音像制品的销售柜台，拓展经营业务范围，同样也起到了招揽客户的作用。国美还推广“普惠制”，让各类电器的消费者都能够实实在在地得到经济上的优惠，而不是某一类家电的购买者。

苏宁电器倡导“天天促销”，让消费者能够每天都得到实惠，并根据刚迁入新居客户的实际住房条件和经济条件，量身订制家电配置方案，带来了销售额的直接增长。

我们在面对面的激烈竞争中，会更积极创新地制定个性化的服务和策略，抢占消费市场。我们常常看到，超市中的酸奶、方便面专柜前，同类型品牌的销售员也积聚成一个“小商圈”，对前来选购酸奶、方便面的顾客极力招揽，这个喊“大降价”，那个喊“免费尝”，有买有送，最后一天的叫卖声一个比一个大，甚至让原本没有这方面购买预算的消费者也会被吸引过来，进行选购。其实我们在销售中，无须害怕竞争，应当学会利用商圈来热销自己的商品。

方便，让顾客不得不买

7—11 的店铺遍布美国、日本、中国、新加坡、中国台湾、马来西亚、菲律宾、瑞典、墨西哥、巴拿马、挪威、加拿大、澳大利亚、印尼等国家和地区，全球店面数目逾 3 万家，是全球最大连锁店体系。

7—11 便利店，它最早的出生地不是在日本，而是在美国。它原本是一家专门销售冰块的公司，但是因为周围的居民对该公司要求越来越多，比如能否买到面包、酸奶什么的，公司觉得这也不错，干脆就顺着消费者的要求做了下去。这一做不打紧，这条路线还真的选择对了，结果一不小心就成了美国便利店的原创。

1973 年，日本的铃木敏文付出销售额的 1% 来获取了 7—11 的地域特许经营权。从那以后，日本 7—11 就像三月的樱花，随着季节的推移，逐渐逐渐地开满日本大地：1980 年，开出了 1000 家，1984 年 2000 家，1990 年 4000 家，1995 年 6000 家，1999 年 8000 家，2001 年 9125 家。我们可以想一想，在日本那么小的地方，一下子开出这么多的店面，这就有点像前几年三株遍布城乡的墙体广告，连上厕所都能碰到，它的势力范围简直无孔不入，无所不在。到 2001 年，日本7—11在全世界开出的店铺达 22648 家。到了现在，7—11 已经成为便利店的王者。

可以说，7—11 的胜出原因就在于它与众不同的营销概念。它做了反一般常规的经营手法。它没有像其他小店一样，从生产商的角度来组织店铺，而是以顾客为中心来开店和调整商品种类。我们看不到 7—11 有什么特别的地方，而且价格并不便宜，甚至还可以说比其他小店贵得多。但是因为它在为消费者提供便利这方面做得非常之好，所以每日客源不断，深受顾客的青睐与好评，并在广大民众中结下了良好的口碑。

便利店能否生存的第一条件就是方便性，可以说这是一个便利店充满生命力的原因所在。每日 24 小时通宵营业即为便利店的主打。随着人们生活的不断需要，便利店的服务范围也在不断扩大，现在的日本便利店集日杂百货、代收水电费、邮递等业务于一体。甚至不久的将来，在日本便利店买汽车也不会令人惊奇。

7—11 在店址的选择上，最根本的出发点就是便捷，即在消费者日常生活行动范围内开设店铺，如距离生活区较近的地方、上班或上学的途中、停车场、办公室或学校附近等。任何地方都有位置优劣之分，7—11 要让店铺在最优位置生根。如有红绿灯的地方，越过红绿灯的位置最佳，它便于顾客进入；有车站的地方，车站下方的位置最好，来往顾客购物方便；有斜坡的地方，坡上比坡下好，因为坡下行人较快，不易引起注意。7—11 还尽量避免在道路狭窄处、小停车场、人口稀少处及建筑物狭长等地建店。

我们会发现，很多上班族也许并不喜欢 7—11 里的便饭，但是当他们发现周围并没有合适的卖饭的地方，他们就会选择就近将就。并且 7—11 的卫生条件也让很多白领一族十分放心。

7—11 推行的是 24 小时营业制度，因为根据店铺地点的不同，每家店铺的黄金营业时间也不同。比如靠近公司周边的 7—11，每天早晨和中午是一天的黄金时段。在此期间会有大量的白领到 7—11 来买便当和饮料。靠近居民区的 7—11，夜间往往是黄金时段，因为很多大城市加班的白领都是在回家途中的便利店购买食物。7—11充分发挥了人无我有、人有我全的原则，一切以顾客的需求为中心，处处从消费者群体的购物习惯和消费嗜好出发，考虑到顾客站着购物不易看到下层商品的实际，将货架下层摆放醒目让顾客一目了然。根据单身一族的生活习惯，7—11贴心地推出了饭团、各种便当、各种生活用品等适销对路商品。将便利店完全融入顾客的“生活情景”中，让货柜上的商品自然地向顾客“招手”。

从7—11的这个成功的案例中我们可以发现，在小店的经营理念中，价格便宜固然重要，但是方便顾客更为重要。如何把顾客的需要自动送入他的视线之中，为他们提供最大限度的便利，才是店主们最需要重视的问题。

设计产品时：“要相信客户都是懒人”

马云是阿里巴巴网站的董事局主席兼首席执行官，他用7年时间缔造了全国最大的点子商务帝国——阿里巴巴，创造了中国式的“阿里巴巴芝麻开门”的成功神话。

马云收购雅虎后，雅虎的一些员工一时还没有改变原有的工作方式，在这种情况下，马云讲了他的“懒人理论”，目的是委婉地告诉雅虎员工在阿里巴巴工作，需要改变方法，阿里巴巴的理念是“要相信客户都是懒人”，所以需要处处为客户着想，客户懒得做什么，阿里巴巴就要做什么。

“世界上很多非常聪明并且受过高等教育的人无法成功，就是因为他们从小就受到了错误的教育，他们养成了勤劳的恶习。很多人都记得爱迪生说的那句话：天才就是99%的汗水加上1%的灵感，并且被这句话误导了一生——勤勤恳恳地奋斗，最终却碌碌无为。其实爱迪生是因为懒得想他成功的真正原因，才编了这句话来误导我们。

“很多人可能认为我是在胡说八道，好，让我用100个例子来证实你们的错误吧！事实胜于雄辩。”

“世界上最富有的人比尔·盖茨，懒得读书，就退学了。他又懒得记那些复杂的DOS命令，于是，就编了个图形的界面程序，叫什么来着？我忘了，懒得记这些东西。于是，全世界的电脑都长着相同的‘脸’，而他也成了世界首富。

…… ……

“我以上所举的例子，只是想说明一个问题，这个世界实际上是靠懒人来支撑的。世界如此精彩都是拜懒人所赐。现在你应该知道你不成功的主要原因了吧？

“懒不是傻懒，如果你想少干，就要想出懒的方法。要懒出风格，懒出境界。像我从小就懒，连长肉都懒得长，这就是境界。”

在阿里巴巴有一个有趣的现象，马云身为互联网公司的CEO，却对互联网十足外行，甚至马云自己都说，只会收发邮件。

马云说：“计算机我到现在为止只会做两件事，收发电子邮件还有浏览，其他没有了，我真不懂，我连在网上看VCD也不会，电脑打开我就特别烦，拷贝也不会弄，我就告诉我们的工程师，你们是为我服务的，技术是为人服务的，人不能为技术服务，再好的技术如果不管用，瞎掰，扔了，所以我们的网站为什么那么受欢迎，那么受普通企业家的欢迎，原因是，我大概做了一年的质量管理员，就是他们写的任何程序我要试试看，如果我发现不会用，赶紧扔了，我说80%的人跟我一样蠢，不会用的。”

可以说，马云的“懒人理论”颠覆了我们以往的所有惯性思维，跳出固有观点的圈子，一针见血地指明了通往成功的出路——阿里巴巴的平民化，马云要求阿里巴巴要以客户的要求为导向，不能把网络做得太复杂，要通俗易懂，方便操作，最好是让“菜鸟”都能玩转阿里巴巴，这是马云所希望看到的。

所以，阿里巴巴每做一个新程序，都要给马云亲自体验一番，员工们戏称为“马云测试”，就像白居易诗成后每每读给老妪听，若老妪不解，便再加修改一样，做到“老少咸宜，男女通杀”。

马云告诉阿里巴巴的程序员：“我不想看说明书，也不希望你告诉我该怎么用。我只要点击，打开浏览器，看到需要的东西，我就点。如果做不到这一点，那你就有麻烦了。即使在后来，使用淘宝和支付宝这些网站时，我也是个测试者。我和淘宝的总经理打赌，随便在路上找10个人做测试，如果有任何顾客说，他对使用网站有问题，那么你就会被惩罚，如果大家都能使用，完全没有问题，那么你就有奖励。所以这个测试是确保每一个普通人都能使用网站，不会有任何问题，只要进入，然后点击就行了。因为我说的话代表世界上80%不懂技术的人。他们做完测试，我就进去用，我不想看说明书，如果我不会用就扔掉。”

这样一来，大大简化了阿里巴巴网站中各种功能的使用方法，包括后来的淘宝、支付宝。

马云认为多数客户都是跟他一样的电脑“菜鸟”，他选择站在客户的角度思索客户的心理，这一点使他大获成功。

打赢营销博弈战，夺取客户心智资源

在推销产品的过程中，你与客户双方在进行一场无声的战争，这场战争中的武器就是博弈。博弈是一个心理学的概念，指的是互动的策略性行为，在每一个利益对抗过程中，每一个参与方都在寻求制胜之策。并且，每一个参与者的策略都是相互影响、相互依存的。这种互动通过两种方式体现出来。

第一种互动方式是双方同时出招，完全不知道其他人走哪一步。不过，每个人必须心中有数，设想一下若是自己处在其他人的位置，会做出什么反应，从而预计结果。

第二种方式是双方轮流出招。每个参与者必须设想他的行动将会给对方造成什么影响，反过来又会对自己以后的行动造成什么影响。也就是说，相继出招的博弈中，每一个参与者必须预计其他参与者的下一步反应，而盘算自己的最佳招数。

对于第一种，我们可以看一个新闻大战的案例。

《时代》和《新闻周刊》是美国的两大杂志，每周它们都会暗自较劲，都要做出最引人注目的封面故事，从而吸引更多买主的目光。

这就是一场策略博弈。因为双方是同时进行的，且不知道对手策略。等到发现结果，再想改变就太迟了。当然，在下个星期输者可以反扑，不过，那又是一个新的博弈之战。

假设本周有两大新闻：一是发布一种据说是艾滋病的新特效药，二是奥巴马针对金融危机发布新政策。

选择封面故事时，首要考虑的是哪一条新闻更能吸引报摊前买主的目光。我们先假设30%的人对艾滋病特效药感兴趣，70%的人对奥巴马的政策有兴趣。并且，这些人只会在自己感兴趣的新闻变成封面故事时买杂志。假如两本杂志用了同一条新闻做封面故事，那么买主就会平分两组，一组买《时代》，另一组买《新闻周刊》。

现在，《新闻周刊》的编辑可以进行如此推理：“假如《时代》采用奥巴马的新政策做封面故事，那么，我用艾滋病新药做封面，我就会得到整个‘艾滋病市场’（即全体读者的30%）；假如我采用奥巴马故事，我们两家就会平分‘奥巴马故事市场’（即我得到全体读者的35%），所以，奥巴马政策为我带来的收入会超过预算问题。假如我们都用采用艾滋病新药做封面，我会得到15%的读者，假如我采用奥巴马政策，就会得到70%的读者。显而易见，第二方案会为我带来更大的收入。因此，我有一个优势策略，就是采用奥巴马故事做封面。无论《时代》选择采用哪个新闻当作封面，我都会更胜一筹。”

这样的策略考虑对《时代》同样有效。所以，选择奥巴马故事是他们共同的优势策略。

第二招是双方相继出招，我们用两大媒体的一场价格大战作为案例。

在1994年夏天，《纽约邮报》把报纸零售价降到25美分，不久，其对手《每日新闻》把价格从40美分提高到50美分。这件事看起来颇有些耐人寻味，但它却是双方博弈的结果。

在最初，两份报的价格都是40美分，但《纽约邮报》认为报纸的零售价应是50美分，于是采取涨价行动。而《每日新闻》的价格依旧停留在40美分，因此《纽约邮报》失去一些订户及部分广告收入，但它们认为这种情况不会持续太久。但《每日新闻》的价格却一直没有变动，所以，《纽约邮报》非常恼火，认为如果有必要，它要发动一场价格战。

当然，如果真的发动价格战，会造成两败俱伤。因此，《纽约邮报》的目标是既要让《每日新闻》感到威胁，又不投入真正战斗的费用，于是它进行了一次试探，就是把价格降到了25美分，销量立竿见影地上升了。而《每日新闻》也意识到了其用意，采取了明智的妥协，也将报价提高了10美分，升为50美分。

在市场竞争中，销售员又要如何应付这场营销博弈之战呢？

一、营销博弈的关键不在商品

谁拥有客户资源，谁的核心竞争力就强。原来是物品短缺，现在是客户短缺。销售中不是简单地将产品推销，而是要讲信誉，要与用户进行情感交流，要提供优质服务，卖产品是第二位的。

二、不走“寻常路”

在市场竞争中，选择差异化战略会让自己获胜。在全面了解分析目标消费者、供应商信息以及竞争者的位置后，再确定自己的产品在市场上的差异化定位，以获得成功。

例如，面对行业的整体困境，小天鹅采取了差异化战略，开发出全球领先的创新性产品——水魔方系列洗衣机，为其开启了一片全新的市场，改变市场竞争规则，整合市场竞争元素，创造行业蓝海。

三、市场竞争也可共赢

在当今市场条件下，任何一个企业都不可能独占所有资源，但是可以通过联盟、合作、参与等方式使他人的资源变为自己的资源，以增加竞争实力，实现共赢。例如麦当劳与肯德基总在同一条街上选址，很多超市也同样存在这样的现象。

因为店铺的聚集会产生“规模效应”，一方面，丰富的商品种类满足了消费者需求，为消费者实现购物建立良好基础；另一方面，经销商为适应激烈的市场竞争，会不断进行自身调整，同时让消费者受益，吸引更多的消费者。

四、信息博弈，营销的基本功

由于信息差异所造成的劣势，几乎是每个人都要面临的困境。销售员应在行动之前，尽可能掌握有关信息。

所以，销售人员要制作客户卡，将客户名单及背景材料记录下来，而且，客户卡上的信息量要不断扩展。如上门访问客户结束后，要及时把访问情况、洽谈结果、下次约见的时间地点记录下来，以便按事先计划开展销售活动。

五、重复博弈，营销要讲诚信

人们去菜市场买菜，当有疑虑时，卖菜的阿姨常会讲：“你放心，我一直在这儿呢!”这句朴实的话中包含了深刻的博弈论思想：“我卖”与“你买”是一个次数无限的重复博弈，我今天骗了你，你以后就不会再来我这儿买了，所以我不会骗你的，菜肯定没问题。所以，在听了这句话后，人们也会打消疑虑，买菜回家。

其实，任何想持久经营的企业跟客户间也是一种重复博弈，那就要讲诚信。面对客户时“少许诺，多兑现”。如果许诺，一定要尽全力实现。不诚实，会让客户损失了钱，丧失对你的信任；你损失了自重精神，因为一时的收益而失去了以后的推销生涯；对整个推销行业来说，损失的是声望和公众对它的信赖。

信任是关键，对客户以诚相待，你的成功会容易、迅速得多，并且会经久不衰。

捆绑销售，顾客和商家皆大欢喜

美国的约翰逊黑人化妆品公司总经理约翰逊是一个知名度很高的企业家。可是，当初他创业时，也曾为产品的销售伤透了脑筋。

那时，约翰逊经营着一个很小的黑人化妆品公司，因为黑人化妆品市场的总体销售份额并不大，而且，当时美国有一家最大的黑人化妆品制造商佛雷公司，几乎垄断了整个市场。

经过很长时间的考虑，约翰逊提出了一句措辞非常巧妙的广告语：“当你用过佛雷公司的化妆品后，再擦一次约翰逊的粉质膏，将会得到意想不到的效果。”

约翰逊的这一招的确高明，不仅没有引起佛雷公司的戒备，而且使消费者很自然地接受了他的产品，达到了事半功倍的效果。因为他当时主推的只有一种产品，凡是用佛雷公司化妆品的黑人，大都不会在乎再增加一种对自己确实有好处的化妆品的。

随着粉质化妆膏销量的大幅度上升，约翰逊抓住了这一有利时机迅速扩大市场占有率。为了强化约翰逊化妆品在黑人化妆品市场上的地位，他同时还加速了产品开发，连续推出了能够改善黑人头发干燥、缺乏亮度的“黑发润丝精”“卷发喷雾剂”等一系列产品。经过几年的努力，约翰逊系列化妆品占领了绝大部分美国黑人化妆品市场。

不知从什么年月起，捆绑销售已悄悄地侵入我们的生活，而且蔚然成风，有愈演愈烈之势。大至买楼房送车位、买大件家电送电饭锅，小至买手机送话费，买酸奶“二送一”，甚至买支牙膏也送个钥匙圈。问商家不要赠品能否减些价？商家回答：不要可以，但不减价。

那么，什么才是捆绑销售呢？捆绑销售也被称为附带条件销售，即一个销售商要求消费者在购买其产品或者服务的同时也得购买其另一种产品或者服务，并且把消费者购买其第二种产品或者服务作为其可以购买第一种产品或者服务的条件。捆绑销售通过两个或两个以上的品牌或公司在销售过程中进行合作，从而扩大它们的影响力，可以说是共生营销的一种形式，开始被越来越多的企业重视和运用。

捆绑销售方式给商家带来了好处的同时，也给消费者“更实惠”的心理满足，从而促使一些精打细算的消费者产生购买冲动。

“全球通”在广州市区推出了“免费频道”服务，由移动公司提供网络支持，由广告公司、商家和移动电话客户共同参与，共同受益。具体内容是：移动用户需在自己的手机上拨打“免费频道”号码，仔细听完系统播放的信息（广告），回答相关简单的问题，就可获一定数额的话费。

真可谓超级整合，超级捆绑。消费者由被动变主动，在“话费”的“驱使”下，热情空前高涨。为回答商家的问题，对广告自然认真收听，效果不同凡响。利用电信这条超级绳索，把商家和消费者紧紧地“绑”在了一起。

如何少花钱、多办事，为商家节省资金、降低成本、提高竞争力，是我们共同关心的话题。但不要走向另一个极端，为了省钱，什么都“绑”。搞得风马牛不相及，甚至引起消费者的反感。

·第三章·

渠道激励：让你的产品畅销无阻

破解渠道客户的八大“阴暗”心理

在与渠道客户打交道的时候，我们有时会遇到一些非常为难的问题。比如在铺货的时候，有的客户会问你：“隔壁批发部要了没有?”这个时候，如果你说“要了”，客户会说：“他要我就不要了。”如果你说“他没要”，他又会说：“等他要了，我才要。”

总之，无论你怎么回答都是错的，这种情况真的会让人很抓狂。所以很多销售人员每次从市场上回来后，都是一个字：“累!”有的销售经理甚至坦言：“做了一辈子的销售，就没见到哪个渠道客户满意过。”

实际上，碰到这样的问题，并不奇怪。因为我们身处的是一个买方的世界。渠道里什么都不缺，特别是上门来推销的业务员比顾客还多，他能不烦吗?很多时候，渠道商在与业务员讲话的时候都是带有目的的，给业务员传递的信息也都是经过加工过滤的。很多业务员总是一脸无辜地说：“市场很平静啊，他们怎么突然不卖我们的产品了呢?”当业务员在说这句话的时候，已经说明了这样的问题：业务员没法了解到客户的“阴暗”心理。

这里说的“阴暗”，并非是讲渠道客户某些见不得人的市场伎俩，而是指渠道客户在与厂商合作中那些非常微妙的“逐利”心理。这些常见的“逐利”心理包括：

一、追求最大限度的便宜

我们中国人比较含蓄，因此没有人会直接跟你讲明他要“捞便宜”。但是他们会通过一些更加含蓄巧妙的问题来向你传递这个信号。特别是当一个平时对你爱理不理的老板突然非常热情地跟你打招呼的时候，你就要多个心眼了，因为他很可能是想向你要礼品了。还有就是，明明你的产品是他在市场上的主导产品，他却跟你抱怨说你的生意难做，不赚钱。他这么说的目的无非就是两种，一个想要向你要促销，二是有竞品在和这个客户接触。

客户想要“捞便宜”的心理是永无止境的，也是永远没法满足的。面对客户这种欲望无穷的心理我们该如何应对呢?

（1）当客户向你要礼品的时候，无论有没有，在表面上都要显示出一副很抱歉的样子，并且承诺下次来的时候一定带来（切记一定要兑现）。送礼要“多次，少给”，经常去拜访，隔三差五地给一点。当然，不要与老板在礼品问题上纠缠太多，要尽快把话题转移到你关心的问题上来。

（2）当客户向你要支持的时候，你不能拒绝，应该借此提出相应的条件。比如一次性进多少货，或者是否考虑定短期销售合同。当他自知不能满足你的条件的时候，自然就不会再提要求了。需要注意的是，遇到这种情况的时候一定要向领导汇报一下，在组织内部备案，防止他向其他人提出相同问题时大家的回答不一致。

（3）对于客户的话不能轻信，也不能不信，要一一核实。对有疑问的信息，不要拒绝也不要轻易赞同，调查之后再回复。

二、鸡蛋里挑骨头

价格高、没名气、没促销、质量差、服务跟不上……客户总是能从鸡蛋里面挑出骨头来。这也是很多客户应对供应商的策略，即在心理上打击你，在气势上压住你，打击你的信心，让你被迫让步。沃尔玛和家乐福就经常喜欢用这一招。一般的供应商去沃尔玛和家乐福登门拜访的时候，没有两三次重复拜访你是见不到人的，等第四次见了，也仅仅只给你几分钟的时间。并且你得到的不是鼓励，而是极度的批评，其目的很简单：你得让步。

面对这样的客户，我们要坦然、谦虚，还要心平气和、不亢不卑。不反对客户的指责，但也要把自己的优势和卖点说出来，耐心地解释，用我们的优点对比竞品的缺点。学会用“是的，你说得对……不过……”句式回答客户。你对市场特别是竞品了解得越透彻，越容易应对客户的挑剔。

三、独家销售的心理

商家竞争也很激烈，独家销售可以控制价格和利润，谁不想要？面对持这种心理的客户，我们要跟他们讲道理，让他们明白：市场要大家一起做才能做起来，一家独做看似利润高，但没销量，还会流失客源。另外，我们也可以给实力大的客户多一点的礼品，采取差别政策，以使多家客户都能销售；或者先从小户入手铺货，然后采取夸张式的促销，造成旺销局面，刺激其他客户要货。更多的时候我们是先让一部分客户销售，放弃一部分，让铺货率达到60%～70%即可，再慢慢寻找机会扩大份额。

四、从众心理

许多中小型客户因为不敢承担风险，所以很喜欢从众，别人进货，他就进，别人不进，他也不进。所以我们可以先找一两个具有影响力的客户，给他们极大的优惠，从而带动下属网点和其他客户陆续进货。

五、设法探寻市场信息的心理

由于担心自己控制不了市场，害怕厂家不重视它的地位，害怕合作的品牌没有后续经营能力所带来的风险被转移，所以客户打探市场信息的欲望都很强烈。他们总是喜欢有意无意地套取你的信息。比如他们会故意对你说："公司某经理走了，是吗?"或者说："听说你们在隔壁市场搞进货返点活动，是吗?"其实，你自己知道，这不可能，事实是，客户在诈你呢!

对付客户的这种心理，我们应该隔三差五地给客户透露点"有价值"的信息，让客户信任你，你也能得到你想要的信息，但绝不能传递虚假信息。

六、炫耀心理

很多客户都爱在厂方人员面前表现自己卖得好、卖得快，目的是想得到厂方重视，获得更多优惠。有时候他们这么做也是希望你能帮他多争取促销政策。比如，带你去看终端，要相信，你看的终端肯定是最好的网点，到终端，你听到的是最好的评价，产品也摆在最醒目的位置，等应酬完后，终端老板会说："我们应该乘胜追击，要再多点促销，或者，再多做点广告就更好了。"

对于这种心理，厂方一定不能错过，因为这是增加感情、鼓励客户的好机会。我们一定要附和他的话题，适当地赞美。这样你不仅能销售产品，还能得到朋友。

七、害怕邻居的心理

有50%以上的客户与相邻或对门的直接竞争者不能处好关系，有70%的商户对相邻或对门的竞争者保持警惕和担心。因此在商户密集的区域铺货时，要注意客户这种微妙的心理和客观的市场形态。在相邻客户之间铺货一定小心谨慎，防止无意中得罪客户。最好是先调查好市场，多和将要铺货的区域内的客户交流，进行摸底。如果客户问你："隔壁批发部要吗"?你不能轻易回答"要"，也不能轻易回答"没要"，要根据情况判断：如果两家实力相当，则相排斥的概率大；如果两家实力过于悬殊，则跟随的概率大。

如果你不能判断两家的关系，则如下两种回答更合适些，“我还没到他家铺货，以你优先”；“他说要，我还没给他，先给你，你说咋铺就咋铺”。一般来说，在一家较有规模的客户铺过以后，不要立即到他的对门那里再铺。当然，这种心理也可为我们利用，如果有客户提出的条件过高，铺不进去货，那我们就在他对门、邻居家铺，而且搞点促销，分他的客源，逼其就范。

八、拖欠心理

所有渠道成员都一样：只愿进货，不愿出钱。所以，第一次打交道的时候，一定先谈好付款方式。老客户一般要计划好老板在的时候送货，否则会因为老板不在收不到钱。一般来说，下午送货最合适。

有时候，老板会说，周转不开，明天再来拿钱。那就要跟他约定好具体明天几点在哪里收款。一般不要让客户打欠条。特别需要警惕的是，在北方有这么一个潜规则：打了欠条是长期赊欠，不打欠条是临时赊欠。有时候，厂方为了铺货，而客户又不愿付现款，就设置不同的铺货政策，现款与赊销给予不同的促销，鼓励渠道现款购货。有时为了达到铺货目的，也可以让他先付一半款。一定要打消客户的顾虑，承诺包退、包换，否则客户是不愿掏钱的。

厂商与渠道商合作时要找到彼此利益的平衡点

国内众多家电企业在开拓市场早期，大多采用大户批发制方式。即由一个大经销商在一个地区作为独家代理，负责本地区的产品销售，以后随着市场规模的扩大，会出现多家批发商共同代理，由这些“大户”掌管产品在各地市场的开拓。直到目前，在白色家电业还有许多企业如长虹、格力、美的等都在采取类似的方法。

TCL在早期的发展过程中也采用大户制的营销网络模式，但是在采用过程中，TCL发现了诸多的问题，如大户制所带来的厂家与商家的利益冲突：家电业内许多企业出现“水冲渠道”的事，如价格混乱；企业只管将厂里的货送出去，至于如何走，走到哪里等全都不管，这就很容易把销售渠道打乱了。而对于大户制的营销网络模式，不管采取何种方式处理都是技术层面的运作，并不能从整体上完成对市场的控制。

因此，从1997年开始，TCL开始坚决剔除大户，采取“直营制”的销售渠道，即由厂商自主独立经营，通过自己的销售公司直接面对经销商，实行对销售渠道拥有很大控制权的营销网络模式。

能表明TCL自己管理销售渠道决心之大的例子是其决不与“郑百文”合作。当时“郑百文”是中国最大的彩电经销商，而TCL当时还较小，“郑百文”拿出一大笔钱要TCL的货，但TCL还是拒绝了“郑百文”。TCL这样做就是为了自己的渠道，为了维持本企业对营销网络的控制。TCL没有批发商，各销售分公司就是最大的批发商，这样可以控制整个物流、价格。在TCL的发展过程中，TCL通过“直营制”营销网络模式一直牢牢主导着市场，控制着市场，并在每个发展阶段都敏锐地感受着市场的脉搏，从而能做出正确的决策。TCL在1993年还只有10多亿元的销售额，到2001年时销售额已突破为200多亿元，一举成为广东最大的国有工业企业。

销售管理过程中，销售经理要根据企业的实际情况选择适合自己的渠道类型。然而，尽管很多销售经理的确也认识到了渠道在市场活动中的重要地位，但由于学识的不足或由于某种偏见，在管理实践中，存在一些误区，要么是渠道多且杂，要么就是渠道单一。大致可归纳为以下两种：

第一种就是有些管理者总是抱着“肥水不流外人田”的思想，即不甘心公司销售利润被别人“瓜分”，企图完全通过自己的力量建立销售网络，独立执行分销职能，认为自建网络要比利用中间商好，比如说，好控制、好指挥、安全、灵活、省钱等。

听起来似乎颇有道理，其实事实并非如此，因为：

（1）“天高皇帝远”，信息的阻隔，下面玩点“猫腻”，总公司不一定完全知晓。

（2）以区域市场为基础建立的销售分支机构，只对总公司负责，彼此缺少协同，画地为牢，互成壁垒，极易形成一个个割据分裂的“小诸侯”。

（3）“亏总部，富个人”，应收账款回不来，挟货款而逃的例子，比比皆是。

（4）摊子铺得太大，惰性积淀严重，一旦有风吹草动，很难在短期内形成“重拳”出击。

（5）人员开支、行政费用、广告费用、市场推广费用等浪费巨大。虽说以上问题不一定是普遍现象，但有一点可以肯定：管理不严，这些现象一定会出现。

要解决上面的问题，厂家就应多方考察，增添一些特定渠道，尽量避免因缺乏渠道而带来的许多问题。

而另外一种就是有的渠道管理者认为渠道越长越好，其实渠道长有长的好处，如日用消费品，其消费对象居住区域高度分散，产品购买频率又比较高，销售环节较多，长渠道比较适合。

但这并不意味着渠道越长越好，原因在于：

（1）渠道过长，增大了管理难度。

（2）延长了送达最终用户的时间。

（3）环节过多，加大了产品的损耗。

（4）厂家难以有效掌握终端市场供求关系。

（5）厂家利润被分流。

针对上面的这种情况，渠道管理者就要酌情减少某些特定渠道，让整个渠道顺畅无阻。因此，对于销售经理来说，渠道的多寡要视具体情况而定，有时需要增设某些类型的渠道，有时则需要删减某些类型的渠道。总之，要协调好厂商与渠道商之间的利益，找到利益的平衡点，才能在合作中取得双赢的合作效果，达到“你好我也好”的目的。

发挥逆向思维，“倒做渠道”

进行市场营销，除了好产品、好广告之外，渠道建设也非常重要。现代市场营销理论和实践证明：谁控制了渠道，谁就赢得了客户。史玉柱是市场营销的高手，他不仅深谙渠道的重要性，而且发挥逆向思维，“倒做渠道”。

催生史玉柱痛下决心采用新形式做渠道的，是巨人的回款问题。史玉柱说：“当年我们珠海巨人集团做脑黄金是代销的，其结果是有3亿元钱收不到。现在我再也不会做这种傻事了，钱不到账不发货，到现在没有一分钱应收款。”

这是他在资金回笼出现问题，并且经历失败后总结出来的经验，为了使“应收账款问题”不影响自己的企业，史玉柱在做渠道时，不像一般产品销售那样急于铺货，而是采用了一种特殊的方式。在一个地区市场启动前，先打广告，让顾客到商店找上门，然后史玉柱就等着经销商带着钱来要货。

一旦瞄准某个市场，在启动之前，脑白金通常会举行大规模的免费活动。赠送结束之后，有的消费者还想继续服用，就会到药店去找，消费者找到产品，经销商就会找到厂家。当产品达到一定销量时，脑白金的广告随之出台，让经销商闻风而动，“主动”前来要求经销该产品。这时，史玉柱就会要求经销商现金提货，以始终确保应收款为零，这样形成的良性循环，与厂家推经销商，经销商推市场的做法正好相反。

史玉柱解释说，先把经销商放到一边，转而向终端消费者展开攻势，创造市场拉力，这叫“倒做渠道”。这样做无疑会造成一定的广告流失，并延误市场开发速度，然而却可以避免可能产生巨额坏账的风险。

“倒做渠道”是区域代理和区域蚕食相结合的产物。它针对一些居民居住比较集中的城市，通过划分一个区域，集中力量做渠道，做成后再转入下一个市场，采用的是打一枪换一个地方的游击形式。它的最终理想模式是在一个城市建立一个可控的金字塔式的短渠道的分销网络，从而建立一个稳固的销售基础。

另外，“倒做渠道”在区域市场成熟后必须选择一家符合条件的经销商作为区域代理，因为“倒做渠道”的区域内人口比较分散或者市场环境比较复杂，维持市场的成本比较高，不如转给经销商。将渠道交给经销商，厂家对零售渠道的控制能力不会丧失，同时，抑制了经销商的反控能力，对市场始终占有主动权。

因此，史玉柱在经营过程中规定：

原则上小型城市选一家经销商，但经销商一定要信誉好，在当地有固定的销售网络，是该地区最有实力和影响力的人物，经销商与政府方面（工商、技监、防疫站等）的关系好。

经销商负责固定地区脑白金产品的销售，不得冲货，不得越区域销售，避免引发同类产品恶性竞争。销售价格必须统一，且价格稳定，同时，必须回款及时。

对于可能发生的不良行为，史玉柱责令：

不允许个人以任何名义与经销商签订合同，否则视为欺诈行为。同时，所有办事处要把代表处的经销商合同及有关资料传回子公司审批，合同原件一定要寄回总部。并特别提出：及时回款、价格稳定、不允许冲货。这一套监督体系和制度使得各地经销商能严格执行“脑白金”的各种策略，保证分销渠道的畅通和稳定。

在“倒做渠道”的模式下，脑白金几年来销售额达100多亿元，但坏账金额仍为0。而在保健品行业，坏账10%可以算是优秀企业，20%也属于正常。事实上，这种创新模式不但解决了史玉柱的回款问题，它在占领市场、巩固市场、扩张市场方面的作用，也成为后来国内市场营销行业争相效仿的销售宝典。

了解客户需要，设计合理的渠道

设计营销渠道第一步分析是服务产出水平，其目的是了解其选择的目标市场中消费者购买什么商品（what）、在什么地方购买（where）、为何购买（why）、何时买（when）和如何买（how）。这就要求设计渠道方案必须了解关于影响渠道服务产出水平的因素。

在个人电脑市场中，消费者可分为商业用户、家庭用户和学生用户，其对服务产出水平的需求可分为高、中、低三个级别。这三类不同目标市场的用户，对服务的需求水平存在显著差异。根据科特勒的五个影响因素进行分析，可知：

批量规模：一般而言，商业用户多为集团采购，采购量比较大；家庭用户和学生一般情况下每次只需购买一台。

空间的便利性：就家庭用户和学生用户而言，在最初的购买阶段，对于空间的便利性的要求相对不那么高，但在售后服务阶段肯定高。对于商业用户来说，一般商业用户都会有自己的电脑技术与维修人员，所以要求不会太高。

配送—等待时间：就个人电脑市场而言，在最初的购买阶段，家庭用户对于电脑的需求不是那么急迫所以可能最肯花时间等待。商业用户需要快速的送货以及最短的等待时间，因为配送—等待时间直接影响到他们的工作效率。对于学生用户，尤其是在新学期开学，这种需求程度就更高。

在售后服务阶段，家庭用户需求最低，学生用户高。商业用户对售后服务阶段的配送—等待时间的要求也并不是很高。

品种花色的多样化：对软件品种花色的需求。电脑的用途决定了其对于软件种类的需求，商业用户在三类用户中对软件的品种需求是最高的；家庭用户只需要一些文字处理系统和游戏程序即可，因此品种需求低。个人电脑品牌上的需求，商业用户则是三类目标市场中最低的一类，家庭用户中是最高的。无论是对软件还是对品牌的种类需求，学生用户都处于商业用户和家庭用户之间。

服务支持：家庭用户和学生用户对服务支持的需求都高，一旦机器出了故障，他们对制造商的技术支持和维修服务具有一定的依赖性。而商业用户由于其自身拥有这方面的专业技术人员与维修设备，故对技术支持和维修服务的需求相对来说要低得多，但其可能需要信贷、延期付款、商业折扣等方面的支持。因此，在个人电脑市场上，对家庭和学生两类用户提供服务的成本，高于向商业用户提供服务的成本。

此案例中三个目标市场用户对于服务产出水平的需求存在差异，不但三个目标市场对服务需求的程度不一样，即使是同一目标市场，其在不同的阶段对于服务需求的程度也存在差异。因此，在向目标市场消费者提供服务产出时，要针对其需求的差异性，区别对待，而不是一视同仁，不加区别。

营销渠道的设计者必须了解目标顾客的服务产出需要，才能较好地设计出适合的渠道。渠道专家巴克林将影响营销渠道服务产出水平的因素分为四类：

批量规模：是营销渠道在购买过程中提供给典型顾客的单位数量。一般而言，批量越小，由渠道所提供的服务产出水平越高。

空间的便利性：顾客能够在他所需要的时候不需要花费很大的精力时间，就能获得所想要的产品或服务，渠道的空间便利程度就较高。

配送—等待时间：即渠道顾客等待收到货物的平均时间。顾客一般喜欢快速交货渠道。但是快速服务要求一个高的服务产出水平。

品种花色的多样化：一般来说，顾客喜欢较宽的花式品种，因为这使得顾客满足需要的机会增多了。

菲利普·科特勒在前面四类的基础上又增加了一项——服务支持，也就是服务后盾，是指渠道提供的附加的服务（信贷、交货、安装、修理）。服务后盾越强，渠道提供的服务工作越多。这五类服务产出基本上概括了不同的渠道系统中的消费者的各种需求类型。

激励渠道成员，促进更有效的销售

公司在确定了方案，选择了渠道成员后，营销渠道就建立起来了。但这并不意味着公司的工作就结束了。同企业的员工一样，渠道的成员也需要激励，促使他们进行更有效的销售。

某食品厂家与其他大多数厂家一样，以前对经销商的返利政策是以销量作为唯一的返利标准，且销量越大返利的比例越高。这在无形中诱导了经销商依量求利，从而导致经销商蹿货、杀价等不规范运作。

认识到事情的根源之后，此食品厂家吸取教训，在返利政策的制定上不以销量作为唯一的考核标准，而是根据厂家不同阶段对营销过程的管理来综合评定返利标准。如此，除了完成销售定额给予经销商一定奖励外，还设定了以下返利奖励：

铺市陈列奖：在产品入市阶段，厂家协同经销商主动出击，迅速将货物送达终端。同时厂家给予经销商以铺货奖励作为适当的人力、运力补贴，并对经销商将产品陈列于最佳位置给予奖励。

渠道维护奖：为避免经销商的货物滞留和基础工作滞后导致产品销量萎缩，厂家以“渠道维护奖”的形式激励经销商维护一个适合产品的有效、有适当规模的渠道网络。

价格信誉奖：为了防止经销商蹿货、乱价等不良行为，导致各经销商最终丧失获利空间，厂家在价格设计时设定了“价格信誉奖”，作为对经销商的管控。

合理库存奖：厂家考虑到当地市场容量、运货周期、货物周转率和意外安全储量等因素，厂家设立“合理库存奖”鼓励经销商保持适合的数量与品种。

经销商协作奖：为激励经销商的政策执行、广告与促销配合、信息反馈等设立协作奖，既强化了厂家与经销商的关系，又是淡化利益的一种有效手段。

对于每个经销商来说，促使他们参加渠道体系的条件固然已提供了若干激励因素，但是这些因素还需要通过制造商经常的监督管理和再鼓励得到补充。对渠道成员的激励其实就了解了各个中间商的不同需要和欲望，然后以相应的方式去满足他们。对此，营销人员还建议，可以通过以下方式激励经销商：为中间商提供市场热销产品；提供产品组合；及时提供必要的业务折扣；给予中间商适当的利润；对中间商进行适当的培训等。

·第四章·

定价定天下——让顾客感觉物超所值

为什么东西都不贵，就是没人来

2004年夏季，中国车市出现了一个怪现象。当年6月，北京国际车展异常火爆，达到近几年的最高峰，然而，车展过后，车市却一下子跌入冷清。尽管各厂家纷纷采取降价措施，可车价大面积降价后市场仍无起色，一些厂商甚至出现恐慌情绪。

而且，这次车市风云还有两个怪现象。

其一：车市愈来愈像股市。“买涨不买跌”本是股市语，如今已用于车市。顾客天天盼着汽车降价，但买了车又担心降价，而每次担心又常常应验，结果导致大家紧捂口袋，不敢买车。

其二：降价不再一降就灵。每当车市停滞，产品积压，新品推出，或对手产品下线，汽车厂商只要使出降价这个杀手锏，就会立竿见影，药到病除，效果百分百。但现在变了，降价后，消费者口袋捂得更紧，经销商没有笑容，厂商也战战兢兢。没想到市场对降价不仅有了“抗药性”，还有了副作用。

有专家认为车市冷清就是让汽车降价闹的，消费者的购买欲望是在连续不断的大幅降价过程中被严重摧毁了。好不容易买辆车，光荣迈入有车一族，兴奋了一个星期，就变苦哈哈了。为什么呢？原来车价降了两三万，顾客的钱都打了水漂。

这让人想起经济学著名的“囚徒困境”：

两个共犯的囚徒被捕，分开审讯。审讯条件是：如果两个囚犯都不说，那么两个人都无罪，如果两个人都说，两人都会被判坐牢5年，如果一个囚犯说了，另外一个不说，那么不说的囚犯因为拒绝交代问题被判坐10年牢，而交代的囚犯将从轻处罚被判坐10个月。无疑，两个人都不说是最优的选择，但是在双方无法互通信息的情况下，双方都害怕成为拒绝交代的那个人而被判10年牢，在这样的困境下，最优的选择就是主动交代问题，争取从轻处罚。

那么在中国汽车厂商这些“囚徒”的背后，隐藏着什么不可告人的秘密呢？

吉利集团董事长在全国政协会议期间接受媒体采访时说：“现在的汽车价格是一种畸形，不可能维持太长时间。”虽然汽车厂商们说汽车价格已经接近成本价，但他们心知肚明，这是蒙人的，为了共享暴利，大家都憋住不说，他们的攻守同盟本来坚持得很好。消费者也知道这样不好，但苦于找不到合适的证据，看着厂商们信誓旦旦。终于一个“囚犯”憋不住了：“我交代！”这一交代，就露了底。

暴利，正是厂商们极力掩饰的秘密！

中国汽车业的暴利是人所共知的。在国外，汽车行业的利润是5%～7%。以全球最盈利的福特汽车来看，1999年福特全年盈利72.4亿美元，其中汽车业务盈利57.21亿美元，占总盈利额的79%。以当年销售汽车722万辆计算，每辆车盈利不到800美元，合人民币6000～7000元。从一个区域来看，当年福特在欧洲销售汽车196万辆，销售额300亿美元，结果只盈利2800万美元，平均每辆车盈利不到15美元，合人民币120元左右。

国内的汽车行业呢？据国家计委公布的数据显示，2002年汽车行业销售收入为1515亿元，实现利润为431亿元，整个行业的平均利润率为28.45%。而这仅仅只是行业数据。在利润空间更大的售后服务、汽车信贷和保险等2002年的总产值为8000亿元，接近国民生产总值的十分之一，整个产业的利润是多少，没有答案，但可以肯定比国际通行的5%～7%要高得多。

由此看出，车市冷清，价格一降再降，将使汽车泡沫被点破，汽车暴利开始走向终结。这对消费者来说是好事。

今后，我们将会欣喜地看到，汽车降价将是常态，不再是新闻。

因此，也可以看出产品并非越便宜越好。价格战是各门店竞争的必备策略，但是这很可能会造成恶性循环。不惜成本的价格战，不一定能取得最佳的收益。千万不要认为产品越便宜越好卖。现在人们的生活水平提高了，同类产品中悬殊的低价格，会使顾客对于产品的品质产生怀疑，而淡化购买的欲望。在面对面销售中，店员的工作就是要为顾客灌输价值等于价格的观念，他们所花的每一分钱都是物有所值的。

有一位顾客到A家具店想购买一把椅子，A店员带顾客看了一圈。

顾客："那两把椅子多少钱？"

A店员："那个较大的是200元，另外一把是500元。"

顾客："这一把为什么比较贵，我觉得这一把应该更便宜才对！"

A店员："这一把进货的成本就快要450元了，只赚您50元。"

顾客本来对200元的椅子感兴趣，但想到另外一把居然要卖500元，于是对200元椅子的质量产生疑问，就不敢买了。

顾客又走到隔壁的B家具店，看到了两把同样的椅子，打听了价格，同样是大的200元，另外一把500元。顾客就好奇地请教B店员。

顾客："为什么这把椅子要卖500元？"

B店员："先生，请您把两把椅子都坐一下，比较比较。"

顾客照他说的，两把椅子都坐了一下，一把较软、一把稍硬，但坐起来感觉都挺舒服的。

B店员看顾客试坐完椅子后，接着告诉顾客："200元的这把椅子坐起来比较软，您会觉得很舒服，而500元的椅子您坐起来觉得没有那么软，这是因为椅子内的弹簧数不一样。500元的椅子由于弹簧数较多，绝对不会因变形而影响到您的坐姿。不良的坐姿会让人的脊椎骨侧弯，很多人腰痛就是因为长期不良坐姿引起的，光是弹簧成本就将近100元。而且，您看这把椅子旋转的支架是纯钢的，它比非纯钢的椅子寿命要长一倍，不会因为过重的体重或长期的旋转而磨损，要是这一部分坏了，椅子就报废了。因此，这把椅子的平均使用年限要比那把多一倍。

"另外，这把椅子虽然外观看起来好像不如那把豪华，但它是依照人体科学设计的，坐起来虽然不是很软，却能让您很长时间都不会感到疲倦和腰酸背痛。一把好的椅子对长年累月伏案办公的人来说太重要了。这把椅子虽然不太显眼，却是精心设计的。老实说，那把200元的椅子中看不中用，使用价值没有500元的这把高。"

顾客听了B店员的说明后，毫不犹豫地买了贵椅子。

在这个案例中，A家具店的A店员面对顾客的价格质疑，采取了常规的解释方法，不能令客户满意，并且还在客户的头脑中形成了便宜椅子品质不好的猜想，销售必然是以失败而告终。B家具店的B店员采取了不同的销售方法。他首先让顾客亲自体验一下两把椅子的不同，从而让顾客建立对椅子的初步认识。在此基础上，深入分析两把椅子的不同之处及贵椅子的种种好处，从而把顾客的思维从考虑价格转移到考虑价值，并且取得顾客的认同，成功地销售了一把500元的椅子。

洞悉消费者心理，进行心理定价

心理学家的研究表明，价格尾数的微小差别，能够明显影响消费者的购买行为。一般认为，5元以下的商品，末位数为9最受欢迎；5元以上的商品，末位数为95效果最佳；百元以上的商品，末位数为98、99最为畅销。尾数定价法会给消费者一种经过精确计算的、最低价格的心理感觉；有时也可以给消费者一种是原价打了折扣，商品便宜的感觉；同时，顾客在等候找零期间，也可能会发现和选购其他商品。

如某品牌的54cm彩电标价998元，给人以便宜的感觉。认为只要几百元就能买一台彩电，其实它比1000元只少了2元。尾数定价策略还给人一种定价精确、值得信赖的感觉。

尾数定价法在欧美及我国常以奇数为尾数，如0.99、9.95等，这主要是因为消费者对奇数有好感，容易产生一种价格低廉、价格向下的概念。但由于8与“发”谐音，在定价中8的采用率也较高。

尾数定价法是心理定价中应用较为广泛的一种。它采用零头标价，将价格定在整数水平以下，使价格保留在较低一级档次上，一方面给人以便宜感，另一方面因标价精确给人以信赖感。对于需求弹性较强的商品，尾数定价往往能带来需求量大幅度的增加。不过，针对需求弹性弱的产品，我们还有以下几种心理定价方式：

（1）整数价格策略。对于价格较高的商品，如高档商品、耐用品或礼品等可以采取整数价格策略。企业为了迎合消费者“价高质优”的心理，给商品制订一种整数价格。当消费者得不到关于商品质量的其他资料时，为了购买高质量的商品，常常有“高级店，高级货”、“高价钱，是好货”的心理，以价格高低来辨认商品质量的优劣。

（2）声望定价。声望定价指针对消费者“一分钱一分货”的心理，对在消费者心目中享有声望、具有信誉的产品制定较高价格。价格高低时常被当作商品质量最直观的反映，特别是在消费者识别名优产品时，这种意识尤为强烈。这种定价技巧不仅在零售商业中广泛应用，在饮食、服务、修理、科技、医疗、文化教育等行业也运用广泛。

（3）招徕价格策略。为了迎合消费者求廉心理，暂时将少数几种商品减价来吸引顾客，以招徕生意的策略叫招徕价格策略。其目的是把顾客吸引到商场中来，在购买这些低价产品时也购买其他商品。

（4）习惯价格策略。习惯价格是指那些已家喻户晓、习以为常，个别生产者难以改变的价格。即使生产成本提高很大，再按原价出售变得无利可图时，企业也不能提价，否则会引起顾客的不满，只能采取降低质量、减少分量的办法进行调整；还可以推出新的花色品种，改进装潢以求改变价格。

消费者心理永远是营销者研究的课题。实际上，无论采用哪一种定价方式，我们首先要做到的就是对消费者心理的透彻了解。

以消费者需求为导向进行价值定价

一般来说，消费者在购买商品时，对商品的质量、性能、用途及价格会有自己一定的认识和基本的价值判断，也就是说，消费者会自己估算以一定价格购买某商品是否值得。因此，我们在定价时，当商品价格与消费者对其价值的理解和认识水平相同时，就会被消费者所接受；反之，则消费者难以接受或不接受。

以价值为基础的定价方法因此应运而生。营销者以消费者对商品的理解和认识程度为依据制订商品价格，就是以价值为基础的定价，也称需求导向定价法。这种方法的思路是：企业定价的关键不在于卖方的生产成本，而在于买方对商品价格的理解水平。

美国吉列刮胡刀片公司创立之初只是一家默默无闻的小公司。而现在，吉列公司已经发展成为一家全球闻名的大公司。吉列刮胡刀片畅销全球，只要有人的地方，几乎就有吉列刮胡刀片。

1860 年以前，只有少数贵族才有时间与金钱来修整他们的脸，他们可以请一个理发师来替他们刮胡子。欧洲商业复兴之后，很多人开始注意修饰自己的仪容，但他们不愿使用剃刀，因为当时的剃刀笨重而且危险，而他们又不愿花太多的钱请一个理发师来替他们整修脸部。19 世纪后半期，许多发明家都争先恐后地推出自己发明和制造的“自己来”刮胡刀片，然而，这些新刮胡刀片价格太高，很难卖出去。一把最便宜的安全刮胡刀需要 5 块钱，相当于当时一个工人 5 天的工资。而到理发师那里刮一次胡子只不过花 10 分钱而已。

吉列刮胡刀片是一种舒适安全的刮胡刀片，但仅仅用“舒适安全”来形容的话，吉列刮胡刀并没有任何比其他品牌更高明的地方，何况其成本比其他品牌都要高。但吉列公司并不是“卖”它的刮胡刀，而是“送”它的刮胡刀。吉列公司把价格定在55分钱，这还不到它制造成本的1/5。但吉列公司将整个刀座设计成一种特殊的形式，只有它的刮胡刀片才能适合这种特殊的刀座。每只刀片的制造成本只需1分钱，而它却卖5分钱。不过消费者考虑的是：上一次理发店刮胡子是10分钱，而一个5分钱的刀片大概可以用6次左右。也就是说，用自己的刮胡刀片刮一次胡子的费用还不到1分钱，只相当于1/10的理发师费用，算起来依然是划算的。

吉列公司不以制造成本加利润来定刮胡刀座的价格，而是以顾客心理来定刮胡刀座的价格。结果，顾客付给吉列公司的钱可能要比他们买其他公司制造的刮胡刀更多。吉列通过这样“此消彼长”的方式使消费者购买到其心目中产品的价值，自然大获全胜。应当注意的是，这种“此消彼长”策略根据顾客的需要和价值及实际利益来销售产品，而不是根据生产者自己的决定与利益。简而言之，吉列的“此消彼长”代表了对顾客原有价值观的改变，而非厂商成本价格的改变。

这一策略一般用于互补产品（需要配套使用的产品），企业可利用价格对互补产品消费需求的调节功能来全面扩展销量。有意地廉价出售互补产品中处于不好销售的一种，再提高与其配套的另一种互补产品的价格，以此取得各种产品销量的全面增长。

一分钱的折扣也能吸引最忠诚的顾客

金老板的T超市刚刚开业的时候，整条街道就这一家超市，所以附近小区的居民和路过的路人都选择来这家超市购物。金老板店里的服务和商品价格都还可以，所以，自开业一直到不久前，生意一直不错。可是不久之后，同一条街道上又多了一家超市N。奇怪的是，自从超市N开业以来，金老板发现前来自己超市购物的顾客不断地减少了，甚至许多本来是自己超市的老顾客，却出现在了超市N的门口。金老板决定去T超市一探究竟。

金老板曾经怀疑是新开的超市比自己的超市服务或者促销做得好，也想过是不是N超市的商品比自己店里的更特别一些。于是，带着这些问题，某天傍晚，他亲自走进超市N，扮成顾客，想要去一探究竟。

金老板拿起购物筐，先去走货最快的日常家用品货架看看。走到家用品的货架前，他只看货架摆设，没有发现有什么差距，再大体看了一下商品种类，也是差不多的那几个牌子。纳闷之余，金老板低下头看超市N的价签。一下子，他便全明白了。

原来，这家“对手”超市的许多护肤品都比超市T便宜。但是，其实没有便宜多少：金老板店里卖30元的洗发水，超市N卖29元；金老板卖20元的洗衣粉，超市N就卖19.8元。金老板又迅速查看了其他商品的货架。发现超市N的大多数商品都比自己商品便宜1块钱左右。他怎么也想不到，仅仅不到1元钱的差距，“对手”超市就取胜了。

金老板或许并不是那么清楚，自己的超市输了，是输在那区区一块钱的定价方式上。营销学者曾经做过调查，对于顾客来说，同样的商品，如果标价20元，客人的心里感觉是“这件东西要20多块钱”。而如果标价是19.8元，客人的心里感觉是“这件东西才不到20块钱”。所以，虽然只有不到1元钱的差距，但对于顾客来说，就会感觉在定价为19元的超市购物就得了很大的便宜。

一点小小的定价差别，所造成的顾客反应却大不一样。因此，我们在为自己的商品定价时，必须充分了解顾客的心理与定价的技巧，当然，还有金老板的教训——要了解竞争对手的定价。

定价的技巧有很多，一般来说，有以下一些方式可以参考：

(1) 特价标注。许多超市的店门口经常会有“开业特价”“店庆特价”“限时特价”，并张贴一些有代表性的特价商品，这就是一种特价定价法。顾客一看到某种常见的商品这家超市比别家超市便宜，在利益驱动下就会走入这家超市。所以，这种特价定价法，有利于吸引客人前来消费，也对其他商品的销售有拉动作用。

(2) 折扣定价法。许多超市对于销售的商品根据顾客购买的商品数量的多少，给予顾客不同的价格折扣。如一家超市曾经对自己超市内的酸奶实行这样的折扣策略，当顾客只买一瓶酸奶时，酸奶为8元/瓶，如果买两瓶或者更多，那么第二瓶和以后的都为5元/瓶。这种定价方法，就会吸引顾客购买多于一瓶的酸奶，从而拉动超市这种商品的销售。

(3) 吉祥数字定价法。中国人做什么事都讲究吉祥和运气，所以超市可以利用这一心理进行定价。比如在定价中选择带“8”的数字，表示“发财”，“6”则表示“顺利”，“9”表示“永久”等。用这样的吉祥数字可以吸引图吉利的顾客前来超市购买这类定价的商品。如某超市在中秋佳节的时候，就有月饼红酒大礼盒，标价666元，购买的人络绎不绝。

低价，但不让顾客觉得掉价

1981年李嘉诚的和记黄埔收购了屈臣氏，让风雨飘摇中的屈臣氏浴火重生。到现在，屈臣氏已经跃上了中国零售业数一数二的位置，甚至超过了沃尔玛、家乐福、国美和苏宁。

而众所周知的是，屈臣氏不过是100多平方米的小店铺，而它的利润为什么会这么大呢？李嘉诚做零售，有很多东西是非常值得我们借鉴的。

我们都知道，零售业要盈利，就要大量“走货”。沃尔玛的座右铭是：“你怎样卖得更多？”然而，在很多时候“最走货”也意味着“最低档”，顾客在大量购买的时候，会连自己都有点抬不起头来。

但是，屈臣氏的商品在低价与档次方面并不矛盾。比如，一些洗面奶及个人护理用品价格很便宜，可是大部分去屈臣氏购物的消费者并不觉得身份掉价。即使不是节假日，那些时尚的年轻白领们依然把屈臣氏当成了自己购物的栖息地。她们常年喜欢逛屈臣氏的原因就在于：屈臣氏不仅货真价实，而且丝毫不觉得掉价。

低价与档次，向来都是十分矛盾的，屈臣氏却非常巧妙地把这个问题处理得天衣无缝。屈臣氏将顾客定位为18岁至40岁的女性，特别是18岁至35岁的时尚女性。对于这些月收入比较高的顾客，屈臣氏并没有在高举高打中令其就范。因为屈臣氏很明白，在实质上，地球人都喜欢低价。于是屈臣氏主动降低了门槛，一方面获得了足够的客源，另一方面以各种捆绑销售鼓励她们在购买时多多益善，并让她们在得到实惠的时候愿意维持终身购买。

“我敢保证我低价”的标语就悬挂在屈臣氏的店铺里，这一直白的诉求具有巨大的穿透力，平均每周大约可以吸引150万顾客前来消费。

可奇怪的是，为什么其他地方低价消费者会觉得掉价，而屈臣氏不会呢？原因就在于，屈臣氏的价格低，但是档次并不低。它的价实，货也真。它的“货真”到什么程度？2005年，屈臣氏斥资55亿港币收购了法国最大的香水零售商Marionnaud，使得它的一系列大手笔并购达到了顶峰。正是依靠连续不断的收购，屈臣氏的产品组合与世界一流产品实现了零距离。

很多店主都坚持一分价格一分货的原则，认为出钱少就只能买低等货，出钱多才能买到上档次的东西。但事实上，几乎所有的消费者都有一个共同的心理，那就是：用最少的钱买到最好的货。大多数消费者都很在乎别人怎么看自己，所以除了穷到实在没有办法的时候，他们还是愿意买上点档次的商品，穿着用着也觉得有面子。如果价格低意味着掉价的话，他们要么出于面子不好意思买，即使买了心里也不会觉得舒服。

因此，我们在定价的时候，一定要特别注意把握消费者的心理，在无形中贴近消费者敏感的内心，将他们最需要的东西展现在他们的眼前。既要让消费者很明显地感觉得到了实惠，还要顾及他们的面子，通过各种方式售出既低价又有档次的商品。

第四篇
谈判心理学

·第一章·

备战：在开始阶段取得优势

要事先熟悉产品信息

一个对自己准备销售的产品都不了解的人，怎么期望他能够说服客户购买呢？

许多人都抱怨过这样一件小事：比如你去超市购物，想买的商品不知道具体放在什么地方。于是，我们都会选择询问身边的导购人员，但满心的期望最后多半以失望告终。导购人员只知耕耘自己面前的一亩三分地，对整个超市商品信息的不熟悉导致客户产生负面情绪。

无论是商场超市的导购，还是公司的销售代表、谈判专家，对自己公司产品信息的掌握是一个必备的基本素质。

那么对产品信息的了解，究竟包括哪几方面呢？

营销人员应该尽可能多地了解产品，掌握产品各方面的知识，主要有以下几项：

产品的主要性能（包括主要的量化指标）；

价格（还应掌握价格与成本的关系）；

库存情况（这一点至关重要，牵涉到能否保证向客户供货的问题）；

服务的主要内容（包括方式、种类、范围、程度等）；

必须注意的事项（如产品的安全事项、使用事项等）；

竞争对手的产品优劣（因为在说服客户时可以据理力争）。

相关的产品知识，是营销人员必须掌握的基础知识之一。一位营销专家说过："没有什么比从一个毫无产品知识的营销员那里买东西更令人失望了。"

优秀的公司都注重提高营销人员的产品知识水平，而且采用了灵活多样的方式。

戴尔先生是一家酒店的经理，他喜欢在日常工作中检验员工对产品的认识和了解程度。例如，戴尔先生走进休息室，会问大家：

“我们很快就要举行一次情人节的促销活动，你们能告诉我有些什么项目吗？你们对预定的折扣率有什么看法？”

需要说明的是，休息室内不但有专门的营销人员，还有其他人员，例如办公室人员和勤杂人员。在戴尔先生看来，每一个在酒店工作的人都应该掌握这一知识。当情人节的促销活动举办时，如果有一位顾客走到酒店门口，向正在擦拭玻璃的清洁员询问有关促销活动的问题时，清洁员必须对答如流，而绝对不能一问三不知。

与戴尔做法接近的还有迪斯尼乐园。迪斯尼乐园为了能更好地服务游客，对每一个员工都要进行严格的培训，哪怕他只是一个假期打工的学生。从拖地到拍照，以及学习照相机的技能与熟悉地理环境，迪斯尼的每一位员工都必须做到熟练掌握，以备游客的“突然询问”。

熟悉产品信息不仅是对营销、销售人员能力的基本要求，也是客户的需求体现。

虽然不断增加的产品功能和不断细分的市场有助于满足客户全方位、深层次的需求，但是面对越来越多的同类商品，客户在需求被满足之前恐怕首先面对的是迷惑和困扰，也就是来自对产品各种情况的不了解。

任何一位客户在购买某一产品之前都希望自己掌握尽可能多的相关信息，因为掌握的信息越充分、越真实，客户就越可能购买到更适合自己的产品，而且他们在购买过程中也就更有信心，尤其是一些高档的产品，比如电脑、家电等。可是，很多时候客户都不可能了解太多的产品信息，这就为客户的购买造成了许多不便和担忧。比如不了解产品的用法，不知道某些功能的实际用途，不了解不同品牌和规格的产品之间的具体差异，等等。对产品的了解程度越低，客户购买产品的决心也就越小，即使他们在一时的感情冲动之下购买了该产品，也可能会在购买之后后悔。

其实，很多人都有过这样的体验，到电子商城去买一些电子产品时，同一种产品总会有至少三种不同品牌的产品，价格不一样，商家着重宣传的功能和优势等也不尽相同。面对这种情况，客户自然不会轻易决定购买哪种产品。此时，哪种品牌的销售人员对产品的相关知识了解得越多，表现得越专业，往往越能引起客户的注意，而最终，这类销售人员通常都会用自己丰富的专业知识和高超的销售技能与顾客达成交易。

一句话，成功的沟通不能忽略这一重要细节，平时就应该多用心学习产品的各种功能，做到对产品信息熟悉得如同自己的身体一样。特别是我们需要重点掌握自己产品的使用方法、优势，以及其他同类产品的特点。

有一位女推销员，她费尽心思，好不容易电话预约到一位对她推销的产品感兴趣的大客户，然而却在与客户面对面交谈时遭遇难堪。

客户说："我对你们的产品很感兴趣，能详细介绍一下吗？"

"我们的产品是一种高科技产品，非常适合你们这样的生产型企业使用。"女推销员简单地回答，看着客户。

"何以见得？"客户催促她说下去。

"因为我们公司的产品就是专门针对你们这些大型生产企业设计的。"女推销员的话犹如没说。

"我的时间很宝贵，请你直入主题，告诉我你们产品的详细规格、性能、各种参数、有什么区别于同类产品的优点，好吗？"客户显得很不耐烦。

"这……我……那个……我们这个产品吧……"女推销员变得语无伦次，很明显，她并没有准备好这次面谈，对这个产品也非常生疏。

"对不起，我想你还是把自己的产品了解清楚了再向我推销吧。再见！"客户拂袖而去，一单生意就这样化为泡影。

百问不倒是一种严格、缜密的基本功，依靠的是严谨，甚至是机械的强化训练，是通过对客户可能问到的各种问题的周到准备，从而让客户心悦诚服的一种实战技巧。女推销员没有对产品倾注自己的热情，于是造成不了解产品而一问三不知的状况，自然无法在客户心中建立信任。

善用"空间战"，占领"我的地盘"

回想一下，每一次单位组织开大会，同事之间的座次是否有一定的规律？就拿你自己来说吧，你是不是总会不自觉地与一些人坐在一起，而同样不自觉地远离某些人？而其他同事也同样，总会和固定的一些人坐在一起？

一、缩短空间距离，拉近彼此的心理距离

人的心理距离会通过空间距离表现出来，而空间距离会影响人的心理距离。

那些走在一起、坐在一起的人，一定是非常熟悉或较为亲密的人。他们或许

是在部门里朝夕相处并建立了良好关系的同事，也可能是在开会或公司其他活动中，偶然坐在一起并互生好感的其他人。而人们下意识远离的人，要么是职位相差很远；要么是彼此接触很少，感到陌生；或者是彼此不欣赏甚至不喜欢。

销售也是同样的道理，如果要得到客户的信任，在空间上做一些改变，会产生意想不到的效果。销售员在推销产品的过程中，更换位置也是出于同样的道理。

当销售员与消费者面对面而坐，消费者面对产品举棋不定，这时，如果销售员以更好地展示产品为借口，移到消费者身边与他（她）并肩而坐，以非常靠近的方式来说服他（她），消费者就很可能答应买下产品。

看来，要想消除对方的警戒心，缩小彼此的心理距离并不难，只要你善于利用“接近的功效”。找个理由靠近对方，与他（她）肩并肩地坐着，你会发现，事情就在突然之间有了转机。

二、控制对方空间，依靠“我的地盘”获取心理优势

在某种程度上，地位高的人可以侵犯地位低的人的隐私和个人空间。例如，老板可以旁若无人地到部门经理的办公室、部长可以不敲门就进入科长的办公室、父母可以不经过同意直接进入孩子的房间……为什么会这样?

在心理学的解释中，这属于“空间侵犯权”，也就是说一个人的地位越高，能够占有的空间就越广阔。相反，地位越低，拥有的空间就越有限。这就是经理可以有独立办公室，员工却只能挤在一个办公室里，大家共享一个空间的原因。

在销售的大型商务谈判中，能不能控制对方的空间与能不能占到优势紧密相连。比如，谈判是和对方面对面坐着交谈，想要摆出强硬有力的姿态的最好方式，是不露痕迹地把自己的水杯及记事本等个人用品往前放，这就起到了侵犯对方空间的作用。而把自己的笔和资料等物品“咚”的一声放到桌子上，一下占去大半张桌子的情况则被称为“做标记”，其隐含的意思是“这是我的空间”。这会给对方造成无形的压力。

另一种情况是在站立时，站立也需要抢占空间。初次与客户见面一般会先站着寒暄一下。当彼此不熟悉的时候，相距的间隔大概为 60～80 厘米，而在这段距离产生的同时，心理的较量也已经开始。从心理学的角度来看，当两个人面对面站着时，右脚迈出一步，以一种要包围对方左侧的姿势靠近对方，会在心理上处于优势地位。

当然，在销售谈判中，“我的地盘”在人们的心里同样起着不容小觑的作用。

进行商业谈判时，你应该尽量让对方来你的公司或者选择自己熟悉的场所。特别是第一次见面的时候，因为自己熟悉的空间此时就变成了“优势空间”，在熟悉的环境中，就不会产生不必要的紧张，并且能给对方施加心理上的压力。就如同体育比赛中“主场”和“客场”的概念，经调查分析，任何球队在主场获胜的概率都远大于在客场。

田纳西大学的心理学家萨德斯·特劳姆和卡洛伊曾经做过一个实验，实验的内容是让大学生们讨论问题，实验地点在大学生的宿舍。实验过程分为“在自己的宿舍讨论”和“打扰别人，在别人的宿舍讨论”两种情况。实验中，用秒表悄悄记录了在自己的宿舍发言的人的发言量以及以“客人”的身份去别人的宿舍发言的人的发言量。结果表明，在自己宿舍里讨论的大学生能够自由发言，与此相对，作为客人时却发言不多。而且，当讨论过程汇总出现两个人意见不一致的时候，往往是在自己宿舍的人的发言占绝对的优势。

这个实验清楚地表明了空间对心理的影响，也就是说“在自己的领地进行谈判，必然能获得心理上的优势”。

在销售谈判中经常会有招待客户的情况，这时选择自己常去的饭店已经是大家共有的常识。因为你熟悉的饭店就好像是你的领地，能够让你获取心理上的“主场”优势。而如果是接受对方的招待，若有条件，可以事先去招待场所看一下，熟悉招待场所的基本信息，这样有助于心理压力的减轻。

三款经典开场白，消除客户拒绝你的机会

你有没有经历过和自己并不是很熟悉的人面对面而坐但却没话说，冷场的结果是大家都感到很不舒服？如果换成谈判，如果在谈判过程中没有一个融洽的气氛，那么成功的概率就会减少很多。

谈判中，开场白是一个入口，一个好的开场白，对每个推销员来说无疑是推销成功的敲门砖。因此，在与客户面谈时，不应只是简单地向客户介绍产品，更要注意拉近双方的距离，与客户建立良好的关系。找到最合适的入口，让客户无法拒绝你。

一、温馨话题法

任何谈判都是在一定的氛围中进行的，谈判氛围的形成与变化将直接影响到整个谈判的结局。特别是开局阶段，有什么样的谈判氛围，就会产生什么样的谈判结果，所以无论是竞争性较强的谈判，还是合作性较强的谈判，成功的谈判者

都很重视在谈判的开局阶段营造一个有利于自己的谈判氛围。

心理学研究发现，人的心理受周围气氛影响，如果一开始的话题就给人以温馨的感觉，那么这种感觉会持久地感染到对方，谈判就会更加容易进行。尤其是谈判开始瞬间的影响最为强烈，它奠定了整个谈判的基础。所以，在商业谈判之前，先和对方聊点温馨的闲话，如："说起来，前几天有这么一件事……""我儿子啊，前几天捡回来一只被人遗弃的小狗，本来我想把它扔掉，结果，我现在比儿子还喜欢它呢……"

这种能让对方感到亲切的话题，很容易让当天的谈判顺利进行。为了达到这个目的，平时就应该准备一两个温馨的话题。

二、轻松自嘲法

幽默一直被人们称为只有聪明人才能驾驭的语言艺术，而自嘲又被称为幽默的最高境界。由此可见，能自嘲的人必须是智者中的智者、高手中的高手。自嘲是缺乏自信者不敢使用的技术，因为它要你自己骂自己。也就是要拿自身的失误、不足甚至生理缺陷来"开涮"，对丑处、羞处不予遮掩、躲避，反而把它放大、夸张、剖析，然后巧妙地引申发挥、自圆其说，取得一笑。没有豁达、乐观、超脱、调侃的心态和胸怀是无法做到的。这也从侧面体现了一个人的素质修养，并且自嘲谁也不伤害，最为安全。

在所有工作中，销售是最容易碰壁和遭受尴尬的。我们可以用自嘲来活跃谈话气氛，消除紧张；在尴尬的时候，也可以用自嘲来找台阶下，保住面子和尊严；有时候在谈判时我们很可能会因为激动而措辞生硬，使对方不悦，这时候，如果能赶紧刹住话匣子："对不起，我这个人容易激动，刚才真成了一只斗鸡了。"对方定会付之一笑，不予计较。总之，适时适度的自我嘲笑，不仅能让不友善的气氛变得友善，还能让他人在尽可能短的时间内接纳你。

三、激起兴趣法

客户对产品产生兴趣是谈判成功的基础，所以设法激起顾客的兴趣最为重要，也是开场白中运用得最多的一种方法。每个人都喜欢谈自己感兴趣的话题，如果你所说的话能引起客户的兴趣，客户就会继续谈下去。

控制对方的时间，传达"我很重要"

在销售中，一定是销售员被客户牵着鼻子走吗？对客户唯命是从就是对客户真正的尊重吗？

在大型销售谈判过程中，“争夺时间”是一项有效的心理战术。

在销售的谈判阶段，争夺时间就是通过一些小的手段占据对方时间的一种行为。运用心理学的原理，当占据了对方一定的时间，就表明你具有随心所欲操纵对方时间的能力。因此，当销售人员准备与客户见面时，应该尽可能地根据自己的情况决定见面的时间，尤其是大型的商务谈判，切不可说“根据您的时间定吧”。

销售是一场博弈，胜在心理战术。如果对方提出要在星期几或是哪天见面的话，而你一定要做敲定具体时间的人。也就是说不能让对方从头到尾掌握控制权，这才能防止在见面时被对方的气势压倒。

在大型的销售谈判中，气势是最重要的，它决定着成交是否成功，决定着获得更高的价格优势等。如果可能的话，你要扮演掌控对方时间的角色。这样从一见面，你就把对方放在了一个比你低的位置上。最简单的方法就是让对方等你，这也就是占据了对方的时间。

加利福尼亚州立大学的心理学家罗伯特·莱宾教授指出：让对方等待时间的长短，取决于这个人的重要程度。比如学校里的教授，能让学生长时间等待的教授往往会被认为是重要人物。心理学家詹姆斯·帕鲁斯和卡萨力·安达克就曾做过一个非常独特的实验，实验结果证明，大学课堂上如果讲师上课迟到，学生只会等 10 分钟，如果 10 分钟后讲师不到，学生就会回去；如果是副教授迟到，学生们能等 20 分钟；如果是教授上课迟到的话，学生们可以等 30 分钟。由此可见，随着地位的提高，一个人能占据的对方的时间也会增加。

在与客户谈判的过程中，如果谈判已经非常深入，而你想在下一次的谈判让对方答应你的要求，那么你可以尝试比约定时间晚几分钟再去，这是一个有效的心理战术。如果迟到几十分钟的话，会让对方觉得你很没有礼貌，但如果只迟到几分钟的话，一般情况下完全没有问题。这样，占据对方的时间就成为一个事实，这时，你传达给客户的是“我是一个重要人物”的信息。

还有一个细节，就是在谈判过程中，请同事或秘书给你打电话，然后对对方说：“对不起，我接一下电话……”让对方等你 5 分钟左右，这也是一种谈判技巧。通过占据对方的时间，无形中就取得了非常重要的心理优势，让对方得到一种你很忙的感觉。

同样，如果对方控制了你的时间，最有效的反击办法是让对方产生愧疚感。

例如，当你判断出对方是故意比约定的时间来得晚的时候，你一定要特意强调“没关系，我真的不在意你迟到了”，这样很容易就会让对方在心理上产生愧疚感。

斯坦福大学的心理学家麦力鲁·卡鲁史密斯博士和威斯康星大学的阿兰·克劳斯博士曾经通过实验证明，心中怀有愧疚感的人容易服从对方。在实验中，他们让一位学生（不知情的被实验者）因为使用电器造成对方休克（实际上对方并没有受到电击）而产生愧疚感，在这之后，这位学生对对方提出的毫无道理的要求的服从率是通常情况下的3倍。

因此，在对方占据了你的时间后，让他产生愧疚感，是一种有效战术。

除却愧疚感的影响力，对于占据了你的时间的情况，还有一种反击办法，就是再去占据对方的时间。比如，当对方因为临时的电话或其他情况对你说“抱歉，请稍等”，然后离开的时候，你就把自己的资料在桌子上摆开，不慌不忙地开始工作。即使在对方回来之后，你也完全可以以一句“请稍等一下”让其等待，自己低头继续工作。这样就又占据了对方的时间，通过一来一回的时间争夺，在谈判中就取得了相对的平衡。

如果你这个时候恰好没有什么事情来打发这段时间，也可以随便和谁打个电话。要注意，在对方回到座位之后，不要立刻挂电话，而是让对方再稍等一会儿，这样也能给对方传达出“我非常忙”的信息，无形中给对方施加压力。

除此之外，还应关注的一点是，要使占据对方的时间与对方占据你的时间保持平衡。如果对方占据了你5分钟，那么你就随便和谁打个电话，也占据他5分钟；如果对方占据了你10分钟，那你就夺回这10分钟。

运用控制时间来获取心理优势，对谈判结果将起到非常有效的作用。

充分了解客户需求

刘明是某电脑公司的销售代表，他这次来跟国税局的李主任谈判的目的主要是推销公司的服务器。

“李主任，国税局的信息系统是怎么构架的?”

“我们有办公系统和税务管理系统。税务管理系统是我们的业务系统，这次采购的服务器就是用于这套系统。”

“我听说你们的办公系统使用得非常成功。我相信这次管理系统的建设也将会取得成功。您对这次计划采购的服务器有什么要求呢?”

“这批服务器用于存储和计算税务的征收情况，所以最重要的就是服务器的可靠性。”

“对，所有重要的数据都存储在服务器的硬盘内，数据的丢失将会带来很大的损失。您想怎样提高服务器的可靠性呢?”

“首先，我们要采用双机系统，所以服务器要支持双机系统。其次，服务器的电源、风扇要有冗余。另外存储系统要采用磁盘阵列，支持 RAID5。”

“您是倾向于使用内置的磁盘阵列，还是外置的磁盘阵列?”

“外置的，外置的更可靠一些。”

“这样，就有双保险了。您对于服务器还有其他的要求吗?”

“处理能力。我们要求服务器至少配备两个 CPU，PCI 总线的带宽为 133 兆以上；I/O 系统采用 80 兆以上的 SCSI 系统。”

“我们的产品满足这些要求都没有问题，您为什么需要这样的配置呢?”

“我们的数据量增加很快，现在我们的服务器每秒钟需要处理 500 笔操作，我估计 3 年以后可能达到 1000 笔。我是根据现在服务器的处理能力估算出来的。”

“噢。您希望服务器能够满足 3 年的要求?”

“这是局长的要求。”

“这个配置正好是现在的主流。除了可靠性和处理能力以外，其他的要求呢?”

“服务也非常重要，我们要求厂家能在 24 小时内及时处理出现的问题。”

“对，服务非常重要，我们一直将客户服务作为最重要的指标。其他方面呢?”

“没有了。”

“让我总结一下。首先您希望服务器具备很好的可靠性，支持双机系统、冗余的电源和风扇，支持 RAID5 的磁盘阵列。其次，您对处理能力的要求是双 CPU，主频高于 800 兆，总线带宽大于 133 兆，I/O 速度大于 80 兆。另外，您还要求厂家能在 24 小时内及时处理故障，对吗?”

“不错。”

两周之后，刘明为客户提供了符合要求的服务器。

谈判人员可以通过提问获得一些信息，包括客户是否了解你的谈话内容，客户对你的公司和你推销的产品有什么意见和要求，以及客户是否有购买的欲望。

在这个案例中，推销员刘明很好地充当了顾问的角色，在拜访李主任之前，刘明就进行了深入思考。要想拿下这个客户，就要了解其需求，于是他设计了一系列的问题，做好了充分的准备。

在与李主任谈判的过程中，刘明按照自己事先设计好的问题一步步提问，把客户的思维始终控制在自己的计划内。当他了解了客户的需求后，自然就能够为客户提供符合其需求的产品，让客户满意。

满足客户的需求就是满足自己的需求，因此，了解客户的需求是关系到交易是否能成功的首要工作。所以，如果你要谈判成功，要获得更多的签单，你就必须提升自己的策划能力，善于巧妙地设计问题。

·第二章·

把握：获得对方的信任与好感

投石问路，逐渐消除对手的戒备心理

谈判开始时，虽然双方人员表面彬彬有礼，内心却对对方存有戒备心理，如果这个时候直接步入主题，进行实质性谈话，就会提高对手的警觉心理。

谈判开始的话题最好是松弛的、非业务性的，要善于运用环顾左右、迂回入题的策略，给对方足够的心理准备时间，为谈判成功奠定一个良好的基础。

环顾左右、迂回入题的做法很多，下面介绍几种常用且有效的入题方法。

一、从题外话入题

谈判开始之前，你可以谈谈关于气候的话题。“今天的天气不错”“今年的气候反常，都三、四月份了，天气还这么冷”。也可以谈旅游、娱乐活动、衣食住行等，总之，题外话内容丰富，可以信手拈来，不费力气。你可以根据谈判时间和地点，以及双方谈判人员的具体情况，脱口而出，亲切自然，刻意修饰反而会给人一种不自然的感觉。

二、从“自谦”入题

如对方为客，来到己方所在地谈判，应该向客人谦虚地表示各方面照顾不周，没有尽好地主之谊，请谅解等；也可以向主人介绍一下自己的经历，说明自己缺乏谈判经验，希望各位多多指教，希望通过这次交流建立友谊等。简单的几句话可以让对方有亲切的感觉，心理戒备也会很快消除。

三、从介绍己方人员情况入题

在谈判前，简要介绍一下己方人员的经历、学历、年龄和成果等，让对方有个大概的了解，既可以缓解紧张气氛，又不露锋芒地显示己方的实力，使对方不敢轻举妄动，暗中给对方施加心理压力。

四、从介绍己方的基本情况入题

谈判开始前，先简略介绍一下己方的生产、经营、财务等基本情况，提供给对方一些必要的资料，以显示己方雄厚的实力和良好的信誉，坚定对方与你合作的信念。

五、投石问路巧试探

投石问路是谈判中一种常用的策略。作为买家，由此可以得到卖家很少主动提供的资料，分析商品的成本、价格等情况，以便做出自己的抉择。

投石问路是谈判过程中巧妙地试探对方，在谈判中常常借助提问的方式，来摸索、了解对方的意图以及某些实际情况。

如当你希望对方得出结论时，可以这样提问：

“您想订多少货?”

“您对这种样式感到满意吗?”

……

总之，每一个提问都是一颗探路的石子。你可以通过了解产品质量、购买数量、付款方式、交货时间等来了解对方的虚实。面对这种连珠炮式的提问，许多卖主不但难以主动出击，而且宁愿适当降低价格，也不愿疲于回答询问。因此，在谈判中，恰到好处地运用“投石问路”的方法，你就会为自己一方争取到更大的利益。

想要在谈判中尽快降低对方的警觉性，谈判之前就要做好充分的准备。你最好先了解和判断对方的权限及背景，然后把各种条件及自己准备切入的问题重点简短地写在纸上，在谈判时随时参考，提醒自己。

利用左右脑技巧，转移潜在客户现有的忠诚度

小宋是A报的广告业务员，上星期曾跟一个客户谈判，但是谈判最终破灭。今天他打电话给这个客户，探询对方的意向。

业务员：“李总，您好，我是A报的小宋，上周四我们曾经谈过，咱们说好今天把广告定下来，您打算做1/3版还是1/4版?”

客户：“我们一直都在B报纸上刊登广告，合作很久了。”

业务员：“那确实是不错！你们满意这家报纸吗?”

客户：“还不错！挺好的。”

业务员：“是什么最令你们满意?”

客户：“他们的版面费比较低。”

业务员：“李总，您是知道的，我们这个版费是标准版费，同行业都是这个

标准，而且我们报纸的发行量也是屈指可数的。您在其他小报上做几个广告合起来的发行量还不如我们一家报社，费用却高多了，您说是吧？”

客户：“嗯，这……”

业务员：“您就别犹豫了，您看是做 1/3 版，还是 1/4 版？”

（客户沉默了 10 秒后）

业务员：“李总，您是知道的，目前有很多客户都想做这个头版，您要是再迟疑的话，就错过后天的版面了。今天是最后一天的小样定稿，您看我现在过去到您那里拿材料，还是……您要是忙的话就交给刘秘书，我过去取，晚上我就给您送小样过去。”

客户：“那好吧。”

当你跟潜在客户谈判时，可能会遇到这样的答复：“我很满意目前的供应商。”其实，仔细分析一下客户答复中所说的“满意”，这个意思可能是 120％的满意，也可能仅仅是 55％的满意，甚至有可能是采购人员不愿意改变现状罢了。所以，绝大多数的潜在客户会说：“我很满意目前的供应商。”90％是不愿意多费时、费事而已，并不是现在的供应商就真的满意了。所以这就到了考验推销员右脑能力的时候了。

案例中的小宋正是理解了客户所说的“满意”的含义，所以，他并未继续介绍自己报纸的优势，而是说：“那确实是不错！你们满意这家报纸吗？”目的是要确定该潜在客户到底对现在的供应商有多满意，接下来又追问客户满意的原因，这是一种获得对方理解以及认同的右脑技巧。

在得到客户的回答是“版面费比较低”时，小宋终于了解了客户满意程度的真实性，于是他开始使用自己的左脑，详细分析自己报纸更加优秀的方面，比如发行量很大等，使客户认识到自己报纸的版面费并不高，最后取得了客户的认可。

可见，面对类似客户拒绝的时候，推销员可以先采用右脑技巧，探知客户满意度的真实性，然后利用左脑能力说服顾客，以达到转移潜在客户现有的忠诚度，从而替代其目前供应商的目的。

熟悉首要客户的情况，在谈判之前就展开心理公关

几年前，华北某省移动局有一个电信计费的项目，A 公司志在必得，系统集成商、代理商组织了一个有十几个人的项目小组，住在当地的宾馆里，天天跟客

户在一起，还帮客户做标书，做测试，关系处得非常好，大家都认为拿下这个订单是十拿九稳的，但在投标时却输给了另一家系统集成商。

不打不相识，最后双方决定坐下来谈一谈，看看有没有合作的可能性。后来得知，中标方的代表是位长相很普通的李小姐。事后，A公司的代表问她："你们是靠什么赢得了那么大的订单呢？要知道，我们的代理商很努力呀！"李小姐反问道："你猜我在签这个合同前见了几次客户？"A公司的代表就说："我们的代理商在那边待了好几个月，你少说也去了20多次吧。"李小姐说："我只去了3次。"只去了3次就拿下2000万元的订单，肯定有特别好的关系吧？实际上，李小姐在做这个项目之前，一个客户都不认识。

那到底是怎么回事呢？

她第一次来移动局，就分别拜访局里的每一个部门，拜访到局长的时候，发现局长不在，办公室的人告诉她局长去北京出差了。她就又问局长出差住在哪个宾馆，马上就给那个宾馆打了个电话，嘱咐该宾馆订一束鲜花和一个果篮，写上她的名字，送到局长房间。然后又打电话给她的老总，说这个局长非常重要，在北京出差，请老总一定要想办法接待一下。

她马上预订了机票，中断其他工作，下了飞机就去这个宾馆找局长。等她到宾馆的时候，发现她的老总已经在跟局长喝咖啡了。

在聊天中得知局长有两天的休息时间，老总就请局长到公司参观，局长对公司的印象非常好。参观完之后大家一起吃晚饭，吃完晚饭她请局长看话剧《茶馆》。

为什么请局长看《茶馆》呢？因为她在拜访局长的时候问过办公室的工作人员，得知局长很喜欢看话剧。局长离开北京时，她把局长送到飞机场，对局长说："我们谈得非常愉快，一周之后我们能不能到您那儿做技术交流？"局长很痛快地答应了这个要求。一周之后，她的公司老总带队到山东做了个技术交流。

老总后来对她说，局长很给"面子"，亲自将相关部门的有关人员都请来，一起参加了技术交流，在交流的过程中，大家都感到了局长的倾向性，所以这个订单很顺利地拿了下来。

A公司的代表听后说："你可真幸运，刚好局长到北京开会。"

李小姐掏出了一个小本子，说："不是什么幸运，我的每个重要客户的行程都记在了上面。"打开一看，上面密密麻麻地记了很多名字、时间和航班，还包括他的爱好是什么，他的家乡是哪里，这一周在哪里，下一周去哪儿出差，等等。

在此案例中，中标方的销售代表只与客户接触了3次就成功谈下了2000万元的订单，而竞争对手A公司花费了很大的人力、物力也未能如愿，原因就在于中标方的销售代表掌握了客户的关键决策人物——移动局局长的个人资料，并且根据这些资料采取了一系列主攻客户的谈判策略。

首先，打电话到局长下榻的酒店，请酒店送一束鲜花和一个果篮到局长的房间，并写上她的名字；

其次，打电话给本公司的老总，请老总亲自去接待一下客户；

再次，请局长参观自己的公司；

最后，请局长去看话剧《茶馆》。

这些行动都是源于客户的个人资料，且直接作用于客户的情感，获得了客户的好感，建立了比较密切的客户关系。最终，在一次老总亲自带队的大型的技术交流之后，李小姐的公司顺利地拿到了这个大单。

每个谈判人都具有感性思维，完全理性的人并不存在。从客户的感性角度出发，打动对方的感情，获得客户的好感，你就已经成功了一半。特别是在与大客户谈判的时候，之前对大客户的家庭状况、家乡、爱好、社会关系、个人发展等方面的资料有一个详细的了解，对于我们在谈判中展开一系列公关活动从而获得客户信任有很大的作用，有助于促成谈判的成功。

多同意客户的观点容易得到他们的好感

很多客户是偏重于理性思考的，这种人的好奇心非常强，喜欢收集各方面的信息，提出的问题也会比其他类型的购买者多。销售人员可以通过下面的一些方法来识别这种类型的客户。

如，他们最常说的话有："怎么样?""它的原理是什么?""怎么维修?""通过什么方式给我送货啊?"，甚至有时候他们会问："你多大了?""接待的顾客都是什么样的?""你干这一行多长时间了?"等。

他们逻辑性强，好奇心重，遇事喜欢刨根问底，还愿意表达出自己的看法。作为一名谈判人员就要善于利用这些特点，在销售过程中多同意他们的观点。

因为，对于这类客户，在谈话时，即使是他的一个小小的优点，如果能得到肯定，客户的内心也会很高兴的，同时对肯定他的人必然产生好感。因此，在谈话中，一定要用心地去找寻对方的价值，并加以积极的肯定和赞美，这是获得对方好感的一大绝招。

比如对方说："我们现在确实比较忙。"你可以回答："您坐在这样的领导位子上，肯定很辛苦。"

常用的表示肯定的词语还有："是的""不错""我赞同""很好""非常好""很对"……

如，"是的，张经理您说得非常好！""不错，我也有同感"。

在这个过程中切忌用"真的吗""是吗"等一些表示怀疑的词语。

电话行销人员小刘上次电话拜访张经理向他推荐A产品，张经理只是说"考虑考虑"，就把他打发了。小刘是个不肯轻易放弃的人，在做了充分的准备之后，再一次打电话拜访张经理。

小刘："张经理，您好！昨天我去了B公司，他们的A产品系统已经正常运行了，他们准备裁掉一些人以节省费用。"（引起与自己推销业务有关的话题）

张经理："不瞒老弟说，我们公司去年就想上A产品系统了，可经过考察发现，很多企业上A产品系统钱花了不少，效果却不好。"（客户主动提出对这件事的想法：正中下怀）

小刘："真是在商言商，张经理这话一点都不错，上马一个项目就得谨慎，大把的银子花出去，一定得见到效益才行。只有投入没有产出，傻瓜才会做那样的事情。不知张经理研究过没有，他们为什么失败了？"

张经理："A系统也好，S系统也好，都只是一个提高效率的工具，如果这个工具太先进了，不适合自己企业使用，怎能不失败呢？"（了解到客户的问题）

小刘："精辟极了！其实就是这样，超前半步就是成功，您要是超前一步那就成先烈了，所以企业信息化绝对不能搞'大跃进'。但是话又说回来了，如果给关公一挺机关枪，他的战斗力肯定会提高很多倍的，您说对不对？"（再一次强调A系统的好处，为下面推销做基础）

……

小刘："费用您不用担心，这种投入是逐渐追加的。您看这样好不好，您定一个时间，把各部门的负责人都请来，让我们的售前工程师给大家培训一下相关知识。这样您也可以了解一下你的部下都在想什么，做一个摸底，您看如何？"（提出下一步的解决方案）

张经理："就这么定了，周三下午两点，让你们的工程师过来吧。"

小刘虽然再次拜访张经理的目的还是推销他的A产品系统，但是他却从效益这一关心的话题开始谈起，一开始就吸引了张经理的注意力。在谈话过程中，小刘不断地对张经理的见解表示肯定和赞扬，认同他的感受，从心理上赢得了客户的好感。谈话虽然进行到这里，我们可以肯定地说小刘已经拿到了通行证，这张订单已尽收囊中。

所以，在同客户谈判时，最好先从你的产品如何帮助他们，对他们有哪些好处谈起，尽快引起他们的兴趣，但是也不要把所有的好处都亮出来。同时，在谈判中要善于运用他们的逻辑性与判断力强的优点，不断肯定他们，这样才会取得电话行销的良好效果。

消除他的怀疑，促成交易

对于一次谈判来说，如果在顾客面前，产品被熟知和信赖，无须经过任何介绍，直接开始销售，是相当不错的开始。但绝大多数人，仍会面对对方并不了解，甚至怀疑的心态，要增加谈判成功的砝码，你还需要尽可能多地了解对面的谈判者。

一、反复突出商品的功能和价格合理性

在谈判的时候，如果对方陷入沉默的境地，开始只是倾听，很少回应，则说明他们陷入了思考，很可能还没有做出最后的决定。此时，我们应当从对方的角度出发，态度温和地说服客户考虑商品的功能和实惠的价格。因为任何人在购买东西时，都希望从两方面得到满足：一方面是理性上的，即认为产品的确物有所值，性价比高；另一方面是感性上的，即顾客感到自己受到重视，推销员态度真诚，能以诚动人。

二、破解顾客举棋不定的反应

如果客户出现下列表情，则他们可能正举棋不定，或者并没有明确要达成协议的意愿。

客户不停地摆弄头发，调整身体的姿势，或者将眼镜从脸上拿下来不停地擦拭。他们这些类似于暂停的动作，就是给身体提供思考的机会，就像在说：我需要认真考虑一下。

客户呈现出一副沉思、专注的样子，用一只手托着下巴，同时轻轻抚摸脸颊，肩膀下垂，这是在思考的表现。

客户两眼呆滞，没有其他动作，或者眼睛望着某处一动不动，并且眉毛上

皱，说话吞吞吐吐，犹豫不决等就是如此表现。

如果客户提出了一些简单的问题，但在你介绍的时候，并没有认真听，而是迎合地发出“嗯，啊”的声音，你就不能因他的互动而高兴太早，他很可能是在敷衍你。当让你提供一些材料的时候，他或许还没有对此产品进行考虑，因为很多推销人员的说辞都有水分，他很可能是想进一步了解再说。

如果客户把玩了很久的商品，但是左看右看，眉毛总是皱着，说明顾客还很挑剔，对这件产品心怀不满。

三、破解客户的懈怠反应

如果在谈判的时候，顾客开始交叉双臂，把自己封闭起来，这说明他们有拒绝交易的倾向，此时不妨递给他们一份文件或材料，让他们自己打开，重新进入对商品的评估状态。或者你可以转移话题，从这个购买的信息上转开，休息闲聊之后，再重新引导他们进入交易上来。

如果客户紧闭嘴唇，频繁地触摸鼻子和眼睛，这说明可能是你说了什么话或者做了什么事情，让他们感到不舒服，这就需要你更换一种销售方法，比如鼓励他们说出想要产品的特征、内心对这个产品的感觉，并积极给予肯定。

另外，在气氛尴尬的时候，还可以使用一些小技巧来改善双方的沉闷气氛。例如制造一些小事故：笔掉到地上、包掉到地上，等等，将双方的谈话暂时中断，从而转移客户厌倦和紧张的情绪。

· 第三章 ·

破译：在心理战中看穿对方的真实意图

口舌之战 VS 心理之战

在谈判之中，双方为了各自公司的商业利益，展开口舌之战。每个人都步步为营，防止有所闪失。其实，这场口舌之战，更是心理之战。在这个时候，如果能够从他人身上的细微之处窥视人心，则可能有事半功倍的效果。

一、关注对方的眼部

在谈判中，双方将最先开始目光接触。而眼睛因为具有反映人们内心深层心理的能力，所以能传达出更多真实的情绪。有经验的谈判者一般会从见到对手的那一刻到握手达成交易时，都一直保持同对方的目光接触。

所以，对方的眼神应该是谈判者掌握的一个重要的信号。如果对方的眼睛突然睁大，那么可能是他想到了什么关键的事情；若是眼神茫然甚至恐惧，说明某个事件让他处于困难甚至危险的境地，或者是你的提议让他感到威胁；若是眼神兴奋，并放松，说明他对话题中的提议很感兴趣，或者说正合他意。

如果对方转开眼睛，不看你，只是听你说话，说明一方面可能是他根本不想听，缺乏兴趣，另一方面可能是他在隐瞒什么，不想直视你，或者是此人性格怯懦，不敢与人目光接触，缺乏自信。相反，如果他与你直直对视，且目光凶狠，说明他想威胁你，让你接受他的条件。

如果对方抬起下巴并垂下眼睛，说明他对你具有蔑视的态度。若是低垂下巴两眼向上望，则可能是要有求于你。

如果对方不停地眨眼睛，则可能是对某事感兴趣，或者因为紧张腼腆而不自觉地做出的调整行为。但若是眼神飘忽不定，则要当心，他可能是想在谈判中为你设置陷阱。

二、关注对方的表情

谈判的时候，对方的表情将会是其内在心理变化的外在反映。一般，如果一个人神色紧张，面部肌肉紧绷，露出不自然的笑容时，说明他可能是情绪不安，想要借这样的笑容来调节一下情绪或者因撒谎而使用的掩饰动作。

如果对方一脸笑容地听从意见，并表现出“非常满意”的姿态，并在嘴上说“一定考虑”等，他实际上是在敷衍你，让你放松警惕，然后再出奇招制胜。

如果对方面无表情，说明他内心正思绪波动，只是不想别人窥探而努力克制。而且他的表情越淡漠，说明他内心越不满，这样谈判很难继续进行。

如果对方表情十分自信，并且嘴角不自主地撇动，则是高傲、占据优势的表现，就像是在对你说：“你没有其他选择，只能同意我。”在这种情况下，若同意对方的条件，将十分不利。所以你可以用凝重的表情回应，挫挫他们的锐气。

他在想什么？“举手投足”传答案

坐到谈判桌前，个人举止将会同以往有很大不同。人们往往会借助一些手势来表达自己的意见，从而使效果更臻完美。作为谈判的一方，你应当学会趁机仔细观察对手，捕捉潜藏的信息，从而迅速得到自己想要的信息。

要做到这一点，通常要注意以下几点：

一、对方的举止是否自然

谈判中，如果对方动作生硬，则你要提高警惕，这很可能表示对方在谈判中为你设置了陷阱。同时，还要注意他的动作是否切合主题。如果在谈论一件小事的时候，就做出夸张的手势，动作多少有些矫揉造作，欺骗意味增加，需要仔细辨别他们表达情绪的真伪，避免受到影响。

二、对方的双手如何动作

在谈判中，注意对方的上肢动作，可以恰当地分析出其心理活动。如果对方搓动手心或者手背，表明他处于谈判的逆境。这件事情令他感到棘手，甚至不知如何处理。如果对方做出握拳的动作，表示他向对方提出挑衅，尤其是将关节弄响，将会给对方带来无声的威胁。

如果对方手心在出汗，说明他感到紧张或者情绪激动。

如果对方用手拍打脑后部，多数是在表示他感觉到后悔，可能觉得某个决定让他很不满意。这样的人通常要求很高，待人苛刻。而若是拍打前额，则说明是忘记什么重要的事情，而这类人通常是真诚率直的人。

如果对方双手紧紧握在一起，越握越紧，则表现了拘谨、焦虑的心理，或是一种消极、否定的态度。当某人在谈判中使用了该动作，则说明他已经产生了挫败感。因为紧握的双手仿佛是在寻找发泄的方式，体现的心理语言不是紧张就是沮丧。

三、对方腿部和脚部如何动作

从对方的腿部动作也能搜罗出一些信息：如果他张开双腿，表明对谈话的主题非常有自信；若是将一条腿跷起抖动，则说明他感觉到自己稳操胜券，即将做出最后的决定了。

如果对方的脚踝相互交叠，则说明他们在克制自己的情绪，可能有某些重要的让步在他们心中已形成，但他们仍犹豫不决。这时，不妨提出一些问题并进行探查，看是否能让他们将决定说出口。

如果对方摇动脚部或者用脚尖不停地点地，抖动腿部，这都说明他们不耐烦、焦躁、要摆脱某种紧张感。

如果对方身体前倾，脚尖踮起，表现出温和的态度，则说明对方具有合作的意愿，你提的条件他基本能接受。

交涉，注意他坦诚的嘴部

在商务交涉中，对手所说的话未必都是真实的，但他们的嘴部动作却很“坦诚”。因为，根据身体语言学家的观察，发现人们的嘴富有极强的表现力，它的动作常常能让谎言不攻自破，把人的心绪全面暴露出来。

一、咬住的嘴唇

谈判中，如果对方经常咬住自己的嘴唇，就是一种自我怀疑和缺乏自信的表现。因为在生活中，人们遇到挫折时容易咬住嘴唇，惩罚自己或感到内疚。若在谈判中用到，则说明对方已经开始认输，内心开始妥协退让了。

二、抿着的嘴唇

谈判中，如果看到对方抿着嘴唇，则表示他内心主意已定，是有备而来，绝对不会轻易让自己退让。如果他目光不与你接触，则说明内心有秘密，不能泄露。所以抿着嘴巴，怕自己泄露信息。

三、嘴向上撅起

这个动作说明对方对你提出的建议很不满，是表达异议的一种方式。因为小孩子在猜到父母哄骗自己时，就容易做出这样的动作。成年人在商务场合做出这种动作就像在说：哄小孩子呢，我可不满意。这时他们通常不会答应任何条件，而是等着对方调整策略。

四、嘴不自觉地张开

对方做出这样的动作，显示出倦怠或者疏懒的样子，则他可能对自己所处的环境厌倦、不肯定，抑或对讨论的话题还摸不着头绪，缺乏足够的自信来应付你。

谈判场如博弈场，关注对方的其他相关部位的变化，也能挖掘他们心中的秘密。

小动作，泄露他的下一步行动

谈判进入实质阶段后，双方都会主动提出一些条件与对方协商。通常这些条件并不能立刻达成意向性协议，这时，话题该怎样谈下去？下一个，又轮到谁提出新条件？

想知道答案吗？根据下列动作，你就能判断，哪一方要采取行动了。

一、谈判时清嗓子

谈判陷入僵局时，有的人会开始清嗓子，这就是说明对方要开始表达意见了。但为了掩饰自己的紧张和不安，会先清理喉咙，为发言做准备。但如果是在谈判中清嗓子，则是对某一方的警告，表达不满，无法接受提出的条件。

二、谈判中五指伸开

在谈判时，将手逐渐伸开，说明他现在的心情放松，正想要陈述观点，并可能会继续做出这个动作。伸开的手指就是在释放压力，也是鼓励自己，就像小学生举手回答问题一样，赋予自己自信。

三、谈判中身体前倾，嘴部微张

坐在谈判桌前，双方都陷入沉默，这时，如果一方代表身体靠近桌面，嘴部微微张开，就表明他已经想好条件，想继续表达看法。若不是准备充分，就说明此人性情直率，冲动，求胜心切，常常成为谈判中的主动者。

四、谈判中，双手轻轻抱拳，放在面前

这样的动作说明此代表还在思考，并没有做出最终的决断。他们小心谨慎，计划性强，通常不会首先开口提出条件。他们总怕自己吃亏，不经过深思熟虑，不会轻易做出决定。

懈怠的身体，无声的拒绝

一场不顺利的谈判，将为双方的合作带来极大的困难。而双方代表的身体倦怠也将传递彼此无法沟通的信息，此时不妨暂停一下，因为还没有到下结论的时机。

身体倦怠的提示通常包括以下几方面。

一、交叉双臂和双腿

如果对方代表交叉腿和双臂，呈现一种封闭的姿态，这时继续谈论什么他可能都不为所动。所以，你不妨用新的方式来继续谈判，重新解释问题，或者为双方制造一个暂时休会的契机。会议的暂停可以让彼此更充分地考虑谈判策略，并重新做出部署。

二、心不在焉地玩弄物品

谈判的对方开始玩弄手边的物品，如笔或纸，甚至自己的头发，说明他对谈论的话题已经失去了积极主动的心态，认为这场谈判很乏味，希望尽快结束。

三、沉默地吸烟

谈判的过程中，如果对方不再说话，而是沉默地吸烟，并不停地磕烟灰，说明内心有矛盾或者冲突。他很焦虑不安，为了化解内心的情绪，在寻找发泄的途径。这样的表现对继续开展谈判非常不利，可以转换话题，让对方的思维暂时跳出来。

四、用手拄着下巴

谈判对手将手放在脸颊的一侧，身体力量集中在手上，用手拄着脸部，呈现出一副不耐烦的样子。身体的消极形象，实际上已经表明了他的“不抵抗，也不想合作”的态度，此时将会议再继续进行下去，意义微小。

五、摘下眼镜扔在桌面上

如果谈判者将眼镜取下来，并用力地扔在桌面上。很明显，他已经不能控制不满的情绪，就要爆发了。他们根本没有再和你继续谈下去的意思，所以用这种动作表示反抗。倘若此时不及时停止话题，接下来的可能就是一场武斗。

·第四章·

议价：通过耐心周旋获得最大的利益

衡量对方期望值，在行家面前报价不可太高

某公司急需引进一套自动生产线设备，正好销售员露丝所在的公司有相关设备出售，于是露丝立刻将产品资料快递给该公司老板杰森先生，并打去了电话。

露丝：“您好！杰森先生。我是露丝，听说您急需一套自动生产线设备，我将我们公司的设备介绍给您快递过去了，您收到了吗?”

杰森（听起来非常高兴）：“哦，收到了，露丝小姐。我们现在很需要这种设备，你们公司竟然有，太意外了……”

（露丝一听大喜过望，她知道在这个小城里拥有这样设备的公司仅她们一家，而对方又急需，看来这桩生意十有八九跑不了了）

露丝：“是吗？希望我们合作愉快。”

杰森：“你们这套设备售价多少?”

露丝（颇为洋洋自得的语调）：“我们这套设备售价 30 万美元……”

客户（勃然大怒）：“什么？你们的价格也太离谱了！一点儿诚意也没有，咱们的谈话就到此为止!”（重重地挂上了电话）

双方交易，就要按底价讨价还价，最终签订合同。这里所说的底价并不是指商品价值的最低价格，而是指商家报出的价格。这种价格是可以浮动的，也就是说有讨价还价的余地。围绕底价讨价还价是有很多好处的，举一个简单的例子。

早上，甲到菜市上去买黄瓜，小贩 A 开价就是每斤 5 角，绝不还价，这可激怒了甲；小贩 B 要价每斤 6 角，但可以讲价，而且通过讲价，甲把他的价格压到 5 角，甲高兴地买了几斤。此外，甲还带着砍价成功的喜悦买了小贩 B 几根大葱呢!

同样都是 5 角，甲为什么愿意磨老半天嘴皮子去买要价 6 角的呢？因为小贩

B 的价格有个目标区间——最高 6 角是他的理想目标，最低 5 角是他的终极目标。而这种目标区间的设定能让甲讨价还价，从而获得心理满足。

如果想抬高底价，尽量要抢先报价。大家都知道的一个例子就是，卖服装有时可以赚取暴利，聪明的服装商贩往往把价钱标得超出进价一倍甚至几倍。比如一件皮衣，进价为 1000 元，摊主希望以 1500 元成交，但他却标价 5000 元。几乎没有人有勇气将一件标价 5000 元的皮衣还价到 1000 元，不管他是多么精明，而往往都希望能还到 2500 元，甚至 3000 元。摊主的抢先报价限制了顾客的思想，由于受标价的影响，顾客往往都以超过进价几倍的价格购买商品。在这里，摊主无疑是抢先报价的受益者。报价时虽然可以把底价抬高，但是这种抬高也并不是无限制的，尤其在行家面前，更不可大意。案例中的销售员觉得自己的产品正好是对方急需的，而将价格任意抬高，最终失去对方的信任，导致十拿九稳的交易失败，对销售员来说也是一个很好的教训。

如果你在和客户谈判时，觉得不好报底价，你完全可以先让对方报价。把对方的报价与你心目中的期望价相比较，然后你就会发现你们的距离有多远，随之调整你的价格策略，这样的结果可能是双方都满意的。

学会冷静，请对方先亮出底牌

不知道对方的底牌时，可以保持沉默，让对方先开口，亮出底牌，最后再采取策略。

理赔员："先生，我知道你是交涉专家，一向都是针对巨额款项谈判，恐怕我无法承受你的要价。我们公司若是只付 100 美元的赔偿金，你觉得如何?"

谈判专家表情严肃，沉默不语。

理赔员（果然沉不住气）："抱歉，请勿介意我刚才的提议，再加一些，200 美元如何?"

谈判专家（又是一阵长久的沉默）："抱歉，这个价钱令人无法接受。"

理赔员："好吧，那么 300 美元如何?"

谈判专家沉思良久。

理赔员（有点慌乱）："好吧，400 美元。"

谈判专家（又是踌躇了好一阵子，才慢慢地说）："400 美元？……喔，我不知道。"

理赔员（痛心疾首）："就赔 500 美元吧。"

谈判专家仍在沉思中。

理赔员（无奈）：“600美元是最高期限了。”

谈判专家（慢慢地）：“可它好像并不是我想要的那个数。”

理赔员：“如果说750美元还不是你想要的，那我也没有办法了。”

谈判专家（沉思一会儿后）：“看来咱们的谈判无法进行下去了。”

理赔员：“800，只能到800，否则咱们真的谈不下去了。”

谈判专家：“好吧，我也不想为此事花费更多的时间。”

谈判专家只是重复着他良久的沉默，重复着他严肃的表情，重复着说不厌的那句老话。最后，谈判的结果是这件理赔案终于在800美元的条件下达成协议，而谈判专家原来只准备获得300美元的赔偿金。

当我们不知道对方的底牌时，保持沉默是一个不错的主意！

爱迪生在做某公司电气技师时，他的一项发明获得了专利。一天，公司经理派人把他叫到办公室，表示愿意购买爱迪生的专利，并让爱迪生出个价。

爱迪生想了想，回答道：“我的发明对公司有怎样的价值，我不知道，请您先开个价吧。”“那好吧，我出40万美元，怎么样?”经理爽快地先报了价，谈判顺利结束了。

事后，爱迪生满面喜悦地说：“我原来只想把专利卖500美元，因为以后的实验还要用很多钱，所以再便宜些我也是肯卖的。”

让对方先开口，使爱迪生多获得了30多万美元的收益。经理的开价与他预期的价格简直是天壤之别。在这次谈判中，事先未有任何准备、对其发明对公司的价值一无所知的爱迪生如果先报价，肯定会遭受巨大的损失。在这种情况下，最佳的选择就是把报价的主动权让给对方，通过对方的报价，来探查对方的目的、动机，摸清对方的虚实，然后及时调整自己的谈判计划，重新确定报价。

先大后小刺激客户的购买欲望

小李：“赵总，你看，我们可以在报价的基础上下降10%。”

赵总：“你们的价格还是太高，我们再考虑考虑。”

小李：“好吧，一口价，我再降5个点。”

赵总：“好吧，我们开会研究一下。”

一个月后。

赵总：“小李，我们决定购买你们公司的产品，但是还要降5个点。”

小李：“对不起，李总，我给你报的已经是底价了。”

赵总：“小李，你不实在。你的竞争对手可又给我降了 5 个点，你看着办吧！”

小李：“……”

精明的买家总是认为卖方不会将价格一次让到位，他们总是试图让卖方一再让步。小李在一次拜访中连连降价，导致后来没有降价的空间，成交困难。

比如，你代表一家医疗器械销售公司向某家大型医院洽谈业务，其中一款设备报价是 800 元，你可以将价格降到 720 元成交，因此你谈判的空间是 80 元，怎样让出这 80 元是值得探讨的。下面是几种常见的让步方式。

一、给出底线反遭怀疑

这种方法是一开始把所有的空间全部让出去，是极端愚蠢的。首先对方会认为你虚报价格轻易地让出如此之大的幅度，一定还有很大的让利空间。因此，他还会在价格上继续步步紧逼，让你无法承受，导致谈判陷入僵局甚至破裂。即使达成了交易，对方也会怀疑你的诚意，从而影响到下一次的合作。

二、小额渗透不实际

开始，小幅度的降价对方肯定不会同意，会要求你再次让步，于是你分两步让出了 15 元和 25 元，但仍然被对方无情地拒绝了。为了避免谈判破裂，你只能把最后的 35 元全部让给对方。在你让出所有的谈判幅度后，你会如愿地拿到订单吗？这桩生意很难成交，道理很简单：在你每一次让步后，对方会觉得你在有意试探，诱骗价格且有失严肃，会造成对方对你的反感，形成心理戒备，即使你让出再多，对方也不会高兴的。

三、四平八稳落价格

从表面上看这是一种四平八稳的让步方式，每一次让步幅度都不大，谈判破裂的风险也较低。实际上，在各种形式的让步中，任何两次相同的让步都是不可取的。对方虽然不知道你究竟能让多少，却了解每次 20 元的让步规律，在你最后一次让步后对方还会期待下一个 20 元。

四、先大后小刺激谈判欲望

第一次让步要合理一些，要充分激起买方的购买欲望。在谈判中期不要轻易让步，每一次让步幅度都要递减，并且要求买方在其他方面给予回报。最后的让步要让对方看出你异常艰难，认为你已经到了底线。

至于哪种方法值得借鉴，这里已经不言自明了。

给客户“一分价钱一分货”的实在感

当客户要求降价时，可以通过列举产品的核心优点，在适当的时候采用与比自己的报价低的产品相比较，列举一些权威专家的评论及公司产品获得的荣誉证书或奖杯等技巧和方法让客户觉得物有所值。

客户：“我是××防疫站陈科长，你们是××公司吗？我找一下你们的销售。”

销售员：“哦，您好！请问您有什么事？”

客户：“我想咨询一下你们软件的报价，我们想上一套检验软件。”

销售员：“我们的报价是98800元。”

客户：“这么贵！有没有搞错。我们是防疫站，可不是有名的企业。”（态度非常高傲）

销售员：“我们的报价是基于以下两种情况：首先从我们的产品质量上考虑，我们历时5年开发了这套软件，我们与全国多家用户单位合作，对全国的意见和建议进行整理，并融入我们的软件中。所以我们软件的通用性、实用性、稳定性都有保障。另外，我们的检验软件能出检验记录，这在全国同行中，我们是首例，这也是我们引以为傲的。请您考察。”

客户：“这也太贵了！你看人家成都的才卖5万元。”

销售员：“陈科长，您说到成都的软件，我给您列举一下我们的软件与成都的软件的优缺点：咱们先说成都的，他们软件的功能模块很全，有检验、体检、管理、收费、领导查询等，但他们软件的宗旨是将软件做得全而不深。而我们的宗旨是将软件做到既广又深，就检验这一块来说，他们的软件要求录入大量的数据和需要人工计算，他实现的功能只是打印，而再看我们的，我们只需要输入少量的原始数据即可，计算和出检验记录全部由计算机完成。这样既方便又快捷。另外，我们的软件也有领导查询和管理功能。在仪器和文档方面我们的软件也在不断改进，不断升级。”

客户：“不行，太贵。”（态度依然强硬）

销售员：“您看，是这样的，咱们买软件不仅买的是软件的功能，更主要的是软件的售后服务，作为工程类软件，它有许多与通用性软件不同的地方。我们向您承诺，在合同期间我们对软件免费升级、免费培训、免费安装、免费调试等。您知道，我们做的是全国的市场，这期间来往的费用也是很高的，这我们对您也是免费的。另外，在我们的用户中也有像您这样的客户说我们的软件比较贵，但自从他们用上了我们的软件以后就不再抱怨了，因为满足了他们的要求，甚至超过了他们的期望。我们的目标是：利用优质的产品和高质量的售后服务来平衡顾客价值与产品价格之间的差距，尽量使我们的客户产生一种用我们的产品产生的价值与为得到这种产品而付出的价格相匹配的感觉。”

客户：“是这样啊！你们能不能再便宜一点啊？”（态度已经有一点缓和）

销售员：“抱歉，陈科长你看，我们的软件质量在这儿摆着，确实不错。10月21号我们参加了在上海举办的上海首届卫生博览会，在会上有很多同行、专家、学者。其中一位检验专家，他对检验、计算机、软件都很在行，他自己历时6年开发了一套软件，并考察了全国的市场，当看到我们的软件介绍和演示以后当场说：‘你们和深圳的软件在同行中是领先的。’这是一位专家对我们软件的真实评价。我们在各种展示中也获得过很多的奖，比如检验质量金奖、检验管理银奖等奖项。”

客户：“哦，是这样啊！看来你们的软件真有一定的优点。那你派一个工程师过来看一下我们这儿的情况，我们准备上你们的系统。”（他已经妥协了）

至此，经过以上几轮谈判和策略安排，销售人员产品的高价格已被客户接受，销售人员的目标已经实现了。

在与别人谈判的过程中，如何说服你的客户接受你的建议或意见，这其中有很大的学问，特别是在价格的谈判中。以下是价格谈判中的一些技巧和策略。

（1）在谈判过程中尽量列举一些产品的核心优点，并说一些与同行相比略高的特点，尽量避免说一些大众化的功能。

（2）在适当的时候可以与比自己的报价低的产品相比较，可以从以下几方面考虑：

①客户的使用情况（当然你必须对你的和你对手的客户使用情况非常了解——知己知彼）。

②列举一些自己和竞争对手在为取得同一个项目工程，并同时展示产品和价格时，我们的客户的反映情况（当然，这些情况全都是对我们有利的）。

（3）列举一些公司的产品在参加各种各样的会议或博览会时专家、学者或有威望的人员对我们的产品的高度专业评语。

（4）列举一些公司产品获得的荣誉证书或奖杯等。

寻找瑕疵，使对方让步

在商务谈判中，谈判者如能巧妙地运用吹毛求疵策略，会迫使对方降低要求，做出让步。买方先是挑剔个没完，提出一大堆意见和要求，这些意见和要求有的是真实的，有的只是出于策略需要的吹毛求疵。

吹毛求疵的谈判方法在商贸交易中已被无数事实证明，不但行得通，而且卓有成效。有人曾做过试验，证明双方在谈判开始时，倘若要求越高，则所能得到的也就越多。因此，许多买主总是一而再、再而三地运用这种战术，把它当作一种“常规武器”。

有一次，某百货商场的采购员到一家服装厂采购一批冬季服装。采购员看中一种皮夹克，问服装厂经理：“多少钱一件?”“500 元一件。”“400 元行不行?”“不行，我们这是最低售价了，再也不能少了。”“咱们商量商量，总不能要什么价就什么价，一点儿也不能降吧?”服装厂经理感到，冬季马上到来，正是皮夹克的销售旺季，不能轻易让步，所以，很干脆地说：“不能让价，没什么好商量的。”采购员见话已说到这个地步，没什么希望了，扭头就走。

过了两天，另一家百货商场的采购员又来了。他问服装厂经理：“多少钱一件?”回答依然是 500 元。采购员又说：“我们会多要你的，采购一批，最低可多少钱一件?”“我们只批发，不零售。今年全市批发价都是 500 元一件。”这时，采购员不急于还价，而是不慌不忙地检查产品。过了一会儿，采购员讲：“你们的厂子是个老厂，信得过，所以我到你们厂来采购。不过，你的这批皮夹克式样有些过时了，去年这个式样还可以，今年已经不行了，而且颜色也单调，你们只有黑色的，而今年皮夹克的流行色是棕色和天蓝色。”他边说边看其他的产品，突然看到有一件衣服，口袋有裂缝，马上对经理说：“你看，你们的做工也不如其他厂精细。”他仍边说边检查，又发现有件衣服后背的皮子不好，便说：“你看，你们这衣服的皮子质量也不好。现在顾客对皮子的质量要求特别讲究，这样的皮子质量怎么能卖这么高的价钱呢?”

这时，经理沉不住气了，并且自己也对产品的质量产生了怀疑，于是用商量的口气说：“你要真想买，而且要得多的话，价钱可以商量。你给个价吧!”“这样吧，我们也不能让你们吃亏，我们购 50 件，400 元一件，怎么样?”“价钱太低，而且你们买的也不多。”“那好吧，我们再多买点，买 100 件，每件再多 30 元，行了吧?”“好，我看你也是个痛快人，就依你的意见办!”于是，双方在微笑中达成了协议。

同样是采购，为什么一个空手而回，一个却满载而归？原因很简单，后者采用了吹毛求疵策略，他让顾主变得理亏，同时又让顾主觉得他很精明，是内行，绝不是那种轻易被蒙骗的采购，从而只好选择妥协。

再来看看谈判专家库恩先生是怎样将他的花招带入日常生活中的，他可谓将吹毛求疵演绎到了极点。

有一次，他到一家商店买冰箱，营业员走上前来询问他需要的冰箱规格，并告诉他该冰箱每台售价为485.95美元。库恩先生走近冰箱左看右看，然后对营业员说："这冰箱外表不够光滑，还有小瑕疵。你看这儿，这点小瑕疵好像还是个小划痕，有瑕疵的东西一般来说都是要降价的呀！"接着，库恩先生又问营业员："你们店里这种型号的冰箱共有几种颜色？可以看看样品吗？"营业员马上引他看了样品，库恩先生看完后选择了现在店里没有的颜色。他解释说："这种颜色与我家厨房里的颜色很相配，而其他颜色则会令人感到不协调。颜色不好，价钱还那么高，如果不重新调整一下价格，我只好另选购买商店了，我想别的商店可能有我需要的颜色。"库恩先生打开冰箱门看过后问营业员："这冰箱附有制冰器吗？"营业员回答说："是的，这冰箱1天24小时都可为你制造冰块，而每小时只需2分钱电费。"库恩先生听后大声地说："这太不好了！我的孙子有慢性喉头炎，医生说绝对不能吃冰，绝对不可以的。你可以帮我把这个制冰器拆下来吗？"营业员回答说："制冰器无法为您拆下来，这是冰箱的一个重要组成部分。"库恩先生接着说："我知道了，但是这个制冰器对我来说毫无用处，却要我为此付钱，这太不合理了，价格不能再便宜点吗？"

经过他的百般挑剔，冰箱的价格只得一降再降。

总的来说，吹毛求疵的目的无非是迫使卖主降低价格，使自己拥有尽可能大的讨价还价余地；给对方一个印象，证明自己不会轻易被人欺蒙，以削弱甚至打消对方想坚持某些立场的念头；或使卖主在降低价格时，能够对其上级有所交代。如果你能巧妙地运用此策略，无疑会为你增益不少，但注意一定要把话说到位。

第五篇
公关心理学

·第一章·

打理好客户关系，从对方心理出发考虑问题

客户投诉，是对企业抱有期望

一些客户的“叛离”原因很简单，仅仅是因为我们没有处理好他们的投诉。

曾有一段时间，英国某一家航空公司发现乘坐该航空公司飞机的乘客越来越少。后经调查，发现乘客越来越少的原因主要是公司不能很好地处理乘客的抱怨。而客户的抱怨主要是因为英航公司有许多的规定没有让乘客知道，乘客在旅行过程中妨碍了乘务人员的工作，乘务人员就责怪乘客。

根据航空公司对客户做的调查，如果对客户的抱怨处理得当，67%的抱怨客户会再度搭乘该航空公司的班机。平均一个商务乘客，一生如果都搭乘该公司的航班，可创造约150万美元的营业额。照这么算，那么任何能改善客户服务的做法，都是最好的投资。所以，该公司针对客户的抱怨做了以下的补救措施：

第一，装设了录影房间，不满意的客户可以走进该房间，直接通过摄影机向航空公司总裁马歇尔本人抱怨。

第二，耗资679万美元，安装了一套电脑系统来研究客户的喜好。航空公司就针对客户的喜好做出理想的服务方式。

第三，设立品质服务专员。航空公司设定服务品质标准，由专门的服务人员监督和实行。品质服务专员的任务就是搜集客户的抱怨、分析客户的抱怨、解决客户的抱怨。

经由以上措施，航空公司的客户满意度从45%提升到60%，空载率明显减少了。

其实，客户向我们提出投诉是对我们的信任，因为他们相信我们能够为他们解决问题，同时也是客户在给我们一个补救的机会。也就是说，如果我们此时能

够用心地帮助他们排除困难，大多数客户最终还是会选择留下来。

那么，在处理客户投诉时我们究竟要注意哪些问题呢？简单地归纳为如下几点：

一、客户投诉的跟踪

无论是客户亲自来访投诉还是打电话投诉，处理时都必须做好记录，每一笔记录都必须跟进完毕。管理层每日必须查看客户投诉的记录，并对超过一天未能解决的问题予以关注。

二、客户投诉每周总结

每周对客户投诉进行总结，总结各类引起客户投诉的原因，列出赔偿金额。

三、客户投诉日总结

每日晨会或周会上固定分享客户服务方面的信息，特别是处理客户投诉方面的经验和教训，使所有的人员都知道如何对待客户的抱怨和掌握处理客户投诉问题的技能。

四、定期总结

发掘在处理客户抱怨中出现的问题：对产品质量问题，应该及时通知生产方；对服务态度与技能问题，应该向管理部门提出，加强教育与培训。

五、追踪调查客户对于抱怨处理的态度

处理完客户的抱怨之后，应与客户积极地沟通，了解客户对于企业处理的态度和看法，增加客户对企业的忠诚度。

投诉问题的解决需要自上而下的配合与努力，而这个“疑难杂症”的解除必将使得客户的满意度、忠诚度提升。维护客户的忠诚是个细致且复杂的工作，需要多方面的努力，而处理好客户的投诉问题绝对是个重要的细节。投诉的问题解决了，别的大众也会支持我们的企业，从而提高信誉度。

找到技巧，平息投诉者的怒火

销售人员在发现客户投诉时，应认真分析客户抱怨的原因：是产品质量问题，还是服务跟不上？回想一下你最近一次接到过的怒气冲天的电话，或者你给这样的人打电话时的情景。他对你发火了吗？是你不走运偶然接了这么个电话？对方发火可能不是针对你个人，也不是针对公司，某种外因引发了他的怒火。打电话者有时会迁怒于你，因此你需要学习一些平息对方愤怒的有效方法。

下面的几个技巧可以让你控制自己，掌握局面。

一、让他发泄，表明你的理解

平息消费者的愤怒情绪，最快的方法是让他把气“撒出来”。不要打断他，让他讲，让他把胸中的怒气发泄出来。记住，一个巴掌拍不响。如果你对细节表示不同看法，那么就会引起争吵。

然后对客户所经历的事情进行道歉和承认。一句简单的道歉话，丢不了什么面子，但这是留住客户的第一步。自我道歉语言要比机械式的标准道歉语更有效。学会倾听，生气的客户经常会寻找一位对其遭遇表示出真实情感的好听众。

你耐心地倾听，并且向他表明你听明白了，这会给对方留下好的印象，那你就容易让他平静下来，不过只有在他觉得你已经听清了他的委屈之后。所以等他不说了，你要反馈给对方，表明你已经听清了他说的话。你不必非得附和对方，或者一定要支持对方的牢骚，只要总结一下就行。

二、向客户询问有关事件的经过，弄清客户想得到什么结果

不与客户产生大的冲突，力求保持关系，常见的不满如产品质量、送货不及时、不遵守合同、产品款式不满意、价格不合理、售后服务不到位等，形式千变万化。了解客户投诉的内容后，要判定客户投诉的理由是否充分，投诉要求是否合理。如果投诉不能成立，即可以用婉转的方式答复客户，取得客户的谅解，消除误会。

三、做出职业性回答

记住，关键是不要以个人情感对待顾客的怒气，而要从职业的角度处理这种问题。要承认消费者的忧虑也许合情合理。他们或许对问题的反应过于激烈，不过不要让对方的举动影响你客观地评价问题与解决问题的办法。例如，你可以这样说：

“琼斯先生，我们对我们的疏忽大意表示道歉。”当你或公司有错时才道歉。

“我们会尽我们所能为您排忧解难。”这并不是强迫你按对方要求的去做。

“谢谢您让我们注意到了这个问题。我们之所以能够改进服务，正是靠了您这样的顾客的指正帮助。”

四、对投诉的事件进行归纳和总结，并得到投诉客户的确认

对投诉处理过程进行总结，吸取经验教训，提高客户服务质量和服务水平，降低投诉率。告诉客户其意见对我们的企业很重要，不妨留下客户的联系方式，再寄上一封感谢信，这样的成本付出最多不过几十元，却能够在一定的区域内获得良好的口碑宣传。

这种暴跳如雷的客户，也许是由于性格使然，很难与别人融合在一起。但是作为一名销售员，每时每刻都有可能面临这样的客户投诉。但是不管是什么原因造成的这种情况，与客户争吵总是一件不对的事情。与客户争吵的结果可能使销售人员心里很舒畅，但却从此失去了一个客户，同时，也失去了未来人际关系中很重要的一部分。仔细想想，其实得不偿失。

从对销售员的研究来看，销售员普遍应该锻炼和提高的是耐心。销售员在销售和服务的过程当中，有时候需要回答客户所提出来的各种问题。当问题增多的时候，有不少销售员会变得缺乏耐心，言语之中已经自觉不自觉地流露出不耐烦的情绪。例如，有些销售员可能这样说："我不是都已经告诉过你了吗，你怎么还……"而正是这种不自觉的不耐烦，所造成的结果是，要么使客户的不满情绪扩大，要么使客户马上挂掉电话转而奔向公司的竞争对手。尤其在面对那些脾气暴躁的投诉者时，更应该有耐心。

表示歉意后再解释，用真诚化解顾客的敌意

当你接到这样的抱怨声，该如何解决：

"您的电话怎么那么难打，我打了很长时间才打进来。"

"我凭什么要告诉你我如何使用，我只想问你们该怎么办。"

"你们是怎么服务的，你说过要打电话给我，但从来没人打过。"

要让"对不起"真正发挥作用，就要告诉顾客：企业在管理方面还不到位，请包涵。你有什么事可以直接找我，只要能做到，我一定尽力。我们是朋友，凡事都好商量。顺便说一下，恳请他们再次惠顾也是个好办法。

很多时候，客户抱怨其实是因为客户对公司、产品或是对你有所误会引起的。因此你必须向客户说明原委，化解误会。但是需要注意的是，这样的说明切勿太早出现，因为大部分的客户是很难在一开始就接受你的解释的，所以"化解误会"必须放在认同、道歉之后再做。

另一方面，"化解误会"可以避免客户得寸进尺，或是误以为你的公司或是你真的很差。假如误会没有解决，客户对你或公司可能会失去信心，进而取消订单，抵消了你前面的所有努力，这是非常可惜的！

一般来说，误解是由于客户对公司不了解，本来公司可以做到的，客户却认为公司做不到。他们会说：“你们没有办法帮我送货上门”“你们没有金属外壳的笔记本电脑”。

而面对这种不满的客户，唯有诚心诚意全力补救才能化解彼此之间的敌意。

对于这样的客户，如果让他们觉得“这个公司很不诚实”“我感觉不到他们的诚意及热忱”那就完了。所谓“完了”就是指自此以后不用再交涉了，因为结果多半是通过法律途径解决纠纷。许多原告正是因为“感觉不到对方的诚意”而不再期望有什么交涉结果。

然而，“诚意”说来简单，做起来就不那么容易了，它要求你不但要有超强的意志，还要不惜牺牲自身的利益，总之，竭尽所能，去重新争取客户的信任与好感。

有一点必须注意，企业在客户抱怨方面的工作必须落到实处，一味标榜是极伤害客户情绪的，比如：

当一家公司不无骄傲地向人们宣布他们为客户设计的热线电话咨询、求助、投诉专线是多么的快速和热情后，许多客户受到媒体宣传的影响和一些口碑的鼓励，决定亲身来体验这一切时，却意外地出现一遍又一遍的“话务员正忙，请稍候”的声音，然后就是一阵又一阵单调的音乐；或者刚刚接通电话还没有说完，就意外断线了，然后费了半天劲也没有拨通电话而对方也未打回电话。

这也正如当你到一家连锁店购买了一些日用品，却意外地发现了一些日用品的质量问题，然后你得知这家连锁店有很宽松的退货处理时，你是怀着很兴奋的心情去的，结果在退货处理柜台前，这些处理退货的人员都板着一张脸，好像对消费者的退货行为怀恨在心一样，而且在处理过程中，间或去管一下其他的事情。更令你气愤的是，他们对其他的不是办理退货的人一脸微笑，转过头对你时，却是“横眉冷对千夫指”的做派，这时的你愤怒自不必说，对企业的信任将被破坏无疑。

如果目的只是要解决顾客的投诉，那么可以就事论事地解决问题，这种方式也许奏效。但如果想让难缠的顾客成为伙伴，就必须用真诚表现出人情化的一面。

请记住：无论什么时候，只有真诚才能化解误会，平息客户的抱怨与不满。当你献出真诚时，必定能让事情圆满解决。

用合作的态度避免争执

销售员："您好，我想同您商量有关您昨天打电话说的那张矫形床的事。您认为那张床有什么问题吗？"

客户："我觉得这种床太硬。"

销售员："您觉得这床太硬吗？"

客户："是的，我并不要求它是张弹簧垫，但它实在太硬了。"

销售员："我还没弄明白。您不是原来跟我讲您的背部目前需要有东西支撑吗？"

客户："对，不过我担心床如果太硬，对我的病情所造成的危害将不亚于软床。"

销售员："可是您开始不是认为这床很适合您吗？怎么过了一天就不适合了呢？"

客户："我不太喜欢，从各个方面都觉得不太适合。"

销售员："可是您的病很需要这种床配合治疗。"

客户："我有治疗医生，这你不用操心。"

销售员："我觉得您需要我们的矫形顾问医生的指导。"

客户："我不需要，你明白吗？"

销售员："你这个人怎么……"

从上面的例子中可以看出，这位销售员在解决客户的投诉时，首先要面对的肯定是客户的病情与那张矫形床的关系，说话不慎就可能触动客户的伤疤，让他不愉快，那么即使他非常需要也不愿意对你做出让步。客户提出投诉，意味着他需要更多的信息。销售员一旦与客户发生争执，拿出各种各样的理由来压服客户时，他即使在争论中取胜，也彻底失去了这位客户。

为了使推销有效益，你必须尽力克制情绪，要具备忍耐力，要不惜任何代价避免发生争执。不管争执的结果是输是赢，一旦发生，双方交谈的注意力就要转移，而客户由于与你发生争执而变得异常冲动，是不可能有心情与你谈生意的。争执会带来心理上的障碍，而且必然会使你无法达到自己的目的。

所以，当客户对你的产品或服务提起投诉，并表示出异议时，你千万不能直截了当地反驳客户。假如你很清楚客户在电话上讲的某些话是不真实的，就应采用转折法。首先，你要同意对方的观点，因为反驳会令对方存有戒心。然后，你要以一种合作的态度来阐明你的观点。

客户："我们已决定不购买这种机器了。由于政府已禁止进口，所以这种机器的零件不会太好配。"

销售员："噢，是这样，我明白了。但您是否敢肯定您的信息准确呢？我想请问一下，关于禁止进口的消息您是从哪里听到的？"

销售员心里明白政府仅仅采取强制手段限制某些产品进口，他对这点很有把握，因为了解所有对贸易有影响的法令是销售员所必须做的，而客户讲的话很容易站不住脚。但假如销售员告诉客户说，他的话是毫无根据、胡编乱造的，就会冒犯客户。

如果客户因为不放心产品或服务而说了几句，行销人员就还以一大堆反驳的话，这样一来，不仅因为打断了客户的讲话而使客户感到生气，而且在争执的时候还会向对方透露出许多情报。当客户掌握了这些信息后，行销人员就会处于不利的地位，客户便会想出许多退货或要求赔偿的理由，结果当然是会给公司和行销人员本人带来很大的损失。因此，销售员要用合作的态度避免争执，寻找解决之道，切不可以"针尖对麦芒"，弄得一发不可收拾。

不同的顾客异议需要不同的心理攻关战术

老牛经营卷烟已经 10 多年了，在他刚开店的那会儿，如果遇到顾客对卷烟提出异议时，没等顾客说完他就不客气地回绝了。因为那时候他想反正自己不卖假烟，也不怕你到处乱说，更不怕你投诉。可如此久而久之，老牛一直以这种简单粗暴的方式处理问题，不少顾客便再也不来老牛的店里买烟。

老牛知道这样下去不行，经历过以上这些教训，老牛决定改变态度，开始认真地处理顾客的异议。十几年的卷烟生意让老牛明白，只有合理地处理顾客的异议，消除顾客的疑虑，才能让他们成为常客。

有一次，一位顾客在老牛店里买了一条红梅烟，当场抽了一根说感觉味道不对，要求老牛给他换一条。但是如果老牛换给他，换了之后顾客就很可能会误认为老牛开始给的是假烟，被识破之后才被迫换给他的。对此，老牛很耐心地给他做解释，指着墙上的烟草零售许可证告诉他自己是 A 类诚信用户，并言之凿凿说明自己的烟一定货真价实。

顾客听了之后依然半信半疑。老牛猜出了顾客的心思，恰好老牛的店离烟草专卖局也不远，于是老牛主动提出带着这条烟去鉴定真伪的建议。鉴定结果出来了，这条烟是真品。

顾客的疑虑彻底打消了。从那以后，老牛卖的烟一定是真品烟的消息也不胫而走，这反倒帮老牛做了无形的广告。老牛庆幸自己没有像曾经一样，因为嫌麻烦而对之前那位顾客的纠缠置之不理，才有了日后更长久的“不麻烦”。

顾客异议的处理是需要讲究方式的，不要以为自己的东西好就没有问题了。因为你觉得好没用，要顾客觉得好才会认可你的商品。老牛从“身正不怕影子歪”的强硬，到后来的“动之以情，晓之以理”的处理方式，为他的店面销售迎来了良好的信誉。而信誉，是店面存在的招牌，店面的名声太臭对商品的销售是非常致命的。如果顾客都不愿意来你这里买东西，那你的这个店也就没有存活下去的根基了。

所以在面对顾客异议的时候，店主们一定要找出引起顾客不满的缘由，并进行艺术性的处理。一般情况下，引起顾客异议的原因有以下几种：

一、顾客自身的原因

（1）顾客自身的偏见、成见或习惯。偏见、成见往往不合逻辑并带有强烈的感情色彩，对于这种异议靠讲道理的方法往往难以清除。通常情况，为了不影响销售，我们应尽可能地避免讨论偏见、成见和习惯问题。在无法避免的情况下，我们应采取一些适当的方法把话题引向别处，或用委婉的方式进行说明。

（2）顾客的心境不良。这种情况下，顾客有可能提出种种异议，甚至是怀有恶意，借题发挥，大发牢骚。如果顾客真的属于胡搅蛮缠、无理取闹，我们也不能一味纵容而应采取适当措施维护自己的权益。

（3）顾客的自我表现。有些顾客很爱表现自己知识丰富，有主见，因此可能会提出种种问题来为难店主，这种情况我们应给予谅解，并适当采取谦虚的态度耐心倾听。否则容易刺伤顾客的自尊心和虚荣心，从而引发他们的不满。

二、商品自身原因引起的投诉

商品本身质量出现问题，比如功能欠缺、价格不当等，或者有些商品的销售证据不够充分，顾客自然会提出种种异议。对于这类异议，我们首先应该实事求是地进行处理，在商品销售时应尽量提供更多的证据，对品质不良商品应设法改进或直接下柜不再销售等。

另外，需要注意的是，当顾客提出异议的时候，一定要做到仔细倾听顾客抱怨，以便随后处理。绝对不能在顾客刚开始倾诉时，就打断其说话或立即加以反驳，这样做会使顾客更不愉快。在倾听时，最好是运用一些肢体语言，表现出自己对顾客的关注与同情。例如目光平视顾客，表情严肃地点头，使顾客充分意识到你在默认他的问题。只有让对方说话，才能了解问题的症结所在。

在倾听了顾客的异议以后，要时刻站在顾客的立场上来回答问题，即支持顾客的观点，使顾客意识到店铺非常重视自己。这种倾听的方式，能有效消除对方的不满情绪，对进一步掌握问题的症结，很有帮助。

·第二章·

事件公关：利用公众心理效应巧打广告

事件营销：吸引顾客好奇心的拳头武器

荷兰一家商场对部分商品实施了一次另类拍卖。拍卖的最初价格，被标在宛如大钟的表盘上，盘面上的数字代表商品的价格。商家首先制订一个较高的起拍价，然后价格指针有规律地向较低的方向移动，直到有一名买者按下按钮，停止大钟的转动。这名买者就竞投到了这件商品。

这是一则听起来很有趣的促销事件。原本从低喊到高的商品价格反其道而行之地变成了从高价向低价进行拍卖，拍卖的形式也可谓噱头十足，一个奇异的大表盘立在商场门口就足以吸引路过的顾客。

事实也证明，这家商场的促销策略不仅有趣，而且十分成功。原本积压的清仓商品以不低的价格售出，更重要的是，该商场通过举行这次另类的拍卖而声名大振，成为趣谈。街闻巷议口口相传，前来观看和竞投的顾客众多，顺便买些商场中的其他商品；另一方面，媒体也将这一特别的促销活动做为新闻而登上版面，也为该商场做了免费宣传。

这就是事件营销的魅力。

事件营销就是通过制造具有话题性、新闻性的事件引发公众的注意，使得我们的产品可以在同质化泛滥的产品信息中脱颖而出，走入消费者的视线，因而获得被购买的可能。

事件营销是近年来国内外十分流行的一种公关传播与市场推广手段，集新闻效应、广告效应、公共关系、形象传播、客户关系于一体。

听起来，事件营销似乎主要是由某企业管理层人员通过周详的计划与决策实施的公关活动，实际上，作为产品销售过程中重要一环的销售员，也可以充分将“事件营销”应用到我们的销售中。

我们所销售的产品如果能刺激到消费者的“好奇心”，那么，就赢得了销售的第一步。只要我们的产品信息引发了顾客的兴趣，如对产品的广告代言人，或是所推行的新理念、新功能产生兴趣并愿意了解和关注，那么，他就可能成为最后的购买者。

因此，销售员在销售过程中，可以通过有意地制造“事件”，从而给原本并不打眼的商品带来“商机”。

很多外国的啤酒商都发现，要想打开比利时首都布鲁塞尔的市场非常难。于是就有人向畅销比利时国内的某名牌酒厂取经。

这家叫“哈罗”的啤酒厂位于布鲁塞尔东郊，无论是厂房建筑还是车间生产设备都没有很特别的地方。但该厂的销售总监林达却是轰动欧洲的销售策划人员，由他策划的啤酒文化节曾经在欧洲多个国家盛行。

林达刚到这个厂时不过是个不满25岁的小伙子，那时的哈罗啤酒厂正一年一年地减产，因为销售不景气而没有钱在电视或者报纸上做广告。做推销员的林达多次建议厂长到电视台做一次演讲或者广告，都被厂长拒绝了。林达决定自己想办法打开销售局面，正当他为怎样去做一个最省钱的广告而发愁时，他来到了布鲁塞尔市中心的于连广场。这天正好是感恩节，虽然已是深夜了，广场上还有很多欢乐的人，广场中心撒尿的男孩铜像就是因挽救城市而闻名于世的小英雄于连。当然铜像撒出的“尿”是自来水。广场上一群调皮的孩子用自己喝空的矿泉水瓶子去接铜像里“尿”出的自来水来泼洒对方，他们的调皮启发了林达的灵感。

第二天，路过广场的人们发现于连的尿变成了色泽金黄、泡沫泛起的“哈罗”啤酒。铜像旁边的大广告牌子上写着“哈罗啤酒免费品尝”的字样。一传十，十传百，全市老百姓都从家里拿起自己的瓶子、杯子排成长队去接啤酒喝。电视台、报纸、广播电台也争相报道，“哈罗”啤酒该年度的啤酒销售量增长了1.8倍。林达也成了闻名布鲁塞尔的销售专家。

在这一例子中，销售员林达正是通过巧妙地借助小英雄于连在比利时人民心目中的影响力，为哈罗啤酒找到了吸引大众眼球的有利时机，从而成功打开了销路。

聪明的销售员都知道，一个好的事件营销产生的效果远远胜过花几百万元制作的广告效果。因此，肯动脑筋的销售员都乐此不疲地在销售中营造卖点，吸引顾客的好奇心。手机卖场中的“摔手机”营销，对消费者声称“该手机质量过硬，摔坏者奖××元”，也是通过制造有卖点的事件，吸引消费者眼球；还有汽车市场的体验驾车、家电家具卖场中的演示营销，等等，各式各样的新招奇招都可以在销售过程中广泛运用，为你的销售量锦上添花。

饥饿营销：故意制造供不应求的假象

2009 年 10 月，微软 Windows7 正式在北京发布。Windows7 家庭普通版预售价仅为 399 元，这也是微软历来在华销售售价最低的 Windows 操作系统。在铺天盖地的宣传攻势之后，微软 Windows7 在中国迅速热销。不过，仅仅上市两天后，Windows7 就出现了“一货难求”的情况，有钱也买不到。

“我们遭遇了传说中的‘饥饿营销’。”在各 IT 论坛上，热盼 Windows7 的消费者发泄着自己的无奈。相对于 Windows7 上市之前长达 5 个月的宣传攻势，正式上市之后却难觅踪迹，这一现象让消费者很难理解。

微软在接受媒体采访时，对“饥饿营销”的说法不置可否。相关负责人表示，正和众多合作伙伴密切协作，加大供货力度，确保用户在第一时间购买和体验到 Windows7。微软还表态称，对于准备购买新电脑的客户，购买预装正版 Windows7 操作系统的电脑将是最经济实惠的。

微软 Windows7 有意调低供货量，以期达到调控供求关系、制造供不应求“假象”、维持商品较高售价和利润率的目的。此前，诺基亚对 N97 就采用在电视、网站、户外广告牌进行大量的轮番广告轰炸，但却严格控制发货数量，给人造成产品供不应求印象的销售策略，从而让这款产品一度成为顶级手机的销量冠军。

饥饿营销起源于一个传说：古代有一位国王吃尽了天下山珍海味，从来不知道什么是饥饿。所以他变得越来越没有食欲，每天都很郁闷。某一天，他外出打猎迷路了。饿了几天之后终于在森林里遇到了一户人家。那家人把家里唯一的野菜和馒头煮在一起做了一顿乱炖，国王二话不说，就把锅里的菜全部吃光，并将其封为天下第一美味，并把那个山民当成大厨带回宫里。然而，等国王回到王宫饱食终日之后，那个山民再给他做菜时他再也不觉得好吃了。这一常识已被聪明的商家广泛地运用于商品或服务的商业推广。

这种饥饿营销不仅仅是大的商家在用，一些聪明的店主也用这种方式极大地促进了商品的销售。比如，在地安门十字路口有一家京城极负盛名的干果店，他的店主陈红村通过探究民间炒板栗的秘方，精选颗粒最为饱满的怀柔油栗，用特殊的糖和沙子炒制而成。板栗飘香引来了无数的吃客。在这家面积不到 40 平方米的小店，顾客们每次起码要排半小时的队才能买到。过节时一天就能卖出 2000 多斤糖炒栗子，光靠栗子、瓜子等一些干果竟然一年能卖出五六百万元。

为此，有吃客在网上发表了总结出的生意经。他认为，这家店之所以出名，不仅仅是板栗大王炒的栗子好吃，更重要的原因是这里的栗子要排队才能买到。光是这个，在商品极度丰富的市场上，很是难得。另外，排队的开始，顾客可以从玻璃窗外看到在一个单间里，员工在将坏的栗子从大麻袋中一个个挑出来，这是一个可以亲眼看到的“质量控制”流程，想必印象很深。一锅炒的栗子大概 20 来斤，不是那么大规模生产来保证供应，这是典型的市场“饥饿”策略。供应不够，需求旺盛，就得排队，越排队越觉得值。排队过程很枯燥，他们在卖糖炒栗子之外，还卖炒瓜子，这个可以轻易买到。排队时很多人买瓜子嗑，瓜子成了衍生服务，销量不比栗子少，业务自然生长，完成了多元化。排半个小时甚至一个小时的队，你肯定烦了。轮到你买，原本买 2 斤的，买了 4 斤，原本买 5 斤的，买了 10 斤。顾客不愿意吃亏，排了老长的队，买少了总是觉得亏。前面的买得越多，后面的队排得越长。

从微软 Windows7 和干果店这两个案例中我们可以发现，饥饿营销的操作其实很简单，即先用令人惊喜的质量和价格，把潜在消费者吸引过来，然后限制供货量，造成供不应求的热销假象，吸引更多源源不断的消费者。但是我们不能忽视的是，饥饿营销运行的始末始终贯穿着“品牌”这个因素，即饥饿营销的运用必须靠产品强势的品牌号召力。无论是微软 Windows7 还是京城那家干果店，他们在实行饥饿营销的时候，都已经有了自己的品牌。而正是由于有“品牌”这个内在因素，饥饿营销就成了一把双刃剑。剑用好了，可以使原本强势的品牌产生更大的影响，赚取超乎想象的利润。如果用不好的话，将会给产品的品牌造成伤害，从而降低附加值。

利用新闻进行有效的公关造势

“新闻造势”是公关中常用的手段，这不是无中生有地编造新闻，也不是不负责任地欺骗公众，而是善于利用一些偶然事件和突发事件，在一般人视为平凡的小事中挖掘出新闻价值点，吸引新闻媒介广为传播、连续报道。

美国联合碳化物公司一幢52层高的、新造的总部大楼竣工了，一大群鸽子竟全部飞进了一间房间，并把这个房间当作它们的栖息之处。不多久，鸽子粪、羽毛就把这个房间弄得很脏。

有管理人员建议将这个房间所有的窗子打开，把这群鸽子赶走。事情传到公司的公关顾问那里，公关顾问却不同意这样做。在公关顾问的眼里，这群鸽子无疑是非常好的公关角色。

公关顾问认为，举行一次记者招待会、设计一次专题性活动、散发介绍性的小册子等，都可以把总部大楼竣工的信息传播给公众，这也是不错的公关方法，但却是过于常规的方法。最佳的方法应做到使公众产生浓厚的兴趣，以至迫切想听、想看。于是，公关顾问下令关闭该房间的所有门窗，不让一只鸽子飞走。接着，他设计并导演了一场妙趣横生的“制造新闻”活动。

首先，这位公关顾问别出心裁地用电话与动物保护委员会联系，告诉他们这里发生的事情，并且说，为了不伤害这些鸽子，使它们更好地栖息，请动物保护委员会能迅速派人前来处理这件有关保护动物的“大事”。动物保护委员会接到电话后十分重视，答应立即派人前往新落成的总部大楼处理此事，他们还郑重其事地带着网兜，因为要保护鸽子，必须小心翼翼地一只只捉。

公关顾问紧接着就给新闻界打电话，不仅告诉他们一个很有新闻价值的一大群鸽子飞进大楼的奇景，而且还告诉他们在联合碳化物公司总部大楼将发生一件既有趣而又有意义的动物保护委员会来捕捉鸽子的“事件”。这条颇有新闻价值的新闻引得电视台、广播电台、报社等新闻传播媒介纷纷派出记者跟进现场采访和报道。

在各大媒体的聚焦下，动物保护委员会捕捉鸽子时也十分认真、仔细。他们从捕捉第一只鸽子起，到最后一只鸽子落网，前后共花了3天的时间。在这3天中，各新闻媒介对捕捉鸽子的行动进行了连续报道，使社会公众对此新闻产生了浓厚的兴趣。各媒体消息、特写、专访、评论等报道方式交替使用，既形象又生动，吸引了广大读者的关注。

漫天的新闻报道把公众的注意力全吸引到联合碳化物公司上来，吸引到公司刚竣工的总部大楼上来，自然，联合碳化物公司总部大楼名声大振，而且公司高层充分利用在荧屏上亮相的机会，向公众介绍公司的宗旨和情况，加深和扩大了公众对公司的了解，从而大大提高了公司的知名度和美誉度。借此机会，将联合碳化物公司总部大楼竣工的消息巧妙地、顺利地告诉给社会，让公众全盘地接受了这一消息。通过“制造新闻”，终于事半功倍地完成了向公众发布此消息的任务。

联合碳化物公司将小事件营造成大新闻，不仅不费分文就把鸽子赶走了，还把公司及其新建的大楼美美地宣传了一番。从制造捕鸽新闻，到传递并渲染新闻，足足闹腾了三天的时间，把公众的注意力深深吸引住了，自然也使得公司知名度深入人心。

企业公关造势通常通过报刊、电台、电视、会议、信函、支持公益事业等方式，使得企业知名度得到传播。良好的企业声誉能转化为产品的声誉，从而有利于促进产品的销售。一般来说，企业采用公关造势时主要考虑到公关具有以下优势：

（1）新闻价值高。公关活动的报道者都具有一定的新闻水平，可以在社会上引起良好的反响，并产生一定的销售潜力。企业在进行公关活动时，常会邀请记者、专家或政府人员出席，和他们建立良好关系，可以通过他们来介绍企业和产品的状况，公布企业对国家、社会和广大消费者所做出的贡献等。

（2）信誉度高。新闻报道经常是通过第三方进行宣传，可以在社会上引起良好的反响。公关通常是同有关社会团体建立联系，并提供有关咨询服务，通过这些社会团体的宣传报道，使社会公众对企业和产品产生良好的印象。

（3）改进促销质量。良好的公共关系能够鼓励和支持推销人员和经销商开拓市场，增加销售时的信心和勇气。企业通过培训专职公共关系人员，及时处理消费者和用户的信函和访问，而且尽力解决他们提出的不同问题，能最大限度地弥补企业在规模或市场知名度方面的不足。

（4）减少资金投入。开展公共关系活动要支付一定的费用，但比起其他的方式费用要低得多。由于公共关系是通过第三方在传播媒体上发表企业产品的消息报道，与广告和推销相比的明显优势是节省开支。因此，公共关系在对企业营销机会的洞察、营销方式的组合等方面，往往能够收到奇效。

故意引发争论，在公众激烈的探讨中深入人心

2000年4月24日，在全国饮用水市场排行第三的“农夫山泉”突然向媒体宣布，经实验证明纯净水对健康无益，“农夫山泉”从此不再生产纯净水，而只生产天然水。

“农夫山泉”的根据是：纯净水纯净得连微量元素都没有了，而微量元素是

人体健康必不可少的。

此言一出，就好像一颗石子投进水里，立即掀起了阵阵波澜。众多纯净水生产厂家纷纷站出来指责“农夫山泉”的说法是“诋毁纯净水”的“不正当竞争行为”，违反了《不正当竞争法》。5 月 19 日，广西 53 家纯净水生产厂家代表汇聚北海，众口一词地谴责“农夫山泉”；5 月 30 日，广东省瓶装饮用水专业协会在广州举行“安全卫生饮用水保健康”的专题座谈会，邀请有关专家和广东近 20 家饮用水生产厂家的负责人参加。说是座谈会，但会议更像是一次声讨大会，与会人士的发言都是针对“农夫山泉”的，且颇带有“檄文”的色彩。

国内最大的饮用水供应商“娃哈哈”老总宗庆后也愤然质询“天然水”到底是什么；已坐上水市场老二位置的“乐百氏”的总裁何伯权也有一番激越的言辞：“农夫山泉”的做法是一种非常不负责任的表现。

面对全国同行的同声反对，“农夫山泉”不仅未有所收敛，反而变本加厉。不久，它又推出用意更明显的广告：一群小学生在做实验，分别用纯净水和天然水来养水仙花。几天后，用天然水养出的水仙花长得更茁壮。最后，实验得出了这样的结论：天然水好于纯净水。

“农夫山泉”还在全国范围内举行活动，召集全国小学生参加一项比较实验：将金鱼、大蒜分别放入纯净水与天然水中，然后观察其存活和发育状况；分别用这两种水泡茶，观察 24 小时茶色的变化。

“农夫山泉”宣称，此举是为了发动一场饮用水革命，引发人们对科学饮水的探讨。它相信，在进行了这场争论之后，饮用水行业必然出现一种新的平衡，而这种平衡将推动该行业向更加有利于消费者健康的方向发展。

面对着这一场突然发自“水”面的波澜，新闻媒体自然是不遗余力地争相报道。在报道中，同样加进了一些渲染的成分。很快，事情就演变成一场纯净水和天然水之间的大战。

事实上，从 1999 年开始，“农夫山泉”的传播主题就渐次地从“农夫山泉有点甜”转化为“好水喝出健康来”，强调水源、水质概念，主诉点强调——千岛湖的天然矿泉水。千岛湖，是华东一个著名的山水旅游风景区，水域面积 573 平方公里，平均水深 34 米，透明度可达 7 米，属国家一级水体，不经任何处理即可达饮用水标准，具有极高的公众认同；而农夫山泉是选取千岛湖水面下 70 米无污染活性水为原料，经先进工艺进行净化而成。这是农夫山泉的最大资源优势。

其实，农夫山泉只是宣布自己停止生产纯净水，但潜台词却是请其他厂商也停止生产纯净水，乃至整个行业都停止生产纯净水。“农夫山泉”的炒作，对于纯净水的厂家来说，打击是非常致命的。如果纯净水厂家与农夫山泉较劲，那么正中农夫山泉下怀。因为农夫山泉在广告中并没有特指是哪一家纯净水品牌，而是针对纯净水。这样的话很难抓住把柄，即使被告上法庭，输了官司，“农夫山泉”也高兴，因为将有更多的人知道它含有微量元素而不同于纯净水。反之，如果纯净水厂商不理会农夫山泉，甘拜下风，去开发天然水或是别的水，而“农夫山泉”早已抢先一步站稳脚跟。农夫山泉这一招实在是高。

在“2000年维护纯净水健康发展研讨会”的会后，众纯净水厂家发表了联合声明，集体声讨“农夫山泉”的不正当竞争行为，并准备请求有关部门检测“农夫山泉”的水源水质，严惩“农夫山泉”的不正当竞争行为，制止“农夫山泉”违法生产瓶装水。

针锋相对的，农夫山泉方面对纯净水厂家的联合声明迅速反应，在当地报纸上刊登广告，称将于当日晚8时半召开记者招待会，广邀正在杭州采访以上事件的全国各地新闻媒体记者，将在会上阐述某些事宜。与此同时，有关法律专家也耐不住寂寞，从法律角度分析农夫山泉的做法，事情越闹越大。

这正是农夫山泉想要达到的效果，因为农夫山泉发动的这场“水战”本身就是一场没有结论的命题，大家反应越激烈，言辞、举动越过火，新闻跟踪报道的力度越大，“农夫山泉”就越得意。为了防止众厂家装聋作哑、不理会农夫山泉的这个茬儿，农夫山泉还不遗余力地去故意挑逗各个纯净水厂家，让他们表态反对，以把这个事件拖长。时间拖得越长，对于“农夫山泉”而言，就越有利。为了把事件扩大化，“农夫山泉”甚至致函全国食品标准化委员会，限其7日内对天然水的问题给予答复，否则要“自动进入法律程序”，被标委会斥为“嚣张、狂妄”的评价也成了新闻。但“农夫山泉”却在消费者心中树起为民请命的斗士形象。

在这场非常具有争议性的炒作中，农夫山泉没有花一分钱的广告费，就将农夫山泉的水源概念和天然水的品质深入人心，取得了非常巨大的营销效果。

·第三章·

品牌公关：发挥“俘获”顾客的无形感召力

品牌延伸，细分品牌价值链才能精准抓住消费者的眼神

市场上同类产品那么多，如何在激烈的角逐中找到属于我们自己的一席之地呢？这要求我们要学会把市场细化。

如今的客户面对的不是一两件商品，而是琳琅满目的商品，让人感觉挑花了眼。同类产品如此之多，我们究竟该如何吸引到客户的眼球呢？

这个棘手的问题大概是令许多企业特别头痛的，尤其是对于产品研发、设计人员来讲。比如一位客户想买一台数码相机，面对那么多的品种，怎样才能让他挑中你的呢？

宝洁公司在进入中国市场之前，通过市场研究，针对性地了解到中国洗涤用品的市场状况，包括品牌种类、售价、市场占有率以及销售额，同时又通过大量的问卷调查仔细研究了中国人的头发特点、洗发习惯、购买习惯等情况，发现洗发市场上高档、高质、高价的洗发用品是个空白，于是研制出适合中国人发质的配方，推出新品“海飞丝”，迅速占领了这一市场空白，并成功地成为中国洗发市场上的领导品牌。

市场细分的概念是由美国市场学家温德尔·史密斯于20世纪50年代中期提出来的。当时美国的市场趋势已经是买方占据了统治地位，满足消费者越来越多样化的需求，已经成为企业生产经营的出发点。为了满足不同消费者的需求，在激烈的市场竞争中获胜，就必须进行市场细分。这个概念的提出很快受到学术界的重视并在企业中被广泛运用，目前已成为现代营销学的重要概念之一。

由上面例子，可以看出企业通过市场调查研究进行市场细分，就可以了解到各个不同的消费群体的需求情况和目前被满足的情况，在被满足水平较低的市场部分，就可能存在最好的市场机会。

如今的企业都在喊利润越来越小，生意越来越难做。但是我们如果能从那么多相似的产品中，找到一块尚未被他人涉足的空白，那么我们的产品将有可能占领这一块制高点。

这就好比当初手机品种多得令人眼花缭乱，但如果你的是带广播或摄像头、MP3 等功能的，一定可以吸引到不少年轻、时尚的消费者。但如今已经没有哪个手机品牌不具备这些功能，那么就需要我们更进一步，利用技术上的革新来彰显我们产品的独特个性。

“海尔”在这方面就先人一步，其做法值得各大企业借鉴。海尔的研究人员发现夏天的衣服少、洗得勤，传统的洗衣机利用率太低，于是推出小容量的“小小神童”，大受市场欢迎；他们还发现有些地区的农民用洗衣机来洗地瓜，排水道容易堵塞，于是又生产出既能洗衣服，又能洗地瓜的“大地瓜”洗衣机，满足了这一细分市场的需求，迅速占领了当地的农村市场；海尔还对家用空调市场进行调查，发现随着住宅面积的不断增加，壁挂空调和柜机已不能满足所有居室的降温，于是提出“家用中央空调”的概念，开发出新产品，获得了良好的回报。

当然，需要注意的是，细分目标市场不是随心所欲地划分，而是需要先进行严格、周密的市场调研。

产品精神是最不为人知的武器

郎咸平教授去潮州做演讲的时候，看到路边挂着很多陶瓷之都的广告，就问来听他演讲的陶瓷企业家：“你们这个陶器、瓷器怎么样?”众企业家都说自己的产品做得非常精美，非常精致，有仿古等很多风格。但是当郎咸平问他们潮州瓷器的灵魂在哪里，为什么别人会喜欢，为什么别人应该购买的时候，却无非是漂亮、仿古、功能等郎教授意料中最不满意的答案。

为此，郎教授十分沉重地说：“中国的产品到现在为止，还停留在两个最基础的阶段。我想用金字塔来做个说明，是一个三层的金字塔，最底层就是你们所看得见的瓷器跟陶瓷，中间的一层呢，是它的功能，比如说陶器、瓷器特别的美观、仿古、好看、功能齐全。我们中国企业家最大的问题就是在最底层的外观以及中间那一层的功能上面下功夫，也就是说大家都是在最底层的外观以及功能方面寻求差异化。这个不是品牌战略。那么到底什么是品牌战略？你就一定要走到最高的那一层，最高的那一层叫作产品精神。只有走到精神这一层，才能真正做到品牌战略，你们今天喊的口号容易——用品牌战略。我告诉你，任何一个著名的品牌，它都有精神在后面支撑着，没有精神支撑着的就不叫品牌，你永远也使用不了品牌战略!”

产品精神，的确是我国大多数企业所没有想到的。想到的企业，也是做得非常优秀的企业。比如谭木匠，只是一个卖梳子的企业，可是它的企业盈利却并不少。一把最小最便宜的梳子，街边小摊上也就两三元钱，它要二三十元，不讲价，可生意却依然红火。这是为什么呢？其实，如果我们进了谭木匠的专卖店，就会知道那是不一样的感觉，你会莫名地被它那种木头文化的精神所吸引，莫名地觉得踏实和实在，有信赖的感觉，舍得多出钱来买一个品质好的。

事实上，自从20世纪60年代塑料梳子兴起之后，传统的木梳厂就逐渐走向了没落。但是随着人们生活水平的提高和保健意识的增强，天然的木梳因为大自然所赋予的保健、防静电等功能逐渐变成人们的首选。而几千年源远流长的木梳文化，也使得精致的木梳能够细致地体现出使用者的品位和气质，而且木梳有点类似玉石，用久了就会产生感情，成为主人的珍藏品。谭木匠出道时间并不长，但是作为一家作坊式的小企业，它却从1997年成立之初就紧紧地抓住了文化内涵这条主线，为自己的产品进行了正确的定位，开发了广受市场欢迎的黄杨木梳和“草木染”梳。黄杨木是一种珍贵的木材，多生长于原始森林，有“千年难长黄杨木”之说，有很好的保健作用。而“草木染”梳则是将木梳放在严格的中药配方里进行浸染。它的每款梳子除了具有普通木梳防静电、保健、顺发等基本功能，还具有非常好的艺术美感，散发着难得的古典气息，让人一见就联想到了文化品位。

因此谭木匠很快就打出了小木制品行业的第一品牌“谭木匠”，成为了行业冠军。至2005年底，谭木匠公司已经连续9年保持经营业绩的持续增长，并计划在香港证券交易所主板上市。

谭木匠的成功就是因为将高品质的木梳和独特的文化品位结合在一起，将我国的古典文化和人的感情融入产品，使得一只普通的木梳脱离了仅仅是外观和实用的低层次范畴，上升到精神需求的高度，使人得到了物质的实用性，也得到了精神方面的享受。只有有文化内涵的品牌才会被世界记住，并且长久存在于消费者的脑中。

抓住顾客的感性诉求，才能抓住顾客的心

爱情是永恒的主题，很多人为了爱可以不顾一切。在我们的印象中，一定有很多这样的故事，一个个很“傻”的女孩子，放弃了富裕、英俊或温柔潇洒的追求者，坚定地选择了可能是一无所有的爱人。为什么会这样？因为，人第一关注的永远是情感的需求。

目前企业面临诸多挑战，首先是产品创意，虽然新产品层出不穷，但只有20％～25％的产品能够获得成功；另一个挑战是消费者逐步成熟并日益个性化的消费观导致了激烈的市场竞争，每个细分市场都充满了实力强大的竞争对手，这给企业的品牌创新带来了很大的难度。如何突破这些障碍建立起持续的具有影响力的品牌？

调查发现，那些能够拴住消费者、与消费者联结起情感的品牌，才会成为真正的市场赢家。知名品牌专家艾伦·亚当森曾说过：消费者不会对枯燥的事实和数据产生亲近感，最佳品牌必须在情感层面而非理性层面上与消费者联系起来，这是品牌传播的立足点。消费者的情感是一直不断变化的，比如女性的裙子，从长到短，再到长、到短，这足以说明情感世界是在不断改变的。那些能够很好地跟上这些变化将自己和消费者的情感联结起来的品牌，最终将打赢这场品牌情感战役。

在市场竞争的初级阶段，市场竞争成功的重要基点是产品的价格和质量，但在个性消费的新时代，物美价廉不再成为竞争优势。在未来的市场竞争中，那些善于思考、敢于冒险、追求创新的人，那些巧妙地掌握消费者情感心理的企业管理者，才能把握市场，主宰市场，获得最后的胜利。

温情商战是现代市场竞争的必然结果和表现形式。在当代的感性消费时代，一个明智的企业家必须适应时代的潮流，及时调整自己的产品结构，把产品的重点放在满足消费者情感需求的软性商品价值上。同时，还要千方百计地采用各种营销策略来适应消费者的个性需求。

现代市场营销理论认为，顺应感性消费时代的要求，就要求企业家独辟蹊径，在新的市场细分中寻找出路，从而以独特的魅力避开与对手的正面竞争。

顾客购买的不是“产品”，而是一种心理需求的满足

20世纪80年代初，美国可口可乐公司想进入中国市场。起初，该公司高层人员对可口可乐能否占领中国市场信心不足。中国是个有悠久喝茶传统的国家，

茶的味道和可口可乐毫无共同之处，中国消费者能接受可口可乐的味道吗？可口可乐公司先以免费试喝的方式在北京、上海、广州三大城市进行街头调查。但调查的结果令他们很失望，70％的人不能接受这种味道，说喝起来像咳嗽糖浆，很难喝，能接受的只有10％，还有20％的人没有表示明确的态度。就在可口可乐公司对中国市场几乎失去信心的时候，该公司一位高层人员运用换位思维，重新进行了一次免费试喝的街头调查。

可口可乐这位高层人员认为，因为中国长期处于封闭状态，所以一般民众对美国一无所知。要想让中国消费者接受可口可乐这一产品，就必须使中国消费者站在美国消费者的位置上看待可口可乐这一产品。因此，这位可口可乐高层人员在进行第二次街头免费试喝调查前，从宣传美国文化开始，突出可口可乐是美国文化的象征，是美国人几乎每天都要喝的饮料，美国人喝可口可乐喝了几十年，美国的科技、经济也飞速发展了几十年。这个广告暗示消费者，美国人是喝可口可乐长大的，是喝可口可乐聪明起来的，也是喝可口可乐发展起来的。

通过宣传，第二次调查结果和第一次截然相反，表示能接受的达到了70％，不能接受的下降到20％，没有表示意见的占10％。可口可乐公司得到这一信息后信心大增，随后，他们就投入了大量的人力、物力、财力，在强大的宣传攻势下，将可口可乐打进了中国市场。从此，可口可乐的形象在中国消费者心目中与日俱增，很快它就横扫了中国饮料市场，成为中国市场中销量最大、最受欢迎的一种品牌饮料。

可口可乐的味道并没有变，只是因为宣传中多了美国文化的元素，满足了人们对美国元素稀缺的心理需求。这种理念也是星巴克咖啡、光合作用书房营销成功的一个灵魂支柱。星巴克的咖啡不一定比其他地方的好喝，但是它的小资情调深刻地影响了我们的文化触觉。但是正如他们内部人士所说的——星巴克，一切与咖啡无关。光合作用书房并不大，但是他们相信那些整天面对电脑屏和手机屏的顾客，一定会更加向往书店里提供的真实接触和自由行动的空间。因此它将书店与咖啡厅结合，但在盈利上并不强调咖啡厅，只在空间组合和功能配套上营造出咖啡厅的感觉，创造出一种“悦读”的氛围。无论你抱何种目的来到这里，都可以呼吸到来自“光合作用”的“氧气”。所以它在规模庞大、川流不息的大书城模式和方便低价的网上书店模式之外，创造了年销售额上亿的业绩，它所营造出的情调也成了20～40岁受过良好教育的都市人的休憩场所。它成功的原因就是淡化了“产品”这个概念，满足了人们的心灵需求。

用无形的品牌资产来维护品牌的忠诚度

美国经济学家威德仑说："顾客就像工厂和设备一样，也是一种资产。"品牌忠诚度是顾客对品牌感情的量度，反映出一个顾客转向另一个品牌的可能程度。以品牌忠诚为目标的营销成为20世纪90年代中期西方营销学的热点话题，并引出了"顾客关系管理"这个已逐渐成为企业策略的核心议题。为了保持利润的持续增长，公司的目光要从市场占有率的数量转向市场占有率的质量，越来越多的企业开始重视品牌忠诚度的创立和维护了。

闻名于世的雀巢公司始创于19世纪中叶。公司建立以后，发展非常迅速，产品线不断拓宽和加长，然而在这种情况下，雀巢公司并没有一味采用当时所通行的品牌延伸策略，将Nestle品牌应用到其所有的产品上。因为它清醒地认识到：在食品行业，当品牌过度扩展到太多不相关联的领域时，消费者的品牌联想力和品牌认知度就可能会逐渐减弱，从而削弱品牌原有的内在魅力，最终使公司的品牌成为一个没有特点、特色和竞争力的简单符号。

基于这种认识，雀巢公司实施了一种颇具特色的品牌策略，建立起公司品牌和产品品牌既相互促进又相对独立的金字塔形品牌体系。

雀巢公司的品牌分三个层次。第一层次是公司品牌"Nestle"，在公司所有产品的外包装上都或大或小地印有这一品牌名称，从而使其良好的品牌形象和极大的品牌魅力扩展到公司所有的产品，为它们提供信任、质量保证和竞争能力等。

第二层次是家族品牌。家族品牌为它所包括的一系列产品提供信任、信誉、质量保证和竞争能力等；同时家族品牌的良好业绩也强化了公司品牌的形象，提升了公司品牌的市场地位。随着其产品线的拓宽，公司内家族品牌的队伍不断扩大。

第三层次是产品品牌。产品品牌由家族品牌加具体产品名称组成，提供口味、感觉等特殊的价值和个体经验以吸引消费者；同时，产品品牌的经营成功又可以加强家族品牌和公司品牌的良好形象。

这三个层次相互作用、相互促进、相辅相成，在整体上提高了雀巢公司的竞争力和市场形象。但同时，各家族品牌之间又相对独立，"权责范围"划分清楚，"分工"明确，只在各自的产品领域内进行延伸，从而避免了消极因素的恶性蔓延。

雀巢公司非常重视品牌管理工作。它专门设立了战略经营总部来负责雀巢各品牌的连续发展和在相关领域的效能。采取不同的品牌定位方式为家族品牌定位，并利用家族品牌的力量进行延伸，经过多年的发展，公司的各种产品品牌力量不断壮大，市场形象不断提升，使得这个品牌金字塔的塔基更加坚实，从而也使得位于塔尖的“Nestle”品牌日益耀眼夺目。

认识到品牌忠诚度维护的不止雀巢一家。全球性家电公司惠而浦执行总裁惠特万曾表示，大部分的工业玩家都将注意力集中在怎样围绕生产、成本和质量进行最优良的运作上，然而他们发现这并不足以产生非凡收益。因而，有必要改变一下游戏规则。“如果我们拥有客户忠诚的品牌，那么这就是其他竞争厂家无法复制的一个优势。”惠而浦已经逐步在世界各地实行建立品牌忠诚度的企业理念。

将品牌忠诚度看作品牌资产的一个核心构成，有助于公司将消费者作为品牌资产来对待。它与其他品牌资产要素的区别和联系在于，品牌忠诚紧紧地与使用经验联系在一起，而其他品牌资产要素则没有这个要求；品牌忠诚受到品牌知名度、品质认知及品牌联想等部分影响。

·第四章·

危机公关：在突发事件中积极消除公众误解

任何企图与新闻媒体较劲的行动，最终多半是要吃大亏的

新闻媒体在西方社会被称为第四大权力，即真正的无冕之王。比如在美国，每次各种竞选，候选人无一不希望能获得传媒大亨默多克的支持。

现代社会的信息交流非常便捷，一件小事情只要被新闻媒体盯上了，就会如在放大镜下被公众清楚地审视。因此，不论是什么领域的企业，都要保持好与新闻界的关系，凡事不要太较劲。

瑞士的雀巢公司在这方面就曾经当过一次反面教材。雀巢公司的一个重要产品是婴儿奶粉，这一产品长期垄断欧洲市场。为加大雀巢公司的影响，同时开拓海外市场，雀巢公司决定进军非洲市场。

当时，非洲大陆上内战正酣，许多国家的人民没有饭吃。雀巢公司召集新闻界，宣布要无偿支援非洲难民，赠送奶粉给非洲，新闻界将这件事报道后，产生了很好的影响，提高了雀巢公司的声誉。同时，雀巢公司还有一个计划，就是当非洲内战停止时，非洲的妈妈们已经习惯用雀巢公司的奶粉，那时，雀巢奶粉正好可以在非洲大量销售。

应该说雀巢公司的想法是很好的，可事情的发展却未尽如人意，甚至与公司的期待完全相左。过了一段时间，报纸上不断传来有些非洲妈妈用雀巢公司的奶粉喂宝宝，结果导致婴儿死亡的消息。雀巢公司慌了，急忙派人去调查，发现报纸上说的婴儿死亡的例子，其原因并不是喂了雀巢奶粉，而是当地的饮用水不卫生，同时非洲贫困的妈妈们为节约奶粉，大量用水稀释，从而使婴儿得了当地卫生条件无法解决的痢疾。雀巢公司松了一口气，当即在报纸上声明，非洲的事件与公司奶粉的质量没有什么关系。

可是有家报纸并没有理会雀巢公司的声明，继续报道了雀巢奶粉的所谓“中

毒”事件。这时，雀巢公司做了一件事，后来被证明是极其错误的决策，它决定起诉这家报纸和做这个报道的新闻记者。

本来，有关雀巢公司奶粉质量的报道还不为公众注意，现在居然打起官司，公众的好奇心一下子被激发起来。雀巢公司成为舆论的焦点。又有几家新闻机构派记者到非洲，专门调查雀巢公司奶粉“毒害”非洲儿童的情况。由于非洲处于内战之中，有关非洲的新闻从来就是传闻与事实的结合，所以对雀巢公司的奶粉质量的渲染更加朝不利的方向发展。甚至有很多人在雀巢公司的总部门前示威，以抗议商人“唯利是图”，全然不顾非洲儿童生命的可贵。雀巢公司的形象大损。面对气势汹汹的舆论，雀巢公司始料不及，一下子陷入了不知所措的痛苦境地。

公众都用“宁可信其有，不可信其无”的态度对待这一事件，当时市场上的奶粉竞争得很厉害，有几百种牌子，雀巢公司的市场占有率本来很可观。但是，现在妈妈们谁也不想拿自己孩子的健康冒险，大都临时换了奶粉。雀巢公司的产品销售量一下子下来了，公司的领导层意识到自己的决策失误。但已经无可挽回，只得硬着头皮等待法院的判决结果。

判决结果很快出来了，雀巢公司赢得了无可争辩的胜利。但是，公众的兴奋点很快发生了转移，他们谁也没有注意到报纸上简短的道歉申明，其他品牌的奶粉不战而胜。雀巢公司付出了极大的代价，其依靠几十年才建立的产品盛誉竟然被一个谣传击得粉碎。

其实，这一事件的是非很清楚。雀巢公司的奶粉在欧洲没有产生毒害，在非洲也不可能有问题。要说出问题的话，只能在奶粉的喂食方法上，但公众是不会去认真考虑这一问题的，他们关心的只是事件本身是否具有戏剧性，而且什么牌子的奶粉对他们而言只是一个习惯而已。

新闻记者的“权力”其实很大，这也是为什么大家对记者是又爱又恨的缘故。

如果我们平时多和媒体朋友搞好关系，那么就算遇到一些棘手的问题也能迎刃而解，有了新闻媒体舆论导向的帮助，公众也会自然而然地受到这种导向的影响。

尊重事实，坦诚面对

在张岩松的《企业公共关系危机管理》一书中，他曾提到这样一个案例：

1998 年夏天，凶猛的洪峰一连 8 次扑向湖南，战斗在抗洪一线、冒着高达 40℃高温的塔山英雄旅的战士，面对滔滔洪水，严防死守，挥汗如雨，却很难喝上一口干净的饮用水。8 月 21 日，原水利部部长钮茂生通知湖南省水利水电厅，他要看到战斗在抗洪大堤上的战士能喝上水利部送去的矿泉水，以表达水利系统的干部职工对抗洪英雄的敬意。

8 月 24 日，湖南省水利水电厅到湖南中康长沙水研制有限公司购买了 13 万瓶“长沙水”，分别火速送往岳阳市的江南垸和长沙市的大众垸，“长沙水”随即在战士们手中传开。谁知，不到半天，塔山英雄旅八连来人报告，喝了“长沙水”的战士中，有 9 名腹泻严重，10 名肚子疼痛难忍，3 名呕吐，1 名发烧达 38℃。八连卫生员迅速采取措施，立即发放药物，有效地阻止了病情的进一步扩散，连队领导立即把周围 22 箱“长沙水”打开，除 3 瓶没有沉淀物外，其余近 500 瓶均有小碎片、青苔和悬浮状物质。该旅卫生队立即走访各连队，除了没有发放“长沙水”的汽车连以外，其他各连均有不同程度的肠胃不适现象。事情发生后，战士们愤怒了，他们不顾生命和血汗，拼死拼命地与特大洪水搏斗，结果喝口水都不干净。他们决定投诉，而投诉的单位就是湖南省水利水电厅。

湖南省水利水电厅接到投诉后，立即与中康集团联系，协商解决问题的方法，而中康集团则相互推诿，以“做不了主”为由，推脱责任。于是，水利厅委派后勤服务中心的几位负责人与省技术监督局的技术人员一起，于 10 月 9 日赶赴塔山英雄旅驻地郴州，就中康“长沙水”质量问题向部队官兵真诚道歉。与此同时，中康集团董事长刘继泉也闻讯赶到郴州。

在第二天的协商会上，中康集团刘董事长不但没有就“长沙水”质量问题给战士们一个满意的答复，反而盛气凌人，当众打开一瓶有悬状物的“长沙水”一饮而尽。随后声称，他喝了一瓶这样的“长沙水”，却什么事也没有。面对董事长的荒诞表演，战士们无不目瞪口呆。结果，协商会不欢而散。

10 月 28 日，湖南省产品质量监督检验所对两瓶保质期为一年（1998 年 4 月 18 日生产）的“长沙水”进行质量检验，发现“长沙水”因感官、总固形物、电导率及细菌总数均不符合标准要求，为不合格产品。

至此，新闻媒体纷纷披露“长沙水”喝倒“抗洪英雄”的内幕，中康集团陷入了四面楚歌的境地，“长沙水”这个曾经花费几百万元广告费打响的名牌也最终毁于一旦……

面对危机，如果没有树立正确、科学的危机观念，面对危机既不敢正视，更谈不上认真对待，这种幼稚的公关意识只能酿出令自身难以下咽的苦酒。

案例中，中康集团的表现让人感到悲哀。面对问题，不是积极主动地解决，而是掩盖矛盾，回避事实。这种“护短”行为导致自己陷入被动的泥潭中。要知道，纸是包不住火的。问题出现后，只有向公众表明解决问题的诚意，求得公众的谅解和合作，才可能尽量减少因失误对品牌形象产生的损坏，并由被动变为主动，化险为夷，绝处逢生。

以生产保健及幼儿药品闻名的强生联营公司是美国最大的医药公司。它在欧美几十个国家的近10亿消费者中享有极高的信誉，几乎所有的消费者都认为“强生联营公司是个非常值得信赖的公司”。

1982年9月30日早晨，有消息报道美国芝加哥地区有7人因使用强生联营公司的一个子公司麦克尼尔日用品公司生产的“泰勒诺尔”牌镇痛胶囊而中毒死亡，据传另有250余人也因为服用此药而生病或丧生。后来查明，这种药根本无毒。前者7人的死亡是由于有人打开包装在药中加入了剧毒氰化物所造成的。后者250余人的生病或丧生，则与泰勒诺尔药丸根本无关。但是误解已经造成，坏名声已传出。当时有很多人断定：这种年销售额高达4亿～5亿美元并且在全美拥有1亿多使用者的药丸将从市场上绝迹。

危机出现了。首先是泰勒诺尔解痛药几乎所有订单被立即取消，紧接着强生的其他产品的销售也受到了株连。

情况危急，强生公司马上求助于当时美国最大的公共关系公司——博雅公司。博雅公司从1978年起就一直进行着泰勒诺尔解痛药的宣传工作。这次他们密切合作，开始了挽救泰勒诺尔的工作：

第一步：与新闻媒介通力合作，向公众如实说明真相，因为新闻界是警告人们防止这种危险的关键。

第二步：以1亿多美元的代价收回市场上3100万瓶“泰勒诺尔”牌镇痛胶囊。

第三步：麦克尼尔日用品公司设计和生产了抗污染的包装，重新将“泰勒诺尔”牌镇痛胶囊打回市场。

为了配合第三项工作，麦克尼尔日用品公司散发了价值5000万美元的赠券，向顾客免费赠送这种重新包装过的解痛药物。

为了让尽量多的公众了解他们的做法，博雅公司以纽约为中心，通过卫星同时在全美30多个城市举行记者招待会，其他一些城市的记者还可以向纽约的中心会场提问。信息很快传播出去，强生联营公司的做法受到公众的赞赏和信任。

1983年3月，美国荣誉和奖品颁发委员会的公共关系学会为了表彰强生联营公司恰当处理这场危机的成绩，向强生联营公司颁发了银质奖章，这是一次尚无先例的行动。博雅公关公司副总裁斯坦·索尔哈福特在著作《形象战》中评论泰勒诺尔事件是“本世纪最好的表现公关的威力、媒介的巨大作用以及公司形象的重要性的案例”。

强生在面对危机的时候，首先考虑到的是公众和消费者的利益，尊重事实，以坦诚的态度扭转了企业的“灭顶之灾”。为此，《华尔街日报》报道说：“强生公司选择了一种自己承担巨大损失而使他人免受伤害的做法。如果昧着良心干，强生将会遇到很大的麻烦。”

相对于企业而言，公众是弱势群体。他们在利益受到侵害时的第一反应并不是到底谁侵害了他们的利益，而是能否保证他们的利益不被继续损害并得到补偿。逃避事实或者歪曲真相并不能解决问题。因为现代社会的媒体追溯力很强，企业越是隐瞒，就越容易引起媒体与公众的质疑，从而造成各种版本的猜测，甚至被媒体恶意炒作。在水落石出之前采取切实有效的举措给消费者以安全可靠可信赖的形象，如果企业愿意为消费者挽回损失，那意味着消费者至少会认为企业和他们是站在天平的同一边。

强生鉴于公众的安全，不惜巨额收回药品，尊重新闻界，主动提供信息，这让消费者的“安全感”得到了满足，赢得了公众和新闻界的谅解。接着与新闻界通力合作，开展高透明化的宣传活动，树立公司的良好形象。

面对谣言，主动出击

从2002年4月开始，在全国众多媒体上，纷纷刊登转载了一篇题为《莫忽视微波炉的危害》的文章，加上各网站转载，据不完全统计，共有530篇之多。文章称：“微波炉的电磁外溢能造成永远不能愈合的烧伤，微波炉能把半径3～5米的磁场结构破坏，在微波炉附近，由于人体细胞振荡所产生的磁场会被扰乱。”此外，微波炉对食物的破坏十分可怕，“煮过的或仅仅回了一回锅的、解冻过的食物，就不再有任何活性维生素了”。

这篇《莫忽视微波炉的危害》的小文章在全国各地近600家媒体上广泛传播，引起了全国各地消费者的极大恐慌，而更多原本已经有购买意向的消费者也打消了购买的欲望，许多消费者不敢购买微波炉，不敢使用微波炉。与2001年同期相比，2002年整个微波炉行业的销售量下降40%左右，作为全球最大的微波炉生产企业——格兰仕虽然市场占有率仍达70%，但受到的伤害最大，销量比上年同期下降了40%。而所有这一切的起因居然是因为一则豆腐块大小的文章。

多年来，中国微波炉市场经过格兰仕的启蒙教育和辛勤耕耘，“微波辐射”和“微波炉恐惧症”早已烟消云散，为什么又会在今年沉渣泛起，死灰复燃呢？有关专家分析，从文章内容上看，主要的观点一是微波辐射会引起疾病；二是电磁外溢，长时间待在微波炉旁会引起心跳变慢、睡眠被扰乱、记忆力也会发生变化；三是微波炉对食物的破坏，造成营养流失。对于此次“微波炉事件”，格兰仕一位总经理助理认为：“格兰仕比窦娥还冤！”

微波炉有害论扰乱市场，格兰仕忍无可忍进京喊冤，7月8日，国内微波炉行业的龙头老大格兰仕专程进京喊冤，指出近两个月来微波炉行业遭到了一场类似美国“9·11”事件的恐怖袭击，致使全行业近两个月的产品销量直线下滑，而占有整个行业70%市场份额的格兰仕更是首当其冲，销量比上年同期下降了40%。

在北京召开的新闻发布会上，格兰仕专程邀请了来自国家工商局、国家技术监督局、中国家电协会、中消协、中国名牌促进委员会、中国预防医学会、中国疾病控制中心等单位的领导与专家学者，就微波炉的危害问题回答了记者的提问。

格兰仕为什么要兴师动众来到北京“喊冤”呢？格兰仕总经理助理赵强强调说，他们要“为行业辟谣，为自己立信，为消费者解除疑虑”。在会后，格兰仕的发言人对媒体记者说，近两年来微波炉的市场发展十分迅速，目前大城市的市场增长已经趋于平稳，但中小城市特别是农村市场潜力巨大。此外，国际市场每年对微波炉的市场需求也在3000万台以上，格兰仕仅2001年一年微波炉的出口总额就高达2亿美元以上。这样一个高成长性的行业，绝不能被谣言毁掉。针对这次谣言事件，格兰仕发言人强调说，针对这次恶意的诽谤，不排除法律解决的可能。

面对对自己极为不利的谣言，格兰仕约请媒体猛烈反击，指这是某跨国公司精心策划的阴谋，并呼吁管理部门加强监管，规范市场经济秩序。格兰仕副总俞尧昌在与媒体见面的时候表现得格外气愤。他说：“本来我们认为清者自清，没有在市场上进行大规模的澄清。现在发现这是一个精心策划的阴谋，所以不得不站出来说话了”。“目前，包括欧美、日本在内的全球市场微波炉每年的销量高达4000万台，在中国也保持着20%左右的增长幅度。如果真的对人体有危害，微波炉怎能在全球范围内销售？”

俞尧昌还引述中国家用电器研究所副所长、中国家用电器质量监督检验测试中心实验室副主任张铁雁的说法："微波炉工作所产生的辐射甚至比一根普通日光灯管还少"。"现在我们已经查明，这是一家曾经在中国市场上败走麦城的美国企业及其公关公司策划操作，针对中国市场上包括中、日、韩企业在内的竞争对手的一次恶意攻击，目的是为其所谓第六代微波炉面市做铺垫。它们在中国宣传微波炉有害，而自己的产品还在本国大肆销售。如果它们所说的'微波炉有害论'成立，那它们在美国市场上的产品是不是应该召回？它们敢不敢在美国这样宣传？美国的法律会不会罚它直到破产？"俞尧昌并不愿意说出这家企业的名字，却从这一事件谈到了 WTO 环境下，中国家电企业所面临的新一轮的恶性竞争。除了本土品牌与洋品牌之间的竞争日益激烈，企业目标市场开始趋同，以前本土品牌走中低端、洋品牌走高端的情况不再存在。现在所有企业都有自己高中低端市场目标，所以市场竞争的激烈程度是前所未有的，流言成为排解这种残酷压力的很好途径。

同时，家电企业与企业、产品与产品之间同质化严重，很难形成差异化竞争，流言便成为制造竞争差异的主要手段。在终端卖场，一种普遍的现象是销售人员用谎言、谣言打击竞争对手。市场上一种新产品上市，就会看到这种新产品对其他品牌产品打击的传言策略好像已成为一种规律。

在这样完全开放的市场经济环境中，企业在应对激烈的正常竞争时，随时可能遭到一些不可预知的"伏击"，杀伤力比较大的像"商业谣言"，是导致行业或企业组织形象严重受损的重要因素之一。

树大容易招风，往往也是避风的好去处。无论对于整个微波炉行业，还是全国的微波炉用户，身为全球微波炉产销规模最大的企业，格兰仕就是这么一棵参天大树。当"微波炉有害论"灾难到来的时候，首先受到伤害，首先引起关注，首先成为人们寻根究底的目标，无疑就是格兰仕。业内外都不乏先例告诉格兰仕，谣言可以越描越黑，辟谣也有可能越辟越浑，到底怎样才能将企业、行业托出危机？

危机公关对于很多国内企业还是比较陌生的概念，没有引起足够的重视，在它们看来，公关往往就是企业做做宣传或在媒体发几篇文章，当遇到一些突发事件时，总是尽量保持低调、能捂就捂、能避就避，以为"沉默是金"才是最好的解决法则，更幼稚的做法还有自说自话等。结果当公众想了解事情的真相又无从着手时，就会出现许多不实的猜测、不必要的恐慌，谣言四起，事件反而容易被人误解。

面对“微波炉有害论”侵袭整个行业，格兰仕的反应速度虽然慢了半拍（进行公关时，谣言已经造成了较恶劣的影响），但在决定粉碎后表现出来的清醒、勇敢实属难得。首先，面对谣言，格兰仕没有因为自己是全球最大的微波炉公司就凌驾于消费者之上，置之不理，而是以一种富有人情味的态度来应对消费者，对提出疑问的消费者一一给予客观、科学、公正的回信、回电。其次，对造谣者也是给予积极主动的回应，而不是以指桑骂槐的对骂来处理。

尽管通过各方查证，确定造谣者乃早年在中国微波炉市场落马的美国企业，但是格兰仕没有采取过激的反报复行为，而是冷静地梳理出谣言的“病根”是“不正当竞争”，只有纯净竞争环境才能肃清谣言。因此，格兰仕决定以“正确引导消费、规范竞争环境”作为这一次危机公关的突破口。

媒体是企业与公众沟通交流的窗口，这个窗口必须在平时擦得明亮干净，保持交流畅通无阻。在危机事件中，媒体的配合往往起着关键性的作用。现代生活的社会化越来越高，人们的社会意识越来越浓，这意味着一个企业的危机不再仅仅是企业自身的事件，而是与广大社会公众有关的事件。人们希望了解事件的原委与处理结果及与自己的关系如何，这是只有媒体才能胜任的角色。

很多在企业做公关工作的人都抱着一个观点：做公关就是做广告，需要大量的资金投入。事实上，广告和公关的区别是很大的：广告专注的是诉求，公关借助的是沟通；广告张扬，公关内敛。区分了广告和公关的内涵，我们就做对了一半。只要将所有的问题定位在沟通上，那么企业就有可能用最低的成本来消除危机。

临危不乱，沉着冷静地进行系统的危机公关

中美史克制药公司的很多员工至今仍然清晰地记得几年前的那场烈火，滚滚浓烟似乎还在他们心头萦绕。熊熊火焰中，堆得如小山一般高、打包整齐、隐约还能看到印有“康泰克”字样的药品正在燃烧。记录这场焚烧的录像带如今存放在中美史克的资料室里。“这哪里是在焚烧药品啊，是在烧大把大把的钞票！价值几亿元的药品就这样化为灰烬，我们痛心哪！”许多老员工一提起此事就会流泪。

2000 年 11 月 15 日，国家药品监督管理局向全国发出了《关于暂停使用和销售含苯丙醇胺“PPA”的药品制剂的通知》。《通知》附件中列出了国内 15 种含

PPA成分的药品，天津中美史克的当家产品——“康泰克”“康得”分别名列第一位和第二位。

“康泰克”是中美史克公司1989年研制成功、投入市场的感冒胶囊。到2000年11月被宣布停止生产和销售为止，已经累计销售52亿粒，在国内感冒药市场上占据着相当高的市场份额，其广告语——“早一粒、晚一粒，远离感冒困扰”传遍神州大地，“康泰克”也因此成为家喻户晓的著名品牌。“康泰克”被禁生产与销售，对中美史克的打击之严重可想而知。据估计，PPA事件中中美史克的直接损失高达6亿元人民币。

而更严重的危机来自企业内部，根据当时的业务发展速度，2000年康泰克的销售额应该能够超过6亿元人民币。当时的生产线上，近一半的工人跟康泰克的生产有关。如果停止药品的销售，意味着很多生产工人会面临下岗的危机；仓库里还有价值1亿元人民币的库存；而且大量停留在渠道、药店、医院尚未售出的药品需要回收，这些损失如何补偿？感冒药康泰克停产停售后，引发了一系列“多米诺骨牌效应”。公司的现金流状况恶化，如何有效管理以保证日后的长久经营？如何回应媒体和公众的疑问甚至是谴责，重树康泰克和中美史克的正面形象？

危机发生后，中美史克公司立即成立危机管理小组。并根据应对对象、职能不同，分为几个部分：领导小组——制定应对危机的立场基调，统一口径，并协调各小组工作；沟通小组——负责信息发布和内、外部的信息沟通；市场小组——负责加快新产品开发；生产小组——负责组织调整生产并处理正在生产线上的中间产品。

11月17日中午，中美史克全体员工大会召开。中美史克总经理杨伟强向员工通报了事情的来龙去脉，宣布公司不会裁员。此举赢得了员工空前一致的团结。同日，全国各地的50多位销售经理被召回总部，危机管理小组深入其中做思想工作，以保障各项危机应对措施的有效执行。中美史克开诚布公地告诉员工公司出了什么问题，公司打算怎么解决，员工在公司面临困难的时候可以扮演什么角色。中美史克领导层做出这样的决策是因为他们认为自己不会在PPA事件中陷得太久，并且坚信熟练的技术工人在日后创造的经济效益将高于企业现在留用他们所承受的损失；另一方面，中美史克公司的产品除康泰克和康得以外，还有芬必得、泰胃美、肠虫清，为了保证这些产品生产的正常进行，中美史克公司必须竭尽全力稳定人心。

当时，中美史克的员工也面临巨大压力，一位员工曾描述，当时事件的影响已经让企业在外部环境中危机重重，而更严重的危机则来自企业内部，生产线的停止让一半员工面临下岗的威胁。令员工们没有想到的是，中美史克在没有解决好技术问题前果断地让“康泰克”退出了市场，虽然因此公司承受了6亿元的直接经济损失，却没有为此裁掉一名员工，企业内部达到了空前的团结。

杨伟强事后总结：“我们最大的成功，应该是没有将外部危机转化为内部危机。管理层没有对员工隐瞒任何事实，并且在康泰克和康得全面停产的情况下，坚持不裁员，这一方面团结了员工，使他们更积极地进行新产品研发；更重要的是，磨难使员工们今后对企业更加忠诚。”

11月18日，被迅速召回天津总部的全国各地50多名销售经理，带着中美史克《给医院的信》《给客户的信》奔往全国。应急行动也在全国各地按部就班地展开。在中美史克总部，公司专门培训了数十名专职接线员，专门负责接听来自客户、消费者的询问电话，做出准确统一的回答以消除疑虑。11月21日，15条消费者热线全面开通。对于经销商，他们得到了中美史克公司明确的允诺，没有返款的不用再返款，已经返款的以100%的比例退款，中美史克在关键时刻以自身的损失换来了经销商的忠诚。

当然，被动地应付是不够的。面对危机，中美史克的管理层更多地在考虑如何化险为夷，变被动为主动。他们认为，绝不能让公司7年来精心培育的品牌在这次危机中倒下，只要决策正确，方法得当，危机也可能转变为机遇。他们首先决定在最短的时间内，以最快的速度拿出让人们信得过的新型感冒药，填补“康泰克”“康得”停止销售之后留下的市场空白，并且就将新药命名为“新康泰克”。事实证明，这个决策是正确的。“新康泰克”不仅利用了“康泰克”形成的高知名度，而且又向人们表示了中美史克“康泰克”产品的革命性进步——不含PPA，也表示了公司高度的自信心——公司不会因为PPA事件而一蹶不振。

眼睁睁看着6亿元的市场销量被PPA风暴刮得无影无踪，中美史克不会就此罢休。PPA禁令的292天后，2001年9月3日起，杨伟强率领人员，先后在北京、天津、上海、广州、成都与媒体和客户见面，为“新康泰克”上市做公关工作。中美史克对外宣布，新康泰克获准国家药品监督管理局通过，并于即日起开始上市，这一举动标志着中美史克大规模收复失地行动的开始。

据称，为了确定是否使用康泰克商品名，中美史克在全国二十几个大城市做了大规模市场调查，调查结果表明被访者对康泰克的认知度高达89.6%，而超过90%的人愿意考虑重新购买新康泰克。中美史克的决策层据此认为，康泰克仍有巨大的品牌号召力，因而决定新产品依然使用了康泰克名称。

不到一个月，中美史克公司就收到“新康泰克”的订单8000多万元，不仅所有的老客户加入了订购“新康泰克”的行列，而且一些新客户也加入了销售商的行列。到2001年底，不足4个月时间，“新康泰克”就销售了17000万粒，名列中国感冒药市场上的第二位。可以说，“PPA”事件给中美史克带来的危机完全消弭了。

从中美史克处理“PPA”危机的过程中，我们应该注意以下几点：

（1）当遇到突发危机时，企业最高领导层必须在最短的时间内做出反应，不能回避，拖延；应当尽快建立专门的危机处理部门，负责处理危机发生后的有关事务。

（2）危机也是时机，企业应该积极应对，努力将危机化作商机。突发性的危机事件，给企业经营带来了巨大的冲击，但是危机引起人们的广泛关注，从另一个方面讲也提高了企业的知名度。如果利用得当，有助于企业就此树立良好的形象。所以，面对危机的企业，应当积极应对，将危机转变为机遇。

（3）企业在进行危机处理和进行危机公关的过程中，尤其要注意与公众媒体的合作。通过媒体，可以让社会了解事件的真相，企业危机中的良好形象和态度，也是通过媒体树立。在高度信息化的社会，媒体的作用是不言而喻的。追逐新闻的媒体对企业的突发事件，特别是知名企业的突发事件无疑是相当感兴趣的。企业在预感危机将至时，应尽早与媒体沟通，不要企图蒙混过关，以为媒体不会知道或不感兴趣。企业必须巧妙运用媒体，引导公众，为企业处理危机创造一个良好的舆论环境。

走投无路的时候，主动向政府寻求帮助

2004年2月底，武汉市工商、质检等部门及媒体收到了“有人向蒙牛牛奶投了毒”的匿名信，蒙牛总部也分别接到从长沙、北京、天津等地的恐吓信。到3月4日，武汉市中百、华联等超市出现了16盒被做过手脚的蒙牛牛奶，其中有7盒被注射了甲醛的牛奶。为了保障消费者安全，当天晚上蒙牛公司就将当地货架上的所有产品全部收回，换上新的产品。3月23日，广东佛山各部门也收到了同

样的匿名信——"有人在蒙牛牛奶里投毒"，有关部门立即下发通知，停止销售蒙牛所有产品，蒙牛所有产品在佛山全市被强制下架。市政府在学校等公共场所贴出了禁止食用蒙牛产品的公告，地方电视台也以字幕形式反复播发禁购蒙牛产品的通知。该"禁令"迅速波及广东全省。

3 月 25 日，湖北也收到了类似的匿名信，湖北所有蒙牛牛奶全部被迫下架。互联网加上口碑相传，各类谣言风声火起，形势急剧恶化。所有坏消息跨省、跨国、跨州迅速蔓延。每天都是退货！每天都是看不见的恐吓！每天都是地方政府发布禁售禁购的消息，而任何一个地方政府出台的禁购文件所产生的震荡波都辐射全国。

蒙牛到了生死存亡的境地。危急关头，蒙牛总裁牛根生提笔向温家宝总理求助。3 月 30 日发出信，4 月 1 日温家宝总理的批复就出现在了国务院的《昨日要情》中："此事需要妥善处理，以维护企业和消费者的正当利益，维护社会安全和稳定。"公安部部长周永康对此案作出重要指示，要求公安部门紧急破案。

闻听此讯，蒙牛上下无不百感交集。蒙牛总裁办主任王永红回忆当时的情形说："那天，牛总一天没吃饭。傍晚时分，接到一个电话，他突然出去了。回来的时候，他面色凝重，颤颤巍巍掏出一张纸条——抄的正是总理的那几句话——含泪念给大家，在场所有的人都哭了；随后，所有的人都不说话，长时间的沉默……"

在各地警方合力破案的时候，蒙牛的管理者也在另一条战线上苦苦寻求攻破谣言、重建消费者信任的载体。4 月 12 日，蒙牛召开了新闻发布会，邀请了近百家媒体参加。特地邀请了张军、李娜、张怡宁、罗玉通等奥运冠军和世界冠军出席，并当场"示饮"蒙牛牛奶。牛根生在发布会上做的演讲《平时加杯奶，赛时更精彩》引起了热烈的反响。

之后，上百家媒体先后刊登了冠军们"示饮"蒙牛牛奶的照片，并发表了《中国奥运军团的秘密武器》《中国奥运军团的能量之源》《天上航天员、地上运动员》等一系列报告。

通过这次危机处理之后，市面上的所有谣言不攻自破，"天上航天员，地上运动员""运动员为国争光，蒙牛为运动员加油"等广告语也成了蒙牛高品质的代名词。恐吓分子最后被判了死刑，而蒙牛在消费者心中的质量形象也得到了进一步的巩固。

如果没有这一系列的危机处理措施，也许蒙牛早已关门大吉，成了我们分析企业败局的经典案例。但蒙牛并没有倒下，在走投无路的情况下，蒙牛总裁牛根生直接向政府求救并得到了政府的帮助，避免了企业的“灭顶之灾”。应该说，我国政府对企业还是非常重视的，因为企业的发展特别是大企业的发展关乎地区的经济发展和当地民众的就业问题，当企业遇到了无法克服的危机时，主动向政府求救也是一个很好的办法。

第六篇
广告心理学

· 第一章 ·

契合消费者的心理定位

把握好情感定位，打动消费者的心

广告在以理服人的同时，更要以情动人。人人都有七情六欲，都有丰富的感情，包括亲情、爱情、友情等，企业要想让产品容易为顾客所理解、所喜爱、所接受，最好的形式是通过广告来传递感情，令大众产生心灵上的共鸣。

一天傍晚，一对老夫妇正在饭厅里静静地用餐，忽然电话铃响了，老妇人去另一个房间接电话，老先生在外边停下吃饭，侧耳倾听。一会儿，老妇人从房间里出来，默默无言地坐下。

老先生问："谁的电话？"老妇人回答："女儿打来的。"又问："有什么事？"回答："没有。"老先生惊奇地问："没事几千里地打来电话？"老妇呜咽道："她说她爱我们。"一阵沉默，两位老人泪水盈眶。这时旁白不失时机插入："贝尔电话，随时传递你的爱。"

这是一则美国贝尔电话公司十分成功的广告，它以脉脉温情打动了天下父母或即将成为父母、儿女的或曾为儿女的心。

贝尔电话广告的成功在于广告商在制订广告时考虑到了目标消费者的特定心态，从儿女与父母的感情入手，描绘、展现了一幅孝心浓浓、爱意浓浓的温馨和美丽动人的亲情画面，让我们时时体味那爱的簇拥，充分唤起了人们对家庭亲情的留恋、回忆、追求、憧憬。电话有线，亲情无限。贝尔电话连接着千家万户，沟通亲人们的心灵，缩短了亲人们的感情距离。

所以，一则以情动人的广告，要选择恰当的角度，将感情的定位把握好，以有效的手段强化、渲染产品所特有的情感色彩，以打动消费者的心。

消费心理学告诉我们，人们的心理状态直接影响到他们的购买趋向和选择。在物质生活特别丰富的今天，消费者购买商品已不仅限于满足基本的生活需要，心理因素左右其购买行为的情况变得突出起来。在广告中融入和产品相和谐、真实的情感，的确能够为产品被广大的消费者认同和接受创造更多的可能性。

创意源于生活，要做出好创意首先要研究目标消费者的心理，尤其是情感需求，然后将产品或品牌跟情感联系起来。好的创意没有限制，可以是生活中一个平凡的故事，也可以是天马行空想象出来的外太空的故事，但是广告中表达的情感一定要符合目标消费者的情感需求，广告中表现的人生态度也一定要符合目标消费者的心态和追求，这样才能引起目标消费者的兴趣。

在把握消费者情感定位的时候，我们应该注意以下几条：

一、一定要有真情实感，避免虚情假意

情感广告依靠的是以情动人，如果广告中没有真情实感，只有冠冕堂皇的空话或者虚情假意，那么这样的广告不做也罢。

二、把握感情的限度，避免广告中出现不道德的内容

中国传统的情感都是比较含蓄和内敛的，表达爱情的时候或许只是一个充满爱意的眼神或者是一个拥抱，远远没有西方人那样奔放。所以在学习西方创意的时候一定要把握好一个度的问题。

比如有一则可口可乐的广告是这样的：女主角在家里和男友玩游戏机时，问男友是否想来一罐可口可乐。当她发现冰箱里只剩一罐可口可乐的时候，她决定和男友一起分享。但是男友竟然抢过可口可乐，准备自己一饮而尽。女主角愤怒之余，将自私的男友抛进窗外的游泳池，而她自己则站在窗口，独自享受着可口可乐。

该创意旨在告诉人们：现代年轻人对于生活中的一切都有自己的评判标准，不轻易妥协。但是我们中国人却很少能看出这个“不轻易妥协”的主题。相反的，大家看到的是一对年轻恋人为了一罐可乐而大打出手，女主角还将男友抛进游泳池，然后独自享受可乐。

三、避免文化的冲突

广告创意人员在做广告创意的时候，一定要先彻底了解当地的风俗人情，不要做出一个被消费者唾弃的广告，否则，不仅损害广告主的利益，也伤害了消费者的情感。

日本的某品牌汽车曾在中国犯了一个致命的错误，主要原因就是忽略了民族感情，忽略了历史和中国公民的民族精神。日本产品在中国销售原本一切都需要小心翼翼，但是那个品牌却偏偏犯了这样一个大忌，居然让中国代表王者的狮子给该品牌的汽车下跪，严重伤害了中华民族的感情。加上原本中日之间的微妙关系，因此该广告在媒体上一投放，立即掀起轩然大波，遭到无数消费者的反对，很快该广告就被禁止投放，并且制作广告的广告公司和广告主都在媒体上公开道歉，这次事件对该品牌汽车在中国市场上的销售自然起了很大的负面影响。

广告定位可以引导消费者的选择性

美国的万宝路香烟最初的时候是专为女人设计的，因为20世纪20年代的女人在抽烟的时候很讨厌香烟嘴弄污她们的唇膏，所以这款烟是从不损害女人唇膏的角度出发设计的。这款烟的内涵是：男人记得爱只是因为浪漫，广告的口号是"像五月的天气一样温和"。这种温情脉脉的定位从一开始就注定了无法满足男人的需求，所以尽管当时美国吸烟人数每年都在上升，但万宝路的销量始终不好。

为了走出窘境，他们请了策划大师李奥·贝纳来排忧解难。李奥·贝纳经过周密的调查和反复的思考之后，提出了大胆的"重新定位"策略：将万宝路香烟由女人香烟改为男人香烟，让万宝路作为一种男子汉的香烟而吸引广大的男性烟民。为了找到一个具有阳刚之气的形象代言人，万宝路使用过邮递员、飞行员、伐木工、潜水员等角色，但最终锁定了西部牛仔。因为伴随着美国西部片的盛行，美国民众已经把牛仔当成了真正的英雄。

更难得的一点是，万宝路并没有使用演员扮演牛仔，而是一头扎进美国西部的各个大牧场去寻找真正的牛仔，直到有一天他们发现了自己要寻找的那个牛仔形象。不久之后，一个目光深沉、皮肤粗糙、浑身散发着粗狂、原始、野性、豪迈的男子汉气概的牛仔形象出现了。他袖管高高的卷起，露出多毛的手臂，手指间夹着一支冉冉冒烟的万宝路，跨着一批雄壮的高头大马驰骋在辽阔的美国西部大草原。这种强大的视觉冲击力让男人都渴望的气概、女人都欣赏的性感形象从梦中走进了现实，那种梦想中的浪漫生活方式极大地满足了消费者的心理诉求，万宝路的销售额一下子飞速上升。

在李奥·贝纳为万宝路做了重新定位之后的第二年，万宝路香烟在美国香烟品牌中销量一跃排名第10位。到了1975年，万宝路香烟的销量超过了一直稳居首位的云斯顿香烟，坐上了美国烟草业的第一把交椅。从20世纪80年代中期一直到现在，万宝路香烟销量一直居世界香烟销量首位。世界上每被抽掉的4支香烟中，就有一支是万宝路。

万宝路的口味和品位都没有变，甚至连万宝路这个"像五月阳光一样温和"

的充满了脂粉气的名字都没变，只是因为一个西部牛仔的广告就让万宝路成为英雄、浪漫和性感的代名词，满足了顾客心理层次上的需求，所以它几乎在兵不血刃之间就在竞争极为激烈残酷的烟草业中独占鳌头。

广告定位直接引导者消费者的选择性。广告定位，即通过广告诉求，确定你的企业或产品在目标受众心目中的位置。奥格威将它定义为："这个产品是要做什么，是给谁用的。"一旦定位确定，广告内容和表现风格以及由此形成的品牌形象也就基本确定了。许多企业虽然花了不少资金进行广告宣传，而宣传的内容却与产品本身相去甚远，有的自吹自擂，有的故弄玄虚，消费者如坠云里雾里，不知所云。这正是因为忽视广告主题定位所招致的结果。

广告定位的中心问题是使商品在消费者心目中确定一个位置。这种观念即完全把广告定位建立在对消费者的心理研究上，更加注重确立产品的独特地位。在市场上，充斥着大量的广告，他们通过各种方式来诱导消费者，目的就是促使消费者对产品产生选择性的购买。在这样的情况下，消费者的心理加工就会存在两个层面：一、他们会对众多的广告刺激进行自然过滤，对大多数广告定位没有反应，这是消费者的防御性心理机制在起作用；二、消费者要进行积极的选择性加工，寻找出能够满足自身需要的商品。明白这一点对营销者有好处，因为消费者的需求只有针对具体的对象，才会转化为消费动机，才有可能物化为购买行为。针对这一点，广告定位的作用应该是提供针对性诉求，引导消费者的购买心理向认牌购买方面转化，而广告定位提供的商品正是"您的最佳选择"。

透析消费者心理，抓住真正具备消费能力的人

我们生活在一个信息过度传播的社会里，电视、报纸、杂志、网络、公交车站牌、公交车上、墙上……总之，抬头低头看到的都是广告。然而，人的脑容量有限，除非违背自然法则，把每天的24小时翻上一番，人们才能往脑子里塞进更多的东西。

更令人失望的是，真正有消费能力的人，基本上没有太多的时间去看电视，看报纸、杂志也是走马观花，上网更是没有时间。上网的大部分是高中生，看电视的大都是爸爸妈妈、儿子女儿，老婆可能也有时间看，但在外面天天忙的老公是没有时间看的。在这个时候，把握住行业本质的人肯定就会成功。

有一天，诗人出身的江南春外出办事的时候被一张电梯门口的招贴画吸引住了。大家抱怨电梯很慢，等电梯时间往往很无聊。等电梯人的一句话提醒了江南

春，“如果有电视，人们在等电梯的时候就不会感到无聊了，效果也会比招贴画好很多。”江南春一下子被吸引住了，他想：我在电视上播广告怎么样？如果有比看广告还无聊的时间，我想大多数人还是会关注广告的。

发现了市场空白，江南春马上开始施行他的计划。2002 年 6 月到 12 月，江南春说服了第一批 40 家高档写字楼。2003 年 1 月，江南春的 300 台液晶显示屏装进了上海 50 幢写字楼的电梯旁。2003 年 5 月，江南春正式注册成立分众传媒（中国）控股有限公司，分众从此开始走上飞速发展之路。

对于如何发现蓝海并成就今日之分众传媒帝国，江南春称：“其实关键要有洞察力。如果你是一个有心人，如果经常专注市场，你就会发现机遇。当你观察消费者——受众的消费形态时，会发现一些新的东西，当时我们看了户外，看到徐家汇都是户外广告，发觉也没有什么出路，后来我们想了想，是我们的思维模式有问题，一想到户外就想到地理位置。最后一点是要有颠覆性的思考，这可能和我以前写诗歌有关，要打破原来的逻辑，就可能会成为全新的东西。”

而在实际上，分众传媒能够有效打中观众，就是因为它不小心打中了广告的本质——“分”和“无聊”。“分”是指在高级办公大楼贴广告牌、贴液晶显示器的时候，不小心就把这些不太看电视、报纸、杂志，也没时间上网的具有高消费能力的白领精英给圈进来了。“无聊”是指这群人在等电梯的时候，人太多，他们不太方便打手机，因为他们讲的话可能都具有某些重要的或者不能透露的机密。他们也不可能闭上眼睛休息一下，因为时间太短。所以，这群人在电梯间里面好像就只有干瞪着眼无聊。分众传媒不小心把广告放在电梯里面，刚好给了他们第二个选择。分众就在无意之中捕获了真正具有消费能力的大批白领精英、成功人士。

所以，短短 19 个月时间，分众传媒利用数字多媒体技术所建造的商业楼宇联播网就从上海发展至全国 37 个城市；网络覆盖面从最初的 50 多栋楼宇发展到 6800 多栋楼宇；液晶信息终端从 300 多个发展至 12000 多个；拥有 75％以上的市场占有率。

2005 年 7 月，分众在纳斯达克上市，股价全线飘红。分众传媒市值高达 8 亿多美元，拥有 30％多股权的江南春，身价暴涨到人民币 20 多亿元，一夜之间，江南春成了人们眼中的造富英雄。随后，江南春得到软银等风险投资商的注资，他带领分众传媒展开了大规模的收购行动。2005 年底收购框架媒介，2006 年初合并聚众传媒，之后收购凯威点告，2007 年 3 月收购好耶网络广告公司。仅仅用了4年时间，分众传媒就快速成长为行业内的领导者。

广告不在于多，关键在于你有没有抓住有消费能力的人群。如果抓不住的话，打再多的广告也只等于是打水漂。

广告的目的不是扩大企业的知名度

2008年春节期间，恒源祥播出了一则非常雷人的广告，听完之后，很多观众都有种撞墙砸电视的崩溃冲动，这则广告制作其实很简单，就是在长达1分钟的时间里，反复地播着："恒源祥，北京奥运会赞助商，鼠鼠鼠；恒源祥，北京奥运会赞助商，牛牛牛；恒源祥，北京奥运会赞助商，虎虎虎；恒源祥，北京奥运会赞助商，兔兔兔；恒源祥，北京奥运会赞助商，龙龙龙；恒源祥，北京奥运会赞助商，蛇蛇蛇；恒源祥，北京奥运会赞助商，马马马；恒源祥北京奥运会赞助商，羊羊羊；恒源祥，北京奥运会赞助商，猴猴猴；恒源祥，北京奥运会赞助商，鸡鸡鸡；恒源祥，北京奥运会赞助商，狗狗狗；恒源祥，北京奥运会赞助商，猪猪猪。"

估计读者光看完这串文字就已经倒地吐血了，何况还加上听觉的污染，实在是让广大的观众忍无可忍。但是恒源祥却认为，他们这是在尽力压缩成本，创造令人记住的传播效果，重复持续，宁愿被骂，也不会被忘记，这是恒源祥多年来的营销方针。品牌专家李光斗认为，虽然反反复复的几句广告语冲破了人们心理的底限，但恒源祥这则广告做法很聪明，并没有违规。可惜观众却认为："广告的主要目的不仅仅是让消费者记住，而是让消费者看到广告后，就能产生购买产品的欲望！"一名新浪网友说："如果不考虑消费者的感受还想建立品牌形象，太可笑了。"甚至有网友还扬言要抵制恒源祥的所有产品。这是恒源祥所始料未及的。

其实，做企业还是挺难的。不管企业有钱没钱，做广告的分寸都难以拿捏。如果广告没有好的创意，很难被人记住。花钱做广告就等于打水漂。应该说，恒源祥作为一个老字号企业能赞助奥运会很不容易。但是如果打广告只是打产品或者企业的知名度，而不考虑受众的心理感受，将原本一个名牌产品沦为低俗化的炒作，只会破坏品牌的美誉度和顾客的忠诚度。这说明恒源祥还没有了解广告的本质，打广告的目的不仅仅是打产品的知名度，更重要的是要打出产品的精神。这也是很多跨国公司不愿意用我们国内广告公司的重要原因。

我们中国的很多企业轻而易举地就被宝洁那样的跨国企业淘汰，并不是因为我们不会做牙膏、牙刷、洗发水、洗衣粉、化妆品那样的非高科技产品。他们会做，我们也会，可是我们为什么连做个洗衣粉都比不过人家呢？这就需要从我们的广告上来找原因了。在整个宝洁的广告战略里，越往化妆品靠近，越需要感觉；越往洗衣粉方向靠近，越需要功能跟价钱的配合。比如宝洁的海飞丝、潘婷、飘柔等产品广告都做得非常好。海飞丝的去屑功能早已经深入人心。于是它又开始强调感觉，它的代言人几乎是一年换一次，从来不给海飞丝的洗发水用上固定的代言人。为什么？因为怕一个代言人做了几年之后，大家会给这个产品定义一个固定的形象，这是最不好的局面。

随着我国生活水平和文化水平的不断提升，人们的审美和品味也必然会上升到某种高度，如果广告不能进入人的心灵，与人的灵魂发生美妙的触碰，而是一些声嘶力竭的噪声，那它必然是一则非常失败的广告。高层次的广告打得是产品的精神。广告不是为了广告而广告，也不是街上叫卖的小贩，把握并挖掘产品蕴含的精神才是广告制胜的根本。

找位，定位，到位，精准满足特定消费群的心理需求

对于什么是定位，人们的意见基本一致。定位是确定公司或产品在顾客或消费者心目中的形象和地位，这个形象和地位应该是与众不同的。但是，对于如何定位，可谓是“仁者见仁，智者见智”。绝大多数人认为，定位是给产品定位。

从 1993 年成立第一家合资公司——沈阳华润雪花啤酒有限公司，经过十余年的发展，已经快速发展到了 36 家工厂，并拥有了 20 多个地方性品牌，从产量不到 20 万吨发展到超过 300 万吨。

2004 年 1 月，科特勒集团与华润啤酒宣告合作，进行雪花啤酒的全国性推广。合作之初，科特勒就指出，中国啤酒品牌缺乏“有情感价值的故事”，存在定位不明晰的软肋。

开展合作之后，雪花啤酒和科特勒营销集团共同成立的项目小组对雪花啤酒的品牌定位流程和方法进行了调研和考察。项目小组针对“雪花”啤酒在各个市场的品牌表现，以及消费者对它的认知情况进行了调查。具体包括“雪花”品牌在当地市场、消费者心目中的定义和看法。此调查在全国 10 个城市进行，包括沈阳、长春、哈尔滨、北京、天津、上海、武汉、合肥、成都、广州等城市。

调查显示，华东和华南市场对雪花的认知还比较少；沈阳是雪花啤酒的故乡，在该市，它是一个和很多消费者有深厚的感情的老品牌，并伴随着他们的每

一步成长；在黑龙江，消费者认为它是一个从沈阳过来的老品牌，企业很有实力；在北京、上海的调查表明，虽然雪花在全国发展很快、但是在这两个市场并不多见；而在武汉、成都、合肥等城市的调查表明，雪花啤酒的成长快，实力强，可以和“成长”结合起来。

在品牌调查的基础上，项目小组进行定性调查，深入挖掘消费者内心深处的品牌故事，找到消费者对啤酒品牌以及对“雪花”品牌的认知，以及和成长概念的关联度，也包括“雪花”和竞争对手在情感上的关联度。

项目小组在6个城市做了12场消费者的定性研究座谈会。在品牌定位的流程推出后，随后在全国5个城市展开了测试，并进行了20场座谈会，以测试“雪花”的定位能否得到消费者认可，以及消费者心目中存在的情感故事。

经过全国各城市的调研之后，“雪花”啤酒的消费者被定位在了20～35岁的人群。他们最大的特点是每天都在成长，其情感生活中有成长带来的喜悦和满足。但针对这个年龄段人群的啤酒品牌仍然是空白，而他们又希望在生活中找到可以寄托情感的产品。所以“雪花”被定义为伴随这部分消费者成长的伙伴。

有了准确的定位，雪花啤酒再配合广告公司推出具有“成长”主题的广告。整个项目一直持续到将近一年，伴随着“雪花啤酒、畅享成长”的故事出笼而结束。

科特勒的品牌定位绝不是一则广告和一个故事那么简单。他帮助“雪花”找到了品牌定位的一种境界，即满足消费者的情感需求。科特勒指出，目前国内很多品牌还忙于追求物质价值阶段，没有意识到品牌精神价值的重要性。精神层面的情感需求一旦在消费者的头脑里形成固定印象，并被认可的话，就会加深消费者对它的品牌忠诚度。

那么，如何为品牌找到满足品牌精神价值的定位呢？营销竞争实践表明，仅有产品定位已经不够了，必须从产品定位扩展至营销定位。营销定位需要解决三个问题：满足谁的需要？满足谁的什么需要？如何满足这些需要？我们可以将其归纳为三步营销定位法。

第一步，找位：满足谁的需要？即选择目标市场的过程。

在市场分化的今天，任何一家公司和任何一种产品的目标顾客都不可能是所有的人，同时也不是每位顾客都能给他带来正价值。事实上，诸多企业的营销成本并没有花在带来价值的顾客身上，浪费了大量的资金和人力。因此，裁减顾客与裁减成本一样重要。雪花啤酒将目标客户群定在20～35岁的人群，舍弃了其他年龄层的顾客，最大化了优秀顾客的价值。之后，我们需要进行第二步操作——定位。

第二步，定位：满足谁的什么需要？即产品定位的过程。

产品定位过程是细分目标市场并进行子市场选择的过程。这里的细分目标市场与选择目标市场之前的细分市场不同，后者是细分整体市场，选择目标市场的过程，前者是对选择后的目标市场进行细分，在选择一个或几个目标子市场的过程。

如科特勒集团对雪花啤酒的定位，对目标市场的再细分，不是根据产品的类别进行，也不是根据消费者的表面特性来进行，而是根据顾客的价值来细分。顾客在购买产品时，总是为了获取某种产品的价值。产品价值组合是由产品功能组合实现的，不同的顾客对产品有着不同的价值诉求，这就要求厂商提供诉求点不同的产品。

第三步，到位：如何满足需要？即进行营销定位的过程。

在确定满足目标顾客的需要之后，你需要设计一个营销组合方案并实施这个方案，使定位到位。这不仅仅是品牌推广的过程，也是产品价格、渠道策略和沟通策略有机组合的过程。可见，整个营销过程，就是定位和到位的过程，到位也应该成为广义定位的内容之一。

实际上，到位过程也就是一个再定位的过程。因为在产品差异化很难实现时，必须通过营销差异化来定位，在今天，你推出任何一种新产品畅销不过一个月，就马上会有模仿品出现在市场上，而营销差异化要比产品模仿难得多。因此，仅有产品定位已经远远不够了，企业必须从产品定位扩展至整个营销的定位。

·第二章·

选对广告的表现形态，激发受众共鸣心理

用故事触动消费者的情感神经

巴洛克，是17世纪广为流传的一种艺术风格。它是豪华的，既有宗教的特色又有享乐主义的色彩；它是激情的，打破理性的宁静和谐，具有浓郁的浪漫主义色彩；它是运动的，运动与变化可以说是巴洛克艺术的灵魂……

似乎，人们很难把这些特征与冰冷的木地板联系在一起。然而，如果把木地板赋予奢华古典的韵味，再辅以精准的产品定位以及完美的品牌塑造，巴洛克地板在国内实现销售井喷，是意料之中的。

新生活家木业的实木复合地板因为尚未被消费者广泛了解，仅占到整个地板市场的极少份额，加之东南亚等木材出口国对于资源保护的法令的影响，木材特别是名贵木材的供应急剧减少，价格也一路攀升，实木地板行业的巨头们都受到了一定程度的冲击。为了将产品的优势转化为品牌的优势，巴洛克复古地板迎合了中国正在悄然兴起的消费大潮——新奢侈主义，抓住消费者情绪的律动，用手去爱巴洛克！提示消费者，这是一件高档物品，用脚走路的地板要用手去爱，用手去爱巴洛克！并提炼出卖点——“巴洛克地板，纯手工制造”作为品牌口号的副题。

在进行广告主画面创作的时候，巴洛克地板挑选了最具古典气息的性感模特作为概念表现的主题人物，演绎了一组生动的古典美女与木地板的故事。

场景选在巴洛克风格的别墅里，以女主角暧昧的眼神、优雅的动作、复古的场景，展现巴洛特地板的高贵、风情和古典。由一组名人之间爱情肌体亲密的画面，赋予了品牌独特的内涵：

《林徽因：触摸到梁思成的臂膀》：坚若磐石的硬度，不畏风雨的筋骨。你会以为是林徽因在触摸梁思成那有力的臂膀？不，她是在感受一块巴洛克木地板。

光影变化，层层有质，正如古典建筑上的几何构件。

《陆小曼：恋上徐志摩的背肌》：凹凸有致的波浪曲线，闭上眼去触摸，仿似微微泛起的涟漪，即刻心动。你会以为是陆小曼迷恋徐志摩背上起伏的肌肉？不，她是在感受一块巴洛克木地板。精细的复古刻痕，带回流金岁月的欧陆浪漫。

《张爱玲：在亲抚胡兰成的手背》：自然古色，起伏有致，经脉分明，美丽生命的纹理历历在目。你会以为是张爱玲在亲抚胡兰成青筋凸起的手背？不，她是在感受一块巴洛克木地板。手工雕制，一点灵性，一点人间味，默默相传。

用这一系列的故事演绎，触动消费者的情感神经，才能让品牌真正进入消费者的意识版图。

在诉求产品质感、质量可靠以及人性化方面，广告人又创作了另外三个系列稿：

(1)《朱丽叶：就像吻她的爱人那样》：中世纪的月光，弥漫了整个维洛那城，和着阿诺河畔的风，偷偷溜进了朱丽叶的房间。梳妆台前的她有多迷人，一头棕色的丝发如月光流水倾泻下来。

朱丽叶静静地坐在地板上等待着。当她的指尖在巴洛克木地板上比画，就仿佛触摸到罗密欧臂膀上那刚硬的肌肉，富于律动的质感。“哦，罗密欧！我的爱人。”她几乎忘记了就发生在早晨的噩梦，父亲下了狠心，要他们分离。现在，似乎一切都不重要，她只想陶醉，哦！她已经陶醉，陶醉在梦里。不知不觉中，她朝木地板深深吻了下去……就像吻她的爱人那样！画面：朱丽叶深吻地板。

(2)《埃及艳后：只想讨好自己的身体》：沿着塞当斯河缓缓上溯，霞光下的克娄巴特拉是爱神维纳斯，乘着一只装饰得金碧辉煌的大船，张扬着诱人的魅力。两岸的人们已顾不及手中的劳作，迫不及待地前来观赏这位埃及女王创造的奇观胜景。而她并不急于接见谁，更不需要讨好谁。在征服了恺撒，征服了安东尼之后，她却甘愿被一片巴洛克木地板征服，尽情嬉耍。画面：埃及艳后在地板上打滚。

(3)《茶花女：生命更应该浪费在美好的事物上》：19世纪的塞纳河畔，凉风徐徐。当阿芒说出“他现在还珍藏着玛格丽特六个月前丢掉的纽扣”时，她原已无爱的心再次动了真情。她递给了阿芒白色的茶花，作为定情信物。她很清楚，这个男人将是她这一生中的最爱。但不久以后，在她用巴洛克木地板装饰房间时，她改变了这个看法——其实生命更应该浪费在美好的事物上。画面：茶花女抚摸地板。

创意的故事来自唯美的想象，这组广告衬托出了产品本身的价值感和奢华感，以人们心中最圣洁的爱情故事来凸显品位，不经意就打动了消费者那根难以触摸的情感神经。

抓住年轻人的心

1886年诞生于美国的可口可乐一直是“世界饮料之王”，享有“饮料日不落帝国”的赞誉。但是，就在可口可乐如日中天之时，另一家同样高举“可乐”大旗敢于向其挑战的企业——百事可乐公司，也在与可口可乐的交锋中越战越强，最终形成分庭抗礼之势。

百事公司的竞争对手可口可乐始终处于行业“领导者”的地位，而百事可乐只能是“追随者”。要想让百事位居第一，彻底改变百事可乐“廉价仿制品”的形象，百事公司必须以一流的软饮料与可口可乐展开对抗竞争。

百事公司经过严密的市场调查后发现，“二战”后，美国诞生了一大批年轻人，他们没有经过大危机和战争洗礼，自信乐观，与他们的前辈们有很大的不同，这些年轻人对一切事务的胃口既大且新，他们正在成长，逐步会成为美国的主要力量。这些人成为百事可乐的目标消费群体。

经过4年的酝酿，“百事可乐新一代”的口号正式面市。百事可乐旗帜鲜明地站在“新一代的美国人”立场上，推出了“现在，对于年轻的消费者来说，百事可乐正是你们的最佳选择”以及“奋起吧，你是百事可乐新时代生龙活虎的一员”的主题广告，并以歌曲形式通过电台、电视台反复咏唱：“今天生龙活虎的人们一致同意，认为自己年轻是‘百事可乐’，他们选用正确的、现代的、轻快的可乐，认为自己是年轻的人现在就喝百事。”以后，又进一步推出了“现在，百事可乐是年轻人的饮料”的广告口号，以及更富有诱惑力和鼓动性的“起来吧，你们是百事可乐年轻的一代”的震撼人心的口号。这些广告迎合了青年一代充分显示自己朝气蓬勃、富于青春活力、做时代先锋的愿望，从而树立了百事可乐成为时代潮流和青春活力的象征，将其竞争对手可口可乐反衬为守旧、落伍、老派的代表。

10年后，可口可乐试图对百事可乐俘获下一代的广告做出反应时，它对百事可乐的优势已经由5∶1减至2∶1了。而此时，百事可乐制订了进一步的战略，向可口可乐发起全面进攻，被世人称为“百事可乐的挑战”。

在20世纪的商战史上，没有比可口可乐与百事可乐之间的市场争夺战更激烈、更扣人心弦的了。两家占据世界饮料主导地位的企业以广告为旗帜，在全球掀起了一场又一场旷日持久的大战，创造了许多商界传奇。

“二战”后，美国青年萌生了强烈的叛逆心理，百事及时确定了“百事可乐，新一代的选择”的广告主题，树立青春活力形象，将竞争对手可口可乐反衬为落伍、老派的代表。一系列营销广告得到了消费者的认同，喝百事可乐成为美国的时尚。面对百事逼人的广告攻势和增大的市场，可口可乐如梦初醒。为了夺回大批年轻消费者，可口可乐推出了“罗素摇滚”广告，广告片以年轻人欢聚在一起喝可口可乐共度美好时光为主题。随后，又推出了甜蜜、纯洁无邪的广告主题，以吸引因越战而紧张的年轻人。其中一则最有影响的电视广告是，从全世界各国挑出种族肤色各异的500名儿童，让他们聚集在意大利的一座山坡上齐声高唱：“我愿为全世界买一瓶可口可乐。”广告获得了最佳宣传效果。

在百事可乐与可口可乐的广告大战中，有一个重心——那就是年轻人。因为年轻人是时尚、活力的代表，这个群体的人引领着消费的潮流，他们既能为年老的提供时尚的方向标，也能引导着年轻孩子的消费观。他们是一个非常特殊的中间阶层，抓住了年轻人的心，也就带动了大片的消费者。所以，在广告中，我们要多考虑年轻人这个群体的消费引导。

亲情广告，温情脉脉地包围消费者的心

麦当劳的红底黄字“M”招牌早已是都市的一道亮丽的风景线，无论你走在世界的任何一个角落，黄色“M”的身影都会闯入你的眼帘。

其实，细想起来，麦当劳并无过人之处。在快餐业竞争日趋激烈的今天，麦当劳之所以能称霸世界，赢得众人皆知的非凡地位，主要靠的是它的“秘密武器”——不是每家餐厅都有，却是每个顾客都需要的——温情感觉。

在麦当劳公司成立之初，麦当劳的广告宣传主题与大多数广告一样，集中表现的是产品和引用高科技、自动化的生产过程等，这也曾经引起许多顾客的兴趣。但是，精密电脑控制的生产线上不停制造的食品，服务人员机械呆板地忙碌操作，很快被人们所熟悉并令现代人产生厌倦，于是麦当劳的生意也趋于平淡。他们通过调查研究发现，仅仅依靠机械化快节奏，以节省用餐时间，是难以长久吸引顾客的，温情和家庭气氛才是顾客的永恒追求。

一直以来，麦当劳聚焦的都是以“三元家庭”为主的目标顾客群，广告宣传

的销售诉求集中在“合家欢”上，并且成功地确立了“家庭”快餐的标杆品牌形象。麦当劳又是以“儿童”为对象启动家庭市场的，这种方式的巧妙备受市场推崇。

麦当劳有一则广告“午餐吃什么?”图中房屋拐角放着一个书包，但书包的小主人不知道哪里去了。广告巧妙地将书包的两根背带很自然地“定格”在那里，天然地形成了一道金色的拱门，似乎书包用“哑语”暗示：小主人丢下它跑去吃麦当劳了。创意的诉求将书包和麦当劳的目标市场自然地结合在一起，用静止的书包呈现出的M字样和受众建立起了内在的联系，并留给受众无限的想象空间。

麦当劳的广告词紧紧围绕着“家庭”和“儿童”进行设计，先后使用过的广告词语是：“常常欢笑，尝尝麦当劳”，“欢乐、美味在麦当劳”，“麦当劳欢聚欢笑每一刻”构建了麦当劳一贯的欢乐、温暖、亲切的品牌形象。

麦当劳将温情注入了“M”之中，他们通过大量的广告宣传和促销活动，把温情送给了顾客，使顾客一看到黄色的“M”和麦当劳叔叔，就想到家，就想到温情。以情感人，使麦当劳获得了成功。

俗话说：“谁拥有了孩子的心，谁就占有了市场。”麦当劳可谓深谙此道，营销策略采用攻“心”为上的亲情化营销策略，在创造温馨的家庭氛围和浪漫的美妙环境的同时，更贴近了顾客的心，从而顺利占领市场。

由于亲情先天带着温情，带着温暖，所以亲情广告往往在不经意之间就能让人升起暖暖的心动。在做亲情广告的时候要注意把握以下几点：

（1）主题要展现信息和创意，要有足够的吸引力。

（2）文学性的语言更能营造亲情的氛围。

（3）整个广告要有完整的信息和深度诉求，代言人的语言、性格、气质要与整个场景相符。

（4）亲情广告“情”字当先，但也不能游离于产品之外。

致力于沟通，而不是销售诉求

今天的耐克是家喻户晓的国际大品牌，而在耐克公司刚成立的时候，规模还很小，随时都有倒闭的可能。在短短几十年内耐克就迅速成长为大型的跨国集团，其市场占有率独占鳌头。在其迅速成长的背后有什么秘密呢？对此耐克创始人解释道：耐克公司注重沟通效果的广告，使耐克品牌深受众爱，迅速成长。

在1986年的一则耐克充气鞋垫的广告片中，耐克公司突破了一味宣传产品技术性能和优势的惯常手法，采用了一个崭新的创意：由代表和象征嬉皮士的著名甲壳虫乐队演奏的著名歌曲《革命》，在反叛图新的节奏、旋律中，一群穿戴耐克产品的美国人正如痴如醉地进行健身锻炼……这则广告准确地迎合了刚刚出现的健身运动的变革之风和时代新潮，给人以耳目一新的感觉。耐克公司原先一直采用杂志作为主要广告媒体，但自此以后，电视广告成为耐克的主要“发言人”，这一举措使得耐克广告更能适应其产品市场的新发展。

广告变法的成功，使得耐克公司的市场份额迅速增长，一举超过锐步公司成为运动鞋市场的新霸主，耐克的长期竞争对手锐步公司也不得不跟着效仿，像耐克一样强调沟通风格而不仅仅是产品功能，同时锐步公司改用ChiatDay公司作为广告代理商，以图重振昔日雄风。然而，这一切均无济于事，抢先一步的耐克公司产品的风格和优点已在消费者心中占据了不可动摇的地位。

耐克广告变法的成功为其赢得了市场和消费者，但更重要的是耐克公司在变革中，逐渐掌握了广告沟通艺术，形成自己独特的广告思想和策略——须致力于沟通，而不是销售诉求。这一策略与大多数美国公司的广告策略是根本不同的，但正是这一独特的策略和做法，使得耐克公司在市场中不断成功，迅速成长。

由此可见，在商品同质化、消费个性化日益成为趋势的今天，这就要求企业要通过各种方式及时、充分地向消费者提供关于产品的信息，以引起消费者的购买行为。而一则成功的广告无疑显得尤为重要。

那么，什么样的广告才算是成功呢？这就要求其符合三个标准：

第一，要引起目标消费者共鸣，进而引起销售热潮。

第二，一个好的广告要有一个直接的、清晰的观点。很多企业高层，希望在一个仅仅15秒的广告里面放上几十个想要表达的东西，其实这就会造成信息传达的模糊、不准确。消费者很难记住你到底想说什么。

第三，一个好的广告一定要在创意表现形式上战胜竞争对手。

把握这三点，才能让你的广告一鸣惊人，使你的产品深入人心，最终成为同类产品中的赢家。

选择合适的代言人，利用名人效应获取消费者认同

由于名人具有一定的公信力和偶像影响，消费者往往会对名人产生崇拜、信赖或者是消费观念上的追随心理，这种心理就是所谓的“名人效应”。企业可以

利用消费者的这种心理来促进产品的销售，这是一种有效的“借势”促销手段。能够消除一般消费者的提防心理，因此名人宣传的效果远远大于一般的宣传效果。

作为国际上著名的体育运动品牌，阿迪达斯运动用品系列早已家喻户晓。每当打开电视机，观看精彩的体育节目时，你一定会注意到那些蜚声体坛、名闻全球的著名运动员大多数穿的都是各种颜色鲜艳、款式新颖、带有三瓣叶图案的运动衣——这就是阿迪达斯运动系列服装。

为了保持公司产品的世界知名度，阿迪达斯公司往往不惜血本，用巨额资金请来世界著名运动员对产品做广告宣传。阿迪达斯公司每年都要把产品总量的3%～6%无偿赠送给世界各个国家的著名运动员和体育团体。

早在1936年柏林奥运会时，阿迪达斯公司就开始采用了这种促销策略。当时，阿迪达斯公司刚刚发明了一种新的短跑运动鞋。为了打开这种新鞋的市场，阿迪达斯公司将眼光瞄向了美国著名的短跑名将欧文斯。因为欧文斯在最近几年的田径赛场上几乎战无不胜，取得了令人瞩目的成就，如果能够和欧文斯签订协议，让他穿上阿迪达斯公司的跑鞋参加比赛，一旦欧文斯获得冠军，那么阿迪达斯公司就可以向世界宣称是自己公司的产品助了欧文斯一臂之力。经过联系，阿迪达斯公司终于和欧文斯签订了协议。结果，欧文斯一举夺得四枚短跑金牌，成为奥运会田径赛场引人注目的明星。这样，阿迪达斯公司的新跑鞋成为体育爱好者的抢手货，立即畅销全球。

在1984年，阿迪达斯公司又给世界著名网球明星兰顿50万美元的巨款，作为他在比赛时穿用阿迪达斯网球鞋的比赛报酬。

通过借助体育明星的宣传，阿迪达斯公司虽然支付了巨额费用，但是这些付出给公司所带来的回报却是无法估量的。它不仅帮助阿迪达斯公司推销出去不计其数的运动服、运动鞋、运动帽等运动系列服饰，更重要的是，阿迪达斯公司向世界各国消费者宣传了自己的品牌，使阿迪达斯产品成为全球著名的品牌，也正是这一著名品牌为阿迪达斯公司带来了更大的收益、更响的名气、更兴旺的生意。

名人对运动产品有特别的效应，所以阿迪达斯不惜血本聘请世界著名运动员做宣传广告，最终为公司迎来了更大的收获。由此可见，对于企业促销来讲，最重要的是充分利用名人效应，发挥名人在普通消费者心目中的地位和影响，引导消费者认可和接受企业的产品，最终达到产品促销的目的。

但是要注意的是，名人对于企业来说也是一把双刃剑，应该慎重行事，如果运用失当，其负面效应更不可低估，对此应当清醒地认识和把握。选择合适的代言人是广告成功的关键。一般说来，好的形象代言人要有如下特征：

（1）有较高的社会知名度和美誉度。一定程度上说，名人知名度的高低同广告效果的大小是成正比的，而名人的美誉度会给人以信任感，产品借名人扬名，名人与产品相得益彰。

（2）名人与所宣传的产品之间应该具有某种关联性，能建立一种名人形象与产品形象的和谐关系。

（3）慎重考虑名人本身的形象、特长、个性魅力等，是否与广告所要沟通的目标消费群相和谐。

·第三章·

不同类型广告的心理效果解码

网络广告：注意那些令人意想不到的视觉盲区

人们在观察景物时，视觉的第一印象就是对色彩的感觉，色彩是最能吸引眼球的诱饵。同样，当面对纷繁的广告画面时，在第一时间最能吸引人的也是广告的色彩。恰当地运用广告色彩，对于提高和强化广告中产品或劳务的认知性、情感性和审美性有着重要的作用。

然而，很多人都会忽视那些因为惯性认知行为所导致的令人意想不到的视觉盲区。Benway 和 Lane 研究小组研究的“广告盲区”课题结果表明：实际上，人们更容易忽视那些大幅的、闪动的、五颜六色的在页面顶端的广告。

广告盲区的研究证明，在预测人们的行为时，实地观察的重要性远远大于逻辑本身。人们往往只肯按照自己的惯性而不是我们的逻辑分析和主观愿望来做出反应。在大多数情况下，人们只服从于自己的利益、需求、情绪等内在因素。如果一个东西太大、太明显，反而容易被漏过。这一点其实早已被每一个了解神探福尔摩斯的人所熟知。

比如网络广告，很多人都会误以为把与“重要信息”的链接做成大号、粗体、五颜六色的模样就会引起消费者的重视。但在实际上只有很少的一部分人会去注意这些粗体的显眼的包含他们所需要的信息链接。

大而显眼的东西为什么似乎不能引起人们的注意？包含着重要信息的标志其实是被看到的，但是人们会迅速滚动鼠标绕过它们去看那些纤细的、单色的、不显眼的地方。事实上，是否忽视重要信息与大小、鲜艳程度并无多少关联，而是取决于人们的心理期盼和行为方式。

大多数人去一个网页寻找“重要信息”链接的时候，第一步通常是缩小范围，找到关注面，进而找到关注点。人们会通过潜意识和对当下环境的判断来指导自己的搜索。比如，当你寻找眼镜的时候，你不会盯着天花板上寻找，而是到地板上或者是桌子上去寻找。同样的道理，在寻找链接的时候，人们并不是朝着那些大幅朝他招徕的标语去寻找，因为那并不符合网页链接所应该在的位置。

人们的注意力模式在重要信息定位方面是极为出色的，可以用很少的信息来确定它们的最佳焦点。正常情况下，这套行为系统都会良好运转，但是一旦有什么意外信号出现，人们往往容易忽略这些与既定模式不相匹配的信息。

那么如果你想让你的广告显眼，位置突出，你应该怎么做呢？研究发现，人们阅读网页的习惯与阅读印刷物的习惯非常不同：在网页上，人们总是从头开始，但往往只读一点点就不再读下去了。因此网页设计者应该按照“倒金字塔”的结构来写作，即先写最关键的点和结论，然后再写次要的，背景资料则放在最后。类似结构也应该适用于链接的列表，将最重要的置于顶端，最不重要的在最后。

“广告盲区”的发现再次肯定了连贯性、一致性的规律，以及服从已有惯例的重要性。因此，网页广告的设计者们应该更好地服从一个清晰的、连贯的概念模式，与之保持一致。这方面，运用首位法则来实现显著效果：就是说把最重要的内容放在第一位——最上面。

隐性植入式广告，让品牌随着剧情深入人心

在《一起来看流星雨》开播后的前几集里，平均五分钟一次的与剧情毫无关联的广告频率，从健身房到越野车，从奶茶到电脑，从旅游景点到玩具公仔，真是吃穿住行，想植就植，中国网友的娱乐精神再一次得到很好的发挥：观众们，《流星雨》喊你回家看广告！

芒果制造的H4们代替了风流倜傥的台湾版F4，山寨风格的《流星雨》被网友们从内到外批了个天翻地覆：“服装土得掉渣就像地摊货，端木磊的上衣居然还有蕾丝边，上官瑞谦穿着国产品牌的过时篮球鞋在那里炫耀；最可笑的是他们开的车也只是几万块的国产赞助车，还在惊叹‘好棒的车子哟’；不见带有游泳池的豪宅，只见普通的公寓套房；H4们的业余娱乐就是在网吧里打电子游戏……我看这部剧应该叫《乡村花园》!”

无处不在的植入性广告也把网友们雷了个外焦里嫩，有人调侃这简直就是一部广告剧。据细心的观众统计，《一起来看流星雨》截至第4集，剧中共出现了至少12个不同品牌的“30秒广告”，创下了国产电视剧广告植入数量之最。而植入广告出现的频率也创下了纪录——大致为5分钟1次。为了表现某款新车的越

野与赛车功能，足足动用了8分钟的时间；为了宣传某GPS导航装置，主演还把半本书大小的这个装置带在身上……

在这部雷剧中，各类植入广告可谓无处不在：

（1）球鞋：男演员一个漂亮的转身投篮，获得了阵阵喝彩，他说："全靠了我这双鞋！"随后该鞋获得了长达30余秒的特写。

（2）汽车：第一集，男主角拄着拐杖直奔汽车销售大厅，镜头给了汽车品牌特写。第二集中，只见男主角们驾驶4辆该款汽车，"风驰电掣"地飙车。

（3）洗发水：女主角在超市购物时，镜头里全是某品牌的洗发水。后来女主角被人浇了一身水，碰到了音乐老师，老师说："你有一头漂亮的头发，怎么能任由它乱糟糟的呢，你应该用蚕丝蛋白来护理。"接着老师就拿出一瓶洗发露，镜头给了该品牌大特写。

（4）服装：女主角走在大街上，路过一家商店，突然该店的员工吼了一句："×××××，不走寻常路！"

……

吃喝穿戴住行用，只要是人用的，没有《流星雨》不植入的。高明的地方在于，这次不是古天乐喝一口百事可乐，张柏芝拎一款名牌包包那么简单地植入，而是直接植入了剧情，为符合植入品的特质，男主角变成赛车狂人，女主角的妈妈开起了奶茶店，云海与瑞谦为一双篮球鞋上演飞人大战，这些情节的设置使得植入物品的出镜率以几何倍数递增。虽然雷倒了不少观众，但是其广告效果还是非常明显的。比如清华同方就是因为剧中女主角使用的同方笔记本而在市场上掀起了此款笔记本的疯狂销售。

目前，各电视频道纷纷以增加广告时长的方式维持收入增长，广告发布环境日趋复杂、环境噪声增大、广告接触率严重下降，形成了广告拥堵的局面。对于广告的受众来说，受众在广告轰炸下，显示出愈来愈明显的离心倾向和逆反心理，充满对广告的不信任感，对各种营销信息表现得越发麻木和冷漠。硬性的品牌形象广告很难持续激发消费者的热情，品牌联想缺少有效的更新，品牌容易被视作"老迈品牌"，失去年轻的消费群。

在这种情况下，植入式广告就成为进入受众心智的新形式。植入式隐性广告往往能起到比传统广告更好的效果，来吸引消费者的注意力。有调查表明，美国2/3的电影电视业收入来自于增值部分，电视剧有75%的资金来自植入式广告。一项市场研究报告亦显示，中国本土近70%的观众不排斥电影电视广告。在影视广告植入中，我们可以采取如下几种方式：

一、直接上广告

比如电影《手机》有一情节直接加播了中国移动的电视广告片段。

二、产品露一脸

让广告产品出现在背景环境中或者出现特写镜头。如热门电影《40 岁处男》中就出现过男主角身穿的 SMATTECH 牌 T 恤、电子游戏《超级玛丽》、索尼 CD 播放器等产品的背景和特写镜头。

三、影片台词

让产品名字直接成为影片台词。如《阿甘正传》的一句经典台词“见美国总统最美的几件事之一就是可以喝足‘彭泉’牌饮料”。

四、产品在情节中出任角色

如 007 系列电影中，“阿斯顿·马丁”“莲花”“宝马”都扮演过 007 的坐骑。

五、产品广告作为情节道具

如《廊桥遗梦》中传情达意的尼康相机，一共出现了 17 次；曾经轰动一时的韩国影片《恋风恋歌》不但刺激了济州岛的旅游，其中男女主角的围巾、服饰也引来大批影迷效仿，一时成为时尚。

不过需要注意的是，选择了不同的影视节目，会带来不同的传播效果。品牌的传播效果既受影视节目自身的社会影响力的影响，还受到节目情节与品牌植入的关联度的影响，关联度高，观众容易接受，而且容易和剧情一起产生记忆，传播就会好；和剧情关联度太低，会显得生硬，容易引起反感。

杂志广告：需要扣人心弦的创意

百威啤酒是在美国及世界最畅销、销量最多的啤酒，其长久以来居于啤酒业的霸主地位，与其卓越的市场策略和广告策略有着重要的关系。

在百威进军日本市场时，广告对象主要设定为 25～35 岁的男性，他们平常都喝啤酒以外的烈酒，对运动与时装非常有兴趣，喜爱各种各样的休闲活动。这个对象的设定与百威啤酒原本就具有的“年轻人的”和“酒味清淡”的形象十分吻合。

在设定目标后，百威把宣传重点放在了年轻人关注较多的杂志广告上，并推出特别精印的激情海报加以配合。广告的诉求重心则是着力于强化品牌的知名度，以突出美国最佳啤酒的高品质形象。在行销的第一、二个阶段里，传播概念都建立在“全世界最有名的高品质啤酒”，视觉重点强调在标签和包装上。

百威广告在表现上运用了扣人心弦的创意策略，即将百威啤酒溶于美洲或美国的气氛中，如辽阔的大地、沸腾的海洋或宽广的荒漠，使观众面对奇特的视觉效果，产生一种震撼感，令人留下深刻的印象。这种策略在第一个阶段里被运用得非常有技巧。在第二个阶段里，创意方向则针对美国风味加以渲染，以造成强大而新鲜的感觉，以勾起目标对象的渴望。

在第一阶段里，广告主题是：“第一的啤酒，百威”动人的标题是“我们爱第一”。到了第二阶段，主要的主题改为“百威是全世界最好，最有名的美国啤酒”。广告标题则变成“这是最出名的百威”，标题还印在啤酒罐上，只要拿起罐子就可看到。

百威推出的多种不同广告，博得了消费者的好感，而且恰如其分的广告，也使在 1981 年才进入日本市场的百威，第二年就在日本进口啤酒中名列前茅，1982 年销量更是比 1981 年增加 50%，1984 年就取得了销售 200 万瓶的业绩。很快，百威便打进了日本年轻人的文化阵地，使之成为一种时尚消费和身份地位的象征。

在杂志上获得成功之后，百威接着向海报、报纸和促销活动进军，几年后才开始启用电视广告促销。

现在，日本年轻人早已把百威啤酒当作自己生活的一部分。他们从过去的追逐时尚转为超前领先，他们形成了这样一种意识，百威是年轻人的，是这个“圈子”的一部分，我们应该让所有的人了解它、热爱它，因为它属于我们。这就是百威啤酒的高明之处，不仅让年轻人享受了高品质的啤酒，还让他们在心理上得到了满足和尊重。

新媒体互动广告：拉近与消费者的距离

美宝莲在世界大众彩妆品牌的领先地位，成就于它彩妆产品的多样性和高品质。不过，在它的品牌形象传播中，不可不提的是美宝莲的新媒体整合营销传播。

2008 年，在各大城市的地铁、公交车厢内，一则“美宝莲”的视频广告吸引着人们的眼球——Mabel（美宝）约会视频，视频内容根据女主角 Mabel 的约会对象特质和美宝莲的睫毛膏色彩种类，分为四个不同篇章，并设计了“约会突发状况情境”来传达产品的“防水”特性。当受众在饶有兴趣地欣赏完约会视频后，屏幕出现一条文字提醒："你觉得 Mabel 最适合和谁交往呢?"并在屏幕下方附上投票网址。

和大家以往见到的美宝莲电视广告片不同，美宝莲采用的是一则互动广告。首先，美宝莲具备任何可以进行"互动营销"的品牌特质：高品质的产品，具有竞争力的功能、质量、价格、完善的渠道、服务等。除了互动视频广告之外，美宝莲还采用了多种传播方式，其中尤其注重对新媒体的运用：2.0 是新媒体；博客是新媒体；视频是新媒体；手机是新媒体；分众也是新媒体，新媒体的大家庭越来越丰富，终端也越来越多，交互性越来越多。美宝莲如何通过运用新媒体为品牌传播服务？选择只有一个：整合营销。

视频广告后简短的一条信息就将"接受"过渡为"交互"，并巧妙将"终端"转移至"网络"和"手机"，通过 POCO 网这一以图片兴趣聚合的同好社区平台实现了从传统的"视频单向广播"到一种互动的传播方式。

在美宝莲的 POCO 网的投票互动平台上，除了可以替视频主角 Mabel 投票选择男友外，还能欣赏"化妆视频"，体验"恋爱测试"，了解更多美宝莲产品。美宝莲选择 POCO 网这一 Web2.0 网站投放，除了看重 POCO 网用户基数大、流量高，用户层年轻时尚的特性，更是为了避开门户、娱乐、视频网站用户分散，人群广泛，互动度相对低的不足。而这一种基于体验的社区互动，与美宝莲整体市场策略和公关计划相结合，与 POCO 网的受众利益和兴趣点相结合，多种新媒体整合的沟通方式连续性地与用户进行互动，教育并引导用户产生购买行动，同时对品牌、产品及服务产生有效认知。

美宝莲花了最少的钱，去整合尽量多的资源，并且通过多种传播方式影响受众，尤其是选用互动性强的新媒体，充分利用整合营销传播技术，达到了广告传播效果的最大化和最佳化。

较之于传统媒体，新媒体自然有它自己的特点。我们新媒体广告互动传播中，需熟知新媒体的特点，以便达到更好的整合与传播效果：

（1）手机媒体。如今的手机已不再单单是通信工具，它还担当起了"第五媒体"的重任。手机已经成为集合着通信、视频、上网等功能的强大的掌中媒体。

（2）IPTV。IPTV 即交互网络电视，一般是指通过互联网络，特别是宽带互联网络传播视频节目的服务形式。互动性是 IPTV 的重要特征之一，IPTV 用户不再是被动的信息接受者，可以根据需要有选择地收视节目内容。

（3）数字电视。作为新媒体之一的数字电视同样在吸引着人们的眼球，快速增长的数字电视用户为传媒的发展提供了新的发展平台。

（4）移动电视。移动电视具有覆盖广、反应迅速、移动性强的特点，除了传统媒体的宣传和欣赏功能外，还具备城市应急信息发布的功能。另外，对于公交移动电视来说，“强迫收视”是其最大的特点。移动电视正是抓住了受众在乘车、等候电梯等短暂的无聊空间进行强制性传播，使得消费者在别无选择时被它俘获，这对于广告的传播效果或许更佳。

（5）博客。从2002年博客正式在中国兴起以来，博客突破传统的网络传播受到了越来越多的关注。由于博客个人性和公共性的结合特点，这一新媒体的商业价值正在被越来越深入地挖掘。

垃圾时间里的广告效益

出生于俄罗斯的美国企业家雅各布·巴罗斯基，是阿德尔化学工业公司的总裁。他之所以闻名于世，与其说是研发了液体洗涤剂，不如说是因为开发了电视非黄金时段的广告效益。他被公认为是一位广告业的领路人。

二次世界大战以后，巴罗斯基发明了一种称作莱斯托尔的家用液体洗涤剂。产品一问世，他就通过报纸和广播做广告，但效果不太好。后来，他将眼光转向了电视。20世纪50年代末期的美国，电视机已较为普及。做电视广告需要相当的财力，尤其是在晚上6时到10时的黄金时间里做广告，费用要数倍于晚上6时以前10时以后的垃圾时间。

面对费用昂贵的黄金时间和阿德尔公司的有限财力，巴罗斯基没有气馁。他毅然取消了一切报刊和广播广告，集中财力同公司所在地的霍利约克电视台签订了一个1万美元的合同，为期1年，每周30次垃圾时间，高密度大做莱斯托尔洗涤剂的广告。连续播出两个月后，市场销量大幅度上升。巴罗斯基立即向银行贷款，在临近的斯普林菲尔德和纽黑文两大中心城市进行电视广告宣传，使企业和产品的知名度大大提高。

次年，巴罗斯基把垃圾时间电视广告大战从点推向面。他在曼彻斯特、波特兰、普罗维登斯等一些中型城市里，展开了高密度闪电式的垃圾时间电视广告宣传。调查表明，广告所涉及的这些城市，80%的家庭主妇选择和使用了莱斯托尔洗涤剂。

巴罗斯基善于把握商机，之后两年，他又雄心勃勃地凭高密度广告宣传挺进大城市，攻克大市场。一方面，他集中销售力量横扫费城、克利夫兰、巴尔的摩、底特律等特大中型城市；另一方面，他将战线从东扩大至西部、南加州，建立起庞大的销售系统。4 年时间里，巴罗斯基的垃圾时间广告宣传总量遥遥领先于多年居于广告大户榜首的可口可乐公司。

在被美国广告界称为“4 个不可思议的电视年”里，莱斯托尔家用洗涤剂的销售额激增到 2200 万美元。巴罗斯基从高密度饱和式的电视非黄金时段中赢得了扩大销售 4 万倍的黄金效益。电视本身也因为巴罗斯基的开发而提高了垃圾时间的价值和效益。

要想使用电视广告手段达到宣传目的，无非是通过绝佳的广告引起人们的注意，或者是占据大量的广告时间频繁上镜，让消费者熟悉我们的产品。垃圾时间里的广告费用相对于黄金时间里的广告费用便宜得多。

第七篇
创业经营心理学

· 第一章 ·

别把野心当梦想

后悔总在错失时，做事犹豫不决

20世纪末，空调大战刚结束，张近东就召集公司骨干开了一次长期的封闭式会议，其主题是：充分研究连锁业态的发展、网络拓展的方向，同时对过去连锁探索过程中的一些问题做出总结。其间，还专门请外部专家来谈互联网和无店铺销售的问题……事实上，正是这次会议的决策造就了今天苏宁的辉煌和未来苏宁的希望。

早在此之前，张近东就敏锐地发现并提出中国的商业即将进入“终端为王”的时代，谁掌握了零售渠道，谁就扼住了市场的咽喉。对经销商而言，谁拥有终端网络，谁就能获得经济发展的优势，谁就拥有对市场的掌控能力。从市场角度看，从生产到消费应当有个完整的行业配套和供应链体系。而构建这个逆向物流网络的最佳方式就是建立大规模的零售终端体系，而建立大规模的零售终端体系的方法就是连锁。也就是说，在新形势下，苏宁做大、做强的最佳途径就是全力发展连锁经营。

于是，没过多久，张近东便开始着手全面制订和大规模实施全国连锁经营战略。可是，这时的苏宁刚从单一的空调批发转向综合家电零售，现在又要马不停蹄地转向全国性连锁经营。对此，社会上很多人都不理解，认为张近东“胆子忒大”，根本不考虑市场规律。就是苏宁内部人员中也有许多人不理解：有人担心苏宁缺乏进行全国性推广的基础；也有人认为，在国内特别是业内还没有成熟的经验，苏宁率先去做，风险太大，应该再等等看……针对这种情况，张近东果断做出决定：全力搞连锁经营，谁要不配合，就“杀”谁！

最终，苏宁全国连锁经营的大决策就在张近东的当机立断下被敲定，而苏宁电器也最终迎来了又一次的飞跃。如果张近东和一般的管理者一样，在时机到来的时候，还纠缠于“国内没有这种形式”“做砸了怎么办”等这些问题，那么或许就没有今天的苏宁了。

美国著名钢铁大王卡内基曾说："毫不夸张地说，今天企业成功的关键，已不是资本和技术方面的问题，而是有关战略和政策方面的决策问题。"一流管理者的第一能力，就是决策能力。一个管理者，最重要的能力不是营销，也不是财务，而是善于当机立断做决策。因为，如果管理者不能及时、快速地做出决策，可能不仅失去一个取胜的机会，很可能还会失去自己的生存空间。

机遇总是转瞬即逝。在机遇面前是否能果敢地进行科学决策，对企业的成败起着至关重要甚至是决定性的作用。中国儒家讲求"天时、地利、人和"，兵家讲求"势"，道家讲求"道"，这些都是在说，良好的机遇至关重要，一个优秀的管理者在机遇降临时要学会冷静分析，果断将其抓住。

古语有云：当断不断，反受其乱。对于一个管理者来说，必定有千头万绪的事情等着他做出有效而且迅速的决断。面对这种情况，我们有些管理者，总是感到力不从心，下决断时犹豫不决，抓不住机遇。因为错失了机遇，所以执行决策时收不到良好的效果。这时，他们总是非常遗憾地说："早一点做决断就好了。"一流的管理者之所以能够成功，就是因为他们明白：遇事要冷静，决策要果断，否则将造成无法挽回的损失。

总之，决策需要承担风险，开始决策时难免会做出错误的选择，但是，只要在51％的时间里判断正确就总比无所事事强得多。要养成思考设疑的习惯，对日常工作中遇到的每个问题多问几个为什么，考虑这样处理还会出现什么问题，然后从实际出发逐一加以解决。能够经常做到思考设疑，不但会防止决策工作中的简单粗率，而且长此以往，会渐渐激发出创造力。通过多次实践会提高判断力，提高做出正确决策的能力，最终使绝大部分时间里所做的决策准确无误。

以己为大，不喜反思及自我审查

应该说，创业者都是比较优秀的人。正是因为优秀，才具有创业的基础。但是，如果创业者在创业过程中，始终强调自我的优秀意识，以己为大，做事武断，不善反思，忽视自我审查，其结果必然是失败。因为创业的过程就是学习先进、弥补不足的过程，只有善于自省的人，才能真正做大。

成功团队的管理者会提供给所有成员双向沟通的舞台。每个人都可以自由自在、公开、诚实地表达自己的观点，不论这个观点看起来多么离谱。因为他们知道许多伟大的观点，在第一次被提出时几乎都会被冷嘲热讽。当然，每个人也可以无拘无束地表达个人的感受，不管是喜、怒、哀、乐。

惠普公司原总裁格里格·梅坦曾说：企业的领导不能成为团队的主宰者，尽管企业的领导具有超强的能力，是团队中英雄级人物。他说："作为领导者我对该组织的构想当然重要，但是仅仅有我的构想还不够。我的观点是我最重要的领导资产，同时也给我带来了最大限度的限制。我认为，老板是轮毂，员工是轮辐，员工之间的谈话以及人际关系的质量是轮边。如果因为同事之间不能解决相关问题，所有的决策都需要通过轮毂，那么这个组织创造价值的能力就会受到老板个人明智程度以及时间的限制。这显然不能造就高效运营的团队。为了创造一种'轮边'会谈，老板就必须有意识地说明什么事情应该由轮毂来解决，什么事情应该由轮辐来解决。"

他还举例说明：那些来自世界各地的员工在伦敦相聚，作为老板的他并不参与，因为他们正在寻找解决一个复杂并且有争议的问题，他已经为他们创造了这一"轮边"会谈。他不希望因为自己的出现而使会谈没有结果。后来，果不其然，他们的会谈很成功。

一个高绩效的团队必然是一个群策群力的团队，在这个团队中，成员之间不仅彼此了解，而且还能真正产生合力。群策群力的团队不仅能够使管理者的管理工作变得轻松起来，因为有了大家的献计献策和一起努力，工作上的各种问题很容易得到解决，而且还使企业的发展始终保持在正确的方向上。相反，在一个由管理者充当个人英雄的团队里，企业很容易进入发展的误区之中，直至企业灭亡。

曾几何时，"万家乐，乐万家"的广告语响彻大地，空调行业对拥有热水器行业龙头品牌背景的万家乐空调寄予了厚望，期望万家乐带领民族企业在国际市场上创造奇迹。在万家乐空调2002年3月15日产品上市之后，广大的经销商就投入销售万家乐空调的队伍中。然而，好景不长，万家乐空调在国内空调市场上销售了一年多之后，于2003年年底爆出被珠海市中级人民法院查封的消息。

一颗冉冉升起的品牌瞬间陨落，万家乐的失败就是典型的因为个人英雄主义主导团队而引起的失败。万家乐空调老板陈雪峰是个典型的具有"个人英雄主义和独裁治理"特征的人。在陈雪峰的心中一直隐藏着像张瑞敏、李东生、黄宏生一样，做中国家电业的顶级风云人物的野心，因此他独断专行，不纳谏言，在公司战略上以卵击石，以微薄之力进军大家电。在公司内部治理上，陈雪峰自高自大，以为凭借自己的个人英雄主义可以吞并天下。陈雪峰从来都听不进业内资深员工的忠告，动辄对员工大发脾气。在人员使用上，陈雪峰仅凭自身好恶任意任免高级管理人员。由此带来的影响是，万家乐空调的品牌负责人换了一任又一任。公司的企业文化不成体系，缺乏企业精神和足够的凝聚力，导致中下层员工缺乏归属感，结果公司上下人心涣散，最终落个失败的下场。

创业者要想避免陷入个人英雄陷阱，就必须善于学习和经常自我审查。学习先进和自查不足是提升创业能力的两种重要途径。孔子说："见贤思齐焉，见不贤而内自省也。"意思是说：见到贤人想要和他一样，即择其善者而从之，驱使自己努力赶上；"见不贤而内自省"是说坏的榜样对自己的"教益"，其不善者而改之，见人之不善就引以为戒，检查自己有没有这一类劣的行迹，进行自我反省。

TCL总裁李东生就是一个善于自我反省的人。TCL曾在推行国际化进程中遭遇挫折，对此，李东生在公司内部论坛上发表了系列文章。文章通过《鹰之重生》这一故事不仅分析了TCL遭受挫折的原因及存在的情况，还深入探讨了在当前现状下通过什么样的方式实现"涅槃重生"。更为可贵的是，在系列文章中，李东生进行了深刻的自我反思：比如：为什么以变革创新见长的TCL却开始裹足不前？为什么我们引以为豪的企业家精神和变革勇气现在却没有起到应有的作用？为什么我们对很多问题其实都已意识到，却没有勇敢地面对和改变，以致今天我们面临很大的困境，以致我们在不得已的情况下再次进行的改革给企业和员工造成的损害比当时更大？

面对这些问题，李东生明确指出自己应该承担主要的责任。没能在推进企业文化变革创新方面做出最正确的判断和决策；没有勇气去完全揭开内部存在的问题，特别是这些问题与创业的高管和一些关键岗位主管、小团体的利益绞在一起的时候，没有勇气去捅破它；在明知道一些管理者能力、人品或价值观不能胜任他所承担的责任的时候，他没有果断地进行调整，并且还针对公司出现的一系列问题总结自己的管理失误，进行反思。

学习先进能够使创业者减小与领先者的差距，而自省和自查则使创业者最大限度地避免失误。李东生的深刻反思使他认识到当时企业存在的重大问题，通过在企业组织内部进行充分讨论，李东生找到了解决这些问题的方法，为TCL的下一步发展指明了方向，使TCL像鹰一样重生。由此可见，无论是对企业组织还是对管理者个人，内省是实现提升的重要途径。创业要想成功，就必须做好内省这门功课。

管理学大师亨利·明茨博格曾说：管理者的工作不是我们想象的那样，管理必须在不断地自省中改进。领导学专家唐·劳里和罗恩·海费茨也明确提出领导即学习。创业者必须将管理和领导工作从自省和学习开始，成为真正“对结果负责”的管理者，成为让“理想变成现实”的推动者，只有这样，管理和领导工作才能卓有成效。

自己吓死自己，做事缺乏冒险精神

创业本身就是在进行冒险，其失败率是很高的。在美国，每年有几十万人开公司，每年也有几十万家公司倒闭。常常有人说，创业的成功率小于癌症的治愈率，是不无道理的。在市场经济大潮中，机会与风险共存。立志创业，必须敢闯敢干，有胆有识，才能变理想为现实。

走近富豪，我们发现，冒险精神几乎已经成了每个财富故事里必不可少的英雄的宝剑，也许是有意识狂赌未来，期待更大的收益（因为收获总是与风险成正比），也许只是命运的车轮迫使这些财富英雄不得不挑战极限。几乎可以这样认为，冒险精神已经融入了这些富豪们的血液。他们就像丛林中的豹子，一有机会，就会窜出去，一拼到底。

2002 年《中国大陆百富榜》上名列第 42 位的黄巧灵认为，他成功的每一步都与一个品质有关，那就是冒险精神。黄巧灵不止一次地告诫年轻人：做可能而没有人做过的事情，成功的可能最大。

对于自己的冒险经历，黄巧灵最津津乐道的就是他在宋城这个项目上“舌战群儒”的故事。宋城项目的创意很别具一格，黄巧灵想要做的事情是在杭州把描绘宋朝文明的绘画巨著《清明上河图》复制出来，做成一个主题公园，做成一门生意。他认为，如果他的这个项目在杭州成功，这个中国著名的旅游城市的巨大的旅游资源将会给他带来滚滚的利润。不过，黄巧灵虽然对宋城这个项目很有信心，但他还是承认，这一把他赌得很大。

在宋城的建设过程中，见惯了杭州大量文物真迹的专家们曾提出很多异议。有人认为这个项目本地人不会感兴趣，而外地人只认西湖，也不会感兴趣；也有人说这只能是一个大杂烩，不伦不类，太过俗气；还有人说主题公园的生命周期都很短，通常只有两三年，宋城的投资风险很大，几年之后就可能死掉。

的确，杭州以西湖为中心的旅游格局由来已久，要一下子改变人们积习上千年的思维定式绝非易事。而当时正是“主题公园”在中国出现信任危机的时候。20世纪80年代末，新加坡“西游记主题公园”的成功运营，在我国一度产生示范效应，国内各种人造景观遍地开花，90年代初达到顶峰。因为粗制滥造，重复建设，缺乏主题、创意和个性，这些起点低，追求短期效益的人造景观（其实不能叫主题公园），很快挥霍了人们的热情，迅速走向衰败。第一轮主题公园的失败可以用尸骨遍野来形容，3000多亿元资金被深套其中，惨不忍睹。但黄巧灵认为，说人造景观是“假古董”，显然有失公允。故宫、六和塔都是人造景观，但由于它们有深厚的文化内涵，依然能叫人常看常新；雷峰塔已倒掉70余年，但它依然耸立在人们心中，现在重建完成，立刻就是一个热门景点。在仔细分析之后，黄巧灵发现，之所以大家觉得杭州不需要主题公园，是因为杭州的自然造化和祖宗遗存太过丰盛，建大规模主题公园成了冷门。而从杭州景区形态来看，西湖外围的高品位人文景观，无论从空间布局还是产品形态上，都可以起到积极的补充作用。如果谁能打开这扇“冷门”，说不定“死胡同”就是一个阿里巴巴山洞。

另外，黄巧灵认为1994年前的杭州是西湖一统天下。当时，杭州以观光为主的传统旅游方式已渐露疲态。几年间，杭州从中国旅游的前三位下降到第五位，以前杭州游客的人均滞留时间为2.6天，到1994年，1995年降为1.2天，甚至更少。西湖之于杭州的联系太密切了，两者之间几乎可以画等号，这既是杭州之幸，也是杭州之悲。因为杭州旅游被限制在山水风光的传统观光旅游圈子里跳不出来。此时，新的旅游休闲产品形态已经是呼之欲出了。

黄巧灵决定冒险了。结果，宋城一炮而红，当年接待游客达100多万人，旅游收入达4000多万元。这个数字跌破无数人的眼镜。黄巧灵自认这是他最成功的一次冒险，但却不是最后一次，他觉得成功与冒险是紧紧地联系在一起的。黄巧灵总是满腔勇气，满腔热情地去吃第一只螃蟹。

成功的创业者都是冒险者。万科公司的董事长王石以及搜狐公司董事局主席、CEO张朝阳，以登山队员的身份屡屡出现在媒体上，从出征到凯旋，公众的焦点屡屡集中在他们身上。很多人认为这是扩大企业品牌知名度和提升企业形象的宣传和炒作。但是，实际上之所以他们选择登山，并不是出自宣传公司之需要，完全是因为自身的冒险天性使然。

市场就是一种竞争经济，竞争就是非胜即败。“逆水行舟，不进则退”，从这个意义上说，风险是不可避免的。不敢冒险，其实也是一种消极冒险。在市场经济中不可能完全克服经济因素中的自发因素，生产经营中的风险就是客观存在的。因此，冒险精神仍然应该是我们的一种时代精神。

想冒险，就不要害怕失败。愈是称得上冒险的行为，失败的可能性就愈大。其实，敢于冒险，就是敢冒失败的危险。事物发展的客观规律一再证明，成功和失败像一对孪生兄弟，如果只许成功降临不许失败诞生，也就等于扼杀了成功。一个外国企业家一语中的地说："畏惧错误，就是毁灭进步。"

当然，这里说的冒险并不是像赌徒那样，完全把宝押在"运气"上。冒险不是靠碰运气，而是靠理智。倘若一点可能性也没有，就冒失轻率地干起来，这就不是冒险，而是盲动，有时简直近于自杀。冒险立在科学分析、理智思考和周密准备的基础之上。古人云："六十算以上为多算，六十算以下为少算。"因此，有60％以上的把握，就应当当机立断，敢于大胆地去行动。

缺乏坚韧，成了见锤就弯的钉子

创业者找到自己认为正确的方向，便开始了艰难的打拼，这就是一种不畏困难的坚韧的品质；面对失败的打击，创业者能够积极地反思，从而发现自身的不足，重新站起来，这就是坚韧的品质。因此可以说，坚韧是一个创业者应该具备的品质。在创业的道路上有太多困难险阻，只有坚韧，才能一直向着自己的目标，勇往直前。

在热播电视剧《士兵突击》中有这样一个场景：

钢七连被整编了，战友走了，只剩下许三多和连长。偌大个连队，瞬时空空如也，除了黑暗就是寂静，还有飘浮在空气里的压抑，几乎要把人压得喘不上气，它似乎在体内向外膨胀，却又找不到溢出的缝隙。

许三多在那一晚，精神经历了一番前所未有的磨砺。从进入钢七连的那一天起，许三多就在承受着超于他人数倍的压力。从史今退伍，自己被迫当了代理班长，到战友陆陆续续地复员、调离，许三多经历了一次又一次重创。今天的自己，又该何去何从？许三多感觉自己被掏空了，哪怕是一棵小小的稻草都有可能将自己压趴。

伍六一临走时留下的明信片就在手边，他说："班长说，顶不住了就给他写信。"

许三多想了又想，终于落笔："班长，六一说顶不住就给你写信，我早顶不住了……”

怔了一会儿，又换了张信纸：“六一说顶不住就给你写信，不知道该不该写，因为我不知道还能不能顶住……”

最后，许三多收起了信纸，放弃了写信的打算，他说：“那天晚上明白一件事，顶得住和顶不住是个选择题，我们没有选择顶不住的权利，这个答案在入伍第一天就已经定下了。”

许三多知道自己别无选择，他只能挺起不算宽阔的胸膛，直起不算挺拔的脊梁，逼着自己去担当。士兵就应该这样，优秀的人士就应该这样。

压力一定存在，重要的是你能不能以一颗坚强的心去面对，就像与许三多一起当兵的老乡成才所说的那样：“世界上没有能喝的人，只有能扛的人。”扛起来了，就能挺过去；扛不起来，就很有可能一败涂地。

试问哪一个创业者不是承受了各方的压力，最终超越压力，甚至将压力巧妙地转换为动力而获得成功的？

今天的张瑞敏说起海尔可以谈笑风生，可有多少人知道1984年他刚刚到海尔时承受的压力。那时的海尔，设备简陋、员工素质低劣、工作环境一塌糊涂、工作制度形同虚设，怎么也让人想象不到20年后的它会有什么出息。

在张瑞敏之前，已经陆陆续续更换了四届厂长，每一个来时都踌躇满志，离任时又万般无奈。张瑞敏也算是临危受命。为了生存，为了企业的发展，他开始顶着压力进行改革，首先推出的就是后来我们熟知的“海尔十三条”。从此，海尔开始步入了正轨。

在海尔艰难的时候，在众人都看不到希望的时候，张瑞敏有没有动过“放弃”的念头，我们不得而知。我们看到的是他冲破了一切压力，带领海尔走到了今天，走向了世界。

就像伍六一提醒许三多的，军队是一个适者生存的地方，创业之路又何尝不是？创业之路上的压力甚至比军队中的更残酷、更复杂，它就像只无形的手，总是攫住你，让你无处可逃。但有压力对人并非只是一件坏事，很多时候，我们需要一种力量来推动我们，就像慢马需要马绳一样。适当的压力能激出你的潜力，竞争可以检验你的能力。遇到压力时，最简单的解决办法就是：勇敢迎接它，告诉自己——我顶得住！

所以说，创业者要能坚持自己的信念和目标：在其他同行走上迷途的时候，创业者要能有清醒的认识，不为眼前小利所动，不做昧良心的产品；更为重要的是，要能耐得住寂寞，静心做技术和产品的创新，稳扎稳打，夯实企业发展的根基。创业者应该把企业当成实践人生理想的平台，而不仅仅是谋利的机器。虽然企业的本质是盈利，但凡是成功的企业，都是具有信念的企业。坚持信念和盈利并不矛盾，只有坚持信念，专注目标，才会获得竞争优势，从而获得利润。

轻言放弃，轻易游离

万向集团总裁鲁冠球儿时家境贫寒，他的父亲在上海一家药厂上班，收入微薄。他和母亲在贫苦的农村相依为命，日子过得十分艰难。初中毕业后，为了减轻父母沉重的生活负担，鲁冠球回家种地，过起了普通农民的生活。十四五岁本来是读书的大好时光，告别学校的鲁冠球内心很痛苦。他暗下决心，一定要出人头地。

鲁冠球明白，靠种庄稼永远无法摆脱目前的困境，也不可能实现自己的远大抱负。于是，他决定离开浙江农村去上海闯荡，想让父亲帮忙找些事做。但父亲非但没有给他找到工作，自己也很快退休回了老家。鲁冠球感到很失望。怎么办呢？路毕竟要走下去啊，还回到那几亩稻田里？不！他一定要走出面朝黄土背朝天的生活。

后来，经人帮忙，鲁冠球到萧山县铁业社当了个打铁的小学徒。此后，鲁冠球就干起了铁匠。打铁是非常苦的活，一个 15 岁的乡下孩子起早贪黑地跟着大师傅抡铁锤，一天到晚大汗淋漓，而工钱却少得可怜。但鲁冠球却非常满足，他庆幸自己告别了修理地球的生活，有了一份不错的职业。然而，命运往往捉弄人，就在鲁冠球刚刚学成师满，有望晋升工人时，遇上了三年困难时期，企业、机关精简人员，他家在农村，自然被“下放”回家了。鲁冠球感到自己又一次陷入了失意的境地。他知道，他必须寻找新的突破点。

鲁冠球的三年铁业社学徒生活使他对机械设备产生了一种特殊的情感，那是一种用劳动的汗水凝成的情感。当时宁围乡的农民要走上七八里地到集上磨米面，鲁冠球也不例外。久而久之他竟然不自禁地对轧面机、碾米机“一见钟情”。而且他发现，乡亲们磨米面要跑的路太远了，很不方便，如果在本村办一个米面加工厂，一定很受大家欢迎，而且可赚些钱。如果自己能买机器，既省了磨面的钱，又省了乡亲们的工夫。亲友们得知鲁冠球的这一想法后，都很信任他，也很支持他，纷纷回家翻箱倒柜，勒紧裤腰带凑了 3000 元，买了一台磨面机、一台碾米机，办起了一个没敢挂牌子的米面加工厂。

那个年代是禁止私人经营的。鲁冠球搞米面加工厂的消息不胫而走后，上级政府就给了他“不务正业，办地下黑工厂”的罪名，立即派人查封。鲁冠球和乡亲们一面到处托人求情，一面“打一枪换一个地方”。一连换了三个地方，最后还是在劫难逃。鲁冠球这条“资本主义尾巴”被揪住了，并且被狠狠地砍了一刀——加工厂被迫关闭，机器按原价 1/3 的价钱拍卖。当时的鲁冠球负债累累，只能卖掉刚过世的祖父的三间房，变得倾家荡产。

鲁冠球很长时间都吃不下饭、睡不好觉，整日闭门不出。让他感到特别痛苦的不仅是这次商业试验本身的失败，还有败给家里带来的巨大压力，父母用血汗换来的钱就这样化为乌有。但是，鲁冠球没有消沉，没有埋怨命运，没有抱怨生活，而是重新挑起生活的重担，奋然前行。没过多久，他成立了农机修配组，修理铁锹、镰刀，自行车等。后来，他的农机修配组的生意越做越红火。

机遇永远垂青于有准备的人。1969 年，宁围公社的领导找到了鲁冠球，要他接管“宁围公社农机修配厂”。这个农机修配厂其实是一个只有 84 平方米破厂房的烂摊子。很多人担心鲁冠球会陷进去难以自拔，但鲁冠球以其敏锐的观察力认定可以以此作为创业的起点。于是，鲁冠球变卖了全部家当，把所有资金都投到了厂里。虽然这个工厂前程未卜，鲁冠球却把自己的命运完全押在了这个工厂上。

鲁冠球真正的成功是与万向节密不可分的。万向节是汽车传动轴与驱动轴之间的连接器，因其可以在旋转的同时任意调转角度而得名。当鲁冠球开始接触万向节时，全国已有 50 多家生产厂商，而且产品饱和，唯一有空间的市场是生产进口汽车万向节。一个乡镇小企业想生产工艺复杂的进口汽车万向节，在许多人看来，无异于飞蛾扑火。而且，鲁冠球不惜丢掉 70 多万元产值的其他产品，把所有资源都集中在万向节上，让许多人难以理解。

今天，当我们重新审视这一决策时，不能不为鲁冠球过人的判断力和选择小厂走专业化的道路而拍案叫绝。万向节虽然生产出来了，但是 1979 年当鲁冠球为刚刚问世不久的产品寻找销路时，却遇到极大的困难。在计划经济体制一统天下的情况下，一个出自乡镇企业的产品很难取得计划经济体制的帮助。万向节必须自己创天下。鲁冠球租了两辆汽车，满载万向节参加山东胶南全国汽车配件订货会，3 万名客商，沿街的展销点，却没有鲁冠球的一席之地。三天过后，鲁冠球摸清了各路厂家的价格，毅然提出大降价的决定，市场顷刻之间发生了变化，鲁冠球站在了市场的最前面。

成功的面前总是会有一些障碍，失败对坚定的人来说是一种考验，它是成功前的一次测试。成功的富豪都经过失败的历练，失败教会他们成功。只有像鲁冠球一样能够克服困难走过去的人，才有资格品尝胜利的自豪和快乐。

中国著名企业家马云说："对所有创业者来说，永远告诉自己一句话：从创业的第一天起，你每天要面对的是困难和失败，而不是成功。困难不能躲避，不能让别人替你去扛，任何困难都必须你自己去面对。创业者任何时候都要勇往直前，而且要不断创新和突破，直到找到一个方向为止。跌倒了爬起来，又跌倒再爬起来。如果说有成功的希望，就是我们始终没有放弃。"

所以说，创业者要有坚强的意志和持久战的毅力，把创业路上的坎坷视为当然。一个人能否成为百万甚至千万富翁，可以依靠几年的好运和努力，或者一两次机遇就足够了。但一个人能否成为"大生意人""大企业家"，成就足以使他人和后人钦佩的事业，则需要持之以恒的努力和付出。一家优秀企业的形成，一份长久事业的形成，甚至一个优秀产品的形成，往往都不是一两年、三五年所能做到。它更可能需要创业者的毕生心血。创业路上平常心很重要，坚韧的毅力是创业者应该具备的第一素质。

·第二章·

“小本钱”创业的心理策略

从做小事起步，由求小利做起

世界闻名的大企业家摩托车大王本田宗一郎和电器业大王松下幸之助在一次会面时，本田宗一郎对松下说：“先有一个小目标，向它挑战，把它解决之后，再集中全力向大一点的目标挑战。把它完全征服之后，再进一步建立更大的目标，然后再向它展开激烈的攻击。这样苦苦搏击数十年，这样辛辛苦苦从山脚一步一步坚实而稳定地攀登，不知何时，我已成为了全世界的摩托车大王。”

松下幸之助说：“我也是从小事、小生意勤勤恳恳做起，才奠下现在的基础。我常对员工们说：‘想从事发明，必须先从身边的小发明入手；想做大事，必须从身边的小事做起。’丰臣秀吉（400多年前统治日本的英雄人物）在田信长旗下当一名看草鞋小卒（带着主人的草鞋跟从主人的小卒）时，他并没有妄想要统治日本呀！他只想：‘我非成为日本最好的看草鞋小卒不可！’因为他对工作有热忱，对琐碎小事不掉以轻心，情愿在卑贱的职位上竭尽全力，发挥一己所能，因此这位小卒终于成为君临天下的大人物了。丰臣秀吉可作为我们的榜样，也可作为我们的指南针。”

这两位出身贫寒、只受过小学教育、曾以小资本投资者身份创业求富的人，今天已成为日本乃至世界既成功又受人爱戴的大企业家，他们的观念和做法几乎完全相同。他们都是从小本经商做起，经过一点一滴的努力，才汇集成现在的成果，建筑起自己的王国。

经济生活中有这样一条规律，风险与收益是成正比的。一般来说，风险大，收益也大，风险小，收益也小，这是不难理解的。通常一些前景不明确、利润情况不确定的行业或产品，资源投入量也不会大，提供的产品和服务必然供不应求，价格必然高于价值，收益也大。但是，正由于前景不明确，利润不确定，也可能投入资金而没有收益，这正是大多数人望而却步的原因。

对于已经有了一定基础，且有多项业务的公司，为了赢得较多的利润，有时冒点险是必要的，也是可以承受的。因为企业有了较大规模和较多资金，只要不是孤注一掷，贴点钱是不会导致破产的。如果企业搞的是多元化经营，东方不亮西方亮，这儿赔了，那儿却赚了，企业还可以存活下去。但是，对于下岗的人们来说，应该是尽量避免做风险大的事情，而应该将为数不多的有限资金投于风险小、规模也较小的事业中去，先赚小钱，再赚大钱，聚沙成塔，集腋成裘，滚动发展，等资金雄厚了，再干大事业。

在历史上，有不少企业家开始搞的都是很不起眼的小本买卖，然而很快因此而发财。下面这个故事是我们大家都比较熟悉的。

1928 年，有一对叫麦克唐纳（又译麦当劳）的年轻兄弟，在美国东海岸西部的加利福尼亚，开了一个小电影院，同时兼营一个小食店，专卖汉堡包。说来也怪，汉堡包的生意比电影院的生意好得多。这种每 15 美分一个的汉堡包，看起来不起眼，可年营业额竟高达 25 万美元。老板克罗齐认准了经营汉堡包有发展前途，买下了麦克唐纳公司的一个销售店。以后，他又买下了麦克唐纳兄弟的汉堡包和薯条两种食品的专利。1961 年，又买下了麦克唐纳在美国的全部店铺。到 1972 年，麦克唐纳快餐店发展到 2500 家。1982 年，麦克唐纳快餐店发展到一万多家分店，克罗齐拥有的资产达 3.2 亿美元，建立起了世界上著名的快餐王国，这大概是他自己也始料不及的。

其实，不必非要举国外的例子，在我们身边，改革开放这 30 几年里从不起眼的小事干起，逐渐滚动，逐渐积累而富甲一方的人也有很多。

前些年在提出农村工业化的“温州模式”的同时，在江苏北部的宿迁县（现为宿迁市）出现了经济学家称谓的“耿车模式”。他们盯住了城里人看来不仅没用，而且是生活中的麻烦的东西，比如，废旧塑料、可乐瓶等，重新回炉做成各种新瓶子；从事垃圾分拣，通过到公开市场上去购买垃圾原料，专门从事废旧物资的再生处理。有的农民专门从城市收购垃圾，在宿迁组织人力进行垃圾分拣，形成了一个垃圾分拣工厂。于是在苏北宿迁，围绕垃圾处理，形成了一个分工精细，组织严密的大产业，成为宿迁经济发展的一大支柱。这个县也因此名噪江苏以至全国。谁能说中国的农民不聪明？

古往今来，所有的成功者做事业都不会操之过急。他们不会梦想一下子就跳到山顶，而是先从他们力所能及的范围着手。先从小事做起，从小商业起步，倾全力去做，脚踏实地地学习，一步一步地充实自己的实力。先把小事做成功，然后再进一步做更大的事情。这样迈着坚定的脚步前进、奋斗，事业才会渐渐兴旺壮大起来。

充分发挥自己的特长

42 岁的天津人赵玉娟，原是天津一家商业公司的职工，因企业改建拆迁而下岗。

正当壮年，上有老下有小，却无事在家，不仅生活困难，连心理都失去了平衡。赵玉娟苦恼过、彷徨过，都无济于事。最后，她明白了一个道理：等待不如自己找出路。

决定靠自己走出困境的赵玉娟，仔细掂量自己的长、短处：下过乡，在黑龙江建设兵团受过锻炼，后来又干过 20 多年炊事员，能吃苦，有经验，何不用己所长，在吃上做些文章呢？但眼下自己是一无资金、二无店堂，只有一双手，这是短处。

干别的不行，干个便民服务摊，蒸包子卖，总还行得通吧？

赵玉娟将自己的想法跟几个下岗姐妹一合计，大家都赞同，几个人准备跟着赵玉娟一起干。她们自己动手钉板凳、打炉子、做小车、搭棚子，也办好了营业执照。

一切准备就绪后，她们在电报大楼南侧的楼群里，收拾好铺面，打出了“四平包子铺”的招牌。

赵玉娟和她的姐妹以诚待客，诚实经商，她们做的包子个大、味好，价格公道，很快就得到了周围居民的认可和称道。

“四平包子铺”开张几个月后，赵玉娟的包子成为这一带的“抢手货”。附近的职工、上学的学生，连途经此地的司机，都爱上这里吃包子，有时买包子吃的顾客排起了长龙……

赵玉娟也因“四平包子铺”成为远近闻名的新闻人物。因诚实经商得到“上帝”认可的赵玉娟很有感触地说：“我是从失业走过来的，深知下岗的滋味。只要用好自己的经历，看准门路，下定决心，没有办不成的事情。”

从上述事例可以看出，“投资小”根本不是发展的障碍。只要在自己熟悉的领域中创业，发挥自己的强势和长处，勇于在市场中搏击，财富大门往往会应声而开。

德鲁克曾说："不要在你不太擅长的领域花费力气。对于你不太擅长的领域，尽量避免花费力气，因为要从‘不太胜任’进步到‘马马虎虎’，其中所花费的力气和工夫，要远多于从‘一流表现’提升到‘卓越优秀’。"

特长是一个人最熟悉、最擅长的某种技艺，它最容易表现一个人在某一方面的能力和才华，事实证明，能够发挥你特长的事业是你最容易取得成功的事业。因此，当你选择了事业时，也就意味着你已经在创业的道路上步入了成功的开端。那么，如何将特长作为你创业时的根据呢？

一、清楚你有哪些特长

无论你的特长是不是你的爱好，你都要清清楚楚地了解它。有些人可能会说：我什么特长也没有，就像我没有任何爱好一样。这些人其实并不真正了解自己，因为不管是什么人，他都有一定的特长，没有任何特长的人是没有的，只要你认真地去发现和挖掘，你就会在某一个早晨突然发现自己的特长，比如你善于唱歌，你善于写作，你会使用电脑，或者你很有力气，或者你善于用人等。不要小看这些特长，它有时会使你获得意想不到的收获。

所以，在你走向创业之路之前，你首先就要尽可能诚实并客观地回答这样一个简单的问题：我究竟有哪方面的特长？我的这些特长能作为我创业时的依据吗？了解了自己的特长，并确定这些特长是否就是你的爱好，你就可以很从容地对你将要从事的事业做出选择了。想一想你周围的或从书上读到的经验，有很多人似乎都是在创业活动中发挥了自己的特长。你如果想成功，就应该向他们学习。

二、把本职工作变成你的特长

你的本职工作也许并不是你的爱好所在，但你在本职工作岗位上工作了几年，对你来说，这项工作是你最熟悉、最了解的工作，闭上眼睛你也会将你的本职工作如数家珍一样说得一清二楚。因此，在你创业的时候，最好的办法是将创业与本职工作结合起来，将本职工作变成你的特长。特别是那些没有其他明显特长的人，本职工作就是你最大的特长。

但是，一些创业的人往往忽视了本职工作的有利条件，完全抛开本职工作去创业，现成的方便白白扔掉。而另有一些人，一旦有了好主意，就迫不及待地放弃原有的工作，把全部精力都集中于创业。他们资金不足，缺乏经验，却踌躇满志，没几个月，他们就会大失所望，因为他们的特长不能得到发挥。因此，聪明的人在选择创业时，应该学会以本职工作为参照，致力于从本职工作中发现机会。事实上，许多创业的好念头都来自你的工作和经历，这也是许多创业致富者的经验之谈。

三、选择特长中的特长

一个人往往具有许多方面的特长，比如你喜欢给杂志社写文章、擅长进行商业咨询，以及进行划船或生物学研究等。你在选择创业时，往往觉得有些眼花缭乱，你可能将自己所有的特长都在心中设计成创业的各种方案，对你来说，要在这多个方案中做出优化选择似乎并不十分容易，你往往在这些方案中犹豫不决。其实，仔细想想，你选择方案的过程，就是对你自己的选择过程，即在你许多方面的特长中，选择你最大的特长，即特长中的特长。这样，你就会尽快把你的最大特长转化为创业创收，因为你终于在众多的方案中做出了选择，而一旦你的这一选择在实践中获得成功，你就会从此在创业致富的道路上不断走下去。

什么是特长中的特长呢？就是最能体现你的创造力的特长，它不是仅仅为你所熟悉的某种手艺或某一方面的知识，还包含着你的兴趣，如果你在选择创业时，将你最感兴趣的，能体现你的创造力的特长作为首要选择的目标，那么，你的创业就不会轻易失败。

另外，在多种特长中，你选择了你最大的特长作为你的创业之始，你会由于自己的特长得到了淋漓尽致的发挥而处于高度兴奋之中，你的灵感会不断地涌现出来，从而使你不断地创造出能够为你赚取金钱的好主意。而且，你的创造力越是丰富，获得新的创意的可能性也就越大，而新的创意又会促使你走向富裕。

如何选择创业，并没有统一不变的固定模式，不同的人，所处的社会环境不同，选择创业的标准也不同。创业的选择，不仅仅是一个理论问题，而更重要的是一个实践问题。当然，创业的选择还有许多应该考虑的因素，例如社会风尚、国家关于创业的有关法律条文和你个人的投资能力、资金状况等。这些因素都是在选择创业时应该予以考虑的。实践证明，在“八仙过海，各显神通”的创业大潮中，凡有一技之长而为社会所需求者往往独占鳌头。

选择比较熟悉的行业

有位云南人，他开辟了一种新型职业，在泸西城专门替无暇操办婚、丧的人家送请帖。由于生意好，天天东家出西家进，忙得连喝茶的工夫都没有，由此，也给他带来了一笔惹人眼红的收入。他原是一家商业公司的职工，已届不惑之年，因单位严重亏损而被迫失业下岗。下岗后，他成天无所事事，感到极度空虚。一天，他的一个至交好友因为儿子结婚，拿来五大摞请帖，说自己工作忙，没时间跑腿，请他代发一下。这些帖子大都是他熟识的人，自然轻车熟路，不费吹灰之力一一顺利送达，消除了下岗后的烦闷。尔后，他又想到，这些年，操办婚事的人家越来越多，一般的请客都在几十桌。然而，写帖子容易跑腿难，像他那位至交这样因各种各样的原因而无暇送请帖的肯定大有人在，那么，何不在泸西城开辟专替操办婚事的人家送帖子的业务呢？想到这里，他变得兴奋起来了。于是他找了一间房，装了一部电话，再拉上自己的妻子，就把广告打出去了。开业不到三天，便迎来了第一个客户。此后，一发不可收拾，三天两头常有办事请客的人找上门来，有时他两口子一天中要同时为几家送请帖，发出请帖800张左右，日收入有时高达200元。

随着业务的拓展，他的名气也越来越大，代送的项目也越来越多，由过去单一送婚宴请帖拓宽为送丧帖、送会议帖、送宣传广告……凡是能送的他都送，时间一长，泸西人都叫他“送帖大王”，他也因此获得了他有生以来事业上的最大成功。

这个云南人的创业之路就是选择了比较熟悉的行业，从做最简单的事开始的。初投资者，大多资金十分有限，一般不宜选择需大量投资方可开业的行当，或者需有较大投入方可取得规模经济效益的行业。如冶金、汽车、家电等行业，一般需要投入上千万甚至上亿的巨额资金，方可投产或者方可合算。小商人一般无法问津。本钱小者可以从这样几个方面来考虑自己的行业选择：

（1）选择所需资本不多的劳动密集型行业。如服装鞋帽行业、食品加工行业、小五金行业等，所需机器设备比较简单，投资少、周转快。

（2）选择生产小型新产品，几个人、十几个人就可以干起来的行业。如烫衣板、救生游泳衣等，既有比较广阔的市场前景，生产工艺又不复杂，又容易产生较好的经济效益。

（3）选择为某些大型企业进行零配件加工的行业。如生产汽车的万向节及电冰箱食品架等，既能保证产品销售，又可节省投资。

（4）选择信息、咨询、维修等方面的服务行业。这些行业的主要投入是技术，而不是资金，对于那些有一技之长的知识分子比较适宜。

（5）选择摆摊设点，小本经营。中小型的饮食店、日杂店、精品屋、服装鞋帽店、文体用品商店等。投资少，风险小，经营方式灵活多变。

另外，做生意要尽可能选择自己比较熟悉的行业，而不要盲目地跳入你感到混沌一片的陌生“海域”。俗话说：“隔行如隔山。”不要选择一个自己一无所知的行业做为发展事业的基地，这是需要特别慎重的。选择自己熟悉的行业，能够驾轻就熟，得心应手；能够拥有更多的信息，知道什么商品有市场，有前途，知道不同产品优劣及消费者的要求，知道市场的发展方向；能够就此做出正确的判断与决策。

因此，在选择自己的创业项目时，应将目标放在朋友多、门路熟、人际关系好、办事渠道畅通、信息来源广而快的行业，那么，事业兴旺就有了充分的条件。反之，如果所选择的行业领域人地生疏、信息闭塞、办事门路不熟，事业发展就会受到许多制约，这种情况当然应该尽可能避免。

在“冷”与“热”上做文章

理查德·西尔斯开创他的事业时，只拥有一个小商店，实力十分弱小。

当时，很多商人都把目光停留在城市上。西尔斯也曾经只想做城里人的生意，但当他发现城里竞争太激烈，而他的实力相对于其他商人来说太弱小时，他就转而把目光放在了农民身上。

在19世纪中后期，美国农村还十分落后，生产力水平低下，机械化程度不高，农民的收入自然也很低，购买力不足。

但西尔斯通过分析认为，农村市场潜力巨大，随着农村的发展，购买力将会大大提高。于是，西尔斯以较低的价格购买了一批因债权纠纷积压的物资，拉到农村去销售。

正是这次行动让西尔斯对当时的美国农民有了更多的认识。

他发现农村和城市存在很大的差别。由于农村与城市相距很远，农民在思想上都较为保守，他们害怕和城里人打交道，因为他们认为城里人太精明，会欺骗他们，即使你送货上门，他们也怕上当。

了解到农民的这种状况之后，西尔斯想出了办法。他立即组织货源，而且尽可能降低售价，农民通过对比，就逐渐对他产生了信任，于是西尔斯的信誉开始建立起来。

1895年，理查德·西尔斯的继任者罗森沃尔德开始经营西尔斯公司，他依然把目光放在农村市场。

为了进一步取得农民的信任，罗森沃尔德大胆地提出了“保证满意，否则原款奉还”的经营方针。

这一方针在后来被很多人使用过，但在当时，还没有第二个人敢那样做。

很快，西尔斯公司成了知名公司，买方不再提心吊胆，倒是卖方更为谨慎，服务更加到位。

为了提供更方便的服务，西尔斯公司以邮购的方式开展业务。他们先对农村市场进行周密的调查，准确把握农民的需求，然后编制邮购产品手册。凡是农民生活所需的东西，在这套手册上均可以找到。从此以后，农民无须到很远的城市去购物了。

在为农民提供方便的同时，西尔斯公司也赢得了其他客户高度的信任，生意十分兴隆，并逐步发展成一家大型商业公司。

就像西尔斯公司一样，“冷门”更容易使企业获得成功。当今社会变化日新月异，人们的需求也在不断改变，而这种需求的萌生，正给每一个企业家以爆冷门的机会。

有人可能会说：现在市场上的商品已琳琅满目，要寻找冷门谈何容易。其实对于精明的企业家来说，冷门比比皆是。只要你做个有心人，“冷门”就会出现在你的面前。很多企业找到冷门后的策略之一是集中精力快速切入市场，从而获得已经被放弃、出售或者侵占的那些可能使他们获得竞争优势的事物的优先权。

抓住那些有市场需求，而目前又没有多少人干的“冷门”，可以马到成功，风险小，盈利大，是刚下岗的朋友应选择的行当。

与此相反，从事“热门”行当也可以创业赚钱，不过这有一个前提，要在需求达到高峰之前，所谓“萝卜快了不洗泥”的那个时期挤进去，需求高峰刚过，捞一把赶快抽身，不要陷在里面。这需要较高明的决策艺术。

北京有两个工厂的业务员，手里有 3 万元钱家底，觉得待在工厂没劲，也辞职“主动下岗”了。1990 年夏天刚开始，他们发现北京大街上有不少青年人 T 恤衫上印着各种各样的俏皮话，如“别理我——烦着呢!”“出国，没门”“练摊，没本”“当官，没路”“活着，没劲!”“你吃苹果我吃皮”等，即后来的“文化衫热”。他们认为，虽然大街上不少人穿“文化衫”，也有不少人生产，但是以后一两年内估计有更多的人要买、要穿，北京热完，外地也要热。于是他们以 3 万元钱作抵押，要求一个印染厂按他们拟的词句和样式生产 10 万件，一个夏天生产了 4 批，全部卖掉，一件赚 2 元。一个夏天，他们的 3 万元就成了 80 万元。

1991 年春节前后，“呼啦圈”忽然在北京的大街小巷出现，每只“呼啦圈”

售价8元，购买者摩肩接踵，市场上来一批，很快就抢购一空。他们看准了“呼啦圈”还得热下去，于是找到河北的一家乡镇企业，把80万元资金全部投资生产“呼啦圈”，第一批货赚了80万元，连续进了5批，全部卖完后，到了1991年7月份，已经赚了近100万元，他们这时及时收场。果然，到了1991年下半年，北京大街上每只“呼啦圈”只能卖4元钱，后来2元一只也没人买了。这些年来，这两位业务员就这样瞅准热门货就捞一把，看热得差不多了，赶快抽身，积下了百万多元资产。有了一定基础，他们不再打一枪换一个地方，准备扎扎实实搞实业，与外国人合资建一个包装材料厂，5年内产值达到1000万元，年利润200万元。

以上情况告诉我们，创业之初为了保证有稳定的利润，应瞅准“冷门”或将要形成的“热门”下手。在看不清的情况下，宁愿先不轻举妄动。千万不要一开始就加入竞争激烈的行业，去逐鹿中原，免得由于实力、经验不足而在竞争中败北，出师不利，搞得“赔了夫人又折兵”，从此一蹶不振。

“借鸡生蛋”，借钱赚钱

有个写报告文学的作家，几篇报告文学都深入描写了人们关心的社会问题，如乞丐群落、买卖人口、黑社会等，引起了社会反响。以前，这位作家是把稿子给杂志或出版社，作者只拿一般标准或较高的稿费，一本书收入不过几千元，而出版社出版他的作品收入动辄赚几万元甚至几十万元。现在这位作家不这样干了，他写好一本书以后，与出版社谈妥，由出版社发征订单，负责印刷、发行，除了预付作者稿费外，发行量超过一定数额后所获利润按比例分成。比如出版社得70%，作者得30%。这样，一本畅销书，作者所获收入不是几千元，而是几万元，甚至达十几万元。

这样，作者不用担风险，不垫资金，参与图书经营，收入大大增加。这就是一种“借鸡生蛋”的形式。

刚刚创业的人们，资金来源主要是多年的积蓄，一般资金力量比较小，有时看准了机会，自己也没有力量去干。在这些情况下，创业者虽没有资金，却可用技术、信息、销售渠道、关系、智慧、思想作股本与人合作，得利后按一定比例分成。这样，虽然不如自己投资干获利大，却可以不担风险，也不受自己资金数量的限制。

再比如，有的人掌握一种新产品的专利技术或者一种好的主意，与企业谈判，把技术和好的主意给企业，由企业垫付资金进行产品开发，或把新的经营主张付诸实施，获利后与企业分成。

1992年北京有几家报纸报道了一位大学毕业生靠卖主意成了万元户的消息。文章写道，有家生产塑料水杯的企业产品滞销，仓库里积压了几十万只，企业面临倒闭的威胁。这个厂的厂长请来这位“智多星”寻找摆脱困难的方法。这位年轻人告诉厂长，在塑料水杯上印上铁路沿线各站的站名及各次列车的车站到站、离站时间，然后与铁路部门联系。结果厂家与铁路部门联系后，铁路部门马上定购了一批，很快卖完了，与此同时，列车上饮料的销售量也大大增加。铁路部门主动与这家企业联系，希望长期提供这种水杯。在很短的时间内，企业扭亏为盈，当月盈利50万元。事后，企业的厂长亲自将5万元现金交给这位年轻人，并要他长期担任企业的顾问。

让我们再看一个例子。

曾经的新加坡首富，闽裔华商邱德拔正是依靠借来的资本白手起家的。邱德拔祖籍福建厦门，他的父亲是一位传统的商人，敢打敢拼，精明能干，当时还是多家福建银行的股东。1917年邱德拔出生于新加坡，受到父亲经商思想的影响，他从小便立志成为一名成功的商人。

16年后，少年老成的邱德拔便进入了父亲参与创办的华侨银行。他在华侨银行工作了十几年，因为办事稳重，工作勤恳而深得老板赏识，在这个过程中他也逐渐熟悉了银行经营运作的规律和模式。1959年，已经当上银行副总经理的邱德拔由于自身缺少资金而无法进入董事会。长期以来，邱德拔一直有一种寄人篱下、为他人作嫁衣的漂泊感，进入董事会受挫的事件促使他终于下定决心辞职，他要开办一家属于自己的银行。

然而，创业面临的最大困难还是缺乏资金，邱德拔再一次因为“钱”的问题大伤脑筋，但是他很快便想到了解决的办法。邱德拔找到了一位朋友，邀请他出资合伙开办银行。开办银行的启动资金是庞大的，所以邱德拔最初非常忐忑，但他又相信朋友一定会答应，因为对双方来说这是一个双赢的合作提案。朋友拥有资金，而邱德拔有开办与管理银行的经验、能力与客户关系，邱德拔的资本对那些有钱而没有门路的投资者来说具有很强的诱惑力。果然，朋友考虑之后很快便给了邱德拔“同意合作”的答复。

1960 年，邱德拔与朋友合资 1000 万林吉特（100 林吉特约合 26.31 美元）在吉隆坡开设了马来西亚银行。假如当初他不肯向朋友借钱，那么就很难有之后的辉煌成就。至 1966 年，马来西亚银行旗下拥有 108 家分行，成为当地著名的大银行。

阿基米德曾说：“给我一个支点，我能撬动地球。”对商人而言，这个“支点”就是“外力”，邱德拔将这个“外力”的作用发挥到了极致。

很多白手起家的商人就像邱德拔一样，依靠自己的智慧与才干，依靠借来的钱与势在各地的商战中横刀立马，闯出了自己的天下。他们相信：借船出海，就能突破资金瓶颈的桎梏；长袖善舞，良好的沟通策略能够打通闭塞的消息渠道；他山之石，也能成为自己财富帝国的一块地基。

市场变化如风起云涌，群雄混战之际，市场格局每时每刻都在发生变化，但一名懂得借钱、借势、借名、借才、借智的商人，在任何时候、任何场合都会有立足之地。

·第三章·

创业需要心理谋划

战略谋划是创业者腾飞的智慧羽翼

战略谋划决定着创业的目标和发展方向，制约着创业活动顺利而健康的展开，谋求着长远的经济效益和整体的最优化。它是创业者腾飞的智慧羽翼。

战略谋划不仅对企业涉及全局的重大问题具有决定性意义，而且对企业的局部问题和日常性管理工作具有牵动、指导和规范的作用。战略谋划的广泛作用对现代企业家有着强烈的吸引力。具体可以归纳为以下几个方面：

一、使企业顺利、快速成长

通过制订战略规划可以使企业经营者对企业当前和长远发展的经营环境、经营方向和经营能力，有一个全面正确的认识，全面了解企业自身的优势和劣势、机会和威胁，做到“知己知彼”，采取相应办法，从而把握机会，利用机会，扬长避短，求得生存和发展。

二、提高生产经营的目的性

管理学中有一个公式：工作成绩＝目标×效率。西方学者认为“做对的事情”要比“把事情做对”重要。因为“把事情做对”是个效率问题，而从一开始就设立正确目标，“做对的事情”才是真正的关键。战略规划就像战争中的战略部署，在开战之前，就基本决定了成败。因而中国古代兵书有“运筹帷幄，决胜千里”之说。制订战略规划，就使企业有了发展的总纲，有了奋斗的目标，就可以进行人力、物力、财力以及信息和文化资源的优化配置，创造相对优势，解决关键问题，以保证生产经营战略目标的实现。

三、增强管理活力，降低经营风险

实行战略管理，就可以围绕企业经营目标进行组织等方面的相应调整，理顺内部的各种关系；还可以顺应外部的环境变化，审时度势，正确处理企业目标与国家政策、产品方向与市场需求、生产与销售、竞争与联合等一系列关系。

四、提高企业家素质

实施战略谋划，使企业家能够集中精力于企业环境分析，思考和确定企业经营战略目标、战略思想、战略方针、战略措施等带有全局性的问题，造就一大批社会主义企业家和战略人才。

创业者为了更好地运用战略谋划来塑造创业的宏伟蓝图，还必须掌握战略谋划的本质特征，具体表现为如下 4 个方面：

（1）全局性。战略管理必须以企业全局为对象，根据企业总体发展的需要而规定企业的总体行动，从全局出发去实现对局部的指导，使局部得到最优的结果，保证全局目标的实现。

（2）长远性。战略谋划着眼于未来，对较长时期内（5 年以上）企业如何生存和发展进行通盘筹划，以实现其较快发展和较大成长。面对激烈复杂的市场竞争环境，任何组织若没有超前的战略部署，那么，其生存和发展就要受到影响。

（3）关键性。关键性又称重点针对性，是指那些对企业总体目标的实现起决定性作用的因素和环节。战略讲究的是环境的机会和威胁、自身的优势和劣势。要找寻敌弱我强的地方下手，或是在敌强我弱的地方防范。实施战略谋划，就是要抓住机会，创造相对优势，增强企业的竞争实力。

（4）权变性。即指善于随机应变而不为成见所囿的适时调整、灵活机动的能力。任何企业在其成长过程中，总是要受到诸多方面因素的影响，并随内外部环境的变化而变化。这就要求企业经营者根据实际情况的变化，变换策略，调整计划，修正战略，把战略贯彻于现实行动之中，以不断适应未来的多变性。

另外，战略谋划本身就是一个动态过程。由于企业战略具有长远性，必须经过一定时期的努力，才能最终实现企业的战略目标，不可能毕其功于一役。同时，战略管理又可分为战略制订、战略实施、战略控制等不同阶段，其中每一阶段又包含若干步骤。因而，战略管理过程的各个阶段和步骤是不断循环和持续的，是一个连续不断地分析、规划与行动的过程。这就对战略管理者提出了更高的要求，特别是面临新的变幻莫测的国际经济竞争，开拓进取，求变创新，制订和实施适应性应变战略，已成为现代管理者的当务之急。

思路多维，用立体构想建筑财富大厦

宗庆后曾被美国《财富》杂志连续3年评上“中国十大富豪”之一。作为“娃哈哈”企业的创始人，他把“娃哈哈”从一无所有发展到中国最大的饮料企业，使之家喻户晓。宗庆后在国内大部分企业不敢涉足碳酸饮料的情况下，踏进“雷区”，推出非常可乐，结果一炮打响。宗庆后作为一个企业管理者，逐渐成为一个接近炉火纯青的得“道”的企业家了。

非常可乐的走红，是宗庆后“想人不敢想，为人不敢为”的多维思路及立体构想经营思路又一次成功的实例。“娃哈哈”企业中的一位中层管理干部说，非常可乐的问世，有90％的功劳是宗庆后的。

当初，几乎没有人看好这一产品，反对者的理由非常充分：中国企业20世纪80年代就开始生产可乐，但被洋可乐“水淹七军”，几乎全军覆没。而如今，洋可乐“领”军国内市场，“可口可乐”与“百事可乐”分别以57.6％和21.3％的份额几乎垄断了我国的可乐市场。这个时候想“分一瓢饮”，无异于与虎争食，以至于在1998年5月非常可乐上市之初，舆论界悲观预测：“非常可乐非死不可！”

企业内部，不赞成非常可乐上生产线的意见不在少数。企业形势那么好，而且上生产线意味着几千万甚至上亿元的投入，很有可能倒下，做了“两乐”的垫脚石。

而宗庆后却义无反顾地推出了非常可乐。他看到了硝烟弥漫的市场背后——全球碳酸饮料销量有一半是可乐，而国内这个比例只有四分之一，巨大的市场容量意味着诱人的商机。

宗庆后的自信是有依据的：他拥有品牌的巨大号召力，拥有庞大而灵敏的销售系统，拥有高起点的设备和技术。事实上，非常可乐从1996年就开始有了“腹稿”，谋定而后动，结果一炮打响。

随着投资上亿元的七条新生产线在1999年底前上马，非常可乐的年产量达100万吨。这个数字基本上是可口可乐在中国销量的一半。宗庆后认为，中外可乐大战将在年底真正展开，而次年将有可能正面短兵相接。

非常可乐能否最终赶上甚至超越洋可乐还需要时间来检验。但非常可乐的亮相，第一次将娃哈哈企业摆到了与跨国大公司面对面较量的赛场上。其实不仅如此，宗庆后说：“其实我们早已兵不血刃地打赢了几场局部战役。因为跨国饮料企业的奶、水等产品规模也很大，可由于我们的同类产品太强大，国际同行根本无法和我们抗衡，只好知难而退。”

宗庆后认为，非常可乐另一个有意义的启示是走向世界并不一定非走出国门不可，因为在开放的市场中，国内市场就是国际市场，就是品牌、资金、技术、管理的竞争。如果连杀到家门口的国际同行都抵挡不了，还有什么力量去国外跟人家拼？

娃哈哈企业有两个著名的“零”人尽皆知，那就是“零库存”和“零负债”，产品畅销到可以不用仓库倒还可以理解，“零负债”就让人看不明白了。因为不借债并不等于最好的经营思路，专家提倡的是合理的负债率。为什么娃哈哈企业却拒绝这种现代经营中最为常见的做法呢？

宗庆后自有着独特的思路。娃哈哈企业从创立到现在都一直实行“零负债”经营。因为一方面投资回款率较高，企业自身积累已经够用；另一个很重要的方面是娃哈哈企业多年来奉行“有多少能力办多少事”的原则，坚持不借债就是防止头脑发热而盲目决策的一个办法。

因为具有“不借债”的实力，他们与法国达能集团合资谈判时气就粗了。很多企业中外合资时往往饮恨蒙尘，可娃哈哈企业却大长了民族品牌的志气。不仅合资公司继续打“娃哈哈”品牌，且娃哈哈企业收取了对方1亿元的商标使用费。

现在看来，假如当初决定实行的是前一种选择，谁也不知道现在的“娃哈哈”会是一种什么样子。

宗庆后这样回忆当初的决策经过：前一种选择涉及的门类很多，不管对他个人还是整个企业都不太适应。事实证明他们的选择是正确的，专业化的发展促进了生产经营的专业化，形成了规模，提高了在行业中的竞争力，使企业在行业中实行优势经营，也避免了多种经营的失误。

一念之差的选择决定了企业的生存之道！然而细究之下，两种选择实际上代表了两种截然不同的多元经营思路。

发展儿童产品，包括吃、穿、玩具、文具等，是一种典型的“多元化”思路，四面出击，八面开花，各个行业都插上一手，想拿“全能金牌”，结果却有可能成为行行不精的“三脚猫”。后一种思路在娃哈哈被称为“多圆经营”，即“同心圆”战略——以“食”为圆心，水、奶、粥、可乐等不同的延伸半径形成了连续的“产业环”。这种被专家概括为“一元经营，多圆发展”的“同心圆”

战略在娃哈哈企业取得了极大的成功，形成了一条环环相扣的“黄金（产品）链”，不仅“团体总分”全国第一，而且还有三面“单项金牌”在手。

娃哈哈的多维思路告诉我们，新经济是一种新型的经济，它需要的人才也应该是一种新型的人才，这种人才具有很强的创新能力，因此，拥有多维思路，能够立体构想，才能够创业致富。

百万富豪创业初期，明确的思路，多维的构想促使他们能抓住机遇，瞄准方向，大胆决策，最终取得成功，并能在发展中立于不败之地。因此，人的思维不能局限在面上，应扩展到三维、四维以上的空间，以智谋取胜，即能面对现实与未来、做出较正确的分析与判断，对成功路上的种种问题想出各种各样的办法、方案、绝招，从而解决问题，达到目标。

那么，以智谋取胜的百万富豪们具备哪些基本素质呢？“自古有谋胜无谋，良谋胜劣谋。”为什么有的人足智多谋，有的人却少智乏谋呢？同样是经营企业，各有各的智谋、方法，但为什么有的人成为百万富豪，而有的人失败呢？

识广智高，有了广博的相关知识和充足的相关信息，我们就能对现实与问题分析判断得更准确，对未来和不确定因素预测得更正确。这是一个百万富豪足智多谋的基础。

在创业的实践活动中，常可以看到一个欣欣向荣的企业忽然抛弃导致成功的原有的形式和方法，毅然使用新的经营方法和形式；而有的企业却始终坚持一种公认为是陈旧过时的经营形式和方法。有的企业完全靠自有资金，绝不举债；有的企业却是从创建之日起一直依赖借债经营。有的企业面对竞争，采取提高质量降低成本的办法获得客户；有的企业却采用购买、合并竞争企业的方法消除竞争对手。有的企业始终贯彻薄利多销的策略；而有的企业以多品种、少批量的方针来坚持优质高价的经营方针。有的企业以不断开发新产品，发展新技术，通过满足消费者日益增长和不断扩大的爱好和需求来占领市场；有的企业则固执地坚持生产销售传统产品，甚至几十年、上百年不肯做大的改变。

面对这些五花八门甚至互相对立的经营形式和方法，如果没有自我独到的见地和悟性，没有谋略的设计，是不可能去赢得优势，打败竞争对手的。

上兵伐谋。竞争的目的是占领市场，有不战而胜的计谋何必要采用逞一时之勇、一时之快的下策呢？灵活变通、奇思妙想远比硬碰硬的竞争更有成效。买一项技术专利可能远比自己投入开发更要划算。

占领市场的计谋很多：

如，不单凭血气，不单凭勇气，不拼消耗，凡事借助巧妙的方法，灵活变通，山不转水转。

如；巧借外力，面对复杂浩渺的世界，个人的力量永远是有限的。若要取得成功，非得借势借力不可。

如，借用外脑，组织“智囊团”，这也是扩大个人智慧的好办法。中国俗语说：“三个臭皮匠，顶个诸葛亮。”如果你的智囊不是臭皮匠，而是有经验、有智慧的专家能人，则你就远胜于诸葛亮了。

如，借助人力和组织。根据目标的要求，尽可能成立一个机构组织，以网络更多的人力来共同奋斗，达到较大的成功甚至完成更大的伟业。

如，借助各种自然与社会同有的能量。农业生产是借助土地。电力是借助水和煤。商人做生意往往借助银行的资金和各种人际关系。保护生产和生活秩序，往往借助于政府的公安系统等。

市场的竞争也和军事斗争、政治斗争一样，对复杂多变的形势要进行周密细致的分析考虑，认识和掌握事物发展变化的可能和趋势，知人所不知，见人所不见，事先采取相应的措施和办法，有勇有谋，才能化弱为强，转危为安，反败为胜。这是百万富豪的经验总结，是他们搏击商海后留给创业者的一笔精神财富。

宏韬伟略造就亿万富豪

太太口服液是深圳太太药业有限公司的主要产品。1992 年 12 月 18 日公司成立。1993 年 3 月 8 日，首批产品在广东面市，这是我国第一个女性口服美容保健品。之后的短短 5 年间，太太口服液从一个地区性新产品发展到今天销售遍及中国超过 200 个城市的全国性品牌，还远销日本、韩国等国以及东南亚。从上市时的年营业额 7000 多万元，跃升至年销量近 5 亿元人民币，成为中国美容保健口服液市场中的佼佼者。

犹太人有句名言：“女人和嘴巴的生意最好做。”当年萌生搞这个产品的念头是：改革开放后人们生活水平显著提高，人们对保健药品的要求十分迫切，而市面上只有一些适宜男性的壮阳健肾之类的保健口服液，于是朱保国和他的同事们觉得女人是更需要关心的“半边天”，这个消费群体蕴藏着巨大的消费潜力。

主意定下后，取个什么名字才能让消费者有一种先入为主的好感呢？名字想了不少，后来集中到这个理念：内地人习惯称妻子为“爱人”“内人”“老婆”，但随着开放及受境外文化影响，视称妻子为“太太”更新潮、更文明、更尊重，这下正是捕捉了女性在开放文化后追求健美的心态，由于受几千年封建思想的影响，妇女长期受歧视，无论在心理上、生理上都有一种“女人一结婚就完了”的感叹，所以他们将其定位在20～50岁女性，适用于“活血、去斑、养颜”的产品问世，正满足了她们做一个完美女人的要求。

在品牌经营方面，朱保国打破国内厂商的惯例，定下专业化的目标，以公开比赛的方式，寻求国际4A广告公司合作并进行全面的市场推广。

“太太口服液”的广告片制作过程是非常严谨的，整个过程经过了三个阶段的消费者调查，以确保广告片达到预期的效果，每一阶段的调查都由专业的国际性市场研究公司执行，每一次消费者座谈会都分别在香港、北京、上海、广州进行，以确保其代表性及准确性。

1994年，朱保国曾以毛阿敏为主要广告模特。1995年，又以都市女性新生活为主题而创新了品牌。1996年，朱保国进一步挖掘“做女人真好”这个主题，表达两层意思：一是随着社会不断进步，中国女性社会地位提高了；二是这个产品能给女性保持青春的光彩，使其在生理上、心理上永葆青春。朱保国的广告词及电视广告画面由于经过了精心策划，都能给消费者留下深刻印象。如1994年，精心策划的“三个太太”系列报纸广告在南方媒介推出，由于画面设计独特，新奇的广告主题先声夺人，在极短的时间内得到广泛的传播，迈出了成功的第一步。朱保国对刊登的传媒都有选择，除电视台外，主要在《新现代画报》《读者》《家庭》《羊城晚报》等刊登，朱保国还在《女友》上做推介，那些女读者虽然今天还是姑娘，但明天就是太太，超前的教育宣传是为了造就不断层的消费群体。

一个企业获得成功并不是靠短期行为去赚钱，而是“得到社会的承认”，这是企业获得生存、体现自身价值的必要条件。“我们要提供最能满足消费者所需要的高素质和超值产品，为了达到这个目的，我们要充分了解消费者的需要，时刻去改善产品的品质和包装，并同时专注去降低成本，我们会不断地寻求突破和革新，卓越地执行所有针对市场需求的计划，在迈向生意上成功的同时，我们承诺去培养优秀的人才。”这是朱保国的企业理念。

时刻想着消费者是生产企业的重要责任，就拿改革瓶盖来说，过去和国内同类产品一样是金属易拉式瓶盖，但容易使手指受伤。1996年初太太药业有限公司引进国际先进技术，推出全新瓶盖包装令消费者饮用更方便、更卫生、更安全可靠。

为确保以优质产品服务消费者，“太太药业”在深圳投巨资兴建符合GMP标准的现代化生产厂房，使产品质量达到国际先进水平。由于品质的专注投入，“太太药业”在1996年2月获得IS09002《质量管理与质量保证》的国际证书，成为中国第一家获得IS09002国际标准认证的保健品生产商。

该公司虽然有了沙头角和盐田港两家厂，但产品仍供不应求，1996年6月他们又在深圳南投第五区兴建第三家新厂，占地面积32777平方米，总建筑面积31781平方米，建成投产后，可年产太太口服液1.8亿支，并可同时生产中药固体制剂、泡腾片、冲剂、西药及针剂，年产值将达40亿元。

多年的艰辛耕耘，“太太口服液”已成了女性美容保健品的领导品牌，但居安思危，在竞争激烈的今天，朱保国和他的同事们将继续启动品牌战略，专注在保健和药品行业，开发系列新产品，拓展海外市场，实施专业的集团化经营，开创另外一个新天地。

以“太太口服液”而闻名的朱保国就是一位具有宏韬伟略、能不失时机捕捉女性在改革开放后的文化心态的企业家。他启动品牌战略的市场理念，以准确的定位、高质量的产品和先声夺人的市场推广，一举创下了“太太口服液”这个成功品牌。

美国钢铁大王卡内基说：商战中同样需要谋而后攻。确实如此，运筹帷幄需要宏韬伟略，只有谋而后攻，有勇有谋，才能使企业家立于不败之地。

发财的念头，几乎人人皆有。如何谋财却有高下之分。有人投机冒险，有人善假于物，有人谋而后动，更有人白手打天下。智慧在经营中大显神威，大派用场。

赤手打天下凭的是灵活的头脑。这些创业家会分分秒秒琢磨着怎样才能发财，时时刻刻留心每一个机会，事事处处琢磨实现自己的每一个好的构想。从听别人话语中学会分析出发财的信息，同时认真观察人，观察各种买卖和周围的环境。

赤手打天下凭的是勇往直前。这些创业者会在选定自己的奋斗目标之后，一如既往，义无反顾，不断努力，不断进取，不达目标绝不罢休。

赤手打天下凭的是善假于物。这些创业者会倚重他人，借助朋友，依靠势力，引导同道为创业出力，为发展聚资。

赤手打天下的创业者，是有头脑的冒险家，是善智谋的创业者。

创业者可以没有资本，但不可以没有头脑。可以没有市场，但不可以没有韬略。可以没有功名，但绝不可以没有图大业的追求。白手起家，赤手空拳创事业的创业者，应当是创业者的楷模。

独具慧眼，把握致富玄机

董家河镇是河南信阳一个出名的镇，这里山青水秀、草木茂盛，是闻名四方的金奖毛尖茶的生产基地。董家河的山山岭岭受天地灵气的熏陶，长满了各种天然野菜。这些野菜有被史书记载的名菜，也有被当地百姓津津乐道、鲜嫩可口的其他野菜。然而世世代代，憨厚的山里人只知在旺季摘些送给城里的亲戚朋友，或自己用盐水腌泡几坛，过节时招待贵宾。没有谁能想到这沟沟坎坎俯拾皆是的野菜也能成为发家的财富，只能任其年年枯死腐烂山中。这时却有一个人把眼光盯上了这些天然宝贝，他叫徐德山，时任茶场副场长。多年的商海生涯使他练就了锐利的市场眼光，当绿色食品刚刚走向市场时，他就认定这类产品极具市场前途。随着生活水平的提高，人们不再满足解决温饱的消费状况，重视口味与保健越来越成为一种时尚。山野菜，作为纯天然土特产，越来越受到人们的青睐。因此，徐德山一直琢磨着把这些大地恩赐变成有经济价值的绿色保健食品。

就在这时，同在董家河镇的县果品厂正处于惨淡经营之中。徐德山经过认真考察，认为利用果品厂的厂房、人员、设备，进行山野菜的多种开发，不但可使果品厂起死回生，更是自己一展身手的良机。

1996 年 4 月，徐德山如愿进了果品厂任厂长。别人不明白，放着好好的茶厂副厂长不干，偏来接这乱摊子，他徐德山图个啥？只有徐德山自己清楚，他要在这里干一番轰轰烈烈的事业。然而，他面临的形势十分严峻：工厂基本处于半停产状态，几十万元“三角债”压得人们透不过气来，账面上只有 500 元流动资金，工人们情绪低落。为了步入良性循环，徐德山首先召开全厂动员大会，公布新规章、新制度，引进私营企业竞争机制，实行底薪＋效益工资制。真正的多劳多得调动了工人们的积极性。对于推销员，利用交纳风险抵押金扫除货款回笼难的障碍。一系列的奖惩措施使果品厂迅速形成了一个崭新的风貌。

在放弃老产品水果罐头的同时，徐德山开始了新产品——野菜系列风味的开发研制。为了使野菜能够适合更多消费者的口味，他与有关人士一起进入深山，采集野菜样品，化验营养成分，确定开发野菜产品的种类规模。经过一番辛苦，开发产品方案出台了。为此，他开始向农民收购各种野菜、野果，引得全镇人一片惊喜，感觉天上掉下馅饼，身边不值钱的东西竟能变换出钱来。在生产上，徐德山身先士卒，和工作人员一样加班加点。在检验时，徐德山又严格监督，亲自把关，不让一件次品走出工厂。很快，“千佛塔”牌山蕨菜、莆珠花、紫云英等十余种系列风味野菜问世了。

在商场中摸爬滚打多年的徐德山深知，再好的产品，宣传跟不上，销售员跑断腿也很难打入市场。一开始，他就从清欠回来的有限资金中拨出宣传经费，确定了以信阳地区为重点，向省内外辐射，多种宣传并举的销售战略。在《信阳日报》、信阳电视台，徐德山首先发起了广告冲锋，轰动效应令人耳目一新。与此同时，为了扩大宣传范围，徐德山又先后推出灯箱广告、路牌广告、电话号码簿彩版广告，把果品厂的山野菜系列风味更直观地展示在人们面前。由于宣传对路，不仅消费者购买踊跃，经销商也纷纷主动上门，果品厂生意火爆空前。

谁说穷乡僻壤难赚钱？只要有了市场眼光，运用现代经营意识，不但能赚钱，而且能赚大钱。信阳市果品厂厂长徐德山的成功之路，便充分说明了这一点。

能成为百万富豪，其自身素质是有着过人之处的，徐德山就是这其中的一个代表人物。当然，像他这样的富豪在中国还有很多，很值得创业者借鉴。

精心谋划，形式多样的小型企业发展战略

不同的企业在战略行动上应有不同的选择和把握。小型企业在制订经营战略时，应结合自身的特点，分析市场营销中的情报，选择多样的发展战略，以便为企业创造制胜的条件。

小型企业发展战略的特点是由小型企业自身的特点所决定的，但是每一个具体的企业又具有不同的特点。因此，小型企业需要根据企业的具体特点来正确地选择发展战略，才能在复杂的市场竞争中站稳脚跟，实现企业的生存与发展。特别是由于小型企业承受风险的能力较低，发展战略的正确与否对小型企业生死存亡的决定意义更为重要。在小型企业的发展战略制订与选择中，需要注意以下特点：

（一）小型企业在发展战略中必须注重规模意识

小型企业虽然具有一系列的优势，但其固有的劣势多半是由于企业的规模太小造成的。从本质上来讲，任何一个企业都具有发展规模的内在冲动。小型企业唯有发展规模，才能克服自身固有的缺点。在激烈的市场竞争中，得过且过、不求进取是站不住脚的。在现代市场经济条件下，企业随时需要准备应付新的挑战

与变化。一个不思进取、不求发展的小型企业是不可能获得成功的。

（二）小型企业在战略上容易犯好大喜功、急于求成的冒进错误

正是由于企业的规模较小，小型企业通常都急切地盼望进入大型企业的行列。过于雄心勃勃的发展计划往往使小型企业在财务上陷入困难的境地，这是小型企业破产的最常见的原因之一。因此，小型企业的发展战略计划更需要从实际出发，对企业的内部和外部条件进行实事求是的分析，对市场的发展趋势做出科学、客观的预测和判断。

（三）小型企业的发展战略通常不宜采取与大型企业对着干的办法

由于小型企业的规模小、实力不足，特别需要从自己的实际情况出发，避开市场上大型企业的竞争锋芒，争取在大型企业竞争的缝隙中求生存、求发展。在一般情况下，小型企业与其和大型企业在市场上针锋相对，不如与相关的大型企业携手并进，甘当大型企业的配角，在相互协作中寻求发挥自身优势的机会。

（四）小型企业的发展战略需要较强的适应性或弹性

虽然小型企业的发展战略同样是为解决长期发展问题而提出来的，但是由于客观上小型企业的发展战略受到各种约束因素的制约较多，小型企业的发展战略特别强调能够适应客观条件的变化，具有一定的弹性或灵活性。

（五）小型企业的发展战略更需要全体员工的认同和参与

小型企业的约束机制不同于大型企业的约束机制。在小型企业中，人与人之间的直接沟通较多，个人因素的作用要远远强于大型企业。因此，小型企业发展战略目标的实现在更大的程度上依赖于全体员工的认同与参与。

由于小型企业的规模较小，所以小型企业的发展战略有别于大中型企业的发展战略。小型企业在选择自己的发展战略时，必须从企业内部和外部环境的具体条件出发，采用能够发挥优势、避免弱点的战略，以求得生存与发展。条条大路通罗马，小型企业发展战略也是多种多样的：

（一）独立经营发展战略

独立经营发展战略是指企业在生产经营与发展中，不依附于其他企业，不受其他企业经营活动的制约，主要是从企业自身条件出发，独立自主地选择产品、服务项目和目标市场，以满足市场的需要。采用独立经营发展战略的特点是强调自主经营，有利于发挥企业内部员工的创造性和主动性，充分利用企业的内部资源，发挥自己的专长。独立经营发展战略是从自我出发的，对于一般的小型企业来说，具有一定的风险。首先，可能在市场上遇到大型企业强大的竞争压力。其

次，可能遇到市场波动的影响。最后，可能受到小型企业自身发展潜力的限制。因此，只有那些在设备、技术、人力、经营管理经验、产品或服务项目、市场等方面确实具有优势的小型企业，才能够较好地运用独立经营发展战略，真正实现自主经营，独立发展。

（二）依附合作发展战略

依附合作发展战略是指小型企业将自己的生产经营和发展与某一个大型企业联系起来，为大型企业提供配套服务，成为大型企业整个生产经营体系中的一个专业化的组成部分，依附于大型企业进行专业化分工与协作基础上的经营与发展。在一定的意义上，依附合作发展战略的实质是积极参与生产经营的社会化分工与协作，是现代市场经济发展的客观需要。但采用依附合作发展战略的小型企业必须妥善处理好依附性与相对独立性的关系，通过依附合作来借船下海，逐步提高自己独立自主经营的能力。这样，既不失去自主经营与发展的主动权，又可以不断增强自身的实力，以求在将来凭借新的实力地位建立新的协作关系，直至实现完全的独立。在现实经济生活中，许多企业都是为其他企业充当配角起家的。

（三）拾遗补缺发展战略

拾遗补缺发展战略是指小型企业避开大型企业竞争的锋芒，不在市场上就同类产品与大型企业展开直接的正面竞争，而是选择大型企业所不愿意涉足的边缘市场或市场接合部，在市场上大型企业竞争的夹缝中求生存、求发展。消费者对产品与服务的需求是多种多样的，市场也是丰富多彩的，在大型企业的激烈竞争中，难免有一些经营业务领域的市场规模较小，大型企业的主导业务发展方向的程度较低，难以实现大型企业所追求的经济规模经营。这就为小型企业发挥拾遗补缺的作用提供了宝贵的市场机会。

市场的开发、产品的开发是没有止境的。随着市场需求和企业生产技术的发展，新的市场机遇将不断出现，这就为小型企业采取拾遗补缺的发展战略提供了几乎无限的可能性。拾遗补缺开发出来的产品往往是新产品，而这些新产品说不定就能开辟一个新的市场领域，激发新的市场需求，发展成为一个新的市场、新的产业。因此，采用拾遗补缺发展战略的小型企业必须对市场机会特别敏感，善于在小产品上做大文章，抓住一切机会使企业能够发展起来。著名企业家鲁冠球在一开始的时候，不过是经营一家小型的乡镇企业，为汽车行业配套生产万向节，而现在他的汽车万向节厂已经成为国内屈指可数的大型汽车配件厂，其生产的产品已经行销到全国各地，并打入了美国等发达国家的汽车配件市场。

四、联合竞争发展战略

就一般而言，小型企业受到自身资源与能力的制约，无法与大型企业开展正常的市场竞争。虽然小型企业可以采取各种不同的发展战略，以避免与大型企业直接竞争，但由于市场竞争的普遍性，要完全回避这种竞争几乎是不可能的。小型企业要想在激烈的市场竞争中站稳脚跟，除了努力提高自身的竞争能力和抗御风险的能力之外，还可以通过联合的方式，有效地克服单个小型企业在市场竞争中的天然的弱点与不足，以联合所形成的全力来与大型企业在市场竞争中抗衡。小型企业的联合竞争发展战略，是指若干家小型企业根据市场的需要与各自企业的具体情况，以一定的方式组织起来，形成或是松散或是紧密的协作联合体，以求发挥不同企业的优势，弥补单个小型企业资源不足的劣势，改变小型企业在市场竞争中的不利地位。联合竞争发展战略有利于小型企业突破自身发展条件的限制，改善小型企业的发展条件，而且还可以促进社会资源的优化配置。

从企业各自的需要和共同利益出发，小型企业实施联合竞争发展战略可以采用不同的形式。因此，为了协调和规范不同企业的利益与经营活动，形成以共同利益和目标为基础的实质性的联合。在实施联合竞争发展战略时，一方面必须兼顾各个企业的利益，真正做到公正、平等、自主；另一方面必然借助于一定的企业联合组织形式作为共同发展的组织保证。

（五）灵活经营发展战略

小型企业的一个突出的优点，是其经营与发展的灵活性。但是，有意识地选择灵活经营发展战略，仍然是摆在小型企业管理者面前的一项重要任务。小型企业的灵活经营发展战略是指企业从自身条件与客观可能出发，根据各种因素的变化，及时调整经营目标与方向，以实现企业效益的最大化。

小型企业采用灵活经营发展战略时需要考虑的第一个因素是企业的自身条件，即企业的内部资源。将企业的发展战略与发展目标建立在企业可以利用与开发的资源的基础之上，无疑是一个明智的选择。以企业的资源作为发展战略的出发点，可以依靠企业的资源优势来形成企业的产品优势与市场优势，争取在市场竞争中居于领先地位。小型企业在战略发展中利用资源优势可以表现在不同的方面：第一，是以企业拥有的人力资源或特殊人才资源为基础，选择企业的战略发展方向。第二，是以企业所在地拥有的特殊的原材料资源为基础，确定企业的战略发展方向。第三，是以企业所在地拥有的人文或自然景观资源为基础，确定企业的发展方向。第四，是以企业所在地的市场条件为基础，确定企业的战略发展方向。

小型企业采用灵活经营发展战略时需要考虑的第二个因素是客观环境因素，包括社会经济发展趋势、产业结构的变化、国家政策导向等。

小型企业在选择加入某一个行业时，需要全面考虑自身的条件和行业的特点，慎重进行决策。第一，要判明哪些行业正处于上升期，哪些行业已进入衰退期。小型企业必须在发展较快的行业中切实把握自己的位置，找到适合自己发展的业务经营领域。第二，要善于利用和依托本地区具有发展优势与潜力的产业部门和企业，借助其在技术开发、产品开发和市场开发等方面的有利条件，为我所用地促进企业的发展。第三，在进入新兴产业时要善于抓住市场机遇，力争不断位于本产业发展的前沿，保持产品开发和市场推广方面的优势。第四，小型企业需要密切关注国家产业政策的调整与变化，借助于国家的产业政策来加强自己的战略优势。国家的产业政策往往能够为某些行业中企业的生产经营发展提供一定的有利条件，如税负的减免、资金信贷方面的优先与优惠、对外经济技术合作方面的鼓励措施等。如果小型企业能够充分利用这些国家政策方面的有利条件，就可以获得更为优越的条件。

·第四章·

心中需装大格局

不要害怕使用比自己强的人

美国钢铁大王卡内基的墓碑上刻着这样一句话："一位知道选用比他本人能力更强的人来为他工作的人安息在这里。"

卡内基曾说过："即使将我所有工厂、设备、市场和资金全部夺去，但只要保留我的技术人员和组织人员，4 年之后，我将仍然是'钢铁大王'。"卡内基之所以如此自信，就是因为他能有效地发挥人才的价值，善于用那些比他更强的人。

卡内基虽然被称为"钢铁大王"，但他却是一个对冶金技术一窍不通的门外汉，他的成功完全是因为他卓越的识人和用人才能——总能找到精通冶金工业技术、擅长发明创造的人才为他服务。比如说任用齐瓦勃。

齐瓦勃是一名很优秀的人才，他本来只是卡内基钢铁公司下属的布拉德钢铁厂的一名工程师。当卡内基知道齐瓦勃有超人的工作热情和杰出的管理才能后，马上提拔他当上了布拉德钢铁厂的厂长。正因为有了齐瓦勃管理下的这个工厂，卡内基才敢说："什么时候我想占领市场，什么时候市场就是我的。因为我能造出又便宜又好的钢材。"

几年后，表现出众的齐瓦勃又被任命为卡内基钢铁公司的董事长，成了卡内基钢铁公司的灵魂人物。齐瓦勃担任董事长的第 7 年，当时控制着美国铁路命脉的大财阀摩根提出与卡内基联合经营钢铁，并放出风声说，如果卡内基拒绝，他就找当时位居美国钢铁业第二位的贝斯列赫姆钢铁公司合作。

面对这样的压力，卡内基要求齐瓦勃按一份清单上的条件去与摩根谈联合的事宜。齐瓦勃看过清单后，果断地对卡内基说："按这些条件去谈，摩根肯定乐于接受，但你将损失一大笔钱，看来你对这件事没我调查得详细。"

经过齐瓦勃的分析，卡内基承认自己过高估计了摩根，于是全权委托齐瓦勃与摩根谈判，事实证明，这次谈判取得了对卡内基有绝对优势的联合条件。

到20世纪初，卡内基钢铁公司已经成为当时世界上最大的钢铁企业。卡内基是公司最大的股东，但他并不担任董事长、总经理之类的职务。他要做的就是发现并任用一批懂技术、懂管理的杰出人才为他工作。

类似的例子在福特公司也可以看到：

艾柯卡担任福特汽车公司的总裁，具有卓越的管理才能，为福特的发展立下了汗马功劳。但他的才能为公司老板福特所嫉妒。有一次，100多个美国银行家和股票分析家聚会，艾柯卡的发言受到了参会者一致的好评，没想到，这让公司的老板福特发怒了，因为他认为艾柯卡抢了他的风头。

他对艾柯卡说："你跟太多的人讲了太多的话，他们还以为你是福特公司的主事者，这种情况让我太难受了。"于是，福特毫不理会艾柯卡的意见，而做出不再把小汽车推向市场的决定，结果使得公司急剧亏损。事后，他对此不仅没有做出任何的解释，而且当一个记者向他采访这件事时，他也只是淡淡地回答了一句话："我们确实碰上了一大堆麻烦。"

后来，为了把艾柯卡踢出去，福特的手段是一个接着一个，先是到处散播谣言说艾柯卡早已和黑手党搅在一起了，后来发展到在董事会上直截了当地告诉艾柯卡："我想你可以离开了。"就这样，艾柯卡被福特无情地解雇了。

艾柯卡当时早已名声在外，许多汽车公司都向艾柯卡发出了邀请信。艾柯卡最终选择了克莱斯勒。当日美国《底特律自由报》同时刊出了两个大标题："克莱斯勒遭到空前的严重亏损"和"艾柯卡加盟克莱斯勒"。两条新闻的同时出现，似乎预示了某种关系。艾柯卡出任克莱斯勒公司的总裁。

克莱斯勒的财务状况比想象中要恶劣得多，公司已经面临倒闭的危机，两年之间，公司亏损已达17亿美元。艾柯卡想尽了各种办法应对公司一个又一个的危机。到1983年春，克莱斯勒公司已经可以发行新股票了。本来计划出售1250万股，但是谁也没有料到，最终的发行量超过一倍。

买股票的人多得排队等候，2600万股在一个小时内就全部卖光了，其总市值高达432亿美元，这是美国历史上位居第三位的股票上市额。这一年，克莱斯勒公司获得925亿美元的实际利润，创公司历史新高。

1984年，克莱斯勒公司扭亏为盈，净利润达到24亿美元，同时也成为福特公司的一个强劲对手。艾柯卡成为美国人心目中的英雄。

海纳百川，有容乃大。从艾柯卡和福特的案例中可以看出，妒才是管理者大忌。那些时常害怕下属超越自己、抢自己风头而对功高盖主者施行严厉打击的管理者是很难取得成就的，因为他总是缺少比自己更有谋略的人的协助，而仅靠一个人的能力和智慧是不可能将企业做大做强的。

创业者最重要的能力之一就是要招募到比自己更强的人，并鼓励他们发挥出最大的能力为自己服务。这本身就已经证明了你的本事，同时不费吹灰之力就可以让自己的事业“大风起兮云飞扬”，在这个过程中最占便宜的还是管理者自己。企业的失败是从任用庸才开始的，同样，企业的辉煌是因为任用了更为优秀的人才而取得的。

美国广告大王大卫·奥格威认为，成功的领导者要善于选用比自己能力强的下属，“每个公司都像一个俄罗斯娃娃，如果公司的老板是最能干的大娃娃，员工都是最小的娃娃，那么公司是毫无希望的。反过来，老板是最小的娃娃，每个员工都是能力最强的大娃娃，公司才会生机勃勃。”

所以说，企业的生存、发展离不开人才，一个成功的管理者就要善于寻找人才、借助人才、使人才为企业所用。知人善任要注意以下几点：

（1）鼓励人才发展，不要怕下属超过自己。

（2）批评时对事不对人。人非圣贤，孰能无过。下属做错了事，要批评他做错的事情，却不能对他进行人身攻击。批评的目的在于指出错误，以期改进，而不是让下属丧失自信或感到人格不被尊重。

（3）承担职责，扶持正气。下属办事不力，并不一定是下属的过错，作为领导者，应首先检讨自己在领导上是否有错误，该承担哪些职责，绝不能将过错推卸在下属身上，否则将会严重影响下属的士气。

不要害怕别人的权力超过自己

美国通用电气公司总裁杰克·韦尔奇把授权看作管理必需。杰克·韦尔奇的授权之道是——你必须松手放开他们。他认为，掐着员工的脖子，是无法将工作热情和自信注入他们心中的。你必须松手放开他们，给他们赢得胜利的机会，让他们从自己所扮演的角色中获得自信。当一个员工知道自己想要什么的时候，没有任何人能够挡住他前进的道路。

在工作中，有的管理者为了管理好员工，让他们按照自己的意图去做事，对员工的一举一动都横加干涉，企图让员工完完全全地按照自己的思维意识去工作，殊不知这样严重地影响了员工的主观性和创造性，即使能够保证完成任务，但是却大大压抑了员工的思想意识，束缚住了员工的手脚，最后造成员工工作压力加大或人才流失。

杰克·韦尔奇曾说："我的工作只是向最优秀的人才提供最合适的机遇，最有效的资源配置而已。交流思想、分配资源，然后让他们放手去干——这就是我的工作实质。"1981年，杰克·韦尔奇出任通用电气公司总裁。当时，美国管理界普遍存在着这样一种共识：领导者的工作就是监督下属认真工作，就是到处举办公司会议，在低层和高层管理者之间建立信息通道，以确认公司的各个部门和环节运行正常。

杰克·韦尔奇对这种观念深恶痛绝，上任伊始，他就开始驳斥这种传统的认识。他认为采取这种方式的领导者都是些官僚管理者，思想陈旧、传统。过多的管理会促成懈怠、拖拉的官僚习气，会把一家朝气蓬勃的公司弄得死气沉沉。而对于这样因循守旧的做法，杰克·韦尔奇历来都是采取抵制的态度。

通用电气公司是一家多元化公司，拥有众多的事业部，员工成千上万。如何有效地管理这些员工，使他们的生产率最大限度地提高，是杰克·韦尔奇一直苦苦思索的问题。经过实践，他最后总结出"管理越少，公司情况越好"这样一个在他看来是最正确而且也一定会有效果的结论。因此，他坚持用这种思想来管理通用公司。通用电气用持续增长的业绩证明，他的这种思想是正确的、伟大的。

其实，不管你从事什么行业，想要成功，管理者都必须创造出一种使员工能有效工作的环境。作为一名管理者，要正确地利用员工的力量，充分地相信自己的员工，给予他们充分的创造性条件，让员工感觉到领导对他的信任。士为知己者死，一个员工一旦被委以重任，必定会产生责任感，为了让领导相信自己的才干和能力去努力达成目标。

一个大型酒店的老板，由于酒后肇事被判入狱3年。这位老板只信任他的一位吹长笛的朋友，于是将酒店交给这位朋友经营。吹长笛的朋友上任第一天，见到的基本都是硕士、海归、博士等酒店管理人员，他们对这位吹长笛的代理老板很不屑，说："你一个吹长笛的懂什么，凭什么管理这个酒店？"这位长笛老板回答："我是不懂什么，我只懂如何让一群自己认为什么都懂的人给我赚钱！"

这个回答很经典。企业的管理者没必要什么都懂，他只需懂一件事：如何放权给最合适的人。这位长笛老板知道自己该干什么、会干什么，他把酒店的各项业务交给最有能力的人来负责，他整日好像什么都不干，但是酒店却经营得很好，并没有因为老板的入狱而受到影响。放权，让这家酒店持续行驶在正确的航道上。

作为管理者，只要能掌握方向，提出基本方针即可。至于细节问题，则应该让员工放手去干。这样不仅员工的潜能得到自由发挥，而且员工还能感到管理者对他的信任，从而达到更加显著的效果，才能使他们为公司做出更大的贡献。

20 世纪 70 年代末，美国达纳公司成为《幸福》杂志按投资总收益排列的 500 家公司中的第二位，雇员 3.5 万人。取得这一成绩的主要原因是该公司总经理麦斐逊善于放手让员工去做，以调动人的积极性，提高生产效率。1973 年，在麦斐逊接任该公司总经理后，首先就废除了原来厚达 22.5 英寸的公司政策指南，以只有一页篇幅的宗旨陈述取而代之。很多人反对他这样做，有人觉得有风险，毕竟政策指南是随着公司发展积累下来的，对公司业务的开展有着很好的指导作用。甚至有人当面对麦斐逊说：你不要期望所有的员工都像老板那样自觉工作。麦斐逊依然坚持自己的做法，在他的眼里，每个员工都是值得信任的。他发布的那份宗旨简洁干练，大意如下："面对面地交流是联系员工、激发热情和保持信任的最有效的手段，关键是要让员工知道并与之讨论企业的全部经营状况；制订各项对设想、建议和艰苦工作加以鼓励的计划，设立奖励资金。"

麦斐逊的放手让员工以自己的各种方式保证了生产率的增长。他曾经一针见血地指出："高级领导者的效率只是一个根本的标志，其效率的高低，直接与基层员工有关。基层员工本身就有讲求效率的愿望，领导要放手让员工去做。"

管理者的授权可以营造出一种信任，权力的下放可以使员工相信，他们正处在企业的中心而不是外围，他们会觉得自己在为企业的成功做出贡献，积极性会达到空前的高涨。得到授权的员工知道，他们所做的一切都是有意义、有价值的，这样会极大地激发出员工的工作潜能。

因此，真正的授权就是让员工放手工作，但是放手绝不等于放弃控制和监督。不论是领导者还是员工，绝不能把控制看作消极行为，而是应该正确认清它的积极意义。控制员工和向员工授权，两者密切相联，相辅相成。没有授权，就不能充分发挥员工的主动性；没有对员工的控制，则不能保证员工的主动性一直向着有利于整体目标的正确方向发展。

切勿忽视团队精神，推崇个人英雄

有一个人开车行驶在乡间小路上迷了路，于是他一边开车一边查看地图，结果却陷在路边的壕沟里。光靠他自己的力量没有办法把车弄出来。他看到前面有家农舍小院，于是便走过去找人帮忙。

他走进院子，没有看到任何能把他的车拉出来的现代化机械，只看到马圈里唯一的一头骡子，而且是已经很衰老的骡子。他以为农夫会因为骡子太瘦弱而拒绝他，可出乎他的意料，农夫说："马克完全可以帮你的忙！"

他看着瘦弱不堪的骡子，觉得很担心，于是问农夫："您可知道附近有没有其他农场？您的骡子太憔悴了，恐怕不行吧？"农夫自信地说："附近只有我一家，您放心好了，马克绝对没有问题的。"

他看着农夫把绳子一端固定在汽车上，另一端固定在骡子身上。一边在空中把鞭子抽得"啪啪"响，一边大声吆喝，"拉啊，马克！拉啊，卡卡！拉啊，迪斯！拉啊，马克！"没过多久，老马克就把他的车从壕沟里给拉了出来。

他觉得很吃惊，但又大惑不解："您为什么要假装赶很多骡子的样子呢？为什么除了马克还喊了其他的名字？"

农夫拍了拍老骡子，笑着对他说："马克是头瞎骡子，它每次只要在队伍里有朋友帮忙就充满干劲，年轻力壮的骡子都比不上它，而我刚才喊的那些名字是我原来那些骡子的名字，他们之前一直跟马克一起拉车的。"

一个有生命力的企业，是具有凝聚力、向心力的。衡量一个企业是否有发展前景，关键是看是否有团队精神，企业的员工是否具有团队意识。优秀的管理者都明白：具有团队意识的员工才能真正地体现其管理思想。反之，没有团队意识的员工，无论多能干、多优秀都不会使团队朝着既定方向发展。

缺乏团队精神的企业，一切目标都只会是空谈而已。我们强调"团队精神"的重要，并非否定那些先进的企业理念、雄厚的资金基础、高科技的含量和知识的重要。然而，先进的理念，充裕的资金等固然重要，但是如果没有"团队精神"这一灵魂，就不存在能接受先进理念的员工，这一切就会变为乌有。

一个人在团队中的力量可能远远胜于他单打独斗时自己的力量。而赋予它这种力量的就是它所拥有的团队精神。

有这样一个故事：

三个皮匠结伴而行，在旅途中遇雨，恰好有座破庙让他们避雨。庙里还有三个和尚也在此躲雨，和尚看到皮匠感到很气愤，质问皮匠说：凭什么说你们“三个臭皮匠顶一个诸葛亮”，而说我们“三个和尚没水喝”？尽管三个皮匠始终忍让，但和尚却不依不饶，以至于闹到让上帝来给个说法。

上帝并没有直接给出答案，而是分别把他们关进两间一样的房子里——房子阔绰舒适，生活用品一应俱全；内有一口装满食物的大锅，每人只发一只长柄的勺子。

过了三天，上帝先把三个和尚放了出来，他们几乎饿晕过去，上帝很奇怪：“锅里有足够多的饭菜，你们为何不吃？”和尚们几乎哭了出来：“你给我们的勺子把太长了，我们没有办法把饭放到嘴中啊！”

上帝很无奈，接着又把三个皮匠也放了出来，只见他们一个个红光满面，神采奕奕，他们感谢上帝给他们如此美味的食物。和尚们大惑不解，问皮匠们是怎样用这么长的勺子吃到东西的。皮匠们齐声说道：“我们是相互喂着吃到的。”

可见，“团队精神”可以创造出一种无形的向心力、凝聚力和塑造力。只要大家心往一处想，劲往一处使，有困难就可以靠集体的力量克服，没有的东西也就会创造出来，缺少的东西也会心甘情愿地去补上，这样的企业就会战无不胜，攻无不克。

团队精神的培养并不是一朝一夕能完成的，需要一点一滴地铸造。

要扮演好培养团队精神头戏的主角这个角色要做到以下几个方面：第一，优秀的领导者要用其人格魅力、吸引力和感召力去引导整个团队；第二，领导者的凝聚力和协调能力也十分重要；第三，领导者要设定团队共同的愿景，所有的人都有了相同的愿望和目标，就能同心协力。一个切合实际的目标会让整个团队产生征服它的心理作用；第四，心往一处想，劲往一处使，才能同心同德，同甘共苦。领导要注意全方位的沟通和交流，沟通的好处在于能让员工迅速达成一致的观点和行动，形成团队的共同价值观。

发挥群体决策的优势，切勿独断专行

当年项羽在鸿门摆下了鸿门宴，邀请刘邦赴宴，但是他犯了一个独裁的老毛病，他没有在事前举行军事会议，没有在事前进行周密的部署，也没有与大家进行很好的商量，更没有在自己的高级领导干部里面统一思想，达成共识，以致项伯和自己左右手重要谋士范增做出了不同的反应。

尽管范增再三举起了自己的佩玉，暗示项羽要下定决心，机不可失，失不再来。但是，项羽始终犹豫不决。范增发现了项羽下不了决心，就私自找了项庄进入酒宴，以舞剑为名借机刺杀刘邦。这也是历史上有名的“项庄舞剑，意在沛公”成语的由来。

然而，由于事先没有统一思想，达成共识，结果项羽集团的另一个重要人物项伯站出来，破坏了这次的刺杀行动。为了保护刘邦，项伯也拔出了自己的佩剑与项庄一起对舞，以此来保护刘邦，最终使刘邦全身而退。项羽的独断专行使其失去灭掉刘邦的最好机会。

项羽之所以落得乌江自刎的境地，其实与他的独断专行有很大关联。通过这个事例，创业者可以明白一个道理——个人英雄主义是难成大事的。不管一个领导的个人能力多么强，要想保证自己的集团的目标可以实现、保证自己的集团利益，就必须在重大的事件上面与自己的搭档和员工达成共识，广泛听取各个方面的意见，绝不能独断专行。

任何人的知识、储备、经验和认知，都会有天然的局限性；个人的学习视野与集体的学习视野相比，是处于劣势而非优势，因为掌握的最新信息较少，个人决策很容易出现滞后性缺陷。因此，创业者要学会群体决策，而不是仅是自己一家之言。

独断专行，表面上看是领导者的强大，实际上是弱智无能的体现。平心而论，是哪些领导者喜欢独断专行，听不进别人的意见呢？恰恰不是办事干练、富有智慧的强者，而是头脑简单、经验不足、尚不成熟的弱者。

群体决策是避免决策误区、避免决策失败的预防针。顾名思义，群体决策机制就是决策过程的广泛参与性，强调的是民主，不是一言堂，不是一人说了算。比如在制定战略计划时，不仅是企业的高层全部参与，而且还要让那些与战略执行相关的人员参与进来，比如战略的实施人员、相关领域的专家、各个部门的主管和代表等。

群体决策机制带来的好处是，任何决策在产生的过程中就赢得了广泛的情感支持，任何参与决策和执行的人不会把决定看作上级的指示，而是看作“我们”共同的意见。

但是群体决策机制会带来的风险有三种：一是因为过于强调民主成分而使决策的形成过程成为平衡各家意见的过程，致使决策结果平庸化；二是因为过于鼓励发表不同观点而使决策会议上拉帮结派，使决策的讨论过程成为争权夺利的过程，降低了决策效率；三是决策过程越民主，决策的过程就越长，企业管理者很容易失去耐心，会轻而易举地出台决定，不仅使决策机制没有起到正向作用，反而出现了反作用。

南北战争爆发后不久，美国总统林肯开始为选任军事统帅发愁。为了解决这个问题，有一天，他将内阁中最重要的成员召集在白宫会议室。会议一开始，林肯就向大家强调：外面战火轰隆，我们的会议一定要有效率，我们要在今天为已经操练3个月的8万士兵找出一个优秀的统帅。

在林肯的这种要求下，这些内阁大臣们纷纷发表出各自不同的意见，不一会儿，几个人便热烈地争论起来。在幕僚们讨论的过程中，意见逐渐清晰，有推荐史考特将军的，有推荐麦克多维尔的，随着推荐的候选人的不同，这些内阁大臣们分成几派，不同派别之间针锋相对，相互指责对方所推荐的候选人的不足和缺点，场面气氛十分激烈。

由于被选任的人将承担最为重要的职位——担任北方军队的统帅，这个职位能够左右美国未来的命运，林肯和内阁成员们制定了选人规则，即只有在2/3人员的同意下，候选人才能被任命。由于这个规则的存在，他们的会议从早上一直开到晚上，因为始终不能使2/3以上的人的意见保持一致，最终是毫无结果。

虽然群体决策仍然存在缺点，但显然要比一个人独裁、单人负责拍板定案的方式稳妥得多。现代企业面临的是一个环境复杂而又变化多端的局面，要想在竞争激烈的商场中立于不败之地，就需要管理者提高决策的准确性和正确性。创业者要想最大限度地避免决策失误，就需要充分发挥集体智慧，建立科学的群体决策机制，以集体智慧来保证决策的成功。在这里，向大家介绍一些群体决策的应用技巧：

（1）群体决策执行效果随着年龄和职务升高而减弱，从年轻、低级人员中可得到较好的群体决策效果；

（2）5～11人的中等规模群体最有效，2～5人小规模群体较易取得一致意见；

（3）凡是平等排列座位、不突出领导的群体，做出的决策执行质量较高，所需时间较短；

（4）使成员成为评论者，对任何意见坦率开展评论，支持和保护持异议者表达其见解；

（5）将事情交付群体决策讨论时，不要在开始时表达倾向性意见；

（6）在决策执行中可指定一位或轮流担任“唱反调”的角色，展开类似辩论赛中正方、反方的辩论。

没有矛盾的团队不一定是最好的

团队里的人个性不同，价值观不同，习惯不同，所以团队成员之间发生冲突时有发生。并非所有的冲突都是坏事，有时候就是需要不同的观点彼此激荡才能迸发出改进的火花。如果有一天团队中的人们都可以自由表达自己的心声或喜恶，或者不把这视为一种“毒瘤”而是一种健康的表现时，那整个团队必会因为多元化而受益。

有了冲突虽不一定都是坏事，却是一件令人忽略不得的事，它听之无声，看之无影，却以一种无形的力量影响着人们的一举一动，如果处理不妥，其后果是团队内成员流失，绩效下降。所以必须高度重视团队中的冲突。

德国心理学家柏格曾做过一个实验，他带领12个10岁的男孩子一起外出游玩，并把他们分成两个相对独立的小组，各个小组内部通过互动活动，人际关系非常融洽。柏格通过向他们分别传递另一方对他们不好的评价，使得两个小组之间很不满。

当冲突明朗化后，柏格又尝试了很多方法让他们和睦，如分别向每组说对方的好话，邀请两组的孩子一起吃饭、看电影，让两组的组长坐下来讲和，但均以失败而告终。他们要么拒绝这些信息，要么故意对抗，关系十分紧张。他们甚至对柏格邀请他们坐在一起而不满。后来，柏格故意弄坏了乘坐的车子。这样一来，两个小组必须同心协力才能把车子推回去。因为他们年龄很小，力气不足，需要在很多时候进行协作。最终两个小组的孩子友好合作而完成了任务。经过这个事情，两个小组之间彼此加深了了解，关系开始融洽。

这个实验为如何解决团队中不同小集体之间的冲突，提供了一个很有效的方法：那就是为他们设置一个共同的目标，促进他们之间加强合作，以此来增进了解，化解误会和纠葛。今天的企业，管理者不能消除冲突，但可以引导冲突，寻找冲突的正面效应，把恶性的冲突变成良性的、积极有益的冲突，一场正面的博弈冲突也可以给企业和个人带来积极的结果。

多年前，盛田昭夫担任副总裁，与当时的董事长田岛道治有过一次冲突。田岛道治负责公司的一切事宜。

当时，盛田昭夫的一些意见激怒了他，虽然盛田昭夫明知他反对，仍坚持不退让。最后田岛道治气愤难当地对盛田昭夫说："盛田，你我意见相左，我不愿意待在一切照你意思行事的公司里，害得索尼有时候还要为这些事吵架。"

盛田昭夫的回答非常直率，他说："先生，如果你和我的意见完全一样，我们俩就不需要待在同一家公司里领两份薪水了，你我之一应该辞职，就因为你我看法不一样，公司犯错的风险才会减少。"

管理者应该看到团队冲突带来的好处。团队冲突能够充分暴露团队存在的问题，增强团队活力。冲突双方或各方之间不同的冲突意见和观点的交锋打破了沉闷单一的团队气氛，冲突各方都能公开地表明自己的观点，且在这种交流中，不存在安于现状、盲目顺从等现象，冲突激励着每个人都去积极思考所面临的问题，从而易产生许多创造性思维，整个团队充满活力。这种活力能够保证团队在市场上的竞争性。

GE 公司前任 CEO 杰克·韦尔奇就十分重视发挥建设性冲突的积极作用。他认为开放、坦诚、建设性冲突、不分彼此是唯一的管理规则。企业必须反对盲目的服从，每一位员工都应有表达反对意见的自由和自信，将事实摆在桌面上进行讨论，尊重不同的意见。韦尔奇称此为建设性冲突的开放式辩论风格。

由于良性冲突在 GE 公司新建立的价值观中相当受重视，该公司经常安排员工与公司高层领导进行对话，韦尔奇本人经常参加这样的面对面沟通，与员工进行辩论。通过真诚的沟通直接诱发与员工的良性冲突，从而为改进企业的管理做出决策。正是这种建设性冲突培植了通用公司独特的企业文化，从而成就了韦尔奇的旷世伟业。

冲突是提升团队凝聚力的契机。在团队中，过分的和睦可能会使不良的工作绩效得到宽容，因为没有人想指责或解雇一个朋友，朋友们往往不愿相互争执或批评，使团队缺乏斗志和竞争性。只有在时有冲突的团队里，成员才会因为彼此竞争而快速进步，从而推动团队高效成长。团队的凝聚力因冲突得到完美解决而不断加强。

所以说，能否妥善处理冲突，反映着创业者驾驭团队的能力。在面对团队成员之间的冲突时，管理者要迫使冲突双方各自退让一步，以达成彼此可以接受的协议。采取此法，关键是把握好适度点。一是看冲突双方的"调子"的高低，分析双方的起初意图；二是视冲突的事实和抑制冲突的气氛对双方心理的影响程度，分别向他们提出降低"调子"的初步意见；三是在冲突双方或一方暂不接受调解意见的僵持阶段，可以采取欲擒故纵的临时措施，明松暗紧施加压力，促使其早转弯子。

第八篇

决策心理学

·第一章·

不怕争论，在互补心理中觅得高论

善于从反面意见中找到真理

秦始皇执掌大权后，下了一道命令：凡是从别的国家来秦国的人都不准居住在咸阳，在秦国做官任职的别国人，一律就地免职，3 天之内离境。李斯是当时朝中的客卿，来自楚国，也在被逐之列。他认为秦始皇此举实在是亡国的做法，因此上书进言，详陈利弊。

他说：从前秦穆公实行开明政策，广纳天下贤才，从西边戎族请来了由余，从东边宛地请来了百里奚，让他们为秦的大业出谋划策；而且，当时秦国的重臣蹇叔来自宋国，邳豹和公孙枝则来自晋国。这些人都来自异地，都为秦国的强大做出了巨大贡献，收复了 20 多个小国，而秦穆公并未因他们是异地人而拒之门外。

李斯直言指出，秦始皇的逐客令实在是荒唐至极，把各方贤能的人都赶出秦国就是为自己的敌国推荐人才，帮助他们扩张实力，而自己的实力却被削弱，这样不仅统一中国无望，就连保住秦国也是一件难事。李斯之言使得秦始皇如醍醐灌顶，恍然大悟，急忙下令收回逐客令。秦始皇因为听取了李斯的建议，不但留住了原有人才，而且吸引了其他国家的人才来投奔秦国。秦国的实力逐渐增强，10 年之后，秦始皇终于完成统一大业。

古人云："兼听则明，偏听则暗。"决策者要主动听取下属的意见，这样才能全面客观地了解事物，做出正确的决策。从管理角度来说，决策者全面听取各方意见，尤其是听取下属的反对意见，可以团结有不同意见的下属，也能赢得下属的尊重和信任，提高组织的凝聚力。

管理大师德鲁克曾说："卓有成效的管理者鼓励下属拿出不同的想法。同时，他也会坚持要求下属在提出想法的同时，认真考虑如何用实践来鉴别这些想法。

所以，卓有成效的管理者会提出这样的问题：‘为了验证某个假设是真的，我们必须了解哪些情况？有了哪些事实，才能使想法站住脚?’提出想法的人也有责任说清楚他们应该期待和寻找什么样的事实真相。”

所罗门是一家公司的部门主管，最近部门业绩下滑，他和下属的沟通也出现了问题。所罗门决定赋予办公室一个新面貌，改变部门的气氛。虽然对办公室的新摆设构思让所罗门感到兴奋，但他决定先保守秘密，以便给大家一个惊喜。

周末，所罗门花了很长时间改变了办公室的陈设，每张桌子和椅子都移动了位置，每个文件柜和盆景都挪了一遍。他对自己的表现十分满意，以为星期一就能聆听下属们的赞美。周一早晨，所罗门刻意提早到办公室看看大家的反应。但他很失望：第一个到办公室的人一言不发，陆续到达的其他人也概莫能外。所罗门非但没有听到一句赞美，反而备受埋怨。他费了九牛二虎之力企图说服下属，新的办公环境会使大家更有活力，但他的努力毫无意义。下属们抱怨了一周，办公室并没有焕发活力。

到了周五，所罗门召集下属开会，承诺在周一早上把所有的东西都移回原位。于是，所罗门又花了一个周末的时间，物归原位。大家似乎对这种结局都感到满意。但所罗门始终耿耿于怀，他觉得必须要做一些改变，于是他向下属们不厌其烦地解释。

中午，几名下属走进所罗门的办公室说：“我们已经讨论过了，您说得有道理，改变工作环境可能会给我们带来新鲜的气息，并提升大家的积极性和工作效率。”所罗门建议让所有的员工共同设计办公室的陈设方式。当天下午，下属们就把新的办公室配置图画好了。

在接下来的一周中，大家忙着安排办公室的空间。周五的时候，大家达成共识，每个人似乎都很兴奋，周末，下属们都过来了，大家帮忙搬东西，一起调整办公室的陈设，忙得不亦乐乎。

周一，布置得焕然一新的办公室受到大家的肯定。办公室的新面貌似乎真的为该部门注入了一股新气息，每个人都显得精神抖擞、士气高昂。然而，除了一两个桌子之外，下属们决定的配置图和所罗门在几个礼拜前决定的差不多。两者受到的待遇差别如此之大，实在耐人寻味。

所罗门为了提高部门业绩，只想做一点小小的变动，然而前后两次的结果迥然不同，原因很简单，他的决策方式前后有别。当他一厢情愿地试图改变时，吃了闭门羹，下属在决策过程中是被动的；当他让下属参与决策时，意外地达到了目的。这就说明，决策者的任何决策都需要一种决策艺术。

决策者必须要重视别人的意见，必须善于把自己的决策通过员工参与的方式体现出来，因为所有的人都愿意当主人，而不想做奴仆。通过这样的方式，决策者处于决策的主动地位，并能积极地引导员工参与决策，以提高绩效。

决策需要了解不同的信息，需要对企业经营中的不同情况进行有效判断，但是任何决策者都不可能掌握全部的信息和资源，所以决策者必须重视别人的意见。尽管某些意见不能被采纳，但至少可以作为决策的参考，即使是那些反对的意见，也可以提醒决策者需要规避决策中的风险。

决策者重视别人的意见，还必须使自己在决策中处于主动地位，重要的是领导者如何引导员工参与到决策中来，同样的问题，有没有员工参与会令决策执行的效果截然不同。

讨论和表决中，在“不同意”，尤其是面对权力源的胁迫和在群体压力下进行的辩驳与思考，是一种难能可贵的、经过启发和刺激而出现的想象力，它常常为许多问题的解决开创出全新的解决方案。优秀领导者的决策，不是从众口一词中得来，而是以互相冲突的意见为基础，从不同的侧面、不同的观点、不同的见解和判断中进行筛选。鼓励反面意见，尤其鼓励来自下层的批评和建议，集中群众智慧，以便做出合乎实际的决策；同时，创造一种宽松的气氛，广开言路，让人毫无顾虑地说出自己的牢骚和不满，是一个领导者民主意识和心理健康的重要标志。

作为领导，一定要记住一句话：要善于在反面的意见中找到真理——此言不虚！

决策就是观点的妥协

美国宪法是世界历史上第一部成文宪法，自其诞生之日起到现在已经经历了200多年的沧桑，但众多的修正案使其仍保持着青春活力。

作为国家根本大法，美国宪法不可能对社会生活各个方面做出具体而细微的规定，而作为国家根本大法，它又必须适时调节社会各个利益集团的矛盾，因而其制定之初，“国父们”绝不是要“创造出一部十全十美、正义民主的、能流芳百世让后人和他人景仰的政治体制，而是为了寻求一种现实的、有效的、能够及时挽救正在走向失败边缘的美利坚联邦的政治途径。”

本着这一目的，在联邦宪法制定过程中就必然要考虑到社会各个集团的利益，各个州或利益集团的代表在制宪会议上讨价还价，最后妥协而成联邦宪法。所以美国宪法不仅仅在于它确立了人民主权、限制政府、联邦制和分权制等一系列原则，更重要的是宪法所形成的一种妥协精神，这正是美国宪法保持青春活力的魅力之源。

美国宪法的这种妥协精神对于保证社会的稳定性是至关重要的，而美国宪法正是具有了这种“谈判”与妥协精神，才能不断适应新的形势，从而成为一部“活着的宪法”。在新的社会条件下，宪法是否仍能调节新生社会利益集团的矛盾，这对宪法的生命力是极大的考验。

中国的改革开放是史无前例的伟大创举，建立社会主义市场经济，完善现代企业制度，参与国际市场竞争，对国企进行战略性调整等，对于我们都是全新的工作。这个过程需要在工作中不断地去探索、总结和提高，犯错误是难免的，但要有错必究、知错必改。在探索的过程中，观点不一致，要学会求同存异，或者不争论，大胆地去尝试，让实践做结论，这就是妥协。即使确认自己是正确的，由于时机不成熟或大多数人不赞同，也要做暂时的妥协。

人们的行为目标是在既定的条件下，追求个人利益最大化。然而，任何一个行为不仅有收益，而且有成本，人们选择何种行为，就取决于成本收益的比较和权衡。因而，在人们相互之间的矛盾冲突中，当采取妥协的方式得到的净收益大于采取对抗的方式得到的净收益时，人们就会采取妥协的方式；反之，就会采取对抗的方式。

妥协意识强调群体决策中每个人不宜事事处处都坚持己见，要学会根据实际情况做出必要的退让。决策时既然要求大家积极参与，鼓励发表不同意见，那么在决策中必然要有一些人做出妥协。

作为人们之间的一种社会关系和行为方式，妥协就是一种交易，一种权利的让步。在市场经济条件下，市场均衡就是供求双方讨价还价、相互妥协的结果，均衡的出现和妥协的达成就是市场的出清和交易的完成。由于均衡价格是供求双方都愿接受的成交价格，均衡产量是利润最大化的产量，这一切都是供求双方达成妥协时出现的状态。在这种妥协中，对立双方平等相待，互惠互利。否则，妥协就不可能达成，交易也不会实现。

现在一切准备就绪，可以做决策了。内容已经讨论过，各种可供选择的方案也已经提出，各种风险和收获也已衡量过。但正是这一步，绝大多数决策却失败了。情况很明显，这项决策并不十分讨人喜欢，并不易于实行。

原因是没有什么“完美无缺”的决策，决策中的个体必须付出代价，牺牲一些愿望。人们必须在各种相互冲突的目标、有效顺序之间进行平衡。对此，管理学大师杜拉克提出了两种不同的妥协：

一种可以用一种古老的语言来表示：半块面包总比没有面包强；另一种可以用所罗门判案的故事来表示：半个婴儿总比没有婴儿坏。

在上述的第一个例子中，客观要求得到了满足，面包的作用在于食物，而半块面包还是食物。可是，半个婴儿却不再是一个活生生的小孩了。很明显，决策者想要达成的是第一种妥协。

在企业的公共事务和决策方案选择中，妥协也是比比皆是。因为在社会经济生活中，存在着各种各样的利益集团，它们之间相互联系、相互竞争、彼此成为对方争取自身利益的有效限制。领导人在决策中还要善于协调相互冲突的各个集团利益，使它们之间达成互利的妥协。

求同存异，让“是”重现

小王最近参加了单位组织的一次活动，伙伴们在活动中的表现令他感慨颇多。

逃生项目是活动内容之一，项目要求全体队员不借助任何工具，只能利用队员的身体，在30分钟内爬过一面4米高的墙。伙伴们用了9分钟就利用搭人梯等方式通过了11个人，而最后一个人却用了18分钟。当时，大家都各执己见，没有人同意一位正确决策者的意见，最后那位同事妥协了，大家才继续进行。但是他们很快发现了行动的错误，事实证明那位同事的决策是正确的。大家马上又纠正过来，这样就浪费了很多时间。

事后小王感慨地说：“如果我们都不那么固执，就能早点达成妥协，也许我们会用12分钟通过12个人。”

用最短的时间妥协，用最小的损失换取最大限度的成功，是一个团队在决策时，持有正确决策意见者难能可贵的牺牲。

一个开放性的决策，常常体现出对冲突的宽容和制度化。对冲突的宽容，不仅是指不对其进行强制性的压抑和禁止，而且包括鼓励冲突双方放弃对抗，实行让步和妥协，达成和解与合作。

对冲突的制度化，无非是这种具有弹性的决策体系能够做出安排，使得冲突的一方或双方能够及时宣泄自己的不满，使得敌意能够不断化解，不致积累起来，造成不可收拾的事端。也就是说，冲突的大量发生及冲突双方的不断妥协使得冲突的强度逐渐减弱，从而阻止了破坏性后果的出现。

可见，决策中对冲突的宽容和制度化，也就是对妥协的推崇和鼓励。或者说是把妥协作为解决冲突的主要方式。相反，如果不是用妥协的方式解决冲突，而是用对抗的方式，即用一方消灭一方的方式来解决冲突，那么，冲突的根本解决意味着更大冲突的生成，冲突的暂时解决意味着埋下了长期冲突的种子，它必然会在新的条件下，采取同样的方式解决面临的冲突。

有这样一种说法：人生就是学会妥协的过程。团队在做出任何一项决策时，肯定会有不同的决策意见。决策是否成功，等结果完全出来就晚了。持有正确决策意见的人若坚持自己的意见，只能站在大家的对立面并且得不到支持。这个时候，持有正确决策意见的人不妨暂时妥协，允许团队走一段弯路，当事实证明决策有偏差，团队自然会很快地修改决策，最终采纳正确的决策意见，把损失降到最小。

在克服困难时，常常是进一步柳暗花明，退一步前功尽弃；而在处理具体事务上，特别是在争论中，则往往会进一步悬崖峭壁，退一步海阔天空。要学会换位思考，勇于退让舍弃，善于走出僵局，找出解决问题的途径。当然，就像对抗的作用不是完全消极一样，妥协的社会作用也不是完全积极的。因此，在决策过程中，我们要注意把握妥协的“度”，不能做无原则的妥协，以致造成重大损失。

企业或小或大的每一次改变都是原则与妥协互相作用的结果。把妥协当作一种原则，实际上是为了达到预期目的而做出的某种让步，或为求折中所寻找的替代方案。这就要求决策者不应在自己的立场上固执己见，而应积极去寻找隐藏于各自立场背后的共同利益所在。

那么，妥协是不是意味着丧失原则呢？借用一位经济学家的话来说就是“妥协是一种原则，但原则是不能妥协的”。

妥协与原则的关系，在商务谈判中体现得最为淋漓尽致。“让步”在商务谈判中是一项重要的策略，它的实质是以退为进、以守为攻的巧妙战术，更是谈判中不可缺少的艺术。“让步”有时看似“妥协”，但有时更似“诱饵”，它可使谈判对象“上钩”，因此，一场成功的谈判其绝妙之处就在于让步的幅度。

即使是 WTO 规则，也是既有严格、普遍适用的一面，又有很多灵活、例外的规定，在一定程度上是不同国家和地区、不同利益集团相互妥协、相互折中的产物，正所谓“原则当中有灵活，灵活当中有原则”。

不愿妥协的人，往往是想追求完美的。但在现实生活中，追求完美只能成为一种境界与奋斗目标，在竞争日益激烈、节奏越来越快的市场环境中，更加崇尚快速决策与团队协作，而适度妥协就像是润滑油。

当然，适度妥协并不是没有原则的妥协，关键是要把握适度。不能因为妥协，而丧失了原则；也不能因为妥协，而偏离了妥协的最终目的。一句话，适度妥协是为了达到更好的效果，本身是一种积极的举措，而不是消极的行为。

什么是不能妥协的原则呢，那就是一个企业的立足之本，比如西门子家电中国区总裁盖尔克先生就曾说过，西门子在产品质量方面永不妥协，“决不为短期利益牺牲未来”。

所以，明白什么是不可以妥协与明白如何妥协同样重要，都是为了达到企业的终极目标。公司里面有种种权力关系，经常做决策时，为了决策好通过，或者避免冲突与竞争，往往对于决策有不同程度的妥协，这也是极为危险的事情，这些妥协包含领导发言后便没有任何反对意见，而且经常如此，或者说话大声的、脾气暴躁的人往往赢得最后结果；另外一种情况是不敢说实话，有人感觉不对但不敢说出来，还有不同部门交换利益，怕其他部门否定本部门的提案，对于其他部门的问题，也客气地不提出意见。

当你觉得不妥当时，请务必勇敢提出来。领导者有义务创造一个开放的环境，允许大家自由地交流意见，虽然遇到的挑战较多，但毕竟企业最终的成功才是大家共同的幸福，一味地妥协往往只会带来集体的失败。

保持开放的心态，不要成为“孤家寡人”

罗斯福总统也许对听取有组织的不同意见理解最为深刻。每当需要对某些重要事情做出决策时，他会找来一位助手，对他说道：“我想请你帮我考虑一下这个问题，但请不要去声张。”（其实，罗斯福心中有数，即使说了这句话，此消息也会立刻传遍华盛顿）接着，他又找来几位从一开始就对此问题持不同意见的助手，向他们布置了同样的任务，并也叫他们“绝对保密”。这样一来，他便可以肯定，关于这个问题的各个重要方面都会被考虑到，并且都会被提出来。他还可以肯定，这样一来他就不会被某个人的先入为主的想法所左右。

罗斯福的这一做法曾经受到他内阁中的“专业经理”内政部长哈罗德·伊基斯的强烈批评。在哈罗德的日记里，诸如“缺乏细致的作风”“轻率鲁莽”“背信弃义”等指责总统的言词到处可见。不过罗斯福心中明白，美国总统的首要任务不是行政管理，而是制定政策，是进行正确的决策。

美国历史上的每一位卓有成效的总统，都有各自一套激发不同意见的办法，以帮助自己做出有效的决策。即使是对冲突和争论恨之入骨的华盛顿总统，在重要问题上，他也会同时去征求汉密尔顿和杰斐逊的意见，以使自己能听到必要的不同意见。

企业领导在做决策时，同样也是为整个企业着想，而不是为树立自己的形象服务。因为决策虽然是自己做出的，影响的却是整个企业，所以，必须慎之又慎！

不同的意见能使决策者考虑得更加周全、细致，防止出现偶然失误。因此，在做决策时，需要不同的意见碰出火花。

事实上，高明的决策者从不强求意见的一致，却十分喜欢听取不同的想法、不同的意见。这样的决策绝非是在一片欢呼声中能做得出来的。只有通过对立观点的交锋，不同看法的对话，以及从各种不同的判断中做出一个选择之后，领导者才能做出正确的决策来。

在决策的讨论过程中，“公说公有理，婆说婆有理”是大有好处的。正确的决策必须建立在各种不同意见充分讨论的基础之上。高明的企业领导者做决策从来不靠“直觉”，他们总是强调必须用事实来检验看法，反对一开始就先下结论，然后再去寻找事实来支持这个结论。

我们知道，任何一个组织的决策者，往往由于所处的情境、条件、个人的知识、经验、思想方法和所代表群体的利益，对每个问题的判断、分析和处理都有定向性；组织或群体中的每一个人，也都因为各自不同的需要、动机而有求于决策者，希望每项决策都对自己和自己所属的群体有利。而决策者在面临多种诱惑而必须在若干取舍面前进行抉择时，他们往往更倾向能为自己和自己所属组织或群体带来较多好处的决策。因此，一个领导集体中常有不同意见的争论，出现各种反面意见是正常的。

多种方案使领导者进可取、退可守，有多方思考、比较和选择的余地。决策只有一种方案，失误的机会必高。当一种方案因为决策错误或者其后因情况变化而不能付诸实施时，别无他途，只有背水一战。所以说，反面意见本身往往是决策所需的“第二方案”。

只有引起争论，有理由、有实据，经过深思熟虑的反面意见，才能保证决策者不至落入表面上一致的小团体意见的陷阱。

一个组织或群体的成员总是喜欢寻求统一。持有与绝对优势的大多数或执权者不同意见的个体在这种无形的压力下，违心地隐瞒、掩饰、改变自己真实的认识、情感和信念。几乎所有的群体在民主气氛淡化的情境中，都不同程度地受到这种小团体意识的损害。

也许是中国人的性格比较含蓄，以致国内的企业里常常出现这样的情况：领导贴出告示，向下属征求意见，但过了很久却毫无反应。在下属当中不同的意见肯定是有的，但由于传统性格的影响，使他们不愿轻易说出来。

决策是一门学问，领导不要自己说了就算，应把眼光向下看，多向下属征求意见。可以首先向一些关键的下属人员征求意见。在做出最后决策和发布命令之前，最好听听下属对决策的看法，吸取一下他们的经验和思想。

在向下属征求意见的时候，千万不要混淆客观事实和主观意见。决策是建立在坚实的事实基础之上的，而不是建立在领导人的感觉之上的。

“建立在感情基础之上的脑袋一热，做出的决定则很少有客观价值。”一家商店的经理说：“依我看，直觉在管理中没有什么地位。例如，我们的人事经理就因为一个人用烟斗抽烟，就退掉那个人的应聘申请书，据说那是一位学商业管理的很有才干的大学毕业生。人事经理认为这个人肯定是一个沉湎于梦想、不冷静而又不讲求实际的人。但事实上，他错了。”

如果领导者在决策中经常粗鲁地警告别人不要自大，甚至打断对方说话。三次之后，所有的人都不再有勇气对该领导者的意见进行驳斥，连正直的人也冷眼旁观，所谓的互动便成了“一言堂”。

要想不成为“孤家寡人”，领导人首先应该具备自我批判精神，敢于解剖自己，敢于接受失败的现实，敢于承担失败的责任；而不是在企业业绩不佳时，埋怨下属、埋怨环境、埋怨运气，把自己身上的责任推得一干二净。只有通过这种深刻的反思，才能从根本上找到失败的根源，树立东山再起的勇气。

更重要的是，即使是在取得一定成绩时，企业领导者也需要反省，以一种开放的心态来接受员工、接受客户的意见。往往人在取得成就时受到批评或者误解，会感觉非常委屈、痛苦，但是世界上没有什么事情是十全十美的。不少公司往往不是死在困境中，而是死在取得一定成绩时头脑发热、盲目扩张上。所以，要成为一个真正优秀的企业家，一定要锻炼出这样的胸襟：即使在一片颂扬声中，也不沾沾自喜，而以追求卓越的态度，不断地去改善自己和企业的行为。

兼听则明，偏信则暗

《贞观政要》是一部政论性的史书。这部书以记言为主，所记基本上是贞观年间唐太宗与臣下魏徵、王珪、房玄龄、杜如晦等人关于施政问题的对话以及一些大臣的谏议和劝谏奏疏。此外也记载了一些政治、经济上的重大措施。

在这本书当中，有很大一部分是记录的唐太宗与诸位大臣的对话。他经常向大臣询问自己的作为是否得当，听取他们的看法。魏徵就是通过和唐太宗的几番对话而逐渐确立自己诤臣位置的，以致此后唐太宗做事，都对他有几分顾虑。有一次，唐太宗想要去秦岭山中打猎取乐，行装都已准备停当，但却迟迟未能成行。后来，魏徵问及此事，唐太宗笑着答道："当初确有这个想法，但害怕你又要直言进谏，所以很快打消了这个念头。"

听取臣子的意见，是唐太宗闻名的一个特点，也是最让他"改邪归正""弃暗投明"的一个特点。因为大臣的建议，他放弃了很多决策，哪怕有时候让他下不来台面。

有一回，一个老臣因为贪污获罪入狱。看到昔日的战友已经成了佝偻老人，儿女成群的家境拮据，唐太宗就命人送了一些财物过去，悄悄饶了他的罪。这件事情被魏徵知道后，马上开始谈论治理国家的大道理。唐太宗都已经送出去财礼了，也只得收回，维持原判。不过这也避免了其他老臣贪污犯罪事情的发生。

任何决策者都不可能掌握全部的信息和资源，所以在做出决策之前，必须重视别人的意见。唐太宗是这样做的，现代的管理大师德鲁克非常赞赏这样的做法。因为一方面，这样做可以防止决策变成"片面的深刻"，有失偏颇；另一方面，重视不同的意见，可以使决策者处于一种主动的地位，一旦某些决策被证明有缺陷，决策者不至于盲目应对。

古往今来，成功的决策者都非常重视听取下属的意见。尤其在现代企业管理界这种现象更为常见。卓有成效的决策者应该认真听取员工的建议和看法，积极采纳员工提出的合理化建议。员工参与管理会使工作计划和目标更加趋于合理，并且还会增强他们工作的积极性，提高工作效率。

1880 年，柯达公司创立，不久它就给员工设置了一个"建议箱"，这在当时是一个创举。公司里的任何人，不管是白领还是蓝领，都可以把自己对公司某一环节或全面的战略性的改进意见写下来，投入"建议箱"。公司指定专职的经理负责处理这些建议。被采纳的建议，如果可以替公司省钱，公司将提取头两年节省金额的15%作为奖金；如果可以引发一种新产品上市，奖金是第一年销售额的3%；如果未被采纳，也会收到公司的书面解释函。建议都被记入本人的考核表格，作为提升的依据之一。

第一个给公司提建议的是一位普通工人，他的建议是软片室应经常有人负责擦洗玻璃，他的这一建议获得了20美元的奖励。设立“建议箱”100多年来，公司共采纳员工所提的70多万个建议，付出奖金高达2000万美元。这些建议，减少了大量耗财、费力的文牍工作，更新了庞大的设备，并且堵塞了无数工作漏洞。例如，公司原来打算耗资50万美元兴建包括一座大楼在内的设施来改进装置机的安全操作。可是，工人贝金汉提出一项建议，不用兴建大楼，只需花5000美元就可以办到。这个建议后来被采纳，贝金汉为此获得50000美元的奖金。

进入20世纪80年代以后，柯达公司的员工向公司建议更为积极。1983年、1984年共有1/3以上的员工提过建议，公司由于采纳员工建议而节省了1850万美元的资金，为提建议的员工付出370万美元的奖金。柯达公司设立“建议箱”所取得的成果，吸引了美国不少企业。目前，相当多的企业已仿效柯达设立“建议箱”来吸收员工的意见，改善经营管理。

决策者必须多利用别人的智慧，来减少决策中的风险，降低成本，提高企业的整体绩效。决策者必须客观、冷静地分析问题，必须考虑别人的意见，启蒙运动的干将伏尔泰曾说过：“虽然我不同意你的观点，但我誓死捍卫你说话的权利。”即使别人的意见是错误的，决策者也应该给他们表达意见的机会，这既是对别人的尊重，也使决策更加科学。

在三国演义中，曹操每每在做出重大的决定之前，都要广泛地征询谋士们的意见。这样做既能减少因决策失误而招致不可挽回的败局，又是一种对谋士们的鼓励，使谋士们觉得得到了重视。让人才的才华得到施展，才是对他们最大的尊重。

事实上，适度的争论还有助于激发人的想象力。领导者所要处理的是一些难以预料的事情，不管是政治方面的，还是经济、社会或军事方面的，都需要有创造性的解决方案，否则就难以开创新局面。从这个角度讲，领导者需要有想象力，因为缺乏想象力的领导者不可能从另一个不同的、全新的角度去观察和理解问题。

必须承认，有丰富想象力的人并不是太多，但他们也并不像人们认为的那么稀少。想象力需要被激发后才能充分地发挥出来，否则它只能是一种潜在的、尚未开发的能力。不同意见，特别是那些经过缜密推断和反复思考的、论据充分的不同意见，便是激发想象力的最为有效的因素。

因此，讲究效益的决策者懂得如何鼓励别人发表不同意见。从不同意见中吸取营养，这可以帮助决策者识别那些似是而非的片面性看法，在做决策时就会有更加广泛的考虑和选择的余地。万一决策在执行的过程中出现了问题或发现了错误，那么决策者也不至于变得手足无措。不同意见还可以激发决策者的想象力，可以将那些听上去似乎有理的意见转化为正确的意见，然后再将正确的意见转化为好的决策。

由此可见，听取不同意见对领导者没有什么害处，既不会损害他的威信，更不会干扰他的决定，而益处却是很多的。

·第二章·

大道至简，贪多心态要不得

贪多嚼不烂，决策只需要一根指挥棒

目标是行动的主题，没有目标，就无所谓决策，也无所谓行动。但是，决策只有一个核心目标。

人们在决策时苦恼的真正原因常常不是选择，而是不知道自己想要得到什么。当不清楚自己想要的是什么时，又怎么能够做出明智的决策？因此，在进入决策过程之前，要仔细地考虑一下自己要实现的目标，真正想要的是什么。

决策是为了达到目标选择、优化行动的方案，是通过决策和决策的实施所达到的目的。对此，英国剑桥大学管理学专家肯尼特·琼有句名言："决策就是从没有目标中找到目标，即确定目标是决策本身的目标。"目标是衡量可选方案的基础，在确定已经认清了所有的目标之后，就能够避免做出一个不平衡的决定。因此，在决策之前，你必须有一个正确的决策目标，决策目标的正确与否是决策能否有效的前提。

比如，在《空城计》中，如果诸葛亮在司马懿大兵将临的时候，把他的目标定为打败司马懿或叫司马懿转攻其他地方，而不是让司马懿不敢进城，那么他是很难找到可选方案的，更不用说实现其保住城池的目的了。

发现目标是一项艺术，是一项能够系统地进行实践的艺术。

任何决策都是从发现和提出问题开始的。所谓问题，就是指应该或可能达到的状况同现实状况之间存在的差距，也表现为需求、机会、挑战、竞争、愿望等，是一个矛盾群，矛盾的复杂性决定着决策中问题的复杂程度，矛盾群是决策的问题源。但并非任何问题都要决策，面对纷繁复杂的问题，要经过一系列思维活动，对问题进行归纳、筛选和提炼，善于抓住有价值的问题，把握其关键和实质。如果真正的问题没有抓住，或者抓得不准，决策就会是错误的。

设立一个正确的目标，就等于达到了目标的一部分，是成功决策的第一步。

没有目标，就不存在目标决策；目标不明确，含含糊糊，隐约不清，那么决策也是不准确、不可靠的。然而，选定和明确经营目标是一件复杂的事，世界上万物都处于不断变化、发展、运动之中，而且是千变万化的。这就需要决策者深入调查，尊重市场的客观实际，并根据现状，最后确定出企业的共同心愿。

乔安娜·多尼格是英国伦敦的时装设计师。有一次，她的一位女友因要出席皇家宴会而没有合适的晚装，焦急得如同热锅上的蚂蚁。这事令乔安娜领悟到，女士们遇到这一困境是很普遍的，在英国这个注重仪表礼仪的社会，社交活动很多，参加社交活动对穿着非常讲究。但大多数人收入并不十分多，买不起华贵的服装，如果付较少的钱，就能在一夜中穿上名贵的时装出席重要的活动，这确实是既省钱而又光彩的事，这也是许多人的经营目标。

乔安娜为此做了大量调查，证实自己的分析和预测是准确的，于是，她确定了开展晚装租赁业务的经营目标。

乔安娜的租赁生意十分地兴旺。后来生意越做越大，最后富甲一方。到她那里租礼服的女士们毫不介意地告诉别人，自己的晚装是租来穿的。人们并不认为这不光彩，反而觉得合算及明智。

在欧美社会，女士们穿的晚礼服不管多么华丽名贵，若连续在晚会场合穿上三次出现，人们便会窃窃私语，穿者自然感到有失体面。因此，无论多好的晚礼服，也只能显赫一两次。这样，不但使普通收入的人们烦愁，连有钱人也操心。乔安娜看准了这种消费市场，她确定租赁晚礼服这个经营目标十分明确，因此，准确无误地实现了她的决策目的。

经营企业的关键在于目标的选择，选择了正确的决策目标，是通向经营成功的第一道门。打开这一大门关键靠决策者的眼光和判断力，管理者必须学会选择经营目标，决策目标的选择可从各种渠道去寻找和调查。乔安娜就是从女友出席皇家宴会、没有合适的晚装而很焦急这一点上挖掘出经营目标的，从而获得了成功。

中国有句古话："贪多嚼不烂。"英国也有一句谚语："不要想把整个海洋都煮沸。"这都告诫人们不要试图通过一个决策来解决所有的事情，而要有重点、有选择。正确判断问题，对决策而言关系重大。在做任何决策之前，必须清楚地界定事件的界限，要优先考虑重要的因素，不能把决策目标定得太多、太笼统。

围绕核心目标，才能迅速到达终点

兔子与乌龟赛跑输了以后，总结经验教训，并提出与乌龟重赛一次。赛跑开始后，乌龟按规定线路拼命往前爬，心想：这次我输定了。可当到了终点，却不见兔子，正在纳闷时，见兔子气喘吁吁地跑了过来。

乌龟问："兔兄，难道又睡觉了？"兔子哀叹："睡觉倒没有，但跑错了路。"

原来兔子求胜心切，一路上埋头狂奔，恨不得三步两蹿就到终点。估计快到终点了，它抬头一看，发觉自己竟跑在另一条路上，因而还是落在了乌龟的后面。

这则寓言故事深刻地说明：竞争道路上，企业即使实力再足、条件再好，只要始终朝着既定目标前进，还要保证不跑错路，才能迅速到达成功的彼岸。

石油价格潮涨潮落，电子商务前景难料，资本市场忽冷忽热，政策法规变化莫测……面对眼前风云变幻的市场环境，是冒险急进，抑或冷眼旁观不见兔子不撒鹰，还是把鸡蛋放在几个篮子里，真是让企业领导人头痛的大问题。这个问题的关键就是在不确定的市场条件下，决策如何围绕目标紧紧展开。

选择什么样的目标，就会有什么样的成就，对"龟兔赛跑"是这样，对企业来说也是如此。决策目标要有简明的形式。目前，西方正兴起的"1分钟目标"就是对目标的形式而言的。所谓一分钟目标就是"写在一页纸上，最多不超过250字"，"任何人都可以在1分钟内看完"。目标如果表达得太烦琐，下属则很难透彻领悟。

决策型领导者在制订目标时，往往能够注重其内容的科学性，但却经常会忽视其形式的简洁。文牍案海铺天盖地地向下属压去，使他们无法喘息，严重的信息超载，使他们丧失了辨别轻重缓急的能力。

决策目标过于模糊就没有可执行性。日本零售业巨头八佰伴的破产，虽然是多种因素造成的，但很大程度上还是目标不清所致。

20世纪80年代，当亚洲经济处在鼎盛时期的时候，八佰伴集团曾在16个国家拥有400多家百货公司，稳稳地坐在世界零售业的第一把交椅上。

20世纪90年代初，八佰伴为了加速扩展国际事业，于是趁着日本的泡沫经济，在债券市场大量发行可转换公司债券。这种筹资方法虽然摆脱了从银行取得资金的限制，却也失去了有效的财务监督，使公司陷入了债务膨胀的危机。事实上，自1996年以后，八佰伴就把公司利润和通过发行公司债券取得的大量资金都投到了海外市场，然而这些资金的回收情况却不尽如人意。

八佰伴原本是一个地方超市集团，但在向海外进军的过程中，没有一个明确的目标，一会儿以日侨为对象，一会儿又转向当地人，不断地改变销售对象，而且还不断地改变经营方式。虽然海外经营的初期得到了侨居海外的日本人的大力支持，但由于在日本国内的积蓄不足，购买能力有限，因而被后发展起来的超市和百货商店抢走了客源。

零售业要站住脚，就必须有明确的服务对象。在超市行业中，必须首先确定正确的战略定位，而后通过细小事务的逐步积累，才能真正取得成功。八佰伴公司目标不明、忽视服务对象而带来的教训是深刻的。1997年，这个庞大的零售业巨头走到了破产的境地。

由此可见，“目的不明，无路可至”。目标不清的人，就像漂浮在水中的一片叶子，随水漂流，不知道会漂向什么地方。决策的目标如果是模糊的，甚至是模棱两可的，就无法以目标为标准评价方案，更无从选择方案，因此也就导致决策失败。

如果可能，目标要像军官向士兵发出的命令一样简单。如果一个军官把“向右转”喊成“向左边的相反方向转”，那么口号的力度就要大打折扣了。

因此，在进入决策过程之前，应该仔细地考虑自己的目标，即真正想要什么？真正需要什么？目标是什么？这样做出来的决策才会是一个成功的决策。

不要让偏离的轨道迷乱了你的眼睛

有人要将一块木板钉在树上当搁板，一个叫贾金斯的人便主动去帮忙。他说：“应该先把木板头锯掉再钉上去。”于是，他找来锯子，才锯两三下又撒手了，说要把锯子磨快些。于是，他去找锉刀，接着又发现必须先在锉刀上安一个顺手的柄。于是，他又去灌木丛中寻找小树，可砍树又得磨快斧头。磨快斧头需将磨石固定好，这又免不了要制作支撑磨石的木条。制造木条少不了木匠的长凳，可这没有一套齐全的工具是不行的。于是，贾金斯到村里去找他所需的工具，这一走，就再也不见他回来了。

决策者对任何一个决策的实践，都是为了达到一定的目标。但很多时候，决策者随着市场的变化或者竞争的推进，模糊了初定的目标，导致对决策者选择发生飘移，最后走上失败之路。因此，在做决策时，决策者必须始终牢记决策的目标。

古代有这样一个故事：

齐国有一个喜欢打猎的人，花费许多时间去打猎，结果却是一无所获，回家之后觉得愧对家人，出门又觉得对不起邻里好友。他仔细琢磨为何自己总是猎不到猎物，最后才明白是因为猎狗不好，可是因为家穷没办法得到好的猎狗，于是他想回到自己田里努力耕种，有收获之后便可买一只好的猎犬，等到有一只好猎犬时，便容易捕获野兽，达成自己成为一个好猎人的心愿。

"工欲善其事，必先利其器"，但是应该具备哪些器具，才能善其事呢？这也是很重要的课题。牢牢记住决策的目标，必须知道自己决策的目标到底是什么，决策者沿着这一目标的主轴对决策进行具体的运作，具体应该做什么，怎样去做，同时利用敏锐的判断力，时刻观察和警惕制定的决策在运作过程中是否偏离了方向。

方向指明了决策想要获得的结果，指导人们带着一个预先设想好的结果去搜寻意见，而方向的设定是引导人们寻找计划的方法。

在浩瀚的撒哈拉沙漠腹地，有一个小城叫比赛尔，如今这里已经成为一颗明珠，每年有数以万计的旅游者来这儿旅游。但是在 1926 年英国皇家科学院院士肯·莱文来到这里之前，这里还只是一个封闭而落后的地方。这里的人没有一个走出过大漠，据说他们不是不愿离开这块贫瘠的土地，而是尝试过很多次都没有走出去。

肯·莱文当然不相信这种说法。他用手语向这儿的人问原因，结果每个人的回答都一样：从这儿无论向哪个方向走，最后都还是转回到出发的地方。为了证实这种说法，肯·莱文做了一次试验，从比塞尔村向北走，结果三天半就走了出来。

比塞尔人为什么走不出来呢？肯·莱文非常纳闷，最后他雇了一个比塞尔人，让他带路，看看到底是怎么回事？他们带了半个月的水，牵了两峰骆驼，肯·莱文收起了指南针等现代设备，只拄一根木棍跟在后面。

10 天过去了，他们走了大约 800 英里的路程，第 11 天的早晨，他们果然又回到了比塞尔。这一次肯·莱文终于明白了，比塞尔人之所以走不出大漠，是因为他们根本就不认识北斗星。

在一望无际的沙漠里，一个人如果凭着感觉往前走，他就会走出许多大小不一的圆圈，最后的足迹十有八九是一把卷尺的形状。比塞尔村处在浩瀚的沙漠中间，方圆上千公里没有一点参照物，若不认识北斗星又没有指南针，想走出沙漠，确实是不可能的。肯·莱文在离开比塞尔时，带了一位叫阿古特尔的青年，就是上次与他合作的年轻人。他告诉这位汉子，只要你白天休息，夜晚朝着北面那颗星走，就能走出沙漠。阿古特尔照着去做，三天之后果然来到了大漠的边缘。阿古特尔因此成为比塞尔的开拓者。后来，人们把他的铜像竖在小城的中央。铜像的底座上刻着一行字：新生活是从选定方向开始的。

比赛尔人是不幸的，他们的不幸在于找不到行走的参照物，自然也就找不到正确的方向，必然找不到出路，于是世世代代被茫茫大漠和自身的无知所囚禁。

在做决策的时候，要想使决策获得成功，必须首先选好方向。就像阿古特尔铜像上的那句话：新生活是从选定方向开始的。同样，成功的决策也是从选定方向开始的。确立自己的经营目标，是保证决策走向成功的第一步。

一家企业希望生产一种能满足大众家庭所用的产品，希望能大量生产并且盈利。如果这是一家生产电器的企业，那么它生产什么电器呢？电视机？洗衣机？电冰箱？电饭锅？企业必须有一个明确的目标范围。选定一个目标范围必须分析预测出它究竟一年可销售多少，消费者需要什么样的款式和规格，大众对这类产品的价格承受能力如何，企业自身生产能力能否达到要求，市场竞争和发展趋势怎样，是否具有这个经营目标的优势等，这些都要进行具体分析，使每一项的分析结论成为确定经营目标的根据。

综上所述，目标在决策中的地位举足轻重。正如一位学者所说：“如果你坐的火车是在错误的铁路上，你所到达的每一个车站都是错误的车站。”如果决策者不善于捕捉经营目标，选择决策目标，不善于掌握决策方法，不善于进行决策活动，不善于科学决策，就是一名不合格的经营管理者，也无法成功。

越简单就越轻松快乐

1994年2月，美国国家银行发展部的主管吉姆·沙利和约翰·哈里斯召集下属开会，会议的议题是改善领导层、员工和客户之间的沟通与联系，最终目标是使美国国家银行成为世界上最大的银行之一。

为期两天的会议结束之际，墙上挂满了草案、图表和灵光闪现的新主意。总结的时刻到了，约翰拿着记录本站了起来。

“我们要说的就是这些，”约翰举着记录本说，“简单就是力量。”他在白板上写下这几个红色大字后，结束了自己的总结。

约翰抓住了轻松工作的关键。无论做什么事情，我们都应当树立这样一个信念：简单就是力量。

曾任苹果电脑公司总裁的约翰·斯卡利说：“未来属于简单思考的人。”如何在复杂多变的环境中采取简单有效的手段和措施去解决问题，是每一位企业管理者和员工都必须认真思考的问题。

《道德经》有这样一句话：“是以圣人去甚、去大、去奢。”意思是说，圣人要去掉极端的、过分的、奢侈的东西。

放弃过分，放弃极端，放弃奢侈，追求简单的生活方式，看似原始，但这种简单是高效的。

世界500强企业之一的宝洁公司，其制度就具有人员精简、结构简单的特点。宝洁公司强烈地厌恶任何超过一页的备忘录，推行简单高效的卓越工作方法。曾任该公司总裁的哈里在谈到宝洁的“一页备忘录”时说：“从意见中选择出符合事实的一页报告，正是宝洁公司做决策的基础。”

他通常会在退回一个冗长的备忘录时加上一条命令：“把它简化成我所需要的东西！”如果该备忘录过于复杂，他会加上一句：“我不理解复杂的问题，我只理解简单明了的。”对此，他曾经做过解释，他的目的就是要培养人们能够把复杂的问题分解成一系列简单的问题。

国内有许多公司为了提高员工的工作效率，专门花重金请来专业的咨询公司，编写出一些文采飞扬、图文并茂、理论和案例也十分丰富的规定性和执行性文件，但最后这些文件的命运都是殊途同归，也就是往往被束之高阁，并没有达到管理者预期的目的。

然而，将所了解的事情用“一页备忘录”表述出来，并不是一件容易的事。一是需要对事情做深入细致的调查；二是要把所得到的材料反复研究，“了然于胸”，然后从中找出规律性、代表性、本质性的东西来。如何衡量是不是“吃透”了，一个最简便、最有效的方法是：看能不能用“一页备忘录”概括你要讲的或写的内容。如果做到了，说明吃透，反之，则说明述者对所说或所写的内容仍然是心中无数，无论怎么表述都很难收到理想的效果。化繁为简是让我们的工作获得高效的一项重要举措。马上行动，追求简单，事情就会变得越来越容易。反之，任何事都会对你产生威胁，让你感到棘手、头痛，精力与热情也跟着低下。就像必须用双手推动一堵牢固的墙似的，费好大的劲儿才能完成某件事情。化繁为简，可以让你的生活和工作都变得简单轻松，你的信心也会跟着大增。

用减法做市场，为决策瘦身

现在许多小皮包、文件包都设计了锁，而且多半是密码锁，看起来似乎很高级，用起来却给人增加了很多烦恼。只要稍不小心，轻轻一碰，密码就活动，例如“0”就变成“9”或“1”。这还好，你对到“0”字还能打开；但有好多皮包锁上后就打不开了，需要用改锥撬，有时只好把锁弄掉。这样，还不如没锁好。

小小皮包仅是一个例子，在实际生活中类似这种华而不实、徒劳无益的产品还有很多，设计者、制造者和经营者以为这样可以招徕顾客，可以多赚些钱，其实恰恰相反，上当只一回，消费者从此只会避而远之。

简单才有吸引力，去繁就简，在领导决策中也已经成为一个基本要素。按照这样的思维，企业就应从方便消费者使用的角度出发，在设计产品时应多使用“减法”。

大名鼎鼎的美国实业家爱克尔就是靠运用“减法”起家的。一天，爱克尔在纽约街上散步，看见一家小店将一块块咸肉切成均匀薄片，装在两磅装的纸盒里出售，生意很好，立即产生联想：“如果再改成一磅装，生意可能会更好。”于是他依计行事，创办了山毛榉食品公司。从此，山毛榉食品公司声名鹊起，逐渐闻名全美国，乃至全世界。

20 世纪 80 年代日本推出烧煮和加热合一的微波炉，按钮有十几个之多。虽可烹饪菜肴 200 多种，但还是遭遇冷落。对此厂家大胆革新，减成几个按钮，顺应了消费者的“有效需求”，受到了欢迎。

对大多数消费者来说，产品的一切功能甚至包装都是过剩的。“择其剩者而减之”，看似做“减法”，实际上是在做“加法”。简单的才是有吸引力的。用“减法”做市场并不仅限于产品的功能和包装，还包括产品的销售和流通等方方面面。做好了，简单也能不凡。

方法是思想的捷径。对于大企业而言，给企业的决策和经营瘦身远比裁员具有更深远的涵义，它是对现行机构、体制甚至经营理念的解构与重塑，这对于习惯求大、求强的企业家来说，是一个痛苦的蜕变过程，这就要求决策者将关注化为简洁的目标。

决策是围绕着设定的目标展开的。俄国大文豪托尔斯泰说："人要有生活的目标：一辈子的目标，一个阶段的目标，一年的目标，一个月的目标，一个星期的目标，一天的目标，一个小时的目标，一分钟的目标，还得为大目标牺牲小目标。"有了目标，我们才会把注意力集中在追求喜悦，而不是在避免痛苦上。面对如此复杂的目标系统，决策者必须让企业要达到的目标最清晰，最易于沟通，比如成本最小化等。

一般而论，没有目的性的行为不会有多大的成果，而有目的性的行为，则能取得很大的成果。

相传古希腊塞浦路斯岛有一位年轻的王子，名叫皮格马利翁。他酷爱艺术，雕塑很有造诣，一次他成功地塑造了一尊美丽漂亮动人的女神像，非常得意，梦想她能成为自己的妻子，于是整天含情脉脉地注视这座神像，天长日久，痴心不改，终于感动了上帝，让女神像复活了，做了这位王子的妻子。

心理学家将王子对女神像的目标期待效应称之为"皮格马利翁效应"。在后来很多心理学家的实验中都证明，人的潜力是巨大的，只要树立明确的奋斗目标，并孜孜不倦地努力实施，就一定会到达希望的彼岸。

一个人的精力是有限的，其才能也往往只在某一个方面。古代有过天文地理无所不知，琴棋书画无所不精的才子，但大多数人如果样样都会，必然件件不精。一个企业也是这样，随着社会和科学技术的快速发展，企业的专业化分工越来越细，企业的资源又是有限的，什么事都想干，什么钱都想赚只怕没有可能。因此，领导者认清自己的竞争优势和劣势，将所关注的事情转化为简洁的目标，才能具备自身进攻的利器。

·第三章·

合理运用利益权衡心理，减少决策的风险值

敢于冒险，做“第一个吃螃蟹的人”

世界著名服装设计师皮尔·卡丹是个非常敢于冒险的人，而他对马克西姆餐厅的经营策略更是体现了这位现代企业家和服装设计大师在关键时刻的决策能力和才干。马克西姆餐厅创办于1893年，是法国著名的高档餐厅。但是，发展到20世纪70年代，经营却越来越不景气，到1977年时，已濒临倒闭。

这时皮尔·卡丹却决定买下马克西姆餐厅，朋友都以为皮尔·卡丹在开玩笑，纷纷劝阻他：“这个餐厅本来就不景气，如果要买下来肯定耗资巨大，等于自己给自己背一个包袱。”还有人对他说：“不要让自己走向破产，头脑要冷静一点。”但是，皮尔·卡丹自己却认为：马克西姆虽然目前不景气，但历史悠久，牌子老，有优势。它经营状况不佳的主要原因在于档次太高，而且单一，市场也局限在国内，只要从这几方面加以改进，肯定可以收到成效。而且，趁其不景气的时候购买，才能以低价买进。

1981年，皮尔·卡丹终于以巨款买下了马克西姆这一巨大产业。经营伊始，他着手改革，以图走出困境。首先，增设档次，在单一的高档菜的基础上再增加中档和一般的菜点。其次，扩大经营范围，除菜点外，兼营鲜花、水果和高档调味品。另外，皮尔·卡丹还在世界各地设立马克西姆餐厅分店，取得了良好的经济效益。事实证明，他当初的冒险是非常正确的。

由此可见，风险不在，收益何来？决策就是出自风险。美国经济学家熊彼特说：“企业家能够预见到新的投资领域或新的盈利机会、敢于冒险，敢于投资，从而谋取额外利益。企业家不是投机商，而应是一个大胆创新、敢于冒险、注重积累的开拓型人才。”

可见，“冒险”与企业家密不可分，因为“企业家”一词本意就包含着风险，

加之企业家要取得高利润就必须不断创新，由于创新的天地必然是未知的世界，而未知必然带来某种不确定性，即意味着风险。现实往往是这样：利润大，风险也大。对于一个企业家而言，没有一点冒险精神是成不了大事的。企业家只有在这种挑战式的经营中才能显出英雄本色。在真正的企业家看来，冒险是一种最新鲜的刺激。大到决定开办一个企业，小到产品的更新换代、人事调动都是一种风险，并在风险中给企业注入新的活力。

敢于冒险、勇敢为之的人并不多，而这不多的敢于冒险的人的数量和财富场上成功者的人数，恰好成正比。剑桥教授常常这样教育学生，一件事情，只有通过去做，才能判定自己行或不行，因为太多的事情对社会来说是前所未有的，对参与者来说从未做过，而只有勇敢地去冒险，去尝试，才能把握其中的诀窍。

当然，冒险并不是赌博，美国企业家、管理学博士蓝斯登说："冒险是廉价计算，而不是胆大妄为。"

企业决策，必须是既能解决现实问题又具有前瞻性的，它总是面向未来的，未来的事情总是带有某种不确定性，因而决策也总是包含着一定的风险。作为企业的领导者或决策人必须懂得，这里所说的不确定性都是相对的。太过保守的领导者，往往会对风险采取回避的态度，以求得风险最低作为决策的基本原则。

企业决策关系到利益的多与少，这一点很刺激。有刺激，就有风险。这就好比一条想要远渡重洋的船，它要航行得越远，它的收获也就越大，也就越要经历更多的惊涛骇浪。

日本著名经营管理学家、东芝电气公司的前任总经理士光敏夫说："风险和利益的大小是成正比的。如果风险小，许多人都会去追求这种机会，因此利益也不会大。如果风险大，许多人就会望而却步，所以能得到的利益也就会大些。从这个意义上来说，有风险才有利益。可以说，利益就是对人们所承担风险的相应补偿。"的确是这样，越是想一举获得巨大效果的决策，所谓的风险就越大。

1982年是美国的钢铁工业严重衰退的一年，其产量比1981年减少40%以上。1982年前9个月，美国七大钢铁公司亏损总额就高达12亿美元，全年约在16亿美元。在世界大型钢铁企业中排名第七的美国伯利恒钢铁公司，因为出现严重亏损，不得不在年底宣布永久性关闭两个分厂，使近万名工人失业。

更严重的灾难落在了美国钢铁公司中规模名列第11位的麦克罗斯钢铁厂身上。麦克罗斯钢铁厂在竭尽全力挽救无效的情况下，便做出了在1982年10月宣布倒闭的计划。就在钢铁厂行将倒闭和4万名工人面临失业的时刻，在芝加哥发迹的谭仲英买下了该钢铁厂。

谭仲英于 1964 年建立起自己的第一家钢材公司后，他接二连三地买下了许多破产的公司，使其事业得到了迅速的发展。到 1981 年，他在美国已拥有大小企业 20 多个。

谭仲英——这位著名企业家的经营之道是“在‘葬礼’时买下公司，在‘婚礼’时卖出公司”。很多人对他花大笔钱把病入膏肓的垂危工厂买下来的举动，感到不可思议。也有人把他的骇人举动称为“喜欢冒险的赌博”。然而，谭仲英就是以此种“冒险”的方式，从一名推销员发展到拥有资产超过 10 亿美元的企业家。这不能不说是他“冒险”的代价与回报。

当今世界上每个企业家都不得不面临风险，从某种意义上讲，竞争就是风险，经营就是风险。决定投产有风险，决定转产也有风险，进货有风险，卖货也有风险。在现实的经济活动中，一点风险没有的经营是不存在的。有关资料表明，新产品创新的成功率一般只有 30％左右，这个 30％是指被用户接受，企业因而值得冒险、有利可图的新产品。

所以说，尝试是一种冒险，但没有冒险就没有进步。“第一个吃螃蟹的人”冒着生命危险第一个品尝到了螃蟹的鲜美滋味，在某些情况下，企业的冒险也等同于一种高度的献身。对此，美国老罗斯福总统 1899 年说过一段话：“尝试伟大的事情，赢取光荣的胜利，即使遭遇失败，也远胜过与既不享受多少东西、也不承受多少痛苦的可怜虫为伍，因为他们活在不知战胜和败退为何物的灰色朦胧地带。”

对于企业而言，今天的优势并不能造就明天的辉煌，要以“永远站在起跑线上”的态度对待过往成就和未来竞争。为了在竞争中取胜，企业需要不断地补充新知识，探索新问题，决策者也需要不断地解决这些发现的新问题，而企业本身也需要不断尝试新的游戏和冒险。

敢干但不蛮干

一个人或一个企业要想成功，就要有“与风险亲密接触”的勇气。不冒风险，则与成功永远无缘，但更重要的是冒风险的同时，一定要以稳重为主，只有这样的成功，才是我们想要的成功。作为一名成功的证券投机商，霍希哈从来都不鲁莽行事。他的每一个决策都是建立在充分掌握第一手资料的基础上。他有一句名言：“除非你十分了解内情，否则千万不要买减价的东西。”而这个至理名言是以惨痛的代价换来的。

1916 年，初涉股市的霍希哈以自己的全部家当买下了大量雷卡尔钢铁公司的股票，他原本以为这家公司将走出经营的低谷，然而，事实证明他犯了一个不可饶恕的错误。霍希哈没有注意到这家公司的大量应收账款实际已成死账，而它背负的银行债务即使以最好的钢铁公司的业绩水平来衡量，也得用 30 年时间才能偿清。

结果雷卡尔公司不久就破产了，霍希哈也因此倾家荡产，只好从头开始。

经过这次失败，霍希哈一辈子都牢记着这个教训。1929 年春季，也就是举世闻名的世界大股灾和经济危机来临的前夕，当霍希哈准备用 50 万美元在纽约证券交易所买一个席位的时候，他突然放弃了这个念头。霍希哈事后回忆道："当你发现全美国的人们都在谈论着股票，连医生都停业而去做股票投机生意的时候，你应当意识到这一切不会持续很久了。人们不问股票的种类和价钱疯狂地购买，稍有差价便立即抛出，这不是一个让人放心的好兆头。所以，我在 8 月份就把全部股票抛出，结果净赚了 400 万美元。"这一个明智的决策使霍希哈躲过了灭顶之灾。而正是在随后的 16 年中，无数曾在股市里呼风唤雨的大券商都成了这次大股灾的牺牲品。

霍希哈的决定性成功来自开发加拿大亚特巴斯克铀矿的项目。霍希哈从战后世界局势的演变及原子武器的巨大威力中感觉到，铀将是地球上最重要的一项战略资源。于是，从 1949 年到 1954 年，他在加拿大的亚大巴斯卡湖买下了 1222 平方公里的土地，他认定这片土地蕴藏着大量的铀。亚特巴斯克公司在霍希哈的支持下，成为第一家以私人资金开采铀矿的公司。然后，他又邀请地质学家法兰克·朱宾担任该矿的技术顾问。

在此之前，这块土地已经被许多地质学家勘探过，分析的结果表明，此处只有很少的铀。但是，朱宾对这个结果表示怀疑。他确认这块土地藏有大量的铀。他竭力向十几家公司游说，劝它们进行一次勘探，但是，这些公司均表示无此意愿。而霍希哈在听取了朱宾的详细汇报之后，觉得这个险值得去冒。

1952 年 4 月 22 日，霍希哈投资 3 万美元勘探。在 5 月份的一个星期六早晨，他得到报告：在 78 个矿样中，有 71 块含有品位很高的铀。朱宾惊喜得大叫："霍希哈真是财运亨通。"霍希哈从亚特巴斯克铀矿公司得到了丰厚的回报。1952 年初，这家公司的股票尚不足 45 美分一股，但到了 1955 年 5 月，也就是朱宾找到铀矿整整 3 年之后，亚特巴斯克公司的股票已飞涨至 252 美元一股，成为当时加拿大蒙特利尔证券交易所的“神奇黑马”。

在加拿大初战告捷之后，霍希哈立即着手寻找另外的铀矿，这一次是在非洲的艾戈玛，与上一次惊人相似的是，专家们以前的钻探结果表明艾戈玛地区的铀资源并不丰富。

但霍希哈更看中在亚特巴斯克铀矿开采中立下赫赫战功的法兰克·朱宾的意见，朱宾经过近半年的调查后认为，艾戈玛地区的矿砂化验结果不够准确。如果能更深地钻入地层勘探，一定会发现大量的铀矿。

1954 年，霍希哈交给朱宾 10 万美元，让他正式开始钻探的工作。两个月以后，朱宾和霍希哈终于找到了非洲最大的铀矿。这一发现，使霍希哈的事业跃上了顶峰。

1956 年，据《财富》杂志统计，霍希哈拥有的个人资产已超过 20 亿美元，排名世界最富有的前 100 位富豪榜第 76 位。

霍希哈的失败和成功都是偶然性中带着必然性的。因为风险是一柄双刃剑，但只要你审时度势，仔细考察分析，冒险就会给予你优厚的回报。

需要强调的是，冒风险并不等于蛮干，它是建立在正确的思考与对事物的理性分析之上的。克劳塞维茨说：“只有通过智力活动，即认识到冒险的必要而决心去冒险，才能产生果断。”须知，卓越的勇敢与智慧缺乏的勇敢是截然不同的两种勇敢，前者叫勇敢，而后者被称为莽撞。

风险最小化，比不上机会最大化

美国的哈斯布罗玩具公司是一家知名企业，在 20 世纪 50 年代以前，它一直发展顺利。但进入 50 年代起，因受到来自香港玩具的竞争，使其陷入经营危机之中。

危难之时，斯蒂芬·哈森菲尔德出任董事长。他走马上任后，决定背水一战。

哈森菲尔德对来自香港等地区的玩具进行深入调查，他发现香港的玩具花样品种多，具有新、奇、巧的特点，如遥控车、会哭会笑的娃娃等。生产这些具有时代特色的玩具，必须有先进的生产设备和技术。而自己公司生产的“美国大兵”成本高、款式过时，这些都是技术和设备落后造成的。

鉴于此，哈森菲尔德决定投资几千万美元更新设备，并投资上千万美元设立新技术研究室，专门研究和开发新型玩具，甚至以巨资购进一些技术专利。有人说哈森菲尔德发了疯，花那么多钱去研究技术没有必要。确实，哈森菲尔德的决策是冒着很大风险的，而且也不是一帆风顺的。1988 年，他花费 2000 万美元投资研制一种“内莫”电子游戏机，结果生产出来后，经核算效益不好，被迫终止生产，2000 万美元付之东流。

哈森菲尔德并没有因为这次失败而止步，而是坚定不移地按风险决策进行下去。他清楚地认识到决策与风险是形影不离的。他总结了失败原因，是决策前对公司内外的因素分析判断不准确，生产这种玩具的优势不如竞争对手。此后他吸取这次教训，做风险决策时，做好内外两种环境的调查分析，以使自己的决策更有效。

在哈森菲尔德的努力下，这家濒于倒闭的公司起死回生，成为美国玩具行业中最有实力的公司。

很多时候，要做到成功，决策者就不得不做出那些对自己、对企业来说都是全新的、有风险的决策。确实，没有风险，就没有成功的机会。

企业一定要使风险最小化，但如果它的行为只是消极逃避风险，那么最终它将承担最大的、最不合理的风险：无所事事的风险。风险不是行动的基础，它只是行动的制约，应当根据机会最大化来选择行动。

风险是决策活动中不可回避的因素。一般说来，决策所可能得到的效益与决策所冒的风险成正比关系。因此，在决策时，要对效益和风险这两者做认真的、细致的、科学的权衡。效益大而又没有风险，这当然是最理想的选择，可惜在现实经济活动中根本就不存在这样的选择。当然，效益虽大，但风险更大，超过了主客观条件的许可和承受能力，这种决策亦不足取。风险小，但效益也小，也同样不是好的决策。效益大，风险也较大，而且估计这种风险是在主客观条件可以允许的范围内，这才是有价值的决策。

决策者在做风险决策时，首先要给风险定一个度，即风险度。风险度，是指为实现决策目标所需的条件中，已经具备的条件和尚未具备的条件之间的比例。比如，要实现某个目标的条件需要 10 个，现在已经具备了 7 个，那就是说，要实现这个目标还要冒三分的风险。

对于风险度的大小，是相对比较固定的情况而言的，如果考虑到变动情况，或决策面临的本来就是迅速变化的形势，那么在预测风险度时，还应考虑到本来已经具备的条件会在变化过程中丧失而风险度增大的可能性。

垒球中的安打很容易做到，盗垒就不是人人可为。的确，冒险并不好玩，什么事都小心翼翼的人当然就不会闯出大祸。但是如果领导者在决策中老是讲求安全第一，如果总是让竞争对手去冒险，然后再跟在竞争者的脚步后面，那么你的公司将永远是二流公司，永远无法成为业界的领导者。不敢冒险的领导人充其量也只能算是个看门者。

在日本企业界，人们把有胆有识的人称为“正数反应型”的人。“正数反应型”的人信念坚定、百折不挠，像一座强大的“反应”装置，把命运中遇到的一切“负数”转化为“正数”，转化为前进的动力。这种人敢于冒风险，经得起困难的磨炼和逆境的挫折。把错误变成走向正确的启示，把失败变成通向胜利的桥梁，企业家就是要有这种可贵的精神。

要想成为一名出色的企业家，请记住这样一段名言：一味地追求完善，就会错失良机，即使一个100分的机会，如果左顾右盼，二心不定，结果也就只能得到50分了；即使是一个60分的机会，如果果断行动，大胆决策，也许能得到80分的结果。

如果一位企业家在做一项风险性决策时，只是抱着试一试的想法，十有八九是要失败的。铤而走险、孤注一掷等行动，虽然带有极大风险，但作为当事者，只要有一分希望，就要做出十分努力。即使不能取得令人满意的成果，也要把损失控制在最小范围。

非利勿动，有利则动

有7个人住在一起，每天共喝一桶粥，显然粥每天都不够。一开始，他们抓阄决定谁来分粥，每天轮一个。于是乎每周下来，他们只有一天是饱的——自己分粥的那一天。后来他们开始推选出一个道德高尚的人出来分粥。强权就会产生腐败，大家开始挖空心思去讨好、贿赂他，搞得整个小团体乌烟瘴气。然后大家开始组成3人的分粥委员会及4人的评选委员会，互相攻击，扯皮下来，粥吃到嘴里全是凉的。最后想出来一个方法：轮流分粥，但分粥的人要等其他人都挑完后拿剩下的最后一碗。为了不让自己吃到最少的，每人都尽量分得平均，就算不平，也只能认了。大家快快乐乐，和和气气，日子越过越好。

领导的真谛在“理”不在“管”。领导者的主要职责就是建立一个像“轮流分粥，分者后取”那样合理的游戏规则，让每个员工按照游戏规则自我管理。游戏规则要兼顾公司利益和个人利益，并且要让个人利益与公司整体利益统一起来。责任、权利和利益是管理平台的三根支柱，缺一不可。缺乏责任，公司就会产生腐败，进而衰退；缺乏权利，管理者的执行就变成废纸；缺乏利益，员工就会积极性下降，消极怠工。只有管理者把“责、权、利”的平台搭建好，员工才能“八仙过海，各显其能”。

日本日立公司为了扩大企业规模，发展生产，投入了大量资金，购买新建厂房建筑材料，新添置一些设备。这时，正赶上了20世纪60年代初整个日本经济萧条时期，现有产品滞销，卖不出去，扩大企业规模就可想而知了。面对这一严峻情况，日立公司有两条路可供选择：一条路是继续投资；另一条路是停止投资施工。

日立公司经过大家认真讨论、分析、研究，最后，果断决定走后一条路，停止投资实行战略目标转移，把资金投放到其他效益方面，积蓄财力，待机发展。经过实践证明，日立公司的决策是正确的。

从1962年开始，日本电器公司中的东芝和三菱的营业额都有明显下降，但是日立则一直到1964年仍在继续上升。进入20世纪60年代后半期，一个新的经营繁荣时期来到了，蓄势已久的日立不失时机地积极投资，1967年投入了102亿日元，1968年上升到160亿日元，1969年上半年就突破了千亿大关，达1220亿日元。从效益上看，1966～1970年，5年内销售额提高了1.7倍，利润提高了1.8倍。

利益导向法则告诉我们：资本的流动永远是朝向最有获利可能性的方向。这就要求我们要善用利益权衡法则：两利权衡取其重，两害相权取其轻。降低决策风险的一个有效方法就是：非利勿动，有利则动。

春秋时期，吴王做出了要攻打楚国的决策，并下了“敢有谏者死”的命令。但他最终被一名侍从的少孺子以一个“螳螂捕蝉，黄雀在后”的故事说服了。其原因是吴王从这个故事中领悟到一个非常重要的道理：不能只顾眼前利益，而不顾后顾之忧。这个事例对当代决策者有着重要的意义。

在企业的重要决策中，我们的领导者是像吴王刚开始时只看到眼前的比较直接的“小利益”，还是能把眼光放长远一些，发现更大但可能比较隐蔽的“大利益”？这可是个很大的学问。明智的人总会在放弃微小利益的同时，获得更大的利益。

非利勿动是讲不顾客观条件而盲动，并不是说不敢于承担任何风险。聪明的企业家不是等到有了百分之百的成功把握才去决策，只需看出六成把握就敢于行动。一味追求完善，就会坐失良机。

“有利则动”并不是盲动。盲目经营是不顾客观情况，或对客观事物的发展做出了错误的预计。美国企业到海外经营的失利，就是如此。美国电子仪器制造商开发的新产品“X—10”电源控制机，在美国适于市场需求，他们错误地进行类推，误以为这种产品在日本也会受欢迎。各国有各国的国情，有各自不同的需求，以类推为根据进行经营是极不可靠的。

企业不论从事何种生产经营，领导者决策时如果不以充分的调查研究为根据，就很可能是盲动，造成决策失败。

多备“锦囊妙策”，别光跟在后边跑

美国的主要化学品公司在20世纪70年代普遍面临停滞、衰退的境地。而独有格丽丝公司采用多元化策略，打入高利润的专用化学品市场，获得空前的成功。许多公司纷纷仿效格丽丝公司的经营之道，但他们没有看到，专用化学品市场是有限的，已由财力雄厚、行销能力强的大型元角化集团所把持，结果这些跟在后面跑的公司不得不退出这一市场，纷纷改弦易辙。

《孙子兵法》中多次讲道，“非利不动，非得不用”，“合于利而动，不合于利而止”的策略。在这里，孙子明确提出以利为动的慎战思想，不打没有把握之战。商战中也是如此，企业领导者不可不考虑企业自身的状况，不考虑竞争对手而盲目决策。光顾着跟在别人后面小跑，不但追不上对手，即使追上了，形势也可能早就变了。

经商中的通病，往往跟在别人后面跑。这种经营之道，所研究的不是市场需求，而只是看到他人在生产什么，出售什么。殊不知这种思维方法恰恰是舍本求末，其弊端有两种：其一是，他人生产经营某种产品在前，你生产经营某种产品在后，他人生产经营时，有可能正适于市场需求，待你自己生产经营时，很可能时过境迁，已过了时令；其二是，他人早已占据了一定的市场，成为你的竞争对手，待你生产经营此产品时，已经没有市场。如上所述美国几家公司经营的失利，其源于此。

由此可知，决策者不能盲从，要有自己的想法，多备“锦囊妙策”，以此规避风险。

在冒极大风险的情况下，企业家做出的决策即使深思熟虑，看起来万无一失，但在方案实施过程中，一些偶然性、随机性的影响因素是难以预料和避免的。因此，不能搞“一锤子买卖”，而应多准备几个方案，以防不测和应急。举世闻名的阿波罗登月飞行，在全部过程中就有13次可以调节校正的机会，一旦出现故障，就可以采取其他方案。

2004年2月，由于禽流感的盛行，鸡肉在市场上受到了消费者的自觉抵制，虽然先后有政府高官带头吃鸡的做法，但从企业自身来说，特别是对禽类加工企业来说，如何克服市场变化所带来的不利影响，是体现企业危机管理手段成熟与否的一个重要标志。

这时，面对不可抗拒因素而引起的危机，肯德基积极应对，做出了一个令竞争者目瞪口呆的举动：公布了自己的“秘方”。

虽然商业机密是涉及企业在市场上核心竞争力大小的重要条件之一，但企业的责任意识，更是每一个企业家始终牢记在心的一个重要准则，顾客的利益至上不仅仅是体现在市场上的定价和让利行为，在某些特别阶段，适度公开企业的商业机密也是必不可少的。这不仅对树立顾客对企业的信任度和忠诚度起到巨大的推动作用，而且往往能够成为化危机为扩大企业影响力的一个重要渠道，起到广告等宣传手段不可代替的作用。作为一个成熟而有责任的企业，在必要的时候必须牺牲自己的一部分商业机密，去最大限度地给予顾客足够的知情权，从而为企业树立良好的社会形象，为今后在同类企业之间的竞争占据新的制高点。

与肯德基的自曝秘方相反，我们许多企业往往对危机管理缺乏足够的应对措施，往往面对市场上的风云突变缺乏理性的认识，结果往往是一蹶不振，甚至给企业造成了灭顶之灾。而有些企业为获取眼前的短期利益，不惜以牺牲顾客的利益作为自己谋取最大利益的跳板，从而导致了某个行业的普遍信任危机。这种做法显然是得不偿失的，对于企业本身甚至整个行业的发展都是不利的。与肯德基相比，一些禽类加工企业在这种特殊时期的沉默，更加凸显出对危机管理的束手无策，体现出很多企业家对危机公关认识的不足。

·第四章·

克服舍本逐末心理，从最有价值的部分做起

抓住问题的关键所在

1920年，阿迪·达斯勒在德国的一个小镇上，在他母亲20平方米的洗衣房里手工制成了第一双运动鞋。1927年，达斯勒怀着生产1000双完美运动鞋的目标将工厂迁往达斯勒大厦。当时，他的事业刚刚起步，为了在短时期内取得最好的效果，他组织了一个研究班子，制作了几种款式新颖的鞋子投放市场。结果订单纷至沓来，工厂生产忙不过来。

为了解决这个问题，工厂想办法招聘了一批生产鞋子的技工，但还是远远不够。这可怎么办？如果鞋子不能按期生产出来，工厂就得给客户一大笔赔偿金。

于是，达斯勒召集大家开会研究对策。主管们想了很多办法，但都不行。这时候，一位名字叫作杰克的年轻小工举手要求发言。

"我认为，我们的根本问题不是要找更多的技工，其实不用这些技工也能解决问题。"

"为什么？"

"因为真正的问题是提高生产量，增加技工只是手段之一。"

大多数人觉得他的话不着边际，但达斯勒很重视，鼓励他讲下去。

杰克涨红了脸，怯生生地说："我们可以用机器来做鞋。"

这在当时可是一件新鲜事，立即引起大家的哄堂大笑："孩子，用什么机器做鞋呀，你能制造这样的机器吗？"

杰克面红耳赤地坐下去了，但是他的话深深触动了达斯勒，他说："这位小兄弟指出了我们的一个思想盲区，我们一直认为我们的问题是招更多的技工，但这位小兄弟却让我们看到了真正的问题是要提高效率。尽管他不会创造机器，但他的思路很重要。因此，我要奖励他500马克。"

500马克在当时可是一笔不小的奖金，相当于小工半年的工资，但这笔奖励

是值得的。达斯勒根据小工提出的新思路，立即组织专家研究生产鞋子的机器。4 个月后，机器生产出来了，为公司日后成为世界知名品牌奠定了良好的基础。

后来，达斯勒在自传中谈到这件事时，特别强调说："这位员工永远值得我感谢。这段经历，使我明白了一个十分重要的道理：遇到难题，首先是找到问题的关键。假如不是这位员工向我指出问题的关键是提高生产率而不是找更多的工人，我的公司就不会有这样大的发展。"

就像人们常说的那个"钥匙圈"的故事，任意抽出一把钥匙，并问道："这是什么地方的钥匙？""开家门的。""它可以用来开你的汽车吗？""当然不行。""为什么不能用这把钥匙开车门呢？"答案显而易见，问题不在钥匙本身，而在你的选择和使用。解决问题也一样，最为紧要的是要找到问题的关键所在。

现实中有很多问题亟待我们解决，但是，如果你首先就冲着快点解决问题的目标而去，而不着眼于抓住问题的关键，你很可能会像足球运动员未瞄准球门就匆忙射门一样，结果只能是白费力气。

善于抓问题关键不仅对个人有利，对企业也很重要。二八法则所倡导的重点思维，就要求企业家要抓住事物的关键因素。在企业管理的各个环节，企业家都要善于运用重点思维。我们从企业管理的各个角度来分析，运用重点思维，是解决问题的关键所在。

从企业管理的角度来看，企业家必须重视骨干的力量。我们知道，企业 80%的效益是由 20%的核心员工来完成的。这 20%的骨干员工在企业中是顶梁柱，通过他们积极主动的工作，来带动整个团队的活力，从而为整个企业创造价值。

从企业决策的角度来讲，企业家决策的应该是关键问题。企业管理者几乎每天都有很多问题需要决策，但是能够左右企业的发展方向和企业成败的关键问题只有几个，能够善于认清"关键问题"，进行正确的"关键决策"无疑会影响整个企业的发展。

从企业资源的角度讲，企业应该将有限的资金和资源，投放到关键的项目上，也就是优化投资结构、加快企业资金的周转和利用率。TCL 曾经用 10 亿元流动资金，创造出年销售收入 150 亿元的经营奇迹，这就是把资源投入关键项目上才能产生最大化的效果。可见，优化资源投向、提高资源使用效率，"以速度冲击规模"，是企业健康、良性发展的关键。

从营销角度讲，企业也应该抓住重点，一是重点产品，二是重点客户。即企业 80%的销售是由 20%的重点商品完成的；企业 80%的销量是由 20%的核心客户完成的。作为经销商来讲，要根据自己区域的特点，找准核心产品进行主推；作为厂家和代理商来讲，一定要将自己的客户进行A、B、C分类，认清哪些是完成你80%销售任务的核心客户，然后对核心客户进行重点的支持和关注。

企业家不但要在企业经营管理过程中运用重点思维，更要提升自我的思维水平，既要抓住主要矛盾，又要善于抓大放小。

企业领导者的工作方法，充分体现在能否善于抓住工作中的主要矛盾和能否善于处理各种矛盾。在企业发展的每一个阶段中，都会有一个主要矛盾，这些主要矛盾是制约和影响企业运营的瓶颈，解决了主要矛盾，可能次要问题就会迎刃而解。按照二八法则，抓住关键的少数，就要注意到个别的重大现象。这就像阅览各种报表上的统计数据，总数和平均值只能反映出一种变化的趋势和总体水平，但并没有告诉我们产生这种变化的真正原因，对于企业家而言，只有找出主要问题，才能够从根本上去解决问题。

作为企业领导者必须专注于抓企业的大事而不是把精力都用于小事上。古人言："不谋全局者，不足以谋一城；不谋万事者，不足以谋一时。"

所以，企业家不但要善于抓住主要矛盾，还要善于抓大放小。善于抓大放小，并按照轻重缓急去处理问题，这是领导者的重要工作方法之一。企业领导者所处的决策地位，使其每天都要面临各种各样的决策问题，处理这些问题，不仅要消耗领导者大部分精力和时间，而且处理不当就容易造成不必要的损失和影响。所以，领导者必须清楚哪些问题是迫切的，哪些问题是重要的，哪些问题需要再观察一段时间，哪些需要交给别人来做。然后，按照轻重缓急程序来处理。这样，才能保持一种高效率的工作状态。

决策切忌眉毛胡子一把抓

加藤信三先生是日本某牙刷厂的新任主管，但是初来乍到就面临产品销售的强大压力，如何使那一箱箱牙刷占领日本列岛内外的市场，成了一大难题。准确地讲，这个难题，不是由他制造的，而是他从前任那里"继承"下来的。但是，他现在必须以企业主管的身份来解决这个问题，这一点不同于他是该厂普通职员的身份和义务了。他在上任的第一天，接到董事会的决策议案："在三天之内，全面制订出从生产到销售一条龙的牙刷经营战略。"

但是加藤并没有这样做，因为他有自己的决策思路：原来该厂生产的牙刷在使用时非常容易使牙龈出血，致使销量极少。这一点，来源于他自己的亲身体会。因此，加藤认为，制订一条龙的牙刷经营决策并没有多少实际意义，关键是要从牙刷本身的质量开始决策。于是，他决定第一个要完成的决策就是“改造牙刷造型”！

加藤是这样完成他的第一决策的：加藤信三是日本狮王牙刷公司的小职员。作为一个小职员，尽管他前一天夜里加班加点，很晚回家休息；尽管他头晕目眩，还想美美地睡上一觉，但是他必须马上起床，赶到公司去上早班，起床后，他匆匆忙忙地洗脸、刷牙，不料，急忙中出了一些小乱子，牙龈被刷出血来！加藤信三不由火冒三丈，因为刷牙时牙龈出血的情况已不止一次地发生过。情绪不好的他怀着一肚子的牢骚和不满冲出了家门。

作为一个牙刷公司的职员，数次刷牙牙龈出了血，加藤的不满情绪越来越大了。他怒气冲冲地朝公司走去，准备向有关技术部门发一通牢骚。

走进公司大门时，走着走着，他的脚步渐渐地放慢了。加藤信三曾参加过公司组织的管理科学学习班，管理科学中有一条名言使他改变了自己的态度。这条训诫说：“当你遇有不满情绪时，要认识到正有无穷无尽的新天地等待你去开发。”

当他冷静下来以后，加藤和同事们想出了不少解决牙龈出血的好办法。他们提出了改变刷毛的质地、改造牙刷的造型、重新设计毛的排列等各种改进方案，经过论证后，逐一进行试验。

试验中加藤发现了一个为常人所忽略的细节，他在放大镜下看到，牙刷毛的顶端由于机器切割，都呈锐利的直角。“如果通过一道工序，把这些锐利的直角都挫成圆角，那么问题就完全解决了！”同事们都一致同意他的见解。经过多次实验后，加藤和他的同事们把决策正式地向公司提出。公司的董事们经过争论后，接受了这项决策，很乐意改进自己的产品，迅速投入资金，把全部牙刷毛的顶端改成了圆角。

改进后的狮王牌牙刷很快受到了广大顾客的欢迎，后来对公司做出巨大贡献的加藤从主管上升为公司董事长。

加藤的决策是针对牙刷造型展开的，这是一种抓“眉毛”或“胡子”的决策战术，这一点与公司起初那种“一条龙的决策方案”相悖，但却非常实用，似乎一下子激活了企业的命根子。如果加藤在做出自己的第一决策前，盲目听信公司的决策，可能就是另一回事了。

为企业发展找到一系列大而全的决策，是决策者的心愿，但是企业领导不能太急于求成，要根据企业的现有人力、物力、财力，找到当前最需要、最紧迫的决策，彻彻底底地做好它、完成它。这样，就能带动其他一系列决策的顺利展开。因此，“眉毛＋胡子”的决策战术是：抓完眉毛、抓胡子或抓完胡子、抓眉毛。

其实，抓“眉毛”是决策，抓“胡子”也是决策，到底先抓哪一个，具体的原则是：眉毛乱了抓眉毛，胡子痒了抓胡子，切忌一把抓两处，结果眉毛和胡子都只抓了个皮毛。这种主次有别的决策战术，看起来很简单，实际上很实用。一个企业需要决策的地方肯定有许多，大到企业战略、市场竞争，小到人事冲突、劳资纠纷。因此企业领导在有限的计划里，如首先抓哪一项决策，然后再考虑哪一项决策，都是有主次之分的，切忌眉毛胡子一把抓。这个道理，企业领导在做出决策时，必须明白。

决策要想滴水不漏，是非常困难的。影响组织运行的因素很多，且随时都处于运动变化之中。决策时要想面面俱到，结果反而更糟。狮王牙刷关键点策略的成功，说明了决策型领导者善于识别中心问题的重要性。

当然，从决策者的角度讲，谁都想把决策设计得非常周全，不出疏漏，形成连环套。事实上，做到这一点，是非常困难的。因为，现在企业的肌体尚存在许多病症，直接影响到企业的健康发展，因此，需要决策的方面是很多的，也就是说需要医治的方面是很多的。这样总得先挑出一个关键部分进行决策，防止面面俱到，结果面面都顾不上。这一点就如同给一个患有多种疾病的人进行治疗一样，总不能用一种药治几种病，或者同时用几种药治几种病，反而会什么病都治得不伦不类一样。

由此可见，决策本身不在“大”，不在“全”，而在于有针对性。越是有针对性的决策，才越是有杀伤力。其实，决策之道很简单，那就是：“抓住重点，各个击破。”

先捡西瓜，后捡芝麻

一天，动物园管理员发现袋鼠从笼子里跑出来了，于是开会讨论，一致认为是笼子的高度过低。所以他们决定将笼子的高度由原来的10米加高到20米。结果第二天他们发现袋鼠还是会跑到外面来，所以他们又决定再将高度加高到30米。

没想到隔天居然又看到袋鼠全跑到外面，于是管理员们大为紧张，决定一不做二不休，将笼子的高度加高到 100 米。某日，长颈鹿和几只袋鼠们在闲聊：“你们看，这些人会不会再继续加高你们的笼子？”长颈鹿问。“很难说。”袋鼠说，“如果他们再继续忘记关门的话！”

这个故事成为了管理学的经典教材，正如故事所揭示的那样，事有“本末”“轻重”“缓急”，关门是本，加高笼子是末，舍本而逐末，当然就不得要领。

在这一点上，《韩非子》里也有则故事：

秦国的公主出嫁去晋国，秦王想利用“陪嫁女”来抬高公主的身份，于是下令在全国挑选了数十名长得端庄漂亮、花容月貌的年轻姑娘做“陪嫁女”，并把她们打扮得花枝招展，光彩照人，跟随着公主的嫁轿前往晋国。当浩浩荡荡的婚礼仪仗进入晋国王城时，老百姓们争先恐后地拥塞路旁好奇地观赏那些光艳夺目的“陪嫁女”，反而把公主冷落在一边，使公主黯然失色。

秦王舍本（公主）逐末（陪嫁女），闹出了千古笑料。然而，现在许多企业领导者仍然在犯同样的错误。其实，许多企业缺少的不是领导，而是系统的规划。在企业成立初期，其核心力量应该放在产品开发上，而在企业招商成功后，则应该对终端进行规划、加强营销支持体系；在企业进入成熟期时，就应该进行深耕营销，着手新产品或新品牌策划；在企业进入衰退期时，则重点放在新产品规划上，以增加利润来源。这样才能将产品开发和市场营销有机结合起来，通过有效的目标管理达成目标的实现。

那么，决策者该怎样确定决策的重点呢？古人对此有过精辟论述。战国时期的商鞅认为：“故其治国也，察要而矣”。“故圣人明君者，非能尽其万物，知万物之要也。”这就是说，决策型领导者要善于识别关键问题，能够抓住主要矛盾，这样才能应付复杂的局面。

在一次上时间管理的课上，教授在桌子上放了一个装水的罐子。然后又从桌子下面拿出一些正好可以从罐口放进罐子里的鹅卵石。当教授把石块放完后问他的学生道：“你们说这罐子是不是满的？”

“是。”所有的学生异口同声地回答说。“真的吗？”教授笑着问。然后再从桌底下拿出一袋碎石子，把碎石子从罐口倒下去，摇一摇，再加一些，再问学生：“你们说，这罐子现在是不是满的？”这回他的学生不敢回答得太快。最后班上有位学生怯生生地细声回答道：“也许没满。”

“很好！”教授说完后，又从桌下拿出一袋沙子，慢慢地倒进罐子里。倒完后，再问班上的学生："现在你们再告诉我，这个罐子是满的，还是没满？"

"没有满。"全班同学这下学乖了，大家很有信心地回答说。

"好极了！"教授再一次称赞这些"孺子可教"的学生们。称赞完了，教授从桌底下拿出一大瓶水，把水倒在看起来已经被鹅卵石、小碎石、沙子填满了的罐子。当这些事都做完之后，教授正色问他班上的学生："我们从上面这些事情得到了什么重要的功课？"

班上一阵沉默，然后一位自以为聪明的学生回答说："无论我们的工作多忙，行程排得多满，如果要逼一下的话，还是可以多做些事的。"这位学生回答完后心中很得意地想："这门课到底讲的是时间管理啊！"

教授听到这样的回答后，点了点头，微笑道："答案不错，但并不是我要告诉你们的重要信息。"说到这里，这位教授故意顿住，用眼睛向全班同学扫了一遍说："我想告诉各位最重要的信息是，如果你不先将大的鹅卵石放进罐子里去，你也许以后永远没机会把它们再放进去了。"

这个案例形象地告诉我们，为决策做好排序是很重要的，凡事要抓住重点，抓住源头，提纲挈领。即做任何决策的方法是：要抓关键，抓主要矛盾，把问题简明地提出来，不要胡子眉毛一把抓。面对纷繁复杂的工作，要理顺思路，突出重点，抓大放小，层层剥皮。"射人先射马，擒贼先擒王"，决策时把握住得胜的关键会收到事半功倍的效果，这就要求决策者要善于以利润为依据——先捡西瓜，后捡芝麻。

有一个富翁得了重病，已经无药可救，而唯一的独生子此刻又远在异乡。他知道自己死期将近，但又害怕贪婪的仆人侵占财产，便立下了一份令人不解的遗嘱："我的儿子仅可从财产中先选择一项，其余的皆送给我的仆人。"富翁死后，仆人便欢欢喜喜地拿着遗嘱去寻找主人的儿子。

富翁的儿子看完了遗嘱，想了一想，就对仆人说："我决定选择一项，就是你。"这个聪明儿子立刻得到了父亲所有的财产。

领导者在做任何决策之前，先以利益为依据，想一想什么是决策的重点，这样，决策便可以更加轻省，提起粽子的绳头就可以拎起一长串的粽子。大与小的关系是西瓜和芝麻的关系，抓大放小就是抓住了西瓜。

追求利润是企业发展的动力之源，决策重心紧紧围绕利润展开，有助于提高决策的效率并正确决策。决策影响大小的基本原则，必须以利润为依据。譬如：

假设有两个问题：一个是关于销货额之增加，另一个是关于利润之增加。通常，应该选择关于增加利润之问题为第一优先。

对此，美国著名企业策划学家巴尔顿说：“决策的奥秘在于，先抓住大的，才能不丢掉小的。先抓住小的，往往大的就被别人先抢了。”这话完全符合现代决策之道。可是，有些企业主管老是觉得应该先从小决策抓起，方能小中见大。其实，我们谈论决策要百密不能一疏，要大小兼顾，并不意味着只求小中见大，事实上，有计划地先善大后善小，反而更是一种良好的决策方法。太小的决策往往过于细碎，这需要细则来完成，太大的决策往往空而不实。最合理的决策方法之一是“大规划，小落实”。企业领导要做到这一点，应该注意决策时，不能一味求小，也不能一味求大，而应从大处着眼，抓住命脉，从小处行动，有一种大中有小的决策眼光才行。因此，真正的善大者，才能更善小。

分清轻重缓急，效率事半功倍

一座破旧的庙里住着两只蜘蛛，一只在屋檐下，一只在佛龛上。一天，旧庙的屋顶塌掉了，幸运的是，两只蜘蛛没有受伤，它们依然在自己的地盘上忙碌地编织着蜘蛛网。没过几天，佛龛上的蜘蛛发现自己的网总是被搞破。一只小鸟飞过，一阵小风刮起，都会让它忙着修上半天。它去问屋檐下的蜘蛛：“我们的丝没有区别，工作的地方也没有改变。为什么我的网总会破，而你的却没事呢?”屋檐下的蜘蛛笑着说：“难道你没有发现我们头上的屋檐已经没有了吗?”

修网自然很重要，但了解网破的原因更重要。经常会看见忙得团团转的领导者，这些在管理中充当救火队员的领导者就像那只忙碌的蜘蛛一样，没有考虑过问题的根源是什么。

战国时代，群雄并起，各国都励精图治，一时，各类政治人物，纷纷提出自己治国救世的主张。儒家主张实行“仁政”，鼓吹“道之以德，齐之以理”当作为政之本；道家宣扬“无为而治”；墨子则提倡“兼爱”，由此出发提出“非攻”（反对战争）“尚贤”（选用贤能）。在那个以力取胜的时代，这些主张大多不可行，而商鞅以其深刻的洞悉事物本质的能力，提出了他的主张。

商鞅认为，治国只有两件事最重要，一是农，一是战，“农”“战”就是最大的政治。只要把农战两件事抓好，其他一切问题便迎刃而解。农战政治之所以大见成效，其根本就在于商鞅抓住了当时国家兴亡的关键。在各种议论莫衷一是、社会状况极其复杂的情况下，商鞅抓住问题的关键，把治国的主要精力放在农战两件根本大事上，使秦国迅速强大起来。

现代经济已进入高速发展的时期，而经济发展主要依靠管理和技术这两个轮子。在国外，经济学家认为西方工业现代化是“三分靠技术，七分靠管理”。众多的企业通过改进管理、创新求实成为世界知名企业。

美国某汽车公司总裁莫瑞要求秘书给他呈递的文件放在各种颜色不同的公文夹中。红色的代表特急；绿色的要立即批阅；橘色的代表这是今天必须注意的文件；黄色的则表示必须在一周内批阅的文件；白色的表示周末时须批阅；黑色的则表示是必须他签名的文件。

领导者把工作分出轻重缓急，条理分明，才能在有效的时间内，创造出更大的机智，也会使自己的工作游刃有余，事半功倍。

二八法则同样适用于人力资本管理。实践表明，一个组织的生产效率和未来发展，往往决定于少数关键性的人才。基于此，如何构建高效率的人力资本管理制度就十分有意义。下面几项行动建议，供人力资本决策者参考，也许可助一臂之力。

（1）精挑细选，发现“关键少数”成员；

（2）千锤百炼，打造核心成员团队。发现“关键少数”成员十分重要，但更重要的是把“关键少数”整合起来，从中选择核心成员，建立决策、管理、创新工作团队；

（3）锻炼培训，提高“关键少数”成员的竞争力；

（4）有效激励，强化“关键少数”成员的工作动力。

运用二八法则管理人力资源，有可能使人力资本的使用效率提升一倍。

日本松下电器总裁松下幸之助的领导风格以骂人出名，但是也以最会栽培人才而出名。

有一次，松下幸之助对他公司的一位部门经理说：“我每天要做很多决策，并要批准他人的很多决策。实际上只有40%的决策是我真正认同的，余下的60%是我有所保留的，或者是我觉得过得去的。”

经理觉得很惊讶，假使松下不同意的事，大可一口否决就行了。

“你不可以对任何事都说不，对于那些你认为算是过得去的计划，你大可在实行过程中指导他们，使他们重新回到你所预期的轨迹。我想一个领导人有时应该接受他不喜欢的事，因为任何人都不喜欢被否定。”

作为一名领导，必须懂得加强人的信心，切不可动不动就打击部属的积极性，应极力避免用“你不行、你不会、你不知道、也许”这些字眼，而要经常对你的下属说：“你行、你一定会、你一定要、你会和你知道”。信心对人的成功极为重要，懂得加强部属信心的领导，既是在给你的部属打气，更是在帮助你自己获取成功。

领导者不是独裁者，在领导之际，尊重人权，重视个体，友善地询问和关切地聆听相当重要，就像下面这个小故事的道理一样：

有一位表演大师上场前，他的弟子告诉他鞋带松了。大师点头致谢，蹲下来仔细系好。等到弟子转身后，又蹲下来将鞋带解松。有个旁观者看到了这一切，不解地问：“大师，您为什么又要将鞋带解松呢？”大师回答道：“因为我饰演的是一位劳累的旅行者，长途跋涉让他的鞋带松开，可以通过这个细节表现他的劳累憔悴。”“那你为什么不直接告诉你的弟子呢？”“他能细心地发现我的鞋带松了，并且热心地告诉我，我一定要保护他这种热情的积极性，及时地给他鼓励，至于为什么要将鞋带解开，将来会有更多的机会教他表演，可以下一次再说啊。”

人在一定时间只能做一件事，懂抓重点，才是真正的人才。发现“关键少数”成员，实际上就是要发现对企业贡献最大的人，人力资本不像营销成本，它是看不见、摸不着的，这就需要领导者有“伯乐”般的眼睛，找出那些真正的“千里马”。

一个越国人为了捕鼠，特地弄回一只善于捕老鼠的猫，这只猫善于捕鼠，也喜欢吃鸡，结果这个越国人家中的老鼠被捕光了，但鸡也所剩无几，他的儿子想把吃鸡的猫弄走，做父亲的却说：“祸害我们家中的是老鼠不是鸡，老鼠偷我们的食物咬坏我们的衣物，挖穿我们的墙壁，损害我们的家具，不除掉它们我们必将挨饿受冻，所以必须除掉它们！没有鸡大不了不要吃罢了，离挨饿受冻还远着哩！”

“金无足赤，人无完人。”领导者对人才不可苛求完美，任何人都难免有些小毛病，只要无伤大雅，何必过分计较呢？最重要的是发现他最大的优点，能够为企业带来怎样的利益。比如，美国有个著名的发明家洛特纳，虽然酗酒成性，但福特公司还是诚恳邀约其去福特公司工作，最后，此人为福特公司的发展立下了汗马功劳。

现代化管理学主张对人实行功能分析："能"是指一个人能力的强弱，长处短处的综合；"功"是指这些能力是否可转化为工作成果。结果表明：宁可使用有缺点的能人，也不用没有缺点的平庸"完人"。

找到"关键的少数"成员是必要的，但要建立合理的制度，防止人员流失更为重要。敢于启用优秀人才、淘汰不合格的员工、建立有效的激励机制，这是维持组织活力、保持组织核心竞争力的必要条件。

不要沉溺于细节完美

《懒人致富》的作者乔·卡伯说："大多数人整日只为着养家糊口而忙忙碌碌，却因此而失去了发财致富的机会。"卡伯的意思是，一般人似乎从来没有时间来做真正要紧的事情和从事能真正带来巨大收益的创造性工作，记住，是创造性工作，而不是艰苦的工作。在任何领域内，这是获得成功的关键。要做到这点，形成抓住问题关键的习惯非常重要。"问题的关键"是指导致成功或失败的一个或多个要点。你必须抵制非本质问题的诱惑，或许它们更能展现你的才华，但它们不会让你产生任何实际的收益。

卡伯有一个叫保罗的朋友，他不显山不露水地积累了约5亿美元的资产。这令人非常惊讶。

卡伯曾经问他："保罗，你究竟是怎样积累起这么多财富的?"

他的回答简单而干脆："你知道，赚钱真的是一件很简单的事情。你所要做的一切，就是把你的产品或服务以市场能够承受的最高价格卖出去，然后尽可能地降低你的开支，这中间的差价就是你的利润。"

确实，保罗从来不参与任何一种复杂的商业活动或投资。50年前，他在新泽西州布鲁克林地区以个人递送服务（用的是他花100美元买的旧卡车）起家，虔诚地遵守他简单的成功原则，积累了大量的现金，然后用现金购买地产并持有它们，直到市场需求足够高涨的时候，再把它们以可观的利润卖出去。通过这一手段保罗不断地增加着自己的财富。以前，卡伯曾获得过"专业雇主"的称号。但这并非是一种褒奖。卡伯喜欢雇人，任何特定的时候，无论自己处境如何，卡伯都把每一个人，像分析员、秘书、前台、前台助理、勤务等留在公司的工资单上，而不管公司是否真正用得着这样一些人。卡伯喜欢看着他们围着自己转，那感觉真是棒极了。卡伯说："支薪的时候，看着一个一个雇员满怀感激地从我面前走过，我能真正体会到当老板的感觉，真的是很不错。不幸的是，直到许久以后，我才发现一个事实，那就是在雇人这件事情上，美元只习惯于做单向流动。我关心我的雇员，却没有人关心他们的傻瓜老板！更糟糕的是，由于人类本性的一些不寻常因素，当工资支票不能在银行兑现的时候，感激很快就会变成敌意——无论过去你对自己的雇员多么慷慨。”

与保罗的谈话使卡伯注意到，多数人包括卡伯自己是怎样把赚钱的过程毫无必要地复杂化的。特别是，卡伯永远忘不了保罗“尽可能保持低开支”的话。因为喜欢做老板的感觉和真正会做老板是两回事。

一些企业领导人容易沉溺于使细节变得更加完美，而在此过程中却迷失了他们最初的目标。很多企业领导人把大部分时间花在细节的处理上，使细节变得十分完美，然而细节完美的结果却使整个工作变得一塌糊涂。作为企业领导人，你应该专注于做正确的事情，而不是正确地做事情。对企业领导人来说，结果比过程更重要。领导者，你是否注意过，粗心打印的信封和马马虎虎捆扎的包裹，与那些看起来好像是米开朗基罗作品的东西到达得一样迅速？虽然这可能是完美主义者难以接受的一个现实。事实上，一个信封或包裹的美学问题完全不同，它们与信封或包裹里的内容毫无关系。

对此，领导者可以有两个选择：一个选择是花更多的时间把信封上的字写得更完美，或者将包裹捆扎得更花哨；另一个选择是，把时间用在从事更重要、更有创造性的工作上。很显然，后者将为企业带来实际的经济效益。这只是一个比喻。作为企业领导人，没有人会要求你真的去写信封或者捆包裹，但无数人沉溺在二八法则中不能自拔却是不争的事实。为了帮助自己进行斗争，决策者应该学会置疑：事情重要吗？如果重要，它有多重要？进而把精力集中在每一个问题关键上，和学会“不为小钱问题所纠缠”的习惯一样，对企业领导人来说，学习并保持最低日常开支的习惯同样重要。

第九篇

投资心理学

·第一章·

投资是一场心理学的游戏

投资理念优者胜

投资者进入股市的最大希望就是赚钱，然而，如愿者没有几个，抱怨者占了大多数，其中缺少一个正确的操作方法是人们未能获得成功的重要原因。投资理念优，就是要树立正确的操作方法。其实股市是最公平的地方，虽然其中充满了误导、欺骗等现象，但毕竟庄家没有逼着散户投资者买与卖，欺骗由庄不由我，买卖由我不由庄。在股市中成败荣辱的根源完全在于散户投资者自己。散户投资者无力改变市场，能改变的只能是自己。

据观察，散户投资者最常犯的错误是懒惰，总希望听点小道消息能一夜暴富，其实天上掉馅饼的事有没有呢？有。但是散户投资者绝对不要奢望它能掉到自己头上，事实也如此。在散户投资者道听途说地去找黑马时，总是一无所获，有时恰恰是偷鸡不成反蚀米。在股市中常常是知者不言，言者不知。散户投资者该听的时候听不到什么，而听到的基本上就是不应该听的，所以散户投资者只有完全靠自己的勤奋才能在这个市场中立足和发展，但并不是说勤奋一定能成功，而是要成功就必须勤奋。平时散户投资者应勤于学习基本知识，勤于总结经验，勤于思考等，就像一棵大树，只有把根扎得越深，才能越枝繁叶茂。

散户投资者易犯的另一个重要错误是教条主义，不懂得市场是不断发展变化的，不知道灵活运用自己掌握的规律。所以散户投资者不仅要勤奋，还要有智慧，最重要的一定要懂得这样两个道理：一是知其常，达其变；二是股市中每一条规律并不是万能的，都有自己适用的前提条件。

首先，在以投机为主的股市中，股市是散户和庄家较量智慧的一场游戏，达成共识的东西，庄家就会抛弃它。比如一般都认为M头走势，双头大致等高或第二个头比第一个头稍低，但翻开最近的K线图不难发现第二头往往比第一个头高出许多，使散户误解为后面还有升浪；而标准的M头又成了庄家洗耳恭听盘的方法。常言道“股市如棋局局新”，所以散户们一定要知其常达其变，培养自己综合研判能力，才能立于不败之地。

其次，散户投资者在股市中常常以为一条规律在任何环境和条件下都会发生作用，环境变了，规律失灵了，散户们就怨天尤人，抱怨这个市场不可捉摸，其实是散户投资者自己不懂得每一条原则都是有前提条件的。比如追涨杀跌和高抛低吸，在强势市场中，就必须要追涨杀跌，这样才能获取利润，保护自己，而在弱势市场中只有高抛低吸才能赚取差价，避免损失。两条原则都有自己适用的前提条件。

远离投资误区，树立成功理念

依靠投资成为百万富翁的人都有成功的投资理念做指引，因为只有以正确的投资理念为基础来指导投资决策，才能使投资获得较好的收益。在树立成功理念之前，首先要排除那些错误的投资误区。

误区一：我不需要投资

有人说了：“我就不怎么投资，当然我也不会每月花光光，自己一样过得很好。”每年还能剩一点儿钱够零花，有这种想法的人很多。乍一听，好像这样的生活方式也挺好，不用费心去投资，有钱就花，没钱就不花。但是，细想一下，你真的不需要投资吗？即使不去考虑你过几年可能会面临买房、装修、结婚的事情（假设你家里帮你解决了这笔费用），你真的就高枕无忧了吗？假如你或者你的家人突然得了大病，需要很多钱来医治时，你该怎么办？也许这时候你不会想到是因为自己平时不投资导致无法抵御这些风险，而只会想我怎么这么“背”。假如你平时就有足够的风险意识，懂得未雨绸缪，遇到问题时可能会是另一种结果。

不论你收入是否真的很充足（与比尔·盖茨或李嘉诚有一拼，可以不用投资——其实钱越多越需要投资，如果不投资恐怕一辈子也不可能像这两人那么富有。而且，不论是比尔·盖茨，还是李嘉诚，他们都是投资高手），你都有必要投资，合理的投资能增强你和你的家庭抵御意外风险的能力，也能使你的手头更加宽裕，生活质量更高。

误区二：收入高，不用再投资

这种想法很多人都有，尤其是20世纪七八十年代出生的一族，好多都会这样想：我收入高，不会投资也无所谓。当然，如果你有足够高的收入，而且你的花销不是很大的话，那么你确实不用担心没钱买房、结婚、买车，也不用担心意外风险的出现，因为你有足够的钱来解决这些问题。但是仅仅这样你就真的不需要投资了吗？要知道投资能力跟挣钱能力往往是相辅相成的，一个有着高收入的人应该有更好的投资方法来打理自己的财产，为进一步提高你的生活水平，或者说为了你的下一个“挑战目标”而积蓄力量。

比如说，你在工作一段时间之后想开一家属于自己的公司，或者想做一些投资，那么，你仍然需要投资，你也会感觉到投资对你的重要性，因为你想要进行创业、投资，这些经济行为意味着你面临的经济风险又加大了，你必须通过合理的投资手段增强自己的风险抵御能力。在达到目的的同时，又保证自己的经济安全。

误区三：总相信股市不可能再跌的神话

股价已经下跌这么多了，应该不会再跌了。这种说法听起来似乎很有道理，但是看了宝丽来的例子，大家就会发现这种说法多么不堪一击。宝丽来是一家实力雄厚的公司，也是一只著名的蓝筹股公司，在宝丽来公司的销售和盈利都大幅度下滑时，许多投资者根本没有注意到股价实际上已经严重高估了，他们不停地用一些自欺欺人的说法来安慰自己：“股价已经下跌这么多了，不可能再跌了”，或是“好公司的股票总是会涨回来的”，“在股市投资上必须要有耐心”以及“由于恐慌而卖出一只好股票是愚蠢的”。

宝丽来股价由最初的143.5美元下跌到100美元，接着又下跌到90美元，然后又下跌到80美元，在这段时间里，无论是业余投资者，还是在银行投资组合管理部门里的专业投资者，都会一次又一次地听到这些说法。当宝丽来股价跌破75美元时，坚信“不可能再跌了”的投资者肯定也有一些人。在宝丽来股价下跌到50美元时，你会听到每一个持有宝丽来股票的投资者都在一再重复着“不可能再跌了”。

在宝丽来股票一路下跌的过程中，那些根据“不可能再跌了”的错误理论而买入股票的投资者肯定会为他们买入的决定而后悔不迭，因为事实与他们的预期完全相反，宝丽来股价再跌、再跌、再跌，一直跌到比他们想象得低得多的价位。这只一度非常辉煌的大牛股在不到一年的时间里跌至每股14.125美元，此时才是真正“不可能再跌了”的价位。那些相信“不可能再跌了”的错误理论的投资者，为此付出的代价实在太惨重了。

根本没有什么法则能够告诉我们股价大概会下跌到什么程度。发生这种情况时，我们唯有运用股票价值分析原理来分析股票的内在价值，判断股价是否被高估，一旦得出当前的股价已经高估了，就需果断卖出，而不要相信“股价已经下跌这么多了，不可能再跌了”的鬼话。

各种各样的股市分析对于股票的误导可以说是不计其数，彼得·林奇写下了几种对股价最愚蠢的认识，希望能帮助投资者把这些错误的认识从脑海中剔除。

（1）如果股价已经下跌了这么多，它不可能再跌了。没有定律告诉我们股价最终会走向何方，在股票真正跌到最低点之前，我们不能说“它不可能再跌了”。

（2）你总能知道什么时候股市到了底部。捞鱼是投资者最喜爱的运动，但往往是好的渔夫才能捞着鱼。试图捞住下跌股票的底就像抓住一把下跌的刀，最好的办法是等到刀掉到地上后再拾起它。

（3）如果股价已经如此之高了，怎么可能再进一步上升呢？没有股价最终应回到多高价位的法定界限，如果公司业绩良好，投资收益也会继续增加。

（4）每股只有3美元，我能失去什么？便宜股和糟糕的高价股在下跌过程中同样危险。职业的卖空专家都是从股票的下跌过程中获取利润的，猜想他们会将股价为8美元或6美元的股票卖给谁呢？

（5）最终股价会回来的。当你想到上千家破产的公司，那些永远无法恢复到以前繁荣的公司，还有那些股价远远低于历史高位的公司时，你可能会意识到“股价最终会回来的”观念的缺陷。

在投资上我们要远离这些误区，树立正确的投资理念，从赚小钱出发赚大钱，相信股市的正常波动。好好打理自己手中的资本，做一个投资达人。

投资中最大的敌人是自己

价值投资大师格雷厄姆认为，投资人最大的敌人不是股票市场，而是自己。

投资者就算具备了投资股市所必备的财务、会计等能力，如果他们在不断震荡的市道里无法控制自己的情绪变化，那么也就很难从投资中获利。格雷厄姆认为，投资人若想建立面对股票市场的正确态度，就必须在心理和财务上做好充分准备，因为市场不可避免地会出现上下震荡。投资人不仅在股价上升时要有良好的心理素质，也要以沉稳的情绪来面对股价下跌，有时甚至是猛烈下跌的局面。若投资者有那样的心理素质，那么可以说投资者已经具备了99％领先其他投资人的心理素质。格雷厄姆说：“真正的投资人从来不会被市场形势所迫而轻易卖出自己看好的股票，也不会关心短期的价格走势。”

在处理涉及金钱的问题时，人们往往特别容易做出情绪化且不符合逻辑思维方式的决策。在股票投资中，市场效率的产生也是因为投资者在取得信息后得以迅速地制订价格。因此，将人类的心理因素作为投资的重要变量来考量就显得特别重要。因为越是在不明确和不稳定的市场环境里，投资人受到有形、无形的心理因素的影响就越大。

我们发现许多诱使人们买卖股票的因素，除了从人类包括心理在内的社会行为角度来加以解释外，没有其他合理的解释。

在股票投资中，万千股民都向往着找到“炒股绝招”“制胜法宝”“跟庄秘诀”，从而在股市中所向披靡，建功立业，迅速致富。许多股民经常会遇到这样的情况，面对同样的基本面信息，会见好见坏；面对同一张技术图表，会见仁见智；面对同一条政策消息，会见多见空。巴菲特认为，任何一种投资理论或操作策略，都必须靠人的心志来驾驭。由此，他指出，任何一种投资理论或操作方法，最后还要结合当时的具体情况来研判与决策。

相信很多初涉股市的投资者都有这样的尴尬，买了就跌，一抛就涨，好像庄家就缺自己那几千（几百）股一样。

即使一些有经验的投资者，如果统计一下自己持有一只股票的时间，就会惊讶地发现：在套牢和保本（微利）阶段拿的时间最长，一旦股票有了20%～30%的涨幅则如烫手的山芋，随时准备抛出。原来盈利的日子是这么难熬。或者有的投资者满眼是黑马，买了几天又有了“新欢”，旧人自然已经看不上眼了，马上换股。结果往往是两面挨耳光，放掉的继续涨，买入的如死猪，然后再换……究其原因，无非是人性的弱点在作怪。

股票市场是由无数投资人的买卖意志和行为决定而形成合力的结果，所以我们尽可以放心地做出推论：整个股票市场的上升或下跌，其最主要动力来自投资人的心理影响。

关于股价上下波动，从表面来看，是由于基本面或技术面的改变所引起；但从深层来看，则是心理面对基本面或技术面的变化所做出的反应。因此，巴菲特说，股价波动其实是人心在动，是千万人智力比拼与心态较量的最终结果。当投资者涉入股市的金钱游戏时，往往会产生特异的态度和行为。有的人平时非常小气，但在股市上却慷慨大方。有的投资人最关心的似乎不是赚钱多少，而是想借此证明自己的聪明才智和自我价值。因此，在股市中心理分析很重要。

要想战胜自己、在投资中取胜，在投资时要做好以下几方面的功课：

一、投资先看大势

不要相信自己属于永远跑赢大盘的高手，和大趋势作对永远会失败。就像如果你在2001年到2005年夏买入股票长期持有和2006年获小利就跑同样不明智。

二、选择适合自己的交易方式

如果不是职业投资人，建议散户不要频繁做短线，不妨学习巴菲特的“长捂不放”。大家可以根据自己的个性偏好，选择投资方式：跟随热点/挖掘冷门，中长期持有/波段操作，目标位操作/随机而动……

三、做好研究

不要仅凭一条消息或者别人推荐就急于买入。现在资讯很发达，你可以通过互联网得到很多信息，只要你肯下功夫。不要只从证券媒体上获取信息，很多大众传媒、行业媒体上都有有价值的新闻等待你去发掘。不看股评家的推荐，要看竞争对手对他的评述和行业动态。

四、制订合理的盈利目标

能获得超越银行利率数倍的收益应该满足了。当然这不意味着保守，只是当你已经远远完成20%～30%年度收益目标以后，你会比较平和地做新的股票。股市里的钱是赚不完的，我们只能拿走属于自己的一部分。人家水平高，一年翻几倍，欣赏一下就是，不要产生攀比心理。要知道，往往“无心插柳柳成荫”。

看到别人的股连拉涨停，自己的股票举步维艰，自然不是滋味，但请先问问自己当初买入的理由是什么，目前环境是否变化了。如果判断的确失误，要勇于承认，即时抽身。但是出来以后不要急于介入下一只股票，首先反思一下教训，平衡一下心理，再按照自己先前追踪观察的清单选择新的目标。

如果你确定了中线目标，就不要在意每天的实时涨跌。多看周线和分时图，别太在意日线。经常想想如果我是庄家会怎么操盘，这可以帮助你理解股票的走势。

不要天天看股票，适当给自己放个假，调整一下心情很重要。即使行情不好，生活中还有很多有乐趣的事情可以体验。

如果有一天，你发现自己的情绪不会再随股票的涨跌而波动了，那时你才真正在股市中战胜了自己。

像玩游戏一样去投资

投资跟游戏有许多相通的地方，从某种意义上讲投资就是一种游戏。大凡玩游戏的高手都是深谙游戏之道的人。他们熟悉投资规则，沉醉于投资的过程，专注于自己经营的领域，心无旁骛，取得常人难以企及的财富。

一位银行家的儿子获得历史学博士学位后，专门研究古代历史。这件事深深地伤了这位银行家的心，尽管两个孙子经常来看他，他仍然闷闷不乐。

一天，银行家看到两个孙子在玩纸牌，便问他们在玩什么游戏。“我们在玩银行家的钱。”孙子不假思索地说。老头一听，喜形于色：“孙子身上仍然是我的血脉！”

巴菲特从11岁就喜欢玩股票，跟其他孩子喜欢研究飞机模型一样，他喜欢把股价制成表，观察涨落趋势。他把投资股票当作一种喜爱的游戏，几十年热情不减。如今，他依然一天24小时都在考虑投资的事情。某一天晚上，巴菲特和他的妻子苏珊受邀去朋友家中吃饭。晚餐过后，他们的朋友架起幻灯机向他们展示金字塔的照片，这时候巴菲特建议他的朋友给苏珊放照片，而他自己饶有兴趣地去朋友的卧室读一份年报。读年报是巴菲特的爱好，就像我们很多人下班之后喜欢打CS一样。

巴菲特如此成功的原因之一就是他深谙投资游戏规则，把投资当作一种游戏，没有像很多投资者那样被自己给自己施加的压力拖垮，所以在大多数人亏得血本无归时，他却如鱼得水。视投资为游戏，而不仅仅是赚钱，这就是巴菲特。正因为投资是他热衷的游戏，不是养家糊口的职业，所以，他永远有十足的精力投资——就像一个逃学玩电子游戏的孩子那样着迷而专注。

据科学家研究，胎儿在母体内就开始游戏，游戏是人类的天性，游戏伴随着人生的始末。不少世界顶尖的投资大师，之所以在投资领域辛勤耕耘，乐此不疲，就在于他们没有把投资当成繁重的工作，没有沉迷于对金钱的追逐，而是把投资当成一种获得心理满足的游戏，并努力将游戏玩到出神入化的境界。大师们正是完美地做着这个游戏，才使得他们有源源不断的精力和智慧去完成漂亮的投资。

投资大师摩根酷爱投资，甚至达到痴迷的程度。他每晚到小报摊上买一份载有股市收盘的晚报回家阅读。当他的朋友都在忙着怎样娱乐的时候，他说：“有些人热衷于研究棒球或者足球，我却喜欢研究怎么投资。”他从来不认为投资是很枯燥无聊的事，他常像小孩研究弹弓一样研究投资，他总是琢磨怎么高效地投资。

投资大师们的投资方式各不相同，有投资股票的，也有直接创办公司的。他们都有一个共同的特点，那就是不为金钱而生活，他们甚至不需要金钱来装饰自己的生活，他们喜欢的仅仅是游戏的感觉，那种一次次投资，又一次次地通过智慧赚钱的感觉。不要把投资变成一种沉重的负担，而应该变成一种满足心理的游戏。在投资的时候，你要进入一个游戏的世界，作为游戏的参与者，你要不停地和对手进行较量与角逐，你要采用一切办法和手段来胜过其他的人，你要超越所有的人，才可以赢得最后的胜利。

以投资为游戏，并非说你对它的态度可以懒散而随便。事实上，玩游戏的人是最专心致志的人。玩游戏让你进入一个张弛有度的良好状态，既不过度紧张，又不完全松散，它让你对投资市场风云变幻洞若观火。所以说要想投资成功，最好的办法就是不要把投资当成单纯赚钱的事，而是把它当成一种游戏融入生活，让投资不再弥漫过重的金钱气味，这样你才会对投资保持持久的兴趣和清醒的认识。

投资是一种可以掌控的游戏，无论你是谁都可以试试。你不妨与自己的孩子一起坚持做下去。比如说，让自己的孩子成为富翁，你可以根据自己目前的经济状况，按照下列游戏规则去做：假如你的孩子刚刚出生，你打算在他（她）60 岁时让他（她）成为亿万富翁，则从现在开始每个月只需投资 7744 元，每年的回报率保证在 12%以上，那么 60 年后他（她）的资金将积累到 1 亿元。

如果你现在已经给他（她）储备了 2 万元，那么只需每个月投资 5742 元，60 年后他（她）也会成为亿万富翁。

如果你现在已经有 10 万元，而且每年的投资回报率为 12%，那么你不但不需要再投资，而且每个月还能得到 2264 元的回报，你的孩子 60 岁时也将成为亿万富翁。

有的父母会说我们每个月节省不了那么多钱，那你每个月节省下来 100 元总可以吧，如果你的年投资回报率是 12%，60 年后也将是 12913767.12 元，你的孩子还会成为一个千万富翁。

投资没有什么特别的奥秘，也不需要太复杂的技巧，只要懂得投资游戏的法则，并按照游戏法则坚持玩下去，你就是最后的赢家。投资不是富人的专利，钱多钱少都需要好好打理。

理财的最常见方式就是投资，现在我们可以投资的金融产品越来越多：A 股、B 股、封闭式基金、开放式基金、国债、企业债、企业可转债、期货、黄金、外汇、房地产等。面对众多的投资品种，我们需要了解投资的基本常识，提高自己的投资水平，才能像富人那样获得更多的财富。

反群众心理进行操作

2000 年，巴菲特在致股东函中这样说道："当然，我们永远都没有办法去精确地估算出一家公司的年现金流入与流出的状况，所以我们尝试用比较保守的方法去进行估算，与此同时，将重心锁定在那些相对不会让股东错估形式的公司上面来。即使如此，我们还是会出错。如果想要有超额的报酬，一定要等到资本市场非常惨淡并且整个行业都普遍感到悲观的时候，这个时候，投资的机会就出现了，目前我们离那种状况仍然还很遥远。"

在巴菲特说完这段话后的一个月，"网络股"的泡沫就开始破灭了。可见反群众心理进行操作在关键时刻是非常重要的。在股票投资里，有一个相当重要的原则，就是要实行与一般群众心理相反的操作，即在群众的一片乐观声中应该警惕，在群众的一片悲观时要勇于承接。因为，群众大都是"抢涨杀跌"的。

在股票理论上，股价愈涨，风险愈高，然而群众却愈有信心；股价愈跌，风险愈低，但一般的投资者却愈来愈担心。对投资者而言，如何在投机狂热高涨时保持理智的研判，以及在群众恐惧害怕的时候仍保持足够的信心，对其投资能否获利关系甚大。

在股市波动幅度比较小的时候，更可显示反群众心理操作的重要性。

在 1987 年初，台湾的一般经济学者或经济专家均认为台币升值，以出口为导向的台湾经济，势必会受到拖累，间接地使经济增长减缓，反映在股票市场中也将会出现一季比一季淡、一季比一季差。然而结果是，股市连创新高，到了 9 月份，更加狂涨不止。就在这群众一片看好、股市将创 5000 点之际，厄运降临，股市大幅挫落，加上美国股市暴跌的影响，台湾股市跌幅超过 50%。

这些现象均显示股市的走向，往往与群众的心理背道而驰。有时主力也采取与一般的群众心理相反的操作方式，如在群众一片悲观而杀出股票时，主力却大力买进；在群众一片乐观而抢进股票时，主力又大力卖出，进行调节。

如果市场中大多数的人都看好价格会继续上涨，此时进场投资的人及资金早已因为一致看好而大量买进，所以价格通常因大量买超而产生超涨的景象。又由于该进场的人与资金都已经在市场内了，于是市场外能推动价格上涨的资金所剩无几，且市场中的每个人皆准备伺机卖出，导致整个证券市场潜在供给大于需求，因此只要有任何不利的因素出现，价格就会急速下跌。反之，如果市场中大多数的人都认为价格会继续下跌，此时该卖的人早已因为一致看坏而大量卖出，所以价格通常因大量卖超而产生超跌现象。又由于该卖的人都已经不在市场内了，于是市场内想卖出的浮动筹码已少之又少，所以卖压很少，且市场外的每个人皆准备逢低买进，导致整个证券市场潜在的需求大于供给，因此只要有任何有利的因素出现，价格就会急速上涨。

例如，1996 年 10 月到 12 月初，1997 年 2 月到 5 月，沪深股市开始猛涨，当时几乎每人的股票账户上都赚得盆满钵溢，有人甚至提出“不怕套，套不怕，怕不套”的多头口号。管理层当时接连发十几个利空政策，但是大多数股民不听，结果后来套得很惨。2001 年 6 月 14 日，沪指创新高 2245 点后，媒体、股评人更加激动，为股民描绘一个又一个创新高的点位，2500 点，3000 点……大多数股民还处于多头思维中。这时如果用反向投资策略，就要众人皆炒我走人，不玩了。

又如，2001 年 7 月后，股市处于下跌高速阶段，此时严重套牢的大多数股民垂头丧气，万念俱灰。而媒体、股评人更加悲观，大肆渲染空头市场的可怕创新低的点位。有人甚至提出沪指要跌到 800 点、400 点，资金纷纷撤离观望。这时就可以判断大多数人的思维处于空头悲观态势。如果用反向投资策略指导行动，就适当时机入市，完全可以在 2001 年 10 月、2002 年 6 月和 2006 年打一个漂亮的反弹仗和反转仗。

然而这里需要注意的是，反群众心理操作并不是单纯地、机械式地逆势而为，为反对而反对比盲目跟风风险更大。股票市场对于公司股价判断正确与否的概率几乎是一样的，因此投资人唯一能与市场大众反向操作的状况应为：股票市场对于事件的心理反应似乎已到了疯狂的极致；对于公司财务资料的分析大家都错了。尤其需要注意的是，当缺乏足够的论据支持自己的反向操作观点时，千万不要与市场对立。要了解群众的一般心理，可参考以下指标：

一、投资顾问意见

大多数的投资顾问都鼓励客户逢低买进，逢高卖出，然而现实中许多例子都显示，投资顾问经常做出相反的建议。因此，当大多数投资刊物看法乐观时，往往趋近顶峰；大多数投资刊物看法悲观时，往往接近谷底。

二、证券公司人气是否畅旺

如果证券公司以往喧腾不已，而如今人烟稀少，且顾客无视其好坏、漠不关心股价的开跌在下棋聊天，书报摊有关股票方面的书籍卖不出去，此时通常股价已跌至谷底。反之，当人气沸腾，一开盘即全面涨停板，此时股价通常接近高峰，宜减少持股或退出观望。有两句证券俗语，即“人弃我取，人取我予”及“人不凑在一起时才是购买时机”乃最佳写照。

三、共同基金持有现金比率

共同基金的投资组合中持有现金增多，表示股价要下跌；持有现金减少，表示股价要上涨。因此持有现金的比率可当作一个指标，当现金持有比率非常高时，往往股价已接近谷底；反之，现金持有比率非常少时，股价常接近顶点。

四、融资余额的趋势与额度

由于投资余额表示投资人信心的增减，在股价的循环中，由谷底复苏时，融资余额缓慢增加；随着股价的上涨，投资人信心的增强，融资额度及增加的速度逐渐增加，终于达到顶点。此时，融资部分成为股票重要供应来源，反转时，融资较多的股票往往跌幅最重，反群众心理操作可起到出奇制胜的作用。孙子曰：凡战者，以正合，以奇胜。意思是，大凡作战都是用兵内正常法则与敌交战，然后顺应战况的变化，用奇兵取胜。在股票市场中，投资者除了掌握应用基本分析财务分析技术分析外，也要注意市场心理的分析，这样才能根据股市的变化，用灵活的对策获利。

· 第二章 ·

小心！那些投资中的心理幻觉

把“陷阱”当作“馅饼”

随着投资活动日渐深入生活，各种投资陷阱也铺天盖地随之而来。投资者稍不留神，可能就陷入投资陷阱。投资陷阱举不胜举，下面列出一些比较容易让人上当受骗的投资项目，为你投资提供一些借鉴。

[投资陷阱一：原始股]

退休后，李先生在报纸上看到一家中介公司的招聘信息，上面讲50岁至70岁都在招聘范围内，就过去应聘，结果被录用了。上班后，前三天对他进行培训。培训期间，早上有早会，晚上有晚会，同事之间互相激励，反复灌输，和传销组织的活动方式很相似，就是集中“洗脑”。培训的内容主要是讲解股票、投资、推销等方面的知识，最后一天是讲哈联创的股票有多好，马上要上市，是绝佳的投资机会，鼓动大家购买。

当时李先生觉得公司是真的，又有上市承诺书、股份回购承诺书，即使不上市也不会有损失；股权转让过程还有产权交易部门把关，他认为很可靠。这样他最后买了2万股原始股，将近10万元。之后，他开始向自己的亲戚朋友推销原始股。公司规定员工每推销1万股，就给他们提2000元。他没有发展到客户，有些人发展了一些客户，推销了不少原始股，后来发现上当了，自己受损失了，还害了亲朋好友。

众所周知，原始股被广大股民视为摇钱树。它的价值以资产净值计算，价格远远低于股市上流通的股票，一旦上市，股价一下飙升十几倍甚至几十倍。因为有如此大的利润空间，所以市面上也冒出来各种各样的原始股，大都把自己说得像投资者的印钞机，只要买了就能坐享天上掉馅饼。大家一定要小心这些原始股的陷阱，莫把“陷阱”当“馅饼”。

［投资陷阱二：基金］

张女士是大连市的一名退休工人，2006 年 11 月的一天，她听熟人介绍说网上有个金手指基金相当不错，投 8000 元钱，每天返 400 元钱，相当于得到 300％的利。第二天，张翔跟随介绍人到了那个教授家，当他们到了的时候，房间里已经有很多人了。有人在电脑上给每一个交钱的投资人起一个网名，再设一个密码。如果交 8000 元，12 小时以后就可以查到自己的回报率。张翔在那个房间里看见很多人都拿着成捆的钱，有收益的，也有新投入的。她心动了，当即到银行取了 8000 元钱。从别人那里，她还得知这个“金手指”在美国是一个上市的大公司，这就如同一颗定心丸，张翔心想，这回可遇见好的投资项目了。回家后一觉醒来，张翔到农行办了一张卡，把新卡的账号报到“金手指”的报单中心。报单中心是负责给这些投资人账户打钱的部门。再在银行一查，她的这张卡里果然存进了 400 元人民币，也就是 50 美元。

2006 年 12 月 9 日，报单中心的人再次联系张翔，并和她说，按照金手指的规定，如果她再投 2.4 万元人民币的话，80 天能给她 7.2 万元人民币。对于张翔来说，这真是一笔不少的收益。有了前一次的成功经验，这一次，张翔当天就毫不犹豫地从自己的退休金里取了 2.4 万元给了公司。不仅这样，张翔还把这个她认为是难得的基金介绍给了自己的好朋友和女儿。她的好朋友愣是把房子卖掉全部投入，一共十几万，她女儿也投了 7 万多。

2006 年 12 月 14 日这天离张翔第二次投资该基金仅仅 5 天的时间，“美国金手指基金”的网页突然打不开了。张翔如梦初醒立即意识到自己被人骗了，她和女儿一共十多万元钱所谓的投资一夜之间血本无归。女儿背着丈夫把家里的钱拿出来投入这个所谓的基金，现在分文不剩，因为这件事情，夫妻两个人也在 2007 年年初办了离婚。

近两年基金以其出色的表现成为投资市场的宠儿，很多“基民”的投资之旅比起股民来显得一帆风顺而又非常滋润。随着广大“基民”的拥护，人们对投资基金充满热情。伴随着基金投资热，一些非法的“黑基金”也应运而生。大家要擦亮眼睛，避免上当受骗。

［投资陷阱三：收藏品］

实例一：北京市文物局有关负责人在进行文物大检查时透露，该市文物市场流通的所谓古董，有九成以上是赝品，赝品的比例在全国最高。此外，一些文物商店，甚至有些文物拍卖公司出售的所谓古董也有不少赝品。在所谓文物古董中，古瓷赝品占了相当比例，制假者的手法越来越高，有些“高仿”的赝品，甚至使一些专家“走眼”。在仿制的“古旧”家具中，一些造假者玩起了“一鱼多吃”的花招，将一件古旧家具的所有部件一一拆散，然后将其拼装到多件新家具上，让不懂行的买家难辨真假。

实例二：李某于2001年伙同同乡王某，在北京潘家园古玩市场以四千余元购买了方座簋盆、鸟兽纹鬲、鸟兽纹樽铜等10件仿真工艺品青铜器。随后，王某把某大学副教授刘某约到一宾馆内，李某以北京市文物局工作人员的身份向刘某介绍文物是花大价钱买来的，当刘某表示不放心时，李某便向刘某提出由两人各出一部分钱把文物买下，然后再找买主卖文物赚钱。李某与王某当着刘某的面交了一部分钱，刘某见状深信不疑，先后向王某交了20万元买回10件仿真工艺品青铜器。之后，刘某找李某转卖文物时，发现李某已不见踪影。

随着收藏热的到来，伪造的艺术品、工艺品层出不穷。古玩市场上的售假、制假者较之古人毫不逊色，古画、古籍、铜器、玉器、钱币、像章、邮票等领域赝品随处可见。爱好收藏投资的人一定要慎重。

综上所述，在投资的时候大家一定要睁大眼睛，识破各种投资花招，慎重投资，赢得财富。

在众多的预测中找不着北

在当今中国股市里，特别是大牛市道里，成千上万的人蜂拥而入，但却鲜有人跑赢大盘，分享到股指大涨带来的丰硕果实。原因何在?

这是因为人类天生具有预知未来的渴望，它阻碍了投资者的理性决策，他们时时刻刻都在想着如何在股市中获利，每天花大量的时间去寻找明日的牛股，预测市场状况。他们中更多的是在电脑上绘制股价走势图，试图预测明天股价走势可能的突破点。

而且，在投资市场上，很多人都相信证券分析师的预测，把这些预测作为自己的投资决策的重要依据。这是相当错误的做法。

很多证券分析师都是附属于证券公司，证券分司的生存取决于股票的交易量。因此，为了增加营业额，他们就会人为地制造一些股票价格的极度波动。

基金经理也是证券分析师报告的一大使用者。基金经理也喜欢交易频繁，一来是可以尝试吃散户投机者的钱，二来是证券商会付一些佣金给基金经理。

但是，投资者却不愿意相信，预测上市公司的未来和股市的走向，就跟预测天气一样是无法做到精准的。预测明天的气温还比较简单，只要以今天的气温作为参考（例如，今天气温摄氏 20 度，那么明天的温度大概就在 20 度上下波动），而预测经济和股市的未来走向却是一个复杂得多的社会现象。如果我们预测的仅是一家上市公司的下一季度的状况，那只要消除季节性因素后，下一季的销售额和利润很可能和本季差不多。但当预测扩大到这家上市公司的股票走势时，除了季节性因素外，还有很多其他影响股票走势的因素，因为股票市场系统是上百万个变数的综合反映，而变数之间还会不断地改变和具有交互作用。

我们可以来看一看美国股市“专家”的实际预测成绩，真是惨不忍睹。90%的经济学家没能预测到 20 世纪 90 年代美国经济的不景气。20 世纪 90 年代初，大型投资机构曾经预测墨西哥股市的多头市场即将来临，但没有多久该国政府就放任本国货币比索大幅贬值，并引发了有史以来最大一次的股价狂泻。试问：谁又能预测到这一节外生枝的政府行为呢？同样没有人预测到美国利率会从 1991 年起连续 7 年走低。1994 年到 1998 年间，资深市场分析师曾多次错估空头市场降临的时间。很少有分析师预见到 20 世纪 70 年代末期的超高速通货膨胀。当华尔街终于意识到通货膨胀的上升趋势不可逆转时，它继而又错误地预测通货膨胀还会继续上升，并向投资人打保票，黄金会涨到每盎司 2000 美元、石油每桶 100 美元。就在同一时期，在大部分经济学家都对摇摇欲坠的美国钢铁产业不抱希望之际，钢铁业却在 20 世纪 90 年代止跌反弹，再度成为全世界最有效率、最赚钱的产业。

回想 20 世纪 70 年代中期，华尔街的分析师们热情推荐 IBM 又是一个例子。他们预测的前提是 IBM 公司年获利将增长 16%，且会持续上扬。这种“大胆”的假设把投资大众推向了有“蓝色巨人”（Big Blue）之称的 IBM 上，并因此把该股价推上了九重天。对 IBM 获利的预测实际上严重偏离了后来的事实，1997 年该公司的销售额仅是分析师预测数的 17%。

实事求是地分析这些例子，得出的结论是，过度乐观的预测根本不切合实际，以这种不切合实际的预测来指导我们的投资，其风险之大可想而知。

在当今中国大牛市道里，预测的种种弊端都被股市大繁荣和非理性掩盖了。随着股价越涨越高，投资人越来越重视近利。只要是获利预估调升的股票即被抢进，预计无法达成获利目标的公司股票即被抛出。市场最终在一个虚涨的泡沫中崩塌了。

所以，投资者一定不要被各种漂亮的预测所迷惑，一旦用短期获利的思维方式来决定自己的投资行为，肯定就会在预测的海洋中随波逐流，投资随即由理性变成投机。如果仅仅以获利目标作为投资的唯一目的，投资者就再也看不清楚价格和价值之间的关系，因此就会随意地以任何价格买进股票，以利己主义的态度来对待投资。

但是，尽管未来不可预测，但有一点还是可以确定的，那就是优秀的标的公司的股票最终会在股价上反映出其投资价值来，从这个意义上说，未来才是可预知的。但是，投资者只知道所有的股票价格都会上下波动，却无法预知到这些股票的价格在未来的一年是向下还是向上，也无法知道这个投资价值要等到何时才会反映出来。

投资者其实无须沉溺在对股票价格短期走势将如何的无谓预测中，重要的是投资人是否已投资在一个好的公司上。如此一来，才可确定自己最终将从正确的投资中获利。

冲动是魔鬼，耐不住性子即兴买卖十赌九输

杰西·利维摩尔曾说："我操作正确，却破了产。情况是这样的：我看着前方，看到了一大堆钞票，我自然就开始快速冲了过去，不再考虑那堆钞票的距离。在到达那堆钱之前，我的钱被洗得一干二净，我本该走着去，而不是急于冲刺，我虽然操作正确，但是却操之过急。"他的言语告诫投资者投资时即使你的操作正确，也不能一时冲动，一定要有耐心，否则会一败涂地。

规避风险的关键，就是要控制赚钱的冲动。别听说某股有利好，也不顾大盘的疲弱，只想着赚钱，就冲进去。即便没有买进，股价上去了，也不必后悔，主要考虑概率，控制风险。赚钱的欲望要用理性的缰绳来束缚，不可以没有，但也不可以泛滥。

相反，投资者可以利用人性的这个弱点，在大众都容易产生赚钱冲动的时候，投资者考虑适当减仓或者退出——每次大盘到了阶段性顶部的时候，都是大众最疯狂抢盘的时候；在大众都恐慌抛售的时候，投资者就可以来捡一点便宜——每次大盘到了阶段性底部的时候，恰恰就是大买家动手的时候。

对于许多新投资者来说，最严重的问题就是缺乏训练。他们不盯紧一种股票，冲动地进行多头交易。他们冲动地放弃他们的计划，时常用一点可怜的利润来支付高额的损失。有时候，他们损失惨重。

心理学家把这种训练称为“冲动控制”训练。有一系列经典的研究，都说明了人们能如何增强他们的冲动控制能力。身为一个投资者，会发现这些克己策略很有趣。

在冲动控制的研究中，Walter Mischel 博士和他的同事们研究了孩子们的自我控制能力。参加测试的大多数孩子都稍微有点饿，他们若想获得馅饼，只需要按一下服务铃，实验室助理就会给他们送来一张比萨饼，但只有一张。如果他们能多等一会儿，就会得到一打比萨饼。等的时间虽长了点，但会获得更大的收益。而这项研究有趣之处在于，它是研究一个孩子能够延迟满足渴望时间的环境因素和心理因素。

一、环境因素

指报酬的能见性，不管这些报酬是否就摆在孩子们面前。投资者可以想象，拒绝摆在你面前的比萨饼有多难，孩子们可等不及。当比萨饼摆在面前，他们宁愿立刻吃掉仅仅一张，也不愿多等一会吃一打。这个研究结论在交易中尤其适用。举例来说，当进行一个不稳定交易时，不断地检测荧屏上的汇率变化可能不是一个好主意。一些人说这很像是看着一个老虎机，它诱惑着投资者，当投资者想等待时机退出的时候把投资者赢光。如果投资者的冲动控制力有问题，尽量避免盯着荧光屏，除非有紧迫的理由需要检测交易，或者在投资者的交易平台上挂单以避免冲动行事。无论投资者做什么，记住为避免危险而放弃交易是人类的天性，人们不愿依据他们的交易计划而耐心地等候进退信号的出现。

二、心理因素

人们也可以使用思想策略来增强冲动控制能力。比如说，Mischel 博士发现孩子们能够借由一种不同的预期而控制自己不吃比萨饼。如果他们把比萨饼当作食物，他们就会迫不及待地把它吃掉。但是如果他们把比萨饼当作一堆木头，控制冲动就容易了。同样，如果他们把比萨饼的周围看作有一个框，而且他们自己正在看的只是一张比萨饼的图片，控制冲动就更容易了。这个发现也可以推及交易上。新手交易商放弃他们交易计划的主要理由之一就是他们把投资的资金一直当作真实的钱，有很多美好的遐想。他们考虑这笔钱能买些什么，花了这笔钱会带来多大的快感。当然，网上交易也是真实的钱，但是人们常常淡忘了这一点。尽可能抽象地看待交易资金是十分重要的，把它看作数字或者百分比，或者那些与钱不搭边的东西。如果一个人能够把资金客观化，他就能够更容易控制冲动。正如孩子们能避免吃比萨饼，交易商如果不从交易资金联想到养车费、奢侈品或者住房贷款等，他们就不会那么恐惧或贪婪了。这可能只是一种智力训练，但却奏效。在每笔网上交易中，越客观地看待资金，投资者就会表现得愈来愈理智和冷静。

如何让冲动行为不再困扰投资者呢？这里有一些办法可以增强投资者的冲动控制能力：避免不必要地盯着荧屏，尽可能客观化地看待交易（而且始终记住去遵循已制订的详细交易计划；不要遗漏任何方面，否则投资者就会被诱惑而过早地放弃计划）。要想更加顺利地交易，获取利润，从而获得交易的长期成功，就必须学会控制冲动。

陷入概率分析的沼泽

巴菲特如是说："一件事情可以用来显示我们具有超强的竞争力和卓越的声誉，那就是全世界前四大再保险公司全部都向伯克希尔投保巨额的'霹雳猫'保险。这些大公司最清楚的事就是，对于再保险公司来说，对于它们真正的考验就是在它们困难的状况下，愿意并且能够支付理赔金的能力与意愿，而绝不是在太平时期勇于接受保费收入的意愿。然而，之所以称之为'霹雳猫'保单，就是其他保险公司或再保险公司专门用于买来分担他们在发生重大意外灾害时可能造成的损失。非常幸运的是，这类业务在去年并没有出现重大的损失。由于很少有私人保险公司去购买水灾险，所以就连 1993 年真正严重的中西部水灾也没有触及'霹雳猫'损失。

"这样容易造成人们的错觉，并且认为在 1993 年这一单一的年度，'霹雳猫'有骄人的成绩并且是相当的令人满意。用一个简单的例子就可以证明这一切，如果在每个世纪都会发生 25 次重大的意外事故，然而你却要用以一赔五的比率去赌它不会发生，然而这种赌博的结果就是你赌赢的概率要比你赌输的概率要多很多，甚至可能发生的事情就是你连续赌对了六七年，甚至是更多年，但是我不得不说的是，无论如何，到最后你仍然会破产。"

巴菲特用保险业的事实，讲述了股市中的一个哲学，就是概率事件，如果你赌的是想得到的结果大于你不想看到的结果，那么你可能会赢。但是，最后的结果你还是会惨败。其中的原因用一个事实来说明，伯克希尔用类似以一赔 3. 5 的赌率接受赌注，当然没有人能够准确地算出"霹雳猫"保险真正的赔偿概率，事实上，这有可能要等到几十年后才能知道当初做出的判断是否正确。然而，一旦损失降临也必定是一件轰动的事情。在 1992 年安德鲁飓风发生的那次，伯克希尔为此付出 1.25 亿美元的代价，时至今日由于它已大幅扩大在“霹雳猫”保险的业务量，所以同样规模的飓风可能会造成 6 亿美元左右的理赔损失。

从这些事实中，投资者应该可以清楚地知道，如果你是个长期的赌徒的话，自救的方式就是你必须要做庄家，否则，数学的规律必然会让你破产。因此，从这个角度来看，长期投资者一定会战胜长期投机者，因为后者终究会在一次意外中全军覆没。

数据在人类的生活中扮演着很重要的角色，缺少了这种数学上精确的数据，我们的生活将会变得模糊。如果我们不先去用天气模型去分析以前的天气变化数据，我们就无法预测未来天气的变化；如果我们不按照可乐的配方来配制可乐，我们就配不出好喝的可乐；如果我们不制定射击比赛的规则，我们就无法确定谁才是冠军。

巴菲特认为，股票投资从本质上来说，就是一个冒险的游戏。一个投资者想要降低投资的风险，就需要数据的帮助。伯恩斯坦曾经说过，“在没有机会和可能性的前提下，应对风险的唯一办法就是求助于上帝和运气。没有数据的支持，冒险完全就是一种莽夫的行为。”

如果没有数据，我们根本无法了解公司的经营状况，我们的投资行为就像掷色子一样充满了随机性。但是我们都不会这么盲目投资的。我们通常都会根据公司提供的数据，了解一下公司的经营业绩，估计公司的内在价值，和股票的价格对比一下，计算可能获得的收益，然后综合考虑这些分析出来的数据再进行投资。经过数据分析的好处就是尽可能多地减去了那些不确定因素。例如，通过对某一份材料的数据进行分析，我们发现每当利率下调 0.1%，某一公司的销售额就会增长 3%，那么我们就得到了一些对投资有利的信息。有了这些信息，我们就比那些缺少这份材料的人更有机会寻找到好的投资机会和预测未来收益。

数据分析是有一定作用的，但是很多人太过沉迷于分析的沼泽。我们经常会看到有些人研究某只股票在过去 5 年或 10 年内的价格走势，仔细分析它在成交量上的细微变化和每日的变化，试图从股票的价格变化中推断出股票的价格模型，预测自己的股票收益。

但数据分析并不是万能的。它可以替我们排除一些不确定性因素，但它却不能为我们总结出股票投资的模型。目前市场上有很多设计出的选股方法，但大多难以付诸实施，被证明是无用的。巴菲特很早就意识到了材料的有限性，于是他根本不看那些股票分析师做出的各种选股资料，也不在电脑里安装股票终端每日查看股票价格，更不愿浪费时间分析股票的价格走势。也许正是由于他没有使用过任何统计数据分析包软件，也不分析股票的价格走势，他的运作才更加成功。

我们应该合理利用已有的数据，提取对我们有用的信息，而不是完全依赖数据来决定我们的投资。

误以为长期持有蓝筹股就可以高枕无忧了

高手如是说：今天的蓝筹股未必是明天的蓝筹股，但明天的蓝筹股一定能在今天的股市中被发现。寻找蓝筹股的过程中，要注意蓝筹股总是伴随着产业的兴衰而兴衰。

因为蓝筹股具有很多的优势，以至于很多投资者认为，选择蓝筹股可以长期持有，并且高枕无忧，买入后可以置之不理，不用每天看盘，不用担心有什么风吹草动，只是坐等按时的分红和收益就行。然而，股票投资本身就带有风险性，并且好与坏都是相对的，不能盲从地去追捧，应该区别对待，谨慎选择。在投资蓝筹股进行长期持有时也应注意以下一些问题：

一、防御性不强的蓝筹股不应该介入

因为随着大部分公司逐步完成股改，再融资和新老划断的压力开始凸现，因此市场在上行的过程中可能会出现较大的波动。有关人士甚至表示，不能忽视长时间启动再融资的可能性，只要一传出再融资消息，市场就有可能出现快速下跌。在这种情况下，防御性不强的蓝筹股估计也将难逃厄运，所以要坚持谨守防御原则。

二、股价高高在上的股票不介入

在前期基金强调防御时，普遍的思路是转向医药、高速公路、新能源等非周期性行业，如G华海、天力士、赣粤高速、G天威等个股，股价都居高不下。很多投资者已意识到，因为价格已高，很多经典的防御性个股已经丧失估值的优势，充其量只能说估值合理，防御性已经弱化。并且这些个股除了业绩较好之外，走势已跟以前的传统庄股一样。虽然股价走势较为稳健，受大盘的影响不大，但往往连续数分钟没有成交，流动性开始让人担忧，假如后市有几家庄股以多杀多的行为出货，就有可能引发这类个股的跳水。所以这一类的大盘蓝筹股也不能介入。

三、股改对价方案不尽如人意而被市场低估的优质蓝筹股可以择机介入

因为前期市场热点一直在股改对价方面，所以股改对价方案预期不高的蓝筹股受到了市场的冷落。而股票的价值取决于企业内在的发展能力，如果企业质地不行，即使给出了高对价，也难以补偿未来的下跌空间。机构投资者也开始警惕质地不好的企业给出高对价的动机。在这一趋势下，投资者的选股目光自然就会转向优质蓝筹股，特别是那些质地优良却被市场低估的蓝筹股。

·第三章·

破译金融异象背后的真实心理

投资人的过度反应会造成市场的大幅震荡

过分自信的极致就是过度反应。如果投资人的过度反应行为形成合力，便会造成整个股市的大幅震荡。关于过度反应，国外统一理论模型对此进行了解释。统一理论模型假定市场是由两种有限理性投资者组成的，分别是“消息观察者”和“趋势交易者”。消息观察者基于他们自己掌握的信息进行预测，而不是根据价格的信息进行预测。趋势交易者恰恰相反，他们只根据近期的价格变化进行预测，他们不关心其他信息。模型假设私人信息在信息观察者之间逐步扩散，之后趋势交易者介入，导致价格达到峰值，继而价格出现反转，即为过度反应。

中国股市当前的大牛市格局，就是投资者对以人民币长期升值为背景的流动性泛滥的一种过度反应。他们认为，人民币升值加速流动性过剩，引起资产价格上涨，促使趋势或动量交易者进入市场，使得资产价格进一步上涨，从而造成股市投资者的过度反应。

心理学家还观察到一种“过度反应偏见”。投资者对坏消息有过度、过激的反应，而对好消息的反应则相对迟钝一些。一旦所投资的公司股票的短期获利情况不佳，投资人会快速地做出过度反应，从而对股价造成不可避免的冲击。人们将这种过分重视短线获利的现象称为投资人的过度反应心理。

一些投资人特别倾向锁定最新收到的消息，然后赶快进场试图大捞一把。在他们的心目中，最新获利数字就是未来更大的获利信号，他们同时也相信自己所见到的是别人还未看见的未来远景，就凭这点肤浅的理由，他们很快就做出了大举入市的投资决定和投资行为。人的过分自信当然是这种投资行为背后的始作俑者，因为投资人相信自己比其他人更了解股市，并且对这些比别人先得到的信息的诠释也更好。可是事实常常并非如此。过分自信导致了过度反应，而使市场情形变得更加恶化。

在现实生活里，很少有投资者能够坚守阵地，抵抗价格下跌信号所产生的过度反应，他们也由此痛失了“输家”转为“赢家”而带来的好处。

根据行为学家的观点，人遭受损失产生的痛苦所产生的反应远大于获得的欢愉。人需要两倍的正面影响才能克服一倍的负面影响。在一个50：50的赌注中，如果机会绝对相等，人们不会轻易冒险，除非潜在利润是潜在损失的两倍。

这就是过度反应心理：局势不利比局势有利具有更大的影响力，这是人类心理学的基本原理。将此原理应用于股市，就意味着投资者损失钱的难受程度要比因选择正确而赚钱的高兴程度大两倍。这个思维线索也可从宏观经济理论中找到。在宏观经济中，经济高涨期间，消费者一般每创造1元的财富就增加购物3.5分，但在经济衰退期间，消费者在市场上每损失1元就减少消费6分。

过度反应心理反映在投资决策上，其影响是显著而深刻的。人们都想相信自己做出的是正确决策。为保持对自己的正确看法，总是抓住错误仍选择不放，希望有一天会时来运转。如果投资者不卖掉会产生损失的股票，投资者永远也不需面对自己的失败。

过度心理还使投资者过度保守。参加退休基金账户计划的人，他们的投资期为10年，却仍将他们资金的30％～40％投资在债券上。这是为什么呢？只有严重的过度损失心理才会使人如此保守地分配自己的投资基金。但过度心理也会产生即刻的影响，它会使投资者毫无道理地抓住亏损股不放。没有谁愿意承认自己犯了错。但如果投资者不将错误的股票出手，投资者实际上就放弃了能再次明智投资并获得利润的机会。

该涨不涨的阴谋

高手如是说：如果主力想出货，拉升的时候就非常吃力，一方面需要始终维持股价的盘面强势，一方面又要尽最大可能派发筹码，在分时走势中这种目的性体现得极其充分，股价的变动就像在山坡上拉车，该涨不涨。

对于一只个股而言，有的时候还可能是连续出现，一旦这种磨磨蹭蹭的上涨过后，股价会不可避免地下跌。

从技术上看，在分时走势中，股价会涨跌有序，成交量在大部分时间里呈连续放大状态，就单日交易而言，因为量的放大是不自然的，必然在整个日K线走势中显得突出。

从主力意图角度分析，主力并不想大张旗鼓地出货，可能是做短线部分筹码的差价，也可能是出货量较大，希望尽量拖延股价在高位停留的时间，这样股价必然会极有规律地变化，形象地说就是磨磨蹭蹭地上涨。从市场大多数投资者的反应看，对于成交量持续放大，还有股价的上涨，可能会有三种看法：

第一，交量的放大是有大资金介入，而股价的相对滞涨是因为主力想要在这个价位上吸更多的货，而这种观点正是市场主力想要的；交量的放大是主力用大成交量来洗盘，这个点位的高比率换手代表着主力的成本，日后自然会有获利空间。

第二，是看空，放这么大的量，理应有更大的涨幅，该涨不涨理应看空。

第三，对投资者的这三种看法，前两种是主力希望的，那么更有可能发生的是第三种。首先，股价的明显放量，没有理由是吸货，对主力而言，吸货时一定是缩量的时候；其次，如果是洗盘，股价不应该是单边上涨，而是宽幅震荡。

该涨不涨的上涨是可怕的上涨，对于投资者来说，无论从哪个角度来说，都不是可以放心买入的。追涨要追缩量的上涨，投资要买跌的股票，关注要涨没涨的股票，无论如何，磨磨蹭蹭的上涨总是让人有所顾虑，那么按照经典投资理念的建议，这种股票宁可错过，也不参与。

市场信息的不对称现象

金融大鳄索罗斯认为，人的认知并不能达到完美，所有的认识都是有缺陷的或是歪曲的，人们依靠自己的认识对市场进行预期，并与影响价格的内在规律价值——规律相互作用，甚至市场的走势操纵着需求和供给的发展，这样他就得到了这样一个结论：我们所要对付的市场并不是理性的，而是一个无效市场。

通常大多数分析师秉承有效市场理论利用自己所掌握的信息以及对目前价格分析，强化了当前趋势的发展，在大众的推波助澜下，使市场更加趋于非理性，成为无效市场。受资金操纵、逼仓以及指数基金利用农产品期货进行保值、对冲基金的交易行为等所引发的市场过度行为，我们不能说是在向市场的平衡点靠近，更无须对这种市场横加指责，因为依据索罗斯的观点，这时的市场恰恰是无效市场特征——非理性表现最为突出的阶段，因而此时分析师对行情的判断依据也是靠不住的。

巴菲特也说："如果股票市场的信息总是有效的，我只能沿街乞讨。"他认为，假设每位投资人有平等的取得信息的渠道，但每个人获得的信息是不一样的，也就是说某些投资者拥有比别人更多、更好的信息。

毫无疑问，在中国股市中，呈现在普通投资人面前的大部分市场信息都是二手信息，相应地对股价的反映往往是不真实的，而且大多数投资者又按照自己的意愿主观地去诠释那些本身已经严重失真的买卖信息，从而使投资人在解读市场信息上错上加错。在对信息做了错误解读和错误判断的基础之上做出的投资决策，怎能不会出现失误呢？

通常情况下，错误的信息会干扰股价的正常运行，这些信息都对股价造成了一定影响。在或真或假的信息面前，投资者如何应对呢？

（1）最重要的是判断信息的真实情况，假信息造成的股价下跌是最佳的建仓机会。

（2）判断信息的影响程度，“坏信息”常常造成股价的过度反映，导致股价出现超跌。2004年特变电工股价大幅下跌，短短跌幅20%，市场一片恐慌。这次公司股价下跌的主要原因可能是2004年业绩由于原材料价格上涨导致公司业绩低于平均0.45元左右的预期，同时对2005年的业绩存在一定的不利影响，但是初步估计2005年的业绩可以达到0.48～0.50元附近，依然可以体现出较好的成长性。考虑公司在行业内的龙头地位，具备电力设备和新能源的双重热点概念，这样的下跌就是对消息过度反应的结果，可能给大家提供了逢低建仓的机会。

（3）判断信息的实质，对公司是致命影响还是一般影响，是否改变了公司的估值。

（4）辨别信息是主流的声音还是“噪声”。目前市场的声音太多，各种股票的推荐、建议、质疑不绝于耳，其中不少是噪声，噪声只会干扰投资者的正常判断，促使人做出错误的决策。投资者若听了噪声的干扰，就有可能错失一次好的投资机会。

在当今股票市场上，信息并非唾手可得。即使在今天信息爆炸的时代，数以百万计的投资者虽然已能够通过网络和各种信息渠道取得比以往多得多的信息，但仍无法在短期内得到可能影响股价的直接信息。

投资人无法定期拜访上市公司，无法与同业工会、供应商、经销商交谈，更遑论参与企业的经营管理。就是一年一两次的股东大会，大部分小股民也是无缘参加的。能在大牛市道里获得更多市场信息的，大多是那些财务阔绰的中外基金、券商以及私募基金等，他们可以游刃有余地利用手中的资源为自己服务。

同时，每个人对市场信息的理解力不一样，投资者往往自己对信息解读。但有强大资源的上述中外投资基金和券商却具有消化市场信息的足够能力，他们在解读信息方面当然也比一般中小散户投资者来得正确和快得多。

在确立投资观念和做出投资决策上，投资者接受的常常是被歪曲了的市场信息，而这些失真的市场信息大量地是通过新闻媒体而传播开来的。如一些媒体透露一些信息来迷惑投资者，并为达到推卸责任的目的，还做出声明："作者声明：在本机构、本人所知情的范围内，本机构、本人以及财产上的利害关系人与所述文章内容没有利害关系。本文纯属个人观点，仅供参考，文责自负。读者据此入市，风险自担。"

在信息满天飞的股市中，投资者如果无法准确判断各种消息的真伪、作用和导向的话，就很可能要被市场的洪流所淹没。而对于散户投资者来说，快速准确地判断分析消息更是一项基本功。

最深的经济护城河其实是消费者的心理

巴菲特非常重视一个企业是否具有持续竞争优势。他把这种持续竞争优势比喻成保护企业经济城堡的护城河。巴菲特认为，一家优秀的企业通常都有一条经济护城河，只有这样，企业才能够保证具有较高的盈利水平，才能够为投资者带来丰厚的回报。

巴菲特非常喜欢具有经济护城河的企业。巴菲特曾经这么说过，"我们喜欢拥有这样的城堡：有很宽的护城河，能够牢牢守护我们的城堡，即使有无数的竞争对手想抢占我们的市场，护城河也可以阻止外来者侵入。我们要确保经济护城河是不可能被竞争对方跨越的，每年都要努力拓宽我们的护城河，哪怕牺牲掉当年的盈利，也一定要使得我们的护城河越来越宽。"

巴菲特认为，如果一个公司要依靠一位超级明星来创造经营业绩，那么它就不是一个伟大的公司，它就没有经济护城河。就好像一个医院主要靠一位医术精湛的大夫获得收入和名声一样，一旦这位大夫被竞争对方挖走，医院立刻就丧失了盈利的资本。在巴菲特心目中，一个企业的护城河要达到这样的效果，即在整个行业景气时能够获得高额利润，在整个行业不景气的时候依然能够获得丰厚的回报。

可口可乐公司就是一家具有稳固的经济护城河的企业。世界最大的百货公司沃尔玛在美国和英国的消费市场里进行实验，让消费者在不看品牌的情形下品尝可口可乐和Sam’s choice（沃尔玛自己的可乐品牌），消费者根本区分不出来哪个是可口可乐，哪个是 Sam’s choice。因此沃尔玛百货公司开始推出它们自己的可乐品牌，和可口可乐自动贩卖机排在一起贩卖，售价仅为可口可乐的一半。但是顾客依然选择多花钱购买可口可乐，而不是 Sam’s choice。这就是可口可乐的护城河。虽然市场上存在着很多可乐产品的竞争，但是对于大多数顾客来说，只要提到可乐，他们首先想到的就是这个老牌子可口可乐。

巴菲特认为，优秀的企业通常具有坚不可摧的护城河，而最深的护城河就是消费者心理。如果企业的产品、文化等能够充分俘虏消费者的心理，那么企业就一定可以获得巨大的成功。

所谓消费者心理，是指消费者在购买和消费商品过程中的心理活动。一般是先接触商品，引起注意；然后经过了解和比较，产生兴趣和偏爱，出现购买欲望；条件成熟，做出购买决定；买回商品，通过使用，形成实际感受，考虑今后是否再次购买。当今社会正面临前所未有的激烈竞争，市场正由卖方垄断向买方垄断演变，消费者主导的营销时代已经来临。

企业在开发产品的时候，通常都会对产品进行一系列的品牌规划。当产品进入市场与消费者面对面的时候，产品的品牌规划成功与否，主要就是要看消费者对产品接受程度和购买心理。

消费者对品牌的熟悉程度常常影响他们的购物行为。当他们在购买产品的时候，通常都首先会注意到他们熟悉的品牌，然后考虑是否购买。如果时间紧迫，这一因素对消费者的影响尤其显著。例如顾客想购买可乐，他首先想到的就是可口可乐和百事可乐。很多企业在广告上投入巨大，例如可口可乐就邀请了姚明、刘翔、SHE、张韶涵等明星代言，而百事可乐也不甘示弱，也邀请了谢霆锋、蔡依林、古天乐、罗志祥等明星代言。人们不仅能在电视上看到这些广告，在杂志、道路旁的宣传栏、网站等地方也都能看到这些广告的身影。而广告的目的就是让消费者熟悉品牌。

消费者之所以喜欢某种产品，是因为他们相信这种产品会给他们带来比同类产品更大的潜在价值，而潜在价值取决于产品的潜在质量。所谓潜在质量，它不是指质量监管部门检测出的质量，而是指消费者心中感受到的质量，是消费者主观上对一种品牌的评价。可口可乐之所以领先百事可乐一个多世纪，就是因为它以标榜“正宗”“原创”“独一无二”而使消费者相信它具有无可替代的价值，这就是它的潜在价值。事实上，一种品牌之所以能够打开销路，常常不是因为它的真实价值，而是由于它的潜在价值。潜在价值具有独特性、独立性、可信性和重要性。潜在价值就是名牌效应，就是一种观念，这种观念已深深根植于消费者的心目中。

一个企业要想做大做强，就要在充分了解消费者心理的基础上，认真做好产品的定位和品牌策略。只有深深打动消费者的心，企业才能够深深打动消费者的口袋。投资者在进行投资时，要尽量选择大家熟知的品牌企业。

真正决定投资胜负的是心理运算

心理运算指的是，我们会随着环境的变化而改变自己对资金的看法。我们在心理上都倾向于把资金放到不同的“账户”中，这一点决定了我们考虑如何运用它们。

举个简单的例子，假设你与你的妻子刚刚外出回家。你掏出钱包准备付钱给替你看孩子的人，但发现原来放在钱包里的100元不见了。所以当你开车送看孩子的人回家的路上，你在自动提款机前停下，提出100元交给替你看孩子的人。但当你回家后你发现那100元在你的夹克口袋里。

如果你与多数人一样，对这100元的反应应是欢欣鼓舞的。你夹克兜里的100元是“白捡”的。尽管这第一个100元与第二个100元都是来源于你的活期账户，都是你的钱，但你手里拿着的这100元是你没有想到的，你感到可以随意花掉它。

为了展示这个概念，理查德·萨雷又一次提供了一个有趣的学术试验。在这项研究中，他用两组人进行试验。第1组人被分配30元现金并有两项选择：一是他们可以将现金揣进口袋里，走掉；二是他们可以以掷硬币赌博，如果赢了，他们可以额外得到10元，如果输了，从他们的钱中扣除10元。多数人选择赌博，因为他们盘算，即使输了，他们仍可白白得到20元。

第2组人则被给予不同的选择：一是试着进行掷硬币赌博，如果他们赢了，他们将得到39元，如果输了，他们得到20元；二是直接得到30元，不掷硬币。有多半数的人选择直接拿钱。其实两组人赢得的是一样多的钱，机会也完全相等，但是两组人却以不同的方式看待局势。

这项试验的意义是很明显的：我们如何决策投资、我们选择什么方式管理投资是与我们如何看待金钱密切相关的。例如，心理运算就进一步解释了人们为什么不愿意卖掉业绩差的股票。在他们心中，损失只有在股票卖掉时才变为真正的损失。从更广意义上讲，心理运算这一理论突出了有效市场理论的一项不足之处；它显示出市场的价值不仅仅是由信息的总量所决定的，也是由人们加工处理这些信息的方法所决定的。

实际上，股市每天都在涨涨跌跌，个股每天都在上下波动，对市场和个股为什么上涨、为什么跌的思考和追问，是每一个勤奋的投资者少不了的功课。

其实，不论我们多么地勤奋努力，我们每一个人都有看不懂股市的时候，不仅有时候看不懂个股表现，甚至有的时候还看不懂市场行情，即使是资深的证券分析师、老练的机构投资者也都不例外。令股评家们大跌眼镜的事情多的是，机构投资者错过一波行情，或没有逃过大跌的噩运更是比比皆是。

真正决定股票胜负的股市分析的“心理运算”，或者说是“选择运算”是：选择时机、选择个股、选择价位、选择数量、选择买卖、选择投资还是投机，等等。这六大选择是前后连贯的，也是相互关联的，任何一个选择失误都将带来损失或者失败。

为什么在股市里，复杂心理运算反而不如简单的心理运算呢？

一个投资者越是进行复杂的心理运算，就越容易脱离市场的平均“心理运算水平”，而一个懒惰的投资者或者一个受教育程度较低的投资者，他们的简单心理运算更贴近市场平均心理运算水平。

（1）鉴于复杂运算不如简单运算的事实，投资者应该“走出追问”，也就是尽量少去问，少去对质。确切地说，作为基本分析的投资者，就应该像巴菲特一样“只”关注基本面，不要去追问K线的波动；作为技术派的投资者，就不去追问公司的业绩等基本面的东西。

在现实世界里，一个人并不因为聪明而成功，实际上一个人的成功关键是行动，一个并不是很聪明的人因为考虑面子、后果和其他因素更少一些，而往往更能够争取到时间和把握住机会。据统计：聪明的人比不怎么聪明的人在同等条件下往往不成功；聪明的人又往往比不怎么聪明的人的身体要差且短寿。

（2）简单运算不如不算。对投资者的投资业绩进一步深入研究，发现一个更为值得思考的问题：真正盈利的投资者是不进行什么心理运算的。

我们发现，投资大众的盈利或亏损，从全局角度看，实际上是一个概率问题，他们投资的业绩与心理运算成反比。

实质上，投资的过程中，随着市场发生变化，我们的心理预期也会发生变化，所以复杂的运算不如简单运算，简单的运算不如不算。

·第四章·

投资中需要警惕的高危心态

盲目跟风，到头来一场空

曾经有这么一个描述人们的跟风心理的故事：

有一个石油勘探者，他死了以后去天堂，他到一个路口看到一个是去地狱，一个是去天堂，他想，我这个人一辈子都不错，应该是去天堂，他就沿着天堂的路一直走，到了前面找到了，专门有一个是石油勘探者的大院，那就是死了以后去天堂的石油勘探者，但是在门口守着的圣彼得说："你倒是有资格进这个院，问题是这里面满了，一个位子都没有了，因此，对不起，你可能得去地狱了。"这个勘探者说："能不能让我跟里面的人说一句话？"圣彼得说："这个可以。"他就大声地喊道："地狱发现石油了。"然后在里面的这些石油勘探者就蜂拥而出到地狱找石油了。这个时候圣彼得说里面空了，你可以进来了。这时他在那儿犹豫了半天，想进又止住了，他想了想，然后说："算了，我还是跟他们走吧，没准儿那儿确实有石油。"

还有一个叫《旅鼠》的故事。

有一种叫旅鼠的动物，喜爱群居生活，而且繁殖量特别大，经常是一大群生活在一起。但是它们每年都要迁移，往哪儿迁移也不知道，反正带头的往哪儿走，后面一堆就跟着去了。最后走到没地儿了，到海边了，一看是大海干脆就跳到海里去，在海里也没有目标，继续游啊游，最后死在了海里。

这是投资者最应该忌讳的一种心理。投资中也存在这种旅鼠现象，也就是投资者像旅鼠一样毫无目的地追随大众选择时机和选择股票，从而引起股价大幅波动，结果使自己损失钱财的投资方式。特别是相当一部分人投资理财时有"跟风"的趋势，比如说看别人炒房挣了钱，自己也去买房准备出售，听说别人炒股赚了，赶紧也去买股票，发现买基金的人不少，好，拿出老本，也去当一回“基民”……盲目跟风是常见的一种投资心态。这是指投资者在自己没有分析行情或对自己的分析没有把握时，盲目跟从他人的心理倾向。心理学家认为，每个人都存在着一定程度的跟风心理，特别是在股市上，股市交易上的交易气氛，往往会或多或少地对投资人的决策产生一定的影响。到证券公司营业部现场从事交易的投资人，大概都有过被交易气氛所左右，最后身不由己地跟着气氛买进或者卖出的经历，因为投资人一般都不会拿自己的血汗钱去冒险。这种股民盲目跟风的心理决定股市气氛。盲目跟风往往使投资人做出违反其本来意愿的决定，如果不能理智地对待这种从众心理，在错误思想的引导下，就会做出错误的决定，造成严重的后果。北京的李小姐就是典型的例子。

2006年下半年，由于工作关系，李小姐接触到几位消息灵通人士，听他们说巨化股份肯定会上涨，于是盲目跟风。谁知道等她买进后，却被套牢，苦熬三个月，终于解套，平手出局，谁知刚抛就涨，后悔莫及。过了不久，又听他们说天科股份可买进，这一次她吸取教训，立马一次性满仓，第二天就下跌。接下来的日子里，李小姐坐立不安，担心像上次那样被套牢，想问又不敢问那几位消息灵通人士，毕竟告知消息的人是好心，做决定的还是自己，即使亏了也怨不得别人。李小姐每天就是在这种惶恐不安与自责中度过，生活由此变得一团糟。

在股市上，由于每个投资者对后市的预期不同，总有一部分人买，一部分人卖，体现了所谓仁者见仁，智者见智。初入股市的投资者，见别人购买一种股票，往往也会跟风买进，但股市有它自身的运行规律，盲目买进往往是套牢比盈利的时候多。当股价一路下跌，人们一致看空，股评家遥指某某低位时，有的投资者的心理防线崩溃了，盲目割肉，而自己一出手往往正好是最低价，后悔莫及。盲目跟风造成的惨痛教训不胜枚举。

变幻无常是股市的主要特征，在这种高风险的场所盲目跟风是危险的，一方面，对股民来说，盲目跟风会增加炒股风险，导致炒股亏损，因为盲目跟风无异于把自己的金钱交给别人去控制。比如当市场高涨，股价高高在上时，人们都在不停地买进、买进，连许多家庭妇女、理发师也开始加入新股民的队伍。他们就是不想想，股价高得离谱后，谁来接他们的货呢？大树再长也长不到天上去，股票再好也不可能永无止境地涨下去，跟风买进，不套牢才是怪事。而当市场低迷，股价一跌再跌时，人们却都在大肆地卖出、卖出。人们不再谈论股票，许多人不愿再与那些股票发生任何关系。其实股票背后的公司依然存在，世界末日没有降临。经济会萧条，但不会崩溃；股市有震荡，甚至也会有严重的股灾，但迄今为止还没有哪个国家的股市完全崩溃。你如果持有的是涨幅过大的投机品种，你应该及早了结；你如果持有的是业绩低劣或者官司缠身的股票，你可以壮士断腕在所不惜；但如果你持有的是业绩优良的蓝筹股，是潜力巨大的成长股，你又何必去跟风抛售呢？事实上，这个时候是补仓进货的最佳时机。

盲目跟风常常导致中小股民成为大投机者操纵股市的牺牲品。一些大投机者往往利用市场心理，把股市炒热，把股价抬高，使一般投资者以为有利可图，紧追上去，你追我涨一直把股价逼上顶峰。这时投机者又把价位急剧拉下，一般投资者不知就里，在恐惧心理下，又只好盲目跟风，不问情由，竞相抛售，从而使股价跌得更惨。这种因盲目跟风而助长起来的大起大落常常把中小股民搞得晕头转向，大投机者则从中大获其利。

另一方面，盲目跟风会引起股市的波动，在盲目跟风心理的支配下，股民在看见他人纷纷购进股票时，也深恐落后，在不了解股市行情和上市公司经营业绩的情况下，也买入自己并不了解的股票。有时看到别人抛售某家公司的股票，也不问他人抛售的理由，就糊里糊涂地抛售自己手中后市潜力很好的股票。有时谣言四起，由于跟风心理在作怪，致使股市掀起波澜，一旦群体跟风抛售，市场供求失衡，供大于求，股市一泻千丈，结果上了那些在股市上兴风作浪的用意不良的人的当，往往会被这些人所吞没而后悔莫及。

因此，为了规避炒股风险，维持股市的稳定，投资者必须克服盲目跟风的心理，而要克服盲目跟风心理，首先必须掌握必要的股市基础分析和技术分析方法，对股市进行深入的研究，取得自己独立的见解。同时要加强自律，避免临时改变主意，要按自己的本来意愿操作。有的投资者总是跟在别人后面走，别人买他也买，别人卖他也卖。更有甚者，有的人干脆把钱交给别人，由他人代为操作，从不研究股市的动态，也不想为投资股市投入丝毫的精力，而心里却企图获得暴利，这是非常不现实的。投资者若想在股市生存和发展，必须下功夫研究股票投资知识，亲身下到“股海”中去学游泳，以此培养自己的分析能力，提高自己的操作水平，在实践中掌握股性，享受成功的喜悦，体验失败的痛苦。

过分自信，不知道自己几斤几两

投资心理学认为，投资者的失误通常发生在他们过分自信的时候。如果问一群驾驶员，他们是否认为自己的开车技术优于别人，相信绝大多数的人都会说自己是最优秀的，从而也留下了到底谁是技术最差的驾驶员的问题。同样，在医学领域，医生都相信自己有90%的把握能够治愈病人，但事实却表明成功率只有50%。其实，自信本身并不是一件坏事，但过分自信则要另当别论。当投资者在处理个人财务事宜时过分自信，其杀伤力尤其大。

投资者一般总是非常自信，认为自己比别人聪明，更能独具慧眼挑选能赚钱、能生金蛋的股票，而且能选中将来获利的股票；或者，最差的，他们也能挑中更聪明的资金经理人，这些经理人能胜过市场。他们有一种趋势，总是过高地估计自己的技巧和知识。他们只思考身边随手可得的信息，而不去收集鲜有人获得，或难以获得的更深入、更细微的信息；他们热衷于市场小道消息，而这些小道消息常常诱使他们信心百倍地踏入股市。另外，他们倾向于评价那些大家都获得的信息，而不是去发掘那些没什么人知道的信息。

正是因为过分自信，很多资深经理人都做出了错误的决策。他们对自己收集的信息过于自信，而且总是认为自己更正确。如果股市中所有的人都认为自己的信息是正确的，而且自己了解一些别人不了解的信息，结果就会出现大量的交易。

正是因为过分自信，有很多的投资者才会犯错误。他们从所谓的市场信息中获得信心，进而认定自己的判断不会有错。假如股市中所有的投资人都认为他们得到的信息是正确的，而且认为自己知道一大堆其他投资人都不知道的信息，其结果必然导致大量冲动的短线交易。这是产生股票市场波动或大幅波动的一个主要原因。

正是由于自信，在大牛市里，投资者应该买进而且长期持有股票，但我们却发现在实际操作中有太多的投资人在做着短线交易，甚至可以说这类短线市场已经到了猖獗的地步。即便在大开价值投资风气之先的投资基金那里，市场短线操作行为也十分普遍。大多数投资者都认为自己有很好的信息渠道和信息的数量和质量，似乎他们用“高抛低吸”手法进行炒作，其成绩一定超越别人。

过分自信会导致投资者高估信息的准确性和自己分析信息的能力。投资者的观点来自于他们对所获得的信息的准确性的确信程度，以及他们分析信息的能力。

（1）过分自信的投资者会频繁交易。他们的过分自信会使他们非常确信自己的观点，从而增加了他们交易的数量。但是频繁的交易或者说较高的周转率是否对投资收益不利呢？

如果一个投资者得到了准确的信息，并且有能力解释它，他的频繁交易就会产生更高的投资回报。事实上，由于交易成本的存在，这一回报必须足够高，其表现才足以超出简单的买入—持有策略。否则，如果投资者并没有超人的能力而只是过分自信，那么频繁交易的结果将不会获得超出买入—持有策略和交易成本的高额回报。

（2）过分自信的投资者会更加强烈地相信他们自己对一种股票的价值的判断，而不太在乎别人的想法。

（3）过分自信还会影响投资者的冒险行为。理性的投资者会在最大化收益的同时最小化所承担的风险。然而，过分自信的投资者会错误判断他们所承担的风险的水平。想想看，如果一个投资者深信自己所挑选的股票会有很高的回报率，哪里还会意识到风险呢?

过分自信的投资者的投资组合会有较高的风险，这有两个方面的原因：一是他们倾向于买入高风险的股票，高风险的股票主要是那些小公司和新上市的公司的股票；另一方面因素就是他们没有充分地进行分散化投资。

总之，过分自信的投资者总是认为他们的投资行为风险很低，而实际上并非如此。股市中的过分自信，只会带来过大的损失。

在浮躁中燥热死

很多股民投身股市总是心浮气躁，他们一方面希望一下子能得到几倍甚至几十倍的收益；一方面又希望稳当可靠，没什么风险。殊不知，浮躁乃炒股大忌。心浮气躁不仅让他们永远无法达成这个梦想，而且会让他们走向梦想的反面。

浮躁心态，在股市体现得淋漓尽致。在股市中，很少有人会真正去享受数年或数十年后的投资成果，因为那太遥远了，人生才有几十年？谁能保证几万元几十年后能变成几十万元呢，最好是在几天、十几天，最多几个月中就能实现致富的梦想。短期行为无时不在撩拨着股民的心。在股民中，许多人懒得去认真研究探讨公司的年度报告，只看几个关键数字就足够了。炒的不就是那几个关键数字吗，炒完一只扔一只，再去找另一只有题材的股票。业绩好又怎样，业绩好的股票，也都有与垃圾股一样的遭遇，所以，业绩好并不是股市可以引以为自豪的东西，而是与盘子、题材、消息、庄家等因素一样的东西。

股民心态太浮躁，只管炒呀炒，不考虑中长期投资。一些上市公司的浮躁心态也不比股民差。有的公司为了自己的股票能卖个好价钱，有个好形象，不惜在年度报告、中期报告中自我吹嘘，弄虚作假，甚至找一些缺乏职业道德的评论家吹捧一气。

这种浮躁心态的形成，一方面是取决于股民自身的性格。许多投资者性格浮躁，办事草率，特别容易受市场气氛的感染和传播媒体的影响，投资活动缺乏认真的分析与周密的计划。一见股价上涨就买进，见什么股涨就追进什么股，总认为既然涨就一定有庄家或利好消息，而根本不去过问大势的走向，不去了解上市公司的情况，不去辨别庄家的意图；而一见股价下跌，又连忙抛掉，认为没有什么盼头了，赶快斩掉换上另一只热门股。这样今天买明天抛，东奔西闯，频繁操作，人费了力，钱却没有赚到多少，并且大多数还是追涨杀跌，买的是天价，抛的是地价。性格浮躁的投资者，当形势乐观时，就拼命买进，当形势悲观时，就拼命卖出，因为他们缺乏冷静的思考，缺乏周密的研究，投资行为多局限于眼前的事件，很难看到未来的发展。当一些股票价格涨上去后，他们看到许多先期进去的人赚了钱，便也跟了进去，全然不考虑股票的上涨幅度是有限的，他们此时进去往往就是从别人手里接过烫手的火棒。而买进的股票如果下跌，同时别的股票却在上涨，他们就心存疑惑，在激烈的思想斗争后，趋利避害思想终于使投资者的态度来了一个 180 度的大转弯，认为自己原来反复挑选买入的股票有很多缺陷，起码近期不可能大涨，这时“果断”做出决定抛出，结果往往是抛出了将要上涨的股票。因为在低位整理的时间越长，其上涨的幅度也就越大。在股市上，庄家往往就是利用中小投资者的这种浮躁性格，时而诱导他们低位抛股，以便自己建仓，时而又欺骗他们高位接股，以便自己出货。

股市这种浮躁心态形成的另一个原因是，因为我们生活在一个浮躁的年代。有太多的股票操作指南，向我们介绍跟庄的诀窍，有太多的文章向我们介绍一个个炒股高手每年百分之几百的神话故事，在我们周围中流行着散户朋友一个个的赚钱故事。在股票市场上年收益 50％太低，100％也只能算一般，那么，试问一下，谁在赔钱？有太多的人没有弄明白，也根本无法弄明白一些和实际操作根本没有多大关系的大问题。

股市中有很多的荐股比赛，往往是以一周的盈利为衡量标准，基金是以每季公布市值，以此来考察其投资业绩，机构资金的考核也只是以年度为时间单位，而一些私人的委托管理则是以月为单位结账。考核时间的如此短暂，使投资者在实际操作中，不得不放弃长期投资理念，将注意力过多注意于市场短期的表现。而这种局面的造成，本身又来自我们传递给市场的错误投资理念。

不得不承认我们的市场在一定程度上进入了错误理念造成的自我强化的怪圈。但是，当太多的投资者走不出投资怪圈的时间，也为能够正确认识这种现象的人提供了好的机会，使他们有足够的机会在市场赚钱。

浮躁的心态让股市热闹喧嚣、风雨凄迷，如何才能克服浮躁心态，在纷杂的股市中保持一个清醒的头脑？

有专家建议，对于有浮躁性格的投资者，可以从三个方面来加以矫正：一是不要天天泡在股市里，以免受市场气氛影响。平时多看报章杂志，多听广播，密切注意各种动向，学会从多个角度分析市场消息与股市走势；二是在大势不明朗的时候以观察为主，盘局中学会“忍”，一旦盘局往上或往下突破再顺势而为；三是根据自己资金的情况一次买卖不要太多，如果股市上升可逐步吃进，免得把全部资金套死，一旦下跌则无还手之力。如果股价下跌也可分批买入，越跌买得越多，这样虽然不知底在何方，但可避免踩空；卖出则要一次性脱手，不可三心二意，因为如果股价上升乏力，即使最后的利润吃不到，你也已安全着陆了。

做到了以上三点，我们便能有针对性地克服股市的浮躁，躲开股市的风险陷阱，成为股市里的赢家。

被贪婪迷住了双眼

在阿尔及尔地区的长拜尔有一种猴子，非常喜欢偷食农民的粮食。当地农民发明了一种捕捉猴子的巧妙方法：把一只葫芦形的细颈瓶子固定好，系在大树上，再在瓶子中放入猴子们最爱吃的花生，然后就静候佳音。

到了晚上，猴子来到树下，见到瓶中的花生十分高兴，就把爪子伸进瓶子去抓花生。这瓶子的妙处就在于猴子的爪子刚刚能够伸进去，等它抓一把花生时，爪子却怎么也拉不出来了。贪婪的猴子绝不可能放下已到手的花生，就这样，它的爪子也就一直抽不出来，它就死死地守在瓶子旁边。直到第二天早晨，农民把它抓住的时候，它依然不会放开爪子，直到要把那花生放进嘴里才罢休。

许多人都会认为，那是愚蠢的猴子才会干的事情，聪明的人类怎么会上当，如此贪婪，甚至连命都不要呢？是的，聪明的人是不会为一把花生冒险的，但是，如果把花生换成股市里的巨额金钱呢？那么，像猴子一样吃亏上当、贪婪的人就不在少数了。

贪婪是情绪反应的另一极端，它在股市上的表现就是在最短的时间内赚很多的钱。

谁都不会说自己的钱够用！在日常生活中，谁听说过有人嫌工资太高、福利太好的吗？无论得到什么，得到多少，人们总会编出理由来证明自己应该得到更多。这一方面出自人这种动物对争夺生存资源的自然反应，另一方面源自对自己的无知，对外界的无知，即所谓的缺乏自知之明。在股票投资上，这种情绪是极其有害的。

首先，它会使人失去理性判断的能力，不管股市的具体环境，都勉强入市。不错，资金不入市不可能赚钱，但贪婪使人忘记了入市的资金也可能亏掉。不顾外在条件，不停地在股市跳进跳出是还未能控制自己情绪的股市新手的典型表现之一。

贪婪也使投资人忘记了分散风险。脑子里美滋滋地想象着如果这只股票翻两倍的话能赚多少钱，忽略了股票跌的话怎么办。新手的另外一个典型表现是在加股的选择上，买了500股20元的股票，如果升到25元，就会懊悔：如果当时我买1000股该多好！同时开始想象股票会升到30元，即刻又追涨买2000股，把绝大部分本金都投入到这只股票上。假设这时股票跌了2元，一下子从原先的2500元利润变成倒亏2500元。这时投资者失去思考能力，希望开始取代贪婪，他希望这是暂时的反调，股票很快就会回到上升之途，直升至30元。他可能看到亏损一天天地加大，每天都睡不好。

其实加股并不是坏事，只是情绪性地加股是不对的，特别在贪婪控制人的情绪之时。是否被贪婪控制，自己最清楚，不要编故事来掩饰自己的贪婪。

话又说回来，如果投资者原先的计划就是先用300股来试市场，他很清楚何时加股，应加多少，情况不对的时候何时退场，他将不会有焦虑失眠等问题。因为部分胜利而引发贪婪，情绪化地用贪婪引导行动，将引致灾难。

总之，要学会彻底遏制贪婪，要学会懂得放弃，有“舍”才有“得”，舍去一把“花生”，才能得到一条“性命”；“舍弃”无数的理念，才能用有限的生命、有限的时间，一心“得到”巴菲特价值投资理念的真谛，才能“得到”更多的“花生”。

不考虑风险的接受度

退休工人杨老伯，受邻居张大妈炒股挣大钱的鼓动进入股市。他拿出部分养老用的积蓄20000元钱，低位入市，股指很快从1500点猛窜，杨老伯乐开花，趁热打铁又将自己存在银行的4万元养老费全部取出追加投入，谁知半年后股指跌到1000点，老股民指点他，要增资补仓，摊薄成本，争取解套。可杨老伯手头没有现金了，他软磨硬泡把老伴2万元未到期的三年期国库券打折抛售，准备打个翻身仗。谁知熊途漫漫，股价跌势不止，一年之后跌破400点时，所持股票的市值已经面目全非，杨老伯的情绪坏到了极点，家里再也无钱投入的杨老伯只好割肉止亏，现在整天在老伴骂声中捡破烂的杨老伯已后悔莫及。

真正的投资者必须对股市的各种必然升降做好心理上和金融上的准备，不仅仅是从理智上知道股市会下挫，而是在股市实际下挫的时候，已经做好了情感上的准备，能对此做出正确反应。所以，作为一般投资者，在你投资之前，要弄清楚你的风险接受能力，以便理智操作，否则很容易血本无归。

1996年，老李与同学老王一起来到深圳，他们一起谋划着自己的未来。老李一直是个较踏实的人，当时老李凭借自己的勤奋，进入一家民营企业，工资虽不算高，倒也干得很顺；而老王眼看着南方的繁荣，想起自己一无所有，于是干起了炒股的行当。1996年的中国股市是个大牛市，凡炒股的人，大多小有收益，老王也不例外。他是个狡猾的人，通过游说，他融到一笔资金，代理别人炒股，很快，赚到一笔不少的钱。九月份，他买了2万5千股的深万科，7.45元买入，运气也好，买入后就上涨，老王天天喜形于色，索性辞掉了工作，整天往证券公司跑。1996年12月初，他又鬼使神差地将股票在15元附近抛掉，净赚十几万。

然而，1998年，股市发生了翻天覆地的变化，老王的股票被严重套牢，甚至于讨债的人追得他不敢回宿舍。2000年，他虽然又赚了一些，然而，终究逃不过2001年中国股市惨跌的命运——他已经亏得连食宿也不能保障了，而此时的老李，早已跳槽成了一家外资企业华南地区的销售主管。

故事中的老王，在1996年9月到12月短短三个月时间，资金翻了一番。如果按照这个资金收益率计算，他的年资金收益率是400%，的确是高手啊。可是这位高手并没有赚到巴菲特那么多钱，其结果是不但把从股市里赚来的钱又还回股市了，而且老本也亏了，最终破产。

老王亏本的原因，与他没有风险意识、没有选择稳健的投资策略有很大的关系。

所以，要在中国股市这样高波动性的市场中实现资本的增长，必须通过深入的研究，顺应股市发展的客观规律，去追求稳健基础上的增值。

在投资者中，敢冒风险的人非常令人钦佩，投资者们都受这种人性趋势的支配，以为自己可以承受某种程度的风险，但实际上却不是这样。他们的行为被心理学家D. G. 布鲁特称为“沃特·米提效应”。

布鲁特认为投资者对股市的反应大体是这样的：当股价上扬时，他们成为自己眼中的英雄，敢于承担额外风险。但当股价下跌时，投资者拥堵在门口，然后逃之夭夭，不见了踪影。

如何了解自己的风险接受度，尽量避免风险呢？首先，要找出衡量风险容忍度的尺度，这个尺度要尽可能地解释产生这一现象的原因。其次，必须深入标准分析问答题的表层之下，去探求心理驱动因素。

那些相信自己能控制生活的人，那些设定目标指导自己的行动的人能承受风险。自控能力与成就动因与风险的接受密切相关。自控倾向指的是人们感觉他们能在多大程度上影响其生活的环境，以及做出生活决策的能力。那些认为自己有控制周边环境能力的人被称之为“内在人”。相反，“外在人”认为自己几乎没有什么控制能力，就像一片树叶被风吹来吹去，无法控制。根据研究，具有高度风险承担倾向的人绝对是属于“内在人”一类的。

成就动因可以被描述为人们做事的方向感。善于承担风险的人是方向感很强的人，尽管对目标的高度集中可能会导致深深的失望。

另外，风险接受度也与人性的两个因素有关：性别与年龄。年纪大的人们较之年轻人更不愿意承受风险，而女性通常比男性更谨慎。这点显然与富裕程度没有关系，有钱或没钱似乎对风险接受能力并无影响。

要揭开这些人格特点与风险承受能力之间的真正关系，投资者需要考虑自己如何看待风险产生的环境。他们把股市看作一场输赢靠运气的游戏，这是一种偶然的两难局面，在这个局面中正确的信息与理性的选择相结合会产生期望的结果。

股神巴菲特忠于自己的研究，而不是相信运气；他根据信息做出理性的选择；他相信自己能够控制环境，并且能通过自己的决策影响最终的结果；他的行为源于认真思考设定的目标，而不是受短期事件所左右；他了解风险的真正因素，并能满怀自信地接受各种后果。

在投资活动中，如果是风险承受能力较强者，比较适宜于股票投资；如果是风险承受能力较差者，应尽量抑制自己的投资冲动，一般应先熟悉股票市场的基本情况，掌握一些基本的投资知识及技巧。如果一定要入市炒股，可暂时投入少量资金，以避免股票投资风险给自己带来难以承受的打击，影响工作及生活。

·第五章·

摆正心态，从容赚钱

超越“概念”崇拜

在沪深股市的大舞台上，形形色色的概念你方唱罢我登场。由于主流资金的强力驱动和大众的热情参与，种种概念股炒作的大潮蔚为壮观，从科技网络到“价值重估”，概念股股价不鸣则已、一鸣惊人的表现，其获利空间令人叹为观止。然而，许多人并没有能在大潮上涨中获得可观的收益，却体验到了大潮退去时股票贬值的痛苦，这主要是因为没有把握其中的机遇并回避风险。

概念股的炒作是一种引发群体狂热的市场投机行为，要抓住其中的机会，首先就要摒弃从书本上学来的价值投资的教条，固守价值投资的原则无异于作茧自缚，与潮流作对就意味着被市场力量排除获利群体之外。

要在概念股炒作的大潮中选时选股都正确，则必须超越概念，坚持无概念原则，做到眼中有资金，心中无概念，采用只关注主流资金而不留意任何概念的分析方法搜寻和选定目标股，这样才能抓住资金驱动股价的本质而不为表象所迷惑。须知，许多股票上涨并非是因为有了美妙的概念，而是上涨引出了概念。投资在寻找概念股机会的时候根本就不要有什么绩优、重组、网络、科技等概念，除了交易代码和流通股数量这些信息外，将所有股票均视作无任何概念题材的按统一的规则进行买卖的交易对象：无业绩，也就自然无市盈率，不会因患上市盈率恐高症而不敢参与冒险；无网络、科技等美妙的概念，就不至于因歧视暂无题材的股票而漏掉还没见阳光的题材；忽略股票的名称，也就不会因其在名称里加入动听的科技、网络之类概念而在错误的时机误入套中。

潮起必有潮落时，再美妙的概念也是有生命周期的。当大潮开始消退时，投资者想要抓住时机回避风险，依然要坚持无概念原则。对于那些拼命往股价飘浮在云端的股票上涂抹许多概念的“好心人”，应该提高警惕心，因为他们回报套中人的唯一礼物就是制造新的概念继续诱导。既然概念制造者视资金为主人、概念为奴仆，作为旁观者为什么要让宝贵的资金听命于卑贱的概念呢？奉行无概念原则者能自信地面对那些连续多日涨停后被大肆吹捧的股票，非常坚定地只卖不买，因为这时在他们心中，除了股票被投机狂潮推高而蕴含极大的风险这一基本判断外，绝无其他任何概念。

克服“贪婪”和“恐惧”

有人说，炒股是人的两个本性——恐惧与贪婪的放大。贪婪和恐惧是人类的天性，对利润无休止的追求，使投资者总希望抓住一切机会。而当股票价格开始下跌时，恐惧又占满了投资者的脑袋。尤其对于散户投资者，希望短线获取暴利，想赢怕输的心态决定了恐惧与贪婪往往吞噬自己正常的心态，很容易导致操作上的失误。

贪婪和恐惧是人与生俱来的。股民应该都有这样的感受，当股价飙升的时候，你一定兴高采烈；当股价下跌的时候，你一定郁闷甚至深深地恐惧。当股价下跌的时候，很多股民争相出逃，即使股价尚稳，也不敢回补，直到看到真的涨起来时，才想起来要买入，这时候股价已高，短线风险已经存在，下一步，往往就是微利出局甚至再次被套。还有一种股民，当股价涨得很高，就是不走，终于下跌了，还舍不得卖，结果就是收益坐电梯——直线下降，甚至还要被套牢。这次暴跌，暴露出很多人性弱点，比如很多人把股价卖到地板上——最低，很多人有机会第一时间逃跑却留下站岗。总结起来就是一个公式：贪婪＋恐惧＝亏损。

张先生是2007年在大牛市的行情下入市的，他把20万元投入股市后，股市持续走高，不到一个月，他的账面上的资金增加了40%。他认为股市会一直走高，所以仍然迟迟不肯抛售。哪知到2007年5月30日，股市连续出现暴跌，眼看着资金一天天缩水，恐惧感布满了张先生的心头，于是在6月3号以亏本割肉。由于贪婪，总想再多赚一点点，迟迟不肯抛售手中的股票，结果张先生遭受了巨大损失。经过大涨大落，张先生感叹说，人总要懂得知足才好。

炒股就是贪婪和恐惧在作祟，因为贪婪才不肯抛掉不断上涨的股票，因为恐惧才会割肉卖掉手里的股票。

不论从长期实际经验看，还是从极小的机会看，谁都无法以最高价卖出，因此，不要使贪婪成为努力的挫折，投资中应时刻保持“知足常乐”的心态。

同样，恐惧会妨碍投资者做出最佳决定：第一，在股价下跌时，把股票卖掉，因为怕股票会跌得更深。第二，错过最佳的买入机会，因为股价处于低位时我们正心怀恐惧，或者虽然有意买入，却找个理由使自己没有采取行动。第三，卖得太早，因为我们害怕赚来不易的差价又赔掉了。

当我们恐惧时，无法实际地评估眼前的情况，我们一心把注意力集中在危险的那一面，正如大熊逼近时，我们会一直盯住它那样，所以无法看清它“有利”与“不利”两面因素的整体情况。当我们一心一意注意股市令人气馁的消息时，自认为行动是基于合理的判断，其实这种判断已经被恐惧感所扭曲了。当股价急速下降时，会感到钱财离我们远去，如果不马上采取行动，恐怕会一无所剩。所以，与其坐以待毙，不如马上行动，才能“转输为赢”。其实，即使是熊市期间，股价也会上下起伏，每次下跌总有反弹上涨的时候，毕竟股价不会像飞机一样一坠到底。然而，每当股价下跌，一般人会忘了会有支撑的底价，也就是股价变得便宜，大家争相购入的价格。

事实上，当我们心中充满“贪婪”和“恐惧”时，就无法保持长期的眼光和耐心，而这恰恰是成功的投资者所不可缺少的态度。

心平，才能化险为“赢”

股市涨跌无常，人的心理因素在股市操作中起着很大的作用。心态平和，才能化险为“赢”。特别是投资者不要有大的心理负担，否则会对成功投资产生不利的影响。

一位哲人指出：“要么是你去驾驭生命，要么是生命驾驭你。你的心态决定了谁是坐骑，谁是骑师。”

很多投资人投资股票，一旦套牢或赔钱之后，情绪就几乎到了崩溃的地步。其实心理学家常说：“人是感情动物。”自己辛苦赚来的钱，眼见就这样赔进股市里，谁会舒服？所以大部分的投资人都没有办法像巴菲特那样做到面对股票波动神定自若。

巴菲特告诫投资者，投资必须保持平和的心态。如果心里一直记得那些错误的投资伤心事，不仅无济于事，还可能因此造成往后一连串，甚至更严重的投资亏损。

巴菲特最值得称道的是，他始终保持着平和的心态。不论是互联网狂潮到来之际，还是市场环境风平浪静之时，巴菲特从来都不着急，都很从容。这也是巴菲特之所以成为今天的巴菲特的最主要原因。

作为一名股民，首先要保持平和的心态，不要被周围环境、股市变化所左右。要有自己的分析和判断，绝不可人云亦云，随波逐流，被套牢时，要确信自己是最值得信赖的人。股市的天机是："波动是永恒的真理，把握投资最终靠自己。"

股市原本就是考验人的心态的战场。主力大户所以制胜，就是摸准了一般小户缺乏平和的心态，只要用"惯压"与"洗盆"伎俩，就可以使小户自动将手中生金蛋的鸡贱价出售。

通常新手投身股市一开好户，总是迫不及待地想买进股票，既不考虑是否股市已处于高风险，也不问股价是否偏高。等到股票到手，则一心想股价天天见涨才痛快，若股价偏偏原地踏步，甚至未涨反跌，必然方寸大乱，寝食难安。这样，多会失去耐心，急着卖出，转而追抢那些天天见涨的股票，可是等到手上不争气的牛皮股刚刚脱手，换上行情板上活蹦乱跳、涨势吓人的热门股，偏偏原来的牛皮股开始威风八面，股价节节上升，而刚到手的热门股有如中邪，直往下跌，届时，悔之已晚。殊不知天底下没有只涨不跌的股票，也没有只跌不涨的股票，涨过了头，必然回档进行强制性调整，好重新开张。跌多了，也必然反转回升，重振雄风。

当大户炒作某种股票，为了顺利吃货，吓走一些想轻松搭轿的小户，最常用的一招就是集中力量，在股价涨跌的节骨眼上倒出部分持股将股价压低，让信心不足的小户将持股流血杀出，自己再以低价承接，然后重新拉抬。就这样来回操作，低进高出，赚得不亦乐乎。明白这一道理，当你下次再碰到手上股票下跌，除非整个大势真正转坏，否则，万不可因为一点风吹草动，或是在股场内听来某些"小道消息"，而吓得马上将手中持股低价抛出，只要保持平和的心态，耐心等待，总有机会解套。

炒股的大多事实证明，依靠纯粹由心理支持的价格飞涨的市场总是服从金融万有引力定律的。哄抬的价格可以持续多时，但终归会一泻千里，而且这种下跌来得如地震雪崩般突然，狂热的行动越厉害，所得到的后遗症越严重。当你一旦失利，应该痛定思痛，用清醒的理智和聪睿的知识摆脱困境，以忍取胜。

一般来说，"忍"主要表现在两个方面：

第一，对自身来说，炒股要给自己留下回旋的余地。也就是说，当你在看好股市前景的时候，不要把资金全部投入，将力量一次用完，在看坏的时候，不要又急匆匆地将股票全部卖光。

第二，对于股市大势而言，你不要盲目加码追涨，也不要盲目地出货避跌。

从你自己或周围的人的投资中，你会发现每一个投资人用他或她自己的方式失败，但是他们的一个共同点却是对股票市场的不好的心理状态。错误的思维方式的结果，是他们的每一次操作都缺乏力量和决断。他们彷徨不定，他们渴望确定。如果你找到5个成功者，你将会立刻感到是一种完全不同的思维方式在起作用。他们与众不同，在等待下一个交易机会的时候，他们眼神凌厉、决定经过深思熟虑、行动简洁明快，所有的交易（无论是赚或是赔）看上去都是那么轻松、舒适。这些自我奋斗而成功的投资人不是因为赚了钱才有积极平和的心理态度，而是因为他们敢于有积极平和的态度才赚到了钱。

自制方可制胜市场

在股市这个风险与收益并存的市场中，要想获取收益，回避风险，除了有丰富的经验、敏锐的判断力、良好的市场感觉、对政策和基本面的精辟理解外，还有一条是非常非常重要的，那就是有自制力。

炒股在某种意义上说，是一种随意度很大的行为，没有人监督、管理和限制你的操作，很多投资环节是靠自己的决策和实施。这时候，自制力就起到关键的作用。它可以帮助投资者排除干扰，坚定执行合理的投资原则和操作计划，并顺利实现盈利。

由于股市的涨跌关系到自己的切身利益，所以，股市的任何一点风吹草动都可能导致投资者失去自制力，并采取一些违背其投资原则、目标和计划的操作行为，最终导致失误的出现。因此，在股市投资中，个人自制力的培养与控制显得尤为重要。自制方可制胜市场。

为了培养我们的自制力，保证在股市获利，我们应做到以下几点：

第一，不要给自己定下很高的盈利目标，因为过高的盈利目标会带来一定心理压力，而科学的投资目标能帮助你保持愉快的情绪和积极进取的心态。无论是低买高卖，还是高买更高卖，他们都必须维持独立的思考，为了与众不同，所以做和大众相反的事是极其危险的。他们必须有合理的解释，为何大众可能不对？同时预见采用相反做法所将引致的结果，这给了他们与众不同时所需的信心。从孩提时代，我们就深知合群从众的重要性。胡思乱想、奇怪的主意，使你失去朋友，受到嘲弄。长期以来我们已习惯于“集体思维”。但炒股需要不同的思维方式，如果股市大多数人都看好某股票，他们都已按自己的能力入场，还有谁来买股使股市继续升得更高？反之如果大多数股民不看好股市，他们都已经脱手出场，那么股市的继续下跌区间也已不大。你如果随大流，则你将常常在高点入市，低点出市，你将成为失败者。

第二，当发现自己的决定和市场发展方向不一致，所做出的决定是错误的时，一定要及时认错，在第一时间及时止损，止损位置也应在买进的时候就事先定好，不能够临时随意止损，并对造成的亏损泰然处之，郁郁寡欢只有平添心理负担。有不同的投资方式，也就有不同的投资纪律，但是有一点是共同的：一旦决定采取某种投资方式，定下某种投资纪律，那就要不折不扣地严格执行。一旦发现没有遵守自己定下的纪律，就要立即予以纠正，以避免导致更大的错误。

第三，当你决定以短线跟庄买入某种股票，获利达到你的预期后，就不可再贪以期望得到更多，应该立即获利了结；一旦被套，就应该按照拟订好的止损价位毫不犹豫地割肉，以避免更大的损失。即使割肉后股价又上涨，你也千万不要后悔，否则你的心态就会变得非常坏，影响下一次的投资行为。

第四，当你决定中长线投资某一股票时，首先就要分析这个股票的基本面和技术面。基本面包括公司的业绩、经营状况、行业特征，等等；技术面包括这只股票现在的价位是在高位，还是低位，还是半山腰，等等。当然你千万不要在高位买入去长期投资，因为高位的股票随之而来的是价值回归，你买入只能是被套，接下别人高位的接力棒。中长期的投资应该买入底部或者刚开始上涨的股票。一旦买入就不要在乎短期的波动，一旦到了你的预期目标，或者股价已经有了较大的升幅，就应该毫不手软，坚决卖出一走了之。即使它还能够上涨许多，你也不要惋惜，要留下一点给别人赚。

投资过程中有很多因素会导致投资者出现失误，但大多数情况下并非股民不明白投资的原理，而是在于有时虽然明白道理却做不到，根源就在于缺乏自制力。所以在进入股市前，应当培养自律的性格，使你在别人不敢投资时仍有勇气买进，自律也可使你在大家企盼更高价来临时卖出，自律还可以帮助投资者除去贪念，让别人去抢上涨的最后 1/8 和下跌的 1/8，自己则轻松自如地保持赢家的头衔。

投资需要耐得住寂寞

在股市这个金钱的竞技场，很少有人能耐得住寂寞，但耐不住寂寞，在股市中，风险必定如影随形，在此情况下想投资获利是很困难的。大多数股市投资者每天热衷于读报纸、看电视、听广播，今天听说某股票有庄家要进驻，他就立即买入，明天听说某只股票即将启动，他又急忙介入，成天买进卖出，只是给证券商打工了，自己却没有赚下多少钱。这样的人当然没有能够耐住寂寞，他们也是股市失败的一族。

投资时耐住寂寞包括很多方面。耐住寂寞，静下心来学习，从符合股市规律的投资理念，到投资技巧，从理论知识到实战经验，这些像汗牛充栋，不可能一时半会儿就学会，也不可能一蹴而就，长期坚持下去，才能不断提高。但是大多数投资者是业余投资者，他们每天都有很多事情要做，而且每个人还有很多不同的社会角色，这就注定了一部分人不会也不可能有很多时间认真地学习投资知识。股票投资是一门学问，一门艰深的知识。要学好一门学问是不容易的，有的人甚至付出一生的精力和时间。可以这么说，你要成为哪个行业的行家里手，必定要比别人付出得更多。

耐得住寂寞还包括等待机会。耐得住寂寞学习的人虽少，但也确实有不少人认认真真地学习了，也掌握了一些投资的技巧，投资就会顺利得多。而能耐得住寂寞等待机会的人就更少了。股价高起时风险自然大，清仓出货是最好的选择，然后耐心等待低价买入的时机，可是，能有多少投资者能耐得住寂寞等待呢？股价一跌再跌后，股价在低位行走，风险大幅降低，择机介入是最好的选择，但又有多少投资者敢于入市呢？

耐得住寂寞还要只做自己看得懂的行情和股票，在对大盘看不懂或对个股没有把握的情况下，应多看少动。耐得住寂寞还有一个戒骄戒躁的问题，就是在判断错误后迅速改正，进行补仓或止损。这也是很重要的，也是很多人都做不到的。

让利润充分增长，把亏损限于小额，这是进行股票投资的一项基本法则。当自己对市场的发展方向判断错误，出现亏损时，应尽可能把损失限定在一定的范围内，不要让损失无限扩大。而当自己对市场的判断正确，出现盈利时，则不要急于抛出，应尽可能扩大战果，取得较大的利润，即一次赚的至少要够三次赔。但是，在现实中，有的人套牢后很耐得住寂寞，一等就是几个月，而当账面出现盈利时，却总是迫不及待地出手，生怕钱烫了手似的，投资者要想在股市获利，必须改变这种操作方法，才能和利润“结缘”。

有一定股市经验的人都会有这样的体会，有时买进一只股票，左等右等就是涨不起来，而与其相关的其他股票，甚至效益远远比不上自己所持股票，却涨势不止，心里又着急又生气，实在无可奈何。其实，股市中，每种股票的行情变化都有其不同的条件和背景。并不总是好股票领涨，有时反而是绩差股涨幅大，所以，投资者要沉得住气，相信自己手中所持股票的投资价值，相信是金子总会闪光的，不要为市场的“噪音”所动，耐心持有，静待厚报。

这样，让自己留下学习提高的时间来总结，来放松，远离股市，不谈论股市，不关心股市行情。耐得住寂寞不是一般人能做到的，但只有一般人做不到的事情你做到了，你才能获得比别人更大的成功。耐住寂寞成高手，只有耐住寂寞，你才能规避由于急躁冒失所带来的投资风险，从而投资获利。

·第六章·

关于投资的心理学忠告

投资不是投机

2007年7月初，普洱茶降价潮席卷全国，各类品种价格普遍下跌了20%～50%。“疯狂”的普洱茶终究没能“疯”多久，从2007年3月、4月间价格暴涨，有的品种甚至到了“有价无市”的地步，不少炒家用麻袋装着现金在树下等着茶农采摘新茶，到2007年7月价格狂跌，普洱茶市被形容成遭遇“地震”“崩盘”，不过短短两三个月时间。

实际上，这是刚开始就应预见到的结果。普洱茶，说到底也就是一种茶，普通的消费品，算不上稀有罕见，也没有什么特别的医疗保健功能可使其身价让其他茶叶望尘莫及，至于有的品种像国家级古董、文物那样“有价无市”，就更是有违市场规律。这个道理不难想明白，普洱茶市场上的泡沫也不难识破，但不少人眼里只看到别人赚钱了，心里只想着自己也要发财，于是不顾一切地扎进去，跟风炒普洱，结果损失惨重。

投机不等于投资。投机成功，往往使人一夜暴富。然而，天底下从来就不存在包赚不赔的买卖，投机既然有如此高利益的回报，就必然存在着更高的风险。一旦投机失败，可能连本带利赔光，甚至可能欠下巨额债务。

巴菲特在投资过程中一直坚持着一个原则：要投资而不要投机。这也是他的投资哲学。

巴菲特不是靠在股市上低买高卖、炒作股票成为巨富的，恰恰相反，他一贯坚决反对投机炒作。有些投资者，幻想通过炒作每年从股市上赚个30%甚至更多，若干年后，也就成为“巴菲特第二”了，这是一个严重的误解。巴菲特控股的上市公司的平均收益率，确实在几十年的漫长时间里，保持了23.6%的增长速度，但这种增长不是靠市场炒作获得的，而是靠公司扎扎实实的业绩得来的。

巴菲特致富的核心武器是投资，而不单单是长期持股。他鼓励长期投资，确实长期拥有几只股票，但前提是这些企业真正值得长期投资。他完全不会接受投资风险，只有在确认没有任何风险的前提下才会出手。他认为如果一项投资有风险的话，你要求再高的报酬率也是没用的，因为那个风险并不会因此而降低。他只寻找风险几乎接近零的行业和公司。他在给股东的年度报告中明确地说："我不会拿你们所拥有和所需要的资金，冒险去追求你们所没有和不需要的金钱。"

凯恩斯、格雷厄姆等都曾对投资和投机的差异表示过自己的看法。

凯恩斯认为："投资是赌资产未来报酬率所进行的活动，而投机则是赌市场心理的活动。"格雷厄姆认为："投资是一种经过深入研究的保本获利行为，而任何没有达到上述要求的理财行为都应被视为投机。"

总体来说，他们都同意投机家只在意股票价格未来的走势，而投资家则集中精力关心潜在资产。他们知道未来的股价与资产的业绩密切相关。如果他们是对的，那么似乎当今金融市场上占主导地位的活动就是投机而不是投资。

关于投机还是投资，这是一个古老而又顽固的辩题，双方拥护者都热情而执着。在格雷厄姆去世前，他单独接受了格林威治合伙公司的合伙人之一查尔斯·艾利斯的长时间采访。在那次采访中，艾利斯忆及他与格雷厄姆就投资与投机辩题进行的讨论。根据艾利斯的说法，投机观念本身并不使格雷厄姆感到困惑。格雷厄姆解释说在股市上投机者总是占一部分，令格雷厄姆感到极度不安的是，他认为投资者已在不知不觉中养成了投机的习惯。

其实，如果从采取价值投资策略的角度来研究投资，投资人必然会对标的公司的营运状况和股票价格表现有更深的认识。而如果投资人采取广泛分散的投资策略，将会发现股票周转率高，交易成本也随之增加。反过来，低周转率投资可以提升可能的获利空间。当投资者发现每天都忙于追涨杀跌，到头来只是一场游戏一场梦的时候，他们就会开始累积真正的投资知识和策略，也会和投机市场渐行渐远。我们可以很确定地告诉投资者，知识的累积绝对可以增加我们的投资报酬，同时降低整体风险。我们还相信知识将最终分隔投资和投机的界限。投资者会发现：随着投资人知识水平的不断提高，他的思考和行为就越不可能被纯粹的投机意念所主导。

投资看重的是长期内的稳定回报，而投机仅仅是短期内对风险因素的技术性套利。投资追求的是“双赢”发展路径，而投机在利用风险的同时，创造了更多的经济不确定性。投机行为将注意力主要放在价格变化上，很少考虑交易品种的实际价值。其手法多为低买高卖、快进快出。

巴菲特认为，投机是不可取的。对个人投资者来说，投机风险太大。由于投机强调的是低买高卖，投资者很容易浪费时间和精力去分析什么经济形势，去看每日股票的涨跌。投资者花的时间越多，就越容易陷入思想的混乱并难以自拔。但在巴菲特看来，股票市场短期而言只是一个被投资者操纵的投票机器，而投资者的投资行为又都是非理性的，所以根本没法预测。而股票市场长期而言又是一个公平的天平，如果投资者购买的企业有潜力，那么长期来看企业价值必然会体现在股票价格上。所以巴菲特认为最好的方法就是以低于企业内在价值的价格买入，同时确信这家企业拥有最诚实能干的管理层。然后，永远持有这些股票就可以了。以可口可乐公司股票为例：

在这几十年里，可口可乐股票价格每天都在波动。如果今天可口可乐股价是20美元，你觉得它明天会涨，就购买了很多股票，可是第二天股价反而下跌了。如果你是做短期投机的，那么你就亏了。股价短期的波动没有任何人能预测到。如果你是长期投资可口可乐股票的，那么一定赚翻了。因为从1987年底到2009年8月31日，可口可乐从3.21美元上涨到48.77美元。

巴菲特曾将其在股票市场的“生财之道”总结为：“当我投资购买股票的时候，我把自己当作企业分析家，而不是市场分析家、证券分析家或者宏观经济学家。”巴菲特从不名一文到富可敌国，自始至终总是在资本市场上寻找着价值被低估的股票，而他对利用技术分析、内幕消息进行投机总是不屑一顾，这种可以称之为过于自我的投资理念却让他长期获利。

投资才是致富的真谛，而并非是投机。巴菲特在股市的成功，依靠的是他对基本面的透彻分析，而非对消息的巧妙利用。投资者只有明白了这一点，才不会只表面化地记住了“长期持股”，在被套牢后，索性学起了巴菲特，做长期投资者了。这是严重的误解。没有了投资这个前提，或者说前提错了，盲目地长期持股损失可能更为惨痛。

巴菲特说过，“只有在潮水退去的时候，你才知道谁一直在游泳。”大浪淘沙之后，才是市场认定王者的真正时刻。巴菲特的简单哲学告诉我们：投资不是投机，这才是成熟市场的成功之道。

选择适合自己的投资

投资方式的选择应视个人情况而定，投资最终是自己的事，赚了放入自己腰包，赔了当然得自己负责，因此，投资一定要有自己的主见，不能盲目从众，以免赔了之后怨天尤人。许多投资者从众心理极强，见到别人投资赚钱了，便也跟着买进、卖出，偶尔可能赚些小钱，但费时费力不说，动作稍微慢点，就可能被套或者割肉赔钱。

做任何事情都要选择适合自己的，做不合适的事，结果只能是事与愿违。试想一下，如果让姚明改行举重，他会像在 NBA 球场上一样呼风唤雨、独霸一方吗？投资也是一样，别人赚钱了的投资项目，你去有可能亏得底朝天。专家建议在选择投资项目时要注意以下几点：

第一，选择与自己风险承受能力相适应的投资。不同投资者的投资应该有所区别：稳健的投资者多注重资金的安全性，可选择国债等有固定收益的投资工具；而那些愿意承担较大风险、以期获得较多收益和增值的投资者，可潜心选择普通股，尤其是具有成长潜力的普通股。当然这些投资都应以你净资产所能承受的风险为依据。

不考虑自己的风险承受能力，盲目投资者往往会损失惨重。香港著名艺人钟镇涛就曾在楼市上损失惨重。1996 年香港楼市处于顶峰，他短期借款 1.54 亿港元，“炒买”港湾道会景阁 4607 室等五处豪宅和其他项目。1997 年亚洲金融危机爆发，香港楼市下滑，他所购的项目大幅度贬值。债权人虽没收了这些房产，但他们仍无法偿清债务。由于部分贷款利率高达 24%，所余本息现已滚至 2.5 亿港元。2002 年 7 月，法院裁定钟镇涛破产。钟镇涛之所以损失惨重，放开其他因素不说，与他忽略自己风险承受能力有关，在本身资金不足的前提下贷款 1.54 亿港元炒房，光这一点就犯了投资的大忌，血本无归也就不足为奇。

第二，选择与自己情趣爱好关系密切的投资。随着人们经济收入的增加，生活水平的提高，邮票、字画、珠宝、古玩、钱币等投资品种也开始进入了寻常百姓家。通过投资收藏品获得丰厚的经济效益和精神陶冶，不失为一箭双雕的美事。

民营企业家张先生在北京见客户时偶然发现，在自己住的酒店旁边有拍卖公司正在举办大拍预展，从小爱好收藏的张先生赶紧过去参观。结果一下子就看上了几个扇面，所有折扇各具风貌，无一雷同，并都有着上百年的历史，而价格却只有几千元，贵的也不过几万元一把。于是，张先生毫不犹豫地交了2万元押金，领取了竞买号牌。在第二天的拍卖现场上，他买到了看好的四把扇子，一共也不到4万元。从那以后，每次遇见有拍卖会，张先生特别留意有没有精美的扇子。事过一年，漂亮的扇子倒是不断出现，但是价格早已经不是当初的价格了。自己留的陆俨少的山水成扇，当初不过花了6600元，但是一年之后，成交价就已经接近30000元了。张先生马上设法请来几位专家，弥补自己在鉴赏知识上的不足。如今张先生在收藏品上战绩显赫。张先生的成功得益于对收藏品的兴趣，早年间没钱投资收藏品，但他经常参观艺术品展览，还阅读了不少专业书籍，这都为张先生投资收藏品获得成功埋下了伏笔。

因此，在投资的时候绝对不能盲从，要根据自己的兴趣爱好出发，才能深入进去，达到既赢得财富又陶冶情操的双赢效果。

选择适合自己的投资还应该根据家庭收入状况而定。下面列举了适合不同收入水平的投资方案供大家参考。

一、适合中低产家庭的投资

中低收入家庭是个相对的概念，在不同经济发展程度的地区有着不同的划分方法。例如，在北京，一个三口之家的家庭年收入在5万元或5万元以下，就属中低收入家庭。

刘小姐今年24岁，从事幼师工作，月收入在2500元左右，工作刚一年。她男友在部队，开销小，但是收入不高，只有2000元左右。刘小姐计划和男朋友在2012年结婚。他们现有资产都是银行存款，约有10万元钱，计划在郊区买一套二手小户型，首付需要6万多元。想先租出去几年，等结婚之前再简单装修一下自用。学过经济学的她制订了适合自己的投资计划：

(1) 适当承担风险胜过逃避风险。投资可依自身风险承担能力，适当主动承担风险，以取得较高收益。例如医疗等项费用的涨价速度远高于存款的增值速度，要想将来获得完备的医疗服务，现在就必须追求更高的投资收益，因而也必须承担更大的投资风险。

(2) 购郊区二手小户型并适当投资。买二手房可用20年七成组合贷款，留下资金，转换债券是个好的投资方向。这种债券平时有利息收入，在有差价的时候还可以通过转换为股票来赚大钱。投资于这种债券，既不会因为损失本金而影响家庭购房的重大安排，又有赚取高额回报的可能，是一种“进可攻，退可守”的投资方式。

(3) 投资保障类保险。刘小姐考虑到男友在部队工作，各种保障很健全。

二、适合中高产家庭的投资

目前大约有许多中国城市家庭可以被称做“中高收入家庭”，这些家庭的年收入在10万元人民币左右；其中有很多家庭拥有12万元以上的存款，这一“富裕”客户群实际占中国商业银行个人存款总额的50%以上，且贡献了整个中国银行业盈利的一半以上。

不断增长的财富正促成中国中高收入者投资态度和行业的变化。这种变化首先表现在“富裕”客户愿意在挑选个人金融服务产品时进行多方比较。在调查中，有73%的受访者认为值得投入精力去挑选个人金融服务产品，而这一比例在亚洲的总体水平仅为56%。同时，这些“富裕”客户愿意通过付费来获得好的个人金融服务的比例也高于亚洲总体水平。换句话来说，中国的中高收入者比较愿意为享受好的金融产品和服务付出相对高的价格。

另一种变化表现在借款方面。人们越来越愿意向银行贷款，受访者中62%的人表示愿意贷款消费，这其中并不包括按揭产品，年轻受访者持此观点的比例竟高达93%。然而，目前中国银行不能满足这些贷款需求。麦肯锡的报告指出，中国中高收入者对目前金融机构的满意度比较低，仅有65%的受访者对目前金融机构满意，低于亚洲75%的亚洲总体水平，这一比例在亚洲受访国家和地区中排在倒数第三位。这些富裕客户已日益被外资银行吸引。

中国本地金融机构需要尽快建立零售客户风险评估体系，要从各客户群和产品的盈利能力考虑。但现在多数银行缺乏业绩衡量系统，既不能确定谁是最佳客户，也不能衡量各客户群的盈利能力。另外，还需要细分客户，特别为4%的“富裕”客户提供有区分性的服务。

所以这些中高收入的家庭的投资规划一般集中在个性化的金融服务上，各种新型的金融产品和金融工具都是他们青睐的对象。

三、适合高收入阶层的投资计划

家庭年收入20万元以上，将增加旅游、教育消费和投资，收入6万～10万元家庭，有一半左右的人愿意增加旅游消费，然后是增加教育、家用电器、住房消费，还有购买计算机、家用汽车、通信工具、保险、健身娱乐的意愿。但这些高收入家庭对生活必需品的拥有已饱和，他们处于消费结构升级期，能满足这批人享受的消费品太少、上市太慢。

富裕家庭在制订投资规划时，首先考虑的是汽车、住房、教育等。另外，高收入层次结构愿意把收入大部分用于投资。有数据显示，无论现有投资或未来投资，高收入家庭都把目标瞄准证券投资，如国债和股票。因此，在投资前要制订相应的消费和投资计划。

选择自己熟悉的股票

有些投资者总是不买自己熟悉行业的公司股票，并且往往购买自己根本不懂其公司业务的热门股票。

著名投资学家彼得·林奇说：“一般情况下如果你对医生进行调查，我敢打赌他们当中可能只有一小部分人购买了医药行业的股票，而绝大多数人投资了石油行业的股票；如果你对鞋店的老板进行调查，则结果可能是绝大多数人买了航空业而不是制鞋业的股票，反过来航空工程师可能涉足更多的是制鞋业的股票。我不清楚为什么股票像草地那样：总是别人草坪上的草显得更绿一些。”

成功的投资家总是告诉你同一个经验，只投资你熟悉的股票。

中国有句古话叫：“生意不熟不做。”巴菲特有一个习惯，不熟的股票不做。正是因为巴菲特坚持“不熟不做”的观点，多年来他对科技企业避之唯恐不及，并成功地避开了2000年初网络股泡沫等一系列投资陷阱。

巴菲特曾说他对分析科技公司并不在行。当股市处于对高科技尤其是网络公司股票狂热的时候，巴菲特在伯克希尔公司股东大会上被别人问是否会考虑投资于高科技公司。他回答：“这也许很不幸，但答案是不。我很崇拜安迪·格鲁夫和比尔·盖茨，我也希望能通过投资于他们将这种崇拜转化为行动。但当涉及微软和英特尔股票，我不知道10年后世界会是什么样子。我不想玩这种别人拥有优势的游戏。我可以用所有的时间思考下一年的科技发展，但不会成为分析这类企业的专家，第100位、第1000位、第10000位专家都轮不上我。许多人都会分析科技公司，但我不行。”

巴菲特说：“如果我们的原理应用到科技股票上，也会有效，但我们不知道该如何去做。如果我们损失了你的钱，我们会在下一年挣回来，并向你解释我们如何做到了这一点。我确信比尔·盖茨也在应用同样的原理。他理解科技的方式与我理解可口可乐公司与吉列公司的方式一样。所以，我们的原理对于任何高科技企业都是有效的，只不过我们本身不是能够把原理应用到这些高科技企业的人而已。如果我们在自己画的能力圈里找不到能够做的事，我们将会选择等待，而不是扩大我们的能力圈。”

巴菲特避开科技企业还有一个原因是，很难预测这些变化很快的高技术领域或新兴行业的未来发展。

巴菲特说："我可以理性地预期投资可口可乐公司的现金流量。但是谁能够准确预期10大网络公司未来25年里的现金流量呢？对于网络企业，我知道自己不太了解，一旦我们不能了解，我们就不会随便投资。显然，许多在高技术领域或新兴行业的公司，按百分比计算的成长性会比注定必然如此的公司要发展得快得多。但是，我宁愿得到一个可以确定会实现的好结果，也不愿意追求一个只是有可能会实现的伟大结果。"

一般说来，巴菲特对下列两种企业情有独钟：

第一，能够提供重复性服务的传播事业，也是企业必须利用的说服消费者购买其产品的工具。无论是大企业还是小企业，它们都必须让消费者认识自己的产品与服务，所以它们不得不花去高额的广告费以求能打开销路。所以，那些提供这类服务的行业势必从中获得高额的营业额及利润。

第二，能够提供一般大众与企业持续需要的重复消费的企业。巴菲特投资的企业，如《华盛顿邮报》、中国石油等，无疑都符合他的这一原则。

像巴菲特这样的投资大师都始终坚持"生意不熟不做"，对于我们普通人来说，更应该这样。选择自己熟悉的股票进行投资，才可以避免因不了解盲目投资而造成的损失。

实际上，在投资这个领域，成功的人永远少于失败的人。究其原因，是因为有太多的人是靠着自己头脑中的想象与金钱打交道。从巴菲特的投资行为中，我们也可以得到启发，在做任何一项投资之前，都要仔细调研，在自己没有了解透、想明白之前，不要仓促做决定，以免给自己造成更大损失。

避免投资中的非理性

在投资实践中，巴菲特认为："事实上，人们充满了贪婪、恐惧或者愚蠢的念头，这点是可以预测的。而这些念头导致的结果却是不可预测的。"事实上，心理是左右人类行为的主要因素，一旦涉及金钱，人们更容易做出情绪化且不符合逻辑思维方式的决策，非理性是其中最主要的一种情绪化表现。而投资又必须是理性的，如果投资者不能理解这一点，就不要做投资。

很多投资者习惯上都不喜欢对他们最有利的市场，却总是喜欢对他们不利的市场。当市场价格上升的时候，他们就觉得乐观，而市价下降的时候，就觉得悲观。如果他们再进一步，把这种情绪变成行动的话，他们会怎么做呢？在低价卖出，在高价买进，而这不是利润最大化的战略。

行为金融学研究表明，现实中的投资者正如巴菲特所说，“充满了贪婪、恐惧或者愚蠢的念头”，并非像有效市场理论中假设的那样是完全理性的，而是有限理性的，存在许多行为认知偏差，从而导致价格偏离价值。

事实上，在“股市热”的大环境下，广大投资者有必要对其中的投资风险有充分的了解，从而避免非理性的投资行为。正如巴菲特所言：“投资必须是理性的，如果你不能理解它，就不要做。”

那么，如何才能在投资中保持一份应有的理性呢？

一、学会定量分析

要在股市非理性波动中保持理性，其中最需要的方法是学会定量分析，从而准确判断股市是否过热或过冷。如果投资人能够进行定量分析，尽管不会因此就把分析能力提高到超人的水平，却能够使自己因此而避免随波逐流。如果投资人根据定量分析发现股市过冷，就可以理性地决策选择合适的股票低价抄底买入。

二、培养合适的性格

许多投资人重视的是增强自己的才智，努力学习各种各样的知识，到后来却发现，与体育比赛一样，态度决定一切，性格决定命运。学习投资中需要的知识相对来说比较容易，但养成合适的性格并不容易，却更为关键。投资者要有能力在信息不完全的情况下做出决定，就要能够抵抗得了人性的弱点。

物极必反：掌握买卖的火候

股市行情有其自身的规律。股票价格几乎永远处于波动状态，大涨必有大跌，有大跌必有大涨，正所谓盛极必衰，否极泰来。

股市中存在某种动能，这种动能能使股价运行具有某种惯性。当某个方向的动能消耗殆尽后，反向的动能开始聚集和加强。股价的横向盘整只是一个暂时的现象，是一个休整过程，最终会选择一个突破方向，如果涨不上去，那就必然朝相反方向作用——下跌。股市中要把握好“度”，要求对这种能量做出估计，估计它的方向和大小。

那么投资者该如何“把握好度”呢？有以下几种方法仅供参考：

一、依靠技术分析工具

各种技术分析工具，都相信股价过去的走势对未来有某种提示作用，相信某种动能在支撑这种提示。技术分析工具的作用，如提示某个点买入、某个点卖出，就是帮助操作者掌握买卖的火候——“度”。

二、依靠直觉

深谙股市运行规律的操作者，对股市会有自己的理解和直觉。他们也借助一些技术分析工具，但仅仅是借助，不是依靠，他们依靠自己对股市的判断。这是最上乘的功夫，是一种别样的能力，是一种境界。那些出类拔萃的投资大师，具备这样的能力，达到了这样的境界，他们能洞悉股市运行背后的东西，他们能感觉到股市运行的特殊的脉动。普通的投资者可以向这个目标努力，但不要轻易狂想自己已经成为这样的“神人”。

三、依靠中庸之道

中庸之道有两层意思。一是对“度”只做大致的判断，不做极端准确的判断。二是对“度”的利用比较“大度”，讲求留有余地。这是一种重要的理念。股市上通常说的“不吃鱼头和鱼尾只吃鱼身”，就是对这种理念的形象比喻。在股市中，普通投资者要想修成正果，获得真正意义上的成功，应该秉持这种理念，此为康庄大道。

四、见好就收

这是比较另类的把握好“度”的一个方面。它是指投资者在内心层面约束好自己，只要达到了预期的收益值，就落袋为安。至于下一步行情如何发展，不去想它，先把钱赚到手再说。对于那些对收益期望不高，又讨厌风险的谨慎的投资者来说，这不失为一种好办法。

五、合理控制资金分配

在现实操作中，对“度”的把握具体地体现在资金分配上，是满仓，还是空仓或者是半仓？这些问题的答案都关系到能否把握好“度”。要解决好这些问题，应把握好两个重要的方面：一是行情的主趋势如何，二是目前股价处于什么样的阶段。这两方面都是属于股票选时的问题。对这两个方面有了清晰的认识，对一些具体“度”的把握就会“纲举目张”，八九不离十。

第十篇

商用心理密码

·第一章·

轻松把握对方心理

妙用提问让对方说出实情

商务交流的核心是从对方的真正关注点出发，策略性地引导对方。换句话说，我们需要掌控主动权，突破双方之间的交流障碍或合作障碍。这中间有两个核心要素，一是了解对方的真正关注点，二是策略性地引导。

一、妙用提问的技巧

询问法是一种普遍运用的商战心理技术，我们拜访客户、接待合作伙伴、出席商务活动甚至是打探情报，都可以使用询问法。询问法的一个核心功能是让我们轻松地获取对方的信息。

甲："您这边请，我可以帮助您做些什么吗？"

乙："哦！我想……"

上面这个对话情景我们经常碰到，它是一般店面销售、服务人员常常用到的接待方式。

对大部分商业活动来说，对方前来商谈某项合作往往都是有备而来的，因此对自己的目的有着较为成熟和清晰的考虑。为了更好地了解对方的需求，我们必须主动试探。

商业交易活动中我们要利用一切机会，如展会、商务活动等，与需求方进行积极的交流，努力发现其需求的"蛛丝马迹"。在获取客户需求信息时，有些时候需要我们从工作以外的事情聊起，逐渐拉近与交往对象的距离，赢得对方的认同，进而从对方的话语中套取商业信息。

非正式的见面会上更有利于我们获取情报，因为这个时候人们心里一般会很放松。

二、让对方主动说出来

有目的地使用询问法能够让我们在商业活动中获取对方需求方面的信息，但如果在交流过程中让对方发现或引起对方的警觉，那么我们不仅会一无所获而且也会丧失对方的信任，这在商业活动中是非常致命的。我们在使用询问法的时候要自然、不漏痕迹，且能够让对方主动说出来。一般涉及商业项目的时候，人们的警觉性会比较高。我们可以问一些平常工作上的事务，使对方从心理上能够接受，然后不断缩小询问与聊天的范围，由模糊到具体，在这个过程中对方心里逐渐放松，且意识也随着我们制订好的询问策略而展开。商业活动不比日常交往，人们的思考非常理性，不会轻易透露自己所思所想，这就需要我们熟练掌握各类发问的技巧。

三、灵活发问掌握对方的思维

单一的问法如质问、肯定发问、否定发问在较为简单的场景中具有一定的效果，但在复杂的商业领域中很难主导对方意识，因此我们将它们混合起来使用，可以达到意想不到的效果。当然，我们在发问时要注意一些问题，比如询问的内容要有针对性，要有必要的铺垫，不可空洞乏味；形式要多样，不要让对方觉得有雷同之感；要有感情色彩，不要泛泛而谈等。

巧调身体距离促进感情融洽

我们在百货公司买衬衫或领带时，女店员总是会说："我替你量一下尺寸吧！"这是因为对方要替你量尺寸时，她的身体势必会接近过来，有时还接近到只有情侣之间才可能的极近距离，使得被接近者的心中涌起一种兴奋感。

每个人对自己身体周围，都会有一种势力范围的感觉，而这种靠近身体的势力范围内，通常只能允许亲近之人接近。如果一个人允许别人进入他的身体四周，就会有种已经承认和对方有亲近关系的错觉，这一原理对任何人来说都是相同的。

本来一对陌生的男女，只要能把手放在对方的肩膀上，心理的距离就会一下子缩短，有时瞬间就成为情侣的关系。推销员就常用这种方法，他们经常一边谈话，一边很自然地移动位置，跟顾客离得很近。

因此，只要你想尽早产生这种亲密关系，就应制造出自然接近对方身体的机会。

有一场篮球比赛，一位教练要训斥一名犯了错的球员。他首先把球员叫到跟前，紧盯着他的眼，要这位年轻小伙子注意一些问题，训完之后，教练轻轻拍了拍球员的肩膀和屁股，把他送回到球场上。

教练这番举动，从心理学的观点来看，确实是深谙人心的高招：

第一，将球员叫到跟前。把对方摆在近距离前，两人之间的个人空间缩小，相对地增加对方的紧张感与压力。

第二，紧盯着对方的两眼。有研究表明，对孩子说故事时紧盯着他的眼，过后孩子能把故事牢牢记住。教练盯着球员的眼睛，要他注意，用意不外乎是使对方集中精神倾听训斥。否则球员眼神闪烁、心不在焉，很可能会把教练的训示全当成耳边风，毫不管用。

第三，轻拍球员身体，将其送回球场。实验显示，安排完全不相识的人碰面，见面时握了手和未曾握手，给人的感受大不相同。握手的人给对方留下随和、诚恳、实在、值得信赖等良好印象，而且约有半数表示希望再见到这个人。另一方面，对于只是见面而没有肢体接触的人，则给人冷漠、专横、不诚实的负面评价。

正确接触对方身体的某些部位，是传达自己感情最贴切的沟通方式。如果教练只是责骂犯错的球员，会给对方留下“教练冷酷无情”的不快情绪。但是一经肢体接触之后，情形便可能大大改观，球员也许变得很能体谅教练的心情：“教练虽然严厉，但终究是出于对我的一番好意!”

此外，与陌生人交谈，应态度谦和，有诚意，力求在缩短距离上下功夫，力求在短时间里了解得多一些。这样，感情就会渐渐融洽起来。我国有许多一见如故的美谈，许多朋友，都是由“生”变“故”和由远变近的，愿大家都多结善缘，广交朋友。善交朋友的人，会觉得四海之内皆朋友，面对任何人，都没有陌生感。这有不少方法：

一、适时切入

看准情势，不放过应当说话的机会，适时插入交谈，适时的“自我表现”，能让对方充分了解自己。交谈是双边活动，光了解对方，不让对方了解自己，同样难以深谈。陌生人如能从你“切入”式的谈话中获取教益，双方会更亲近。适时切入，能把你的知识主动有效地献给对方，实际上符合“互补”原则，奠定了“情投意合”的基础。

二、借用媒介

寻找自己与陌生人之间的媒介物，以此找出共同语言，缩短双方距离。如见一位陌生人手里拿着一件什么东西，可问：“这是什么……看来你在这方面一定是个行家。正巧我有个问题想向你请教。”对别人的一切显出浓厚兴趣，通过媒介物引发他们表露自我，交谈也能顺利进行。

三、留有余地

留些空缺让对方接口，使对方感到双方的心是相通的，交谈是和谐的，进而缩短距离。因此，和陌生人的交谈，千万不要把话讲完，把自己的观点讲死，而应是虚怀若谷，欢迎探讨。不同的人、不同的心情，会有不同的需要。要想打动陌生人，就得不失时机地针对不同的需要，运用能立即奏效的心理战术。通过对方的眼神、姿势等来推测其当时的心思，再有效地运用如拍肩、握手、拥抱等非语言沟通方式来传情达意，如果你懂得运用这些技巧，便能很快地拉近与陌生人的心理距离。

用微笑拉近彼此间的距离

人与人之间，简单的一个微笑是最为普通的身体语言，它能够消除人与人之间的隔阂。同时，人与人之间的最短距离，便是一个可以分享的微笑。微笑是人际交往的通行证，是打开每个心门的钥匙。在与人交流时，主动报以微笑能迅速拉近彼此心与心的距离，赢得他人好感。

飞机起飞前，一位乘客请求空姐给他倒一杯水服药。空姐很有礼貌地说：“先生，为了您的安全，请稍等片刻，等飞机进入平稳飞行状态后，我会立刻把水给您送过来，好吗?”十五分钟后，飞机早已进入平稳飞行状态，突然，乘客服务铃急促地响了起来，空姐猛然意识到：糟了，由于太忙，忘记给那位乘客倒水了。空姐来到客舱，看见按响服务铃的果然是刚才那位乘客。她小心翼翼地把水送到那位乘客跟前，面带微笑地说：“先生，实在对不起，由于我的疏忽，延误了您吃药的时间，我感到非常抱歉。”这位乘客抬起左手，指着手表说道：“怎么回事，有你这样服务的吗?”无论她怎么解释，这位挑剔的乘客都不肯原谅她的疏忽。

在接下来的飞行途中，为了补偿自己的过失，每次去客舱为乘客服务时，空姐都会特意走到那位乘客面前，面带微笑地询问他是否需要帮助。然而，那位乘客余怒未消，摆出一副不合作的样子。

临到目的地前，那位乘客要求空姐把留言本给他送过去，很显然，他要投诉这名空姐。飞机安全降落，所有的乘客陆续离开后，空姐紧张极了，以为这下完了。没想到，她打开留言本，却惊奇地发现，那位乘客在留言本上写下的并不是投诉，而是一封热情洋溢的表扬信："在整个过程中，你表现出的真诚的歉意，特别是你的十二次微笑，深深打动了我，使我最终决定将投诉信写成表扬信。你的服务质量很高，下次如果有机会，我还将乘坐你们这趟航班。"空姐看完信，激动得热泪盈眶。

在人际交往中，我们要赢得他人的好感，必须学会微笑，像上例中的那位空姐一样，用自己迷人的微笑来赢得他人的好感。微笑就像温暖人们心田的太阳，没有一块冰不会被融化。带着真心、诚心、善心、爱心、关心、平常心、宽容心微笑，别人就会感受到你的心意，被你的这份心感动。微笑可以使你摆脱窘境，化解人们彼此的误会，可以体现你的自信和大度。

在现实生活中，微笑能化解一切冰冷的东西，容易获得他人的好感。比如朋友、同事之间的吵架、误解，家人、邻居之间的矛盾，恋人、兄弟之间的隔阂等，都可以用微笑化解。所以，人际交往中，不管遇到什么困难，不管遇到多么尴尬的事情，要常常告诉自己"要微笑"，没有什么事情不能用微笑化解，只要你的微笑是出自真心的。

俗话说，"伸手不打笑脸人"，微笑能够化解矛盾和尴尬，取得意想不到的效果。微笑是人与人之间最短的距离，纵使再远的时空阻隔，只要一个微笑就能拉近彼此的心灵距离。当别人取笑你时，用微笑还击他，笑他的无知；当别人对你愤怒时，用微笑融化他，他会知道自己是在无理取闹；当彼此发生误解、争执不休时，用微笑打破僵局，你会发现事情其实并没有你想象的那么复杂和严重……

微笑是人际交往的通行证，没有一个人不喜欢和微笑的人打交道。罗曼·罗兰曾经说过："面部表情是多少世纪培养成功的语言，比嘴里讲的更复杂千百倍。"所以，想让对方喜欢你，友善地对他微笑吧！不过，想把微笑的作用发挥得淋漓尽致，还应做到两点：一是要真笑，而不是假笑；二是要把握好微笑的时机和方式。

巧妙精装商务个性

相关研究显示，销售人员第一次与客户接触的时候，客户对销售人员的总体印象评判，通常只需要 10 秒钟。就在这短暂的时间里，客户将可能留下深刻的印象，甚至直接影响双方能否达成交易。因此你要巧妙包装自己的商务个性，可以从以下几方面做起：

一、恰到好处地使用流行语

在日常谈话、交往活动中，恰到好处地使用流行语可以大大增加自己的语言魅力，进而增强自己对他人的吸引力。“流行语”就是那些在一定时间、一定范围里高频率地运用于人们口头交际中的鲜活新潮的词句。它和着时代的脉搏，折射着生活的灵光，为人们的日常言谈增添魅力与色彩。

流行语并不一定是一个国家或民族的共同语、规范语，它有较强的地域特征。例如，香港人把谈恋爱称为“拍拖”；广东人逢人称“阿哥”；南京人说事情好到极点为“盖帽了”；北京人谈吃喝用“撮”……有些流行语在传播中扩大了范围，如北京人把闲谈聊天叫“侃”，现在其他不少地方也用开了，“没事我们一道侃侃去”。

大多流行语往往在一定的年龄、文化水平以及职业的人群中使用。比如在商业界，“看好”“看涨”“看跌”“滑坡”“走俏”等词语运用得很普遍；在演艺圈，“走红”“领衔”“性感”“熟女”等很流行。流行语多数是现有词句的一种比喻、替代、延伸，例如，知识分子把从商称为“下海”，把改行叫作“跳槽”，把撰写文章搞创作戏称为“爬格子”。

流行语具有较强较浓的时代色彩，沉淀着一定时期内的政治色彩、文化特点与生活气息。比如，对别人称自己的妻子，旧时代是“内人”“太太”，现代则有“爱人”“那口子”“另一半”等说法。说一个人样子好、气质佳，以前是“眉清目秀”，后来是“健壮有朝气”，现在是“潇洒风流”“有魅力”“很有派”等。

在日常谈话、交往活动中，恰到好处地使用流行语可以起到多方面的作用。

流行语可以丰富、更新自己的谈话色调。一个人的谈话色调既包括话题、语调、声音的选择，也包含词句的筛选与锤炼。现实生活中有些人与别人交谈时老是一种腔调，老运用一些自己重复多遍、陈旧蹩脚的词句、口头禅，毫无新鲜明朗的气息，给人的感觉是迂腐而沉闷，如鲁迅笔下的孔乙己，“之乎者也”不断，又像《编辑部的故事》中的牛大姐，官腔套话不离口。跟紧时代的步伐，注意吸收运用流行的词句，如“宅男”“宅女”“雷人”“山寨”等，可以使自己的谈吐变得丰富多彩，永远保持谈话色调的生机、活力，使话语常讲常新。

使用流行语可沟通联系，赢得别人的好感。愉快顺利的交谈活动往往离不开流行语的使用。比如称呼别人，以前多是“师傅”“同志”“××长”，现在多用“美女”“帅哥”“女士”“先生”“老板”，这样更能增强谈话双方的亲近感、尊敬感，使交谈始终处于轻松自如的状态下，不至于因过于拘谨、正儿八经而影响沟通，引起别人反感。

使用流行语可增添生活情趣。生活是五彩斑斓的万花筒，人们常在一起聊天、谈笑，少不了流行语的点缀。一位男生发现一位女生新穿了一件连衣裙，故意惊呼道："哇！真 3.14。"这"3.14"是圆周率 π 的值，与流行语"派"谐音，因而立刻博得大家一阵会心的大笑。

流行语是怎么来的？其实，流行语不是哪位名人或语言学家创造发明出来的，我们每个人都可以留心于生活，留心于别人的言谈，并借鉴、发挥，推陈出新，启动灵感，随口说出。平时不妨去搜集、学习。

当然，运用流行语还必须考虑交谈对象的年龄、知识水平以及谈话背景。借助健康的富于生命力的流行语，你可以在搞好人际关系这方面更加如鱼得水，流行语是语言不可或缺的"调味剂"。

二、修饰自己的服饰

作为一个推销人员，你的服饰也会对客户产生不同的印象。一般，在客户面前，外套纽扣不扣上或者松开领口的一颗，将有利于营造轻松的氛围。因为，在身体语言中，这样的动作是一种心胸开放的表现，表示你很愿意和客户沟通、对话，也让双方不必因衣着正规而感到紧张。

三、规范手势动作

作为一名商务人士，你的手势应当尽量向上和向外做出动作，释放出积极、正面的信息。在一般的交谈中，应双手自然放置，但绝不能让双臂交叉于胸前，这是封闭内心的表示。尤其是在解说自己的产品时，要自信地伸出手，并指向产品，引导顾客观察，加深对商品的印象。如果需要握手，推销人员还要注意，握手时用力要适度，既不要太轻也不要太重。只有力度适宜，才能带来最好的效果。

四、面部表情微笑为主

平时要面部微笑，妆容要清新自然，要给予客户真诚、坦率、自信的印象。目光要专注地看着客户，注意眼神的沟通，让客户感到备受尊重。但不要一直盯着客户看，而是不时地交流和微笑，否则会让客户感到如芒在背。

五、注意说话的内容

无论是面对面推销，还是电话推销，推销人员都应当在事前准备好自己要谈话的内容，力求精简、准确，多使用礼貌用语。在对产品进行讲述的时候，要突出重点，将客户的需求同自己产品的益处联系起来。

六、注意自己所处的位置

推销员在与客户交谈时，要注意不能与对方站在相互对立的两面。有经验的推销者通常会巧妙地站在或坐在客户的斜对面或旁边。因为，正面相对的两个人之间气氛比较严肃，似乎要对峙一样，而坐在斜对面或旁边，则让交谈的氛围更加和睦融洽。

一个年收入上千万的保险推销员曾说，当业务员到某公司推销保险时，如果对方正在工作，一定要在他的旁边找个椅子坐下，这样使对方不得不注意到你，不得不和你交谈。在他的一侧，双方的视线容易接触到，并有利于消除他的戒心。这样就能赢得第一面交谈的胜利。

七、同客户之间的距离和方向

在交谈时，推销人员需要注意，应身体略微倾斜于客户，做出时刻准备倾听客户信息的样子。因为，在沟通中，如果有人试图拉近两者距离，则表明他希望建立友好的关系，但距离一定要适度，若贴顾客太近，效果则适得其反。

推销人员要保持的方向，应是尽量让身体面对客户，因为当一个人同其他人保持相同的方向时，实际上就是表示想要接受对方的谈话内容，向对方表示友好。推销人员试图努力面对客户时，他的积极含义较多。

八、生活中的礼节

在推销的过程中，推销人员应注意社交礼仪，保持口气清新，服装整齐，身上没有异味，且尽量不要吸烟。因为，对于大多数人来说，同一个满身是味道的人相处，将是一种折磨。而吸烟不仅对身体不好，也容易让顾客产生厌恶情绪。

情感认同激发情绪共鸣

一、情境同一性原理

亚历山大等人在20世纪70年代提出了“情境同一性原理”。他们认为每个社会情境或人际背景，都有一种合适的行为模式。更重要的是，这种行为模式反过来受到社会情境和人际背景的影响，所以，如果我们需要激发对方特定的行为模式（比如积极的或消极的、共鸣的或排斥的等），我们就可以通过创造性运用情境设置来实现。

情境同一性原理的核心是依据对方的情绪情感状态，创造出相似相惜的情感认同，这是两个不同方面的内容。

（1）利用相似相惜定律。依据心理学解释，人总会对和自己有相同点的人产生一种亲近感。所以，在与人沟通时，要努力去寻找这种相似性。无论什么人，他总会与你在兴趣爱好、成长经历、职业地位等方面有或多或少的相似。商务交流中，要努力去找寻这些相似性，然后充分利用它，必然能让对方和你的沟通出现共鸣性情境。

（2）体味对方情绪。人情绪的好坏，将直接对双方的交往造成很大影响。对方情绪好，就容易接受你。如果对方情绪不好，那你就要想办法去了解为什么会这样。如果我们能够从对方的角度来看待事情，体会对方的感受，或许原本疑惑不解的问题可能就变得豁然开朗了，进而理解对方，进入同一的“心理场”中，从而实现相互间的情感共鸣。

（3）利用SOLER模式引起对方好感。心理学家发现，与陌生人交往时，有意识地使用SOLER模式表现自己，也很容易引起积极的相同或相似（同一性）反馈，更好地拉近彼此距离。

S：落坐要面对别人；

O：姿势要自然开放；

L：身体微微前倾；

E：目光接触；

R：放松。

二、让对方一直说“是”

心理学研究证明，当一个人对某件事说出了“不”字，无论在心理上还是生理上，比他往常说其他字要来得紧张，他全身组织——分泌腺、神经和肌肉——都会聚集起来，形成一个抗拒的状态，整个神经组织都准备拒绝接受。反过来看，一个人说“是”的时候就没有收缩作用发生，反而放开准备接受，所以在求人办事的开头我们若获得“是”的反应越多，就越容易得到对方对我们最终提议的注意。

要使别人说出“是”所需的技巧其实很简单。下面就是一个很好的例子：

王林在一家公司做推销员。一次在他推销的区域内有一家大工厂，王林当时就认为它是他们未来的一位大主顾，于是王林花费了几个月的时间，费了很多口舌，最后总算得到了一小笔订单。当时王林心想，假如能使对方满意的话，可能会有大批的订单。这也是王林最殷切期望的。

几个星期后，王林决定去那家工厂看反应，心想要让对方签下一笔大订单。但是当他遇到工厂总工程师，人家第一句话就对王林说：“王先生，以后我不能再买你的马达了。”这使王林大吃一惊，所以马上问对方：“为什么？”

他说：“因为你们的马达太热，我的手都不敢放上去。”

王林立即知道和那位工程师争辩是没有好处的，这是他以往不知多少次失败得来的教训，因此王林立即用柔和的方法，使那位工程师开头就说“是”。

王林说：“李总，你的话不错。马达外围烫手是不好的，你所需要的是发热不超过协会规定标准的一架马达，发热可以较室内温度高上华氏 72 度，我说得对吗？”

他说：“是的，但是马达四周烫手，都超过了规定的度数。”

王林不与他争辩，仅仅问他：“当时工厂室内的温度是多少？”

他说：“噢！大约是华氏 75 度吧。”

王林接着说：“对了，室内的温度再加上马达本身发热 75 度，那一共是 147 度呀！手将被烫坏了呢！”

他听了这些话什么也不说，只是点点头，于是王林趁机又对他建议：“李总，我们不可以把手放在马达上，你认为这意见对吗？”

听完王林的话后，那位工程师便承认说：“我猜想你的意见有道理。”

他们又随便闲谈了一会儿，随即那位总工程师喊他的秘书来，约定在下月中定购王林公司 5 万元的货物。

上述案例中王林所用的说服方法，是两千年前希腊大哲学家苏格拉底所用的，这种“苏格拉底式的辩证法”就是以得到对方的“是”的反应，使对方不断地说“是”，无形地把对方“非”的观念改变过来。

因此，以后你在求人办事的时候，最好应用苏格拉底的方法，使对方多说“是”，使其减少反感，轻松达到你的目的。

·第二章·

巧妙赢得对方认可

表达关切增进彼此好感

商务交往的成败关键在攻心上。成功的商务交往应该确保其在心理、情感上接受我们。当一个人对他人产生好感时，会变得十分友好，那种排斥的心理也就荡然无存了。在最初接触的时候，应该力求使一切都简单化。这包括下面一些技巧。

一、说中对方的心思

在简单的关心、赞美之后，要寻求更进一步的认同感，就必须深入洞察对方的内心状态，并用有效的方式引导对方的情感。

人在许多情况下不能直接知道自己的态度、情感和其他内在状态，因此，要从外界获取信息达到自我认知的目的，所以很容易受到外部信息的暗示，从而导致自我知觉的偏差，而我们所说的“被说中”正是自我知觉偏差的表现。只要你能准确“说中”对方心思，你也可以在瞬间获得对方信任。

老李是一位运动自行车销售员。

老李：“呵呵，这辆车是您的吗?”

山地车爱好者：“是的!”

老李：“呵呵，1999年款的捷安特ATX680，当时得2000多呢!”

客户：“哦！您太厉害了，它可是我的第一辆山地自行车。”

老李凭借自己的专业知识准确地判断出对方车子的品牌、生产时间，以及与之有关的事情。作为一个从事商业活动的销售人员要时刻补充知识，有些时候知识可以弥补我们经验的不足。

老李：“看得出来，你对它很有感情呢！都10多年了还不舍得换呢!”

客户：“当然了，我很珍惜它，它是我和妻子爱情的见证……”

此时，对方还处于“惊讶”的状态，还需要继续“说中”才能获得对方的信任。老李因势利导，将老车与情感联系起来，十分成功地让对方从内心认同这句话。

老李：“很动人，它的确值得收藏啊，看来你得把它打蜡，然后挂在墙上！”

客户：“是的！我打算把它收藏起来。”

对方动情后，老李继续“煽情”，让对方在情感上不断地认同，而不是停留在口头或浅层次的意识上，这样更有利于获得更深的信任。

老李：“恩，即使是按照使用寿命来说，也是该让它休息的时候了。”

客户：“的确是，我得再买一辆……”

老李在上一句话语中巧妙地暗示了对方，一是暗示对方这辆车弥足珍贵应该收藏，二是暗示对方应换一辆车。

对方听后就会产生相应的心理反应，认为的确该收藏了。

以上就是一个在销售中完整地运用读心术说中对方心思的全过程，是赢得他人认同的一个简单、快捷的途径。

二、关心对方的身体

若突然去拜访一位商业上的朋友，需要在接触前进行一番观察，包括对方的气色、神情、身体状况，并从中发现独特之处。

小王：“嗨！先生，您的身体看起来非常棒啊！天天都在锻炼吗？”

对方：“是的！”

小王发现对方的身材健美，因而判断对方经常进行运动，便以此为话题问候对方。

问候前的观察是很重要的，面对一位富态的人，我们如果说“您的身材很棒啊！”是不能够激起对方的兴趣和注意的。

还有，如果我们发现对方神情黯然，要注意对方的性别，如果是女士，我们可以大胆地表达我们的关切，因为女性的潜在心理是渴望得到别人关心的。

三、问候对方的下属

关心对方周围的人有时比关心对方本人效果更好，如关心对方的家人更能让对方感动，关心对方的下属更能激起对方的自豪感。

比如，去拜访一位管理者，拜访之前应先依据自身条件对拜访对象进行调查，通常公司的信息是比较容易获得的。

小赵：“我发现贵公司的员工精神面貌非常地好，个个都非常精神，相信这与公司文化密不可分啊！”

经理：“哈哈！你太会说了，不过的确像你说得那样！我非常注重公司的文化。只有重视和关心员工，公司发展才会有动力啊！”

小赵表达了自己的看法，当然都是针对对方员工而言的，小赵的关心之言是暗示对方管理得当。在这种情况下，对方的内心会非常自豪、得意，说话时会显得非常谦虚但又不否认自己管理有方。同时，这位管理者对小赵的好感也随之增加。此时，如果小赵再不失时机地发表一番赞赏经理的话，效果就更加显著了。

四、寻找对方的兴趣，开启话题

几乎每个人都会对自己感兴趣的事物赋予优先注意的权利，并表现出积极、强烈的探索或实践心理，而且印象深刻。因此，兴趣是一种无形而又强大的动力，我们把它用在商务交流中，也能够起到开启话题、轻易打开对方心扉的作用，从而建立良好的信任感。找准对方的兴趣点是第一要求。正式交流前应该调查对方的兴趣，可以是事前准备，也可以是现场观察。

小李：“不知您喜欢什么运动，攀岩、自行车？”

王经理：“不，我喜欢的是自驾车旅行！”

小李：“是啊，它能够让人充分地享受自由，不像在竞争激烈的商业活动中。”

小李乘势说出自驾游的好处，对方对此深有体会，小李因此博得了对方的好感。

巧用问候赢得对方认可

竞争激烈的商业领域，赢得他人在商业上支持的很多手段都大同小异，为此我们要独辟蹊径，让对方产生耳目一新的感觉。其实我们可以精心地包装一下“问候方式”，达到意想不到的效果。

一、明快地做自我介绍

“我可以做一下自我介绍吗？”直奔主题，以反问的语气征求对方的意见，发问时态度要诚恳，通常对方是不会拒绝的。

“你好，我是王××，很高兴认识你。”这种介绍方式是比较大众化的方式，可以直截了当地与对方建立联系，干净利索，不拖泥带水。

“我是周××，希望没有打扰到您。”适合于突然造访，介绍有礼而谦恭，对方很难拒绝。

“首先做一下自我介绍，我的名字叫宋××……”这种情形适合于正式场合，如双方进行正式谈判，可以显示出庄严的氛围。

“我叫梁××，我在××公司担任……”在轻松的商务活动中可以这样介绍自己，如晚会等。它能够显示自己的礼貌，同时也能够让对方自报家门。

二、把他人介绍给客户的技巧

在给人做介绍时要注意用语的先后和手势，避免失礼和尴尬。

“李经理，很高兴向你介绍我的朋友张先生，他从事……”这种情况适用于介绍人与被介绍人有着相同的地位和身份，在非正式会面场合中使用。

“张先生，这是我们的经理李先生；李经理，这位是张先生，我的一个朋友……”介绍时先把经理介绍给对方，这是一种礼节，然后再将对方介绍给本方的人。

“李经理，你见过张先生吗?”向对方介绍时，介绍人要先和对方打招呼，然后伸出手掌指向被介绍人。这种情况需要被介绍人在圈子里有一定的知名度。

“哟，李经理也在这里呀！李经理，这位是张老板。”这种介绍方式适合于双方突然会面，介绍人需向在一起的人说明情况，然后邀请偶遇之人。

“李经理，这是张老板，我们是大学同学。”双方有着密切联系时可以向第三方表明双方的关系。

三、业务问候的技巧

当碰到总公司派人来巡查的情况时，可以这样表达我们的问候：

职员小王：“早上好，张经理，再次见到你真高兴。旅途还愉快吧?”

张经理：“唔，还不错。昨天还有点累，现在没事儿了。”

亲切地打招呼，然后表达出自己内心的喜悦，并送上真诚的慰问，不知不觉中让对方心理放松下来，对方自然会被我们真诚的问候所打动。当然切忌一条：问候的时候不要提有关工作方面的问题，否则对方会反感的。

四、日常问候的技巧

我们每天上下班的时候，对上级、下属或同事给予简单的问候，是一件很愉快的事情。

“早上好，您今天看起来真精神啊！”早上与上级不期而遇，我们应主动打招呼，用语要谦恭，这样会给对方留下深刻的印象，避免失礼。

“嗨！早！”上班时碰到同事应该热情地打招呼，给对方一个好心情，更重要的是，自己的心情也变得好起来。

“早，气色不太好啊！有什么麻烦事吗？”作为上级，早上遇到下级时说句关心的问候语，会让下属感到温暖。

五、接待客户来访的问候

接待客户来访也是我们重要的工作之一，这个过程中问候是一个重要的事情。恰当的问候能够充分显示出我们的诚意与礼貌。

“您好！我可以帮您做些什么吗？”客户前来购买东西，我们应主动问候，使用这种问候方式，能够降低客户的反感情绪，从而更容易接纳我们。

“早上好，有什么能够为您效劳的吗？”客户来公司拜访，我们要主动问候，降低自己的姿态服务于客户，这会增加客户对我们的好感。

多叫几次对方名字可增进亲近感

在日常应酬中，如果一个并不熟悉的人能叫出自己的姓名，往往会使人产生一种亲切感和知己感；相反，如果见了几次面，对方还是叫不出你的名字，便会产生一种疏远感、陌生感，增加双方的心理隔阂。一位心理学家曾说：“在人们的心目中，唯有自己的姓名是最美好、最动听的东西。”许多事实也已经证实，在公关活动中，广记人名，有助于公关活动的展开，并助其成功。

美国前总统罗斯福在一次宴会上，看见席间坐着许多不认识的人，他找到一个熟悉的记者，从记者那里一一打听清楚了那些人的姓名和基本情况，然后主动和他们接近，叫出他们的名字。当那些人知道这位平易近人、了解自己的人竟是著名政治家罗斯福时，大为感动。以后，这些人都成了罗斯福竞选总统的支持者。

记住对方的名字，最好时而高呼出声，这不仅是起码的一种礼貌，更是交际场上值得推行的一个妙招。想一想，对于轻易记住自己名字的人，我们怎不顿觉亲切呢？这时，他来求我们什么事情，我们怎好不竭尽全力予以优先照顾呢？

在交往中，你一张口就高呼出对方的名字，会让对方为之一振，对你顿生景仰之意。就是原本不利的情势，也往往会因为你的这一高呼而顿时“化险为夷”。

一位著名作家说："记住别人的名字，而且很轻易地叫出来，等于给别人一个巧妙而有效的赞美。因为我很早就发现，人们把自己的姓名看得惊人的重要。"

现实中，人们对自己的名字是如此重视。不少人不惜任何代价让自己的名字永垂不朽。且看两百年前，一些有钱人把钱送给作家们，请他们给自己著书立传，使自己的名字留传后世。现在，我们看到的所有教堂都装上彩色玻璃，变得美轮美奂，以纪念捐赠者的名字。不言而喻，一个人对他自己的名字比对世界上所有的名字加起来还要感兴趣。

钢铁大王卡内基从小就认识到这一点。小时候，他曾经抓到一窝小兔子，但是没有东西喂它们。他就想出了一个绝妙的主意。他对周围的孩子们说："你们谁能给兔子弄点吃的来，我就以你们的名字给小兔子命名。"这个方法太灵验了，卡内基一直忘不了。当卡内基为了卧车生意和乔治·普尔门竞争的时候，他又想起了这段往事。

当时，卡内基的中央交通公司正跟普尔门的公司争夺联合太平洋铁路公司的卧车生意，双方互不相让，大杀其价，使得卧车生意毫无利润可言。后来，卡内基和普尔门都到纽约去拜访联合太平洋铁路公司的董事会。有一天晚上，他们在一家饭店碰头了。卡内基说："晚安，普尔门先生，我们别争了，再争下去岂不是出自己的洋相吗?"

"这话怎么讲?"普尔门问。

于是卡内基把自己早已考虑好的决定告诉他——把他们两家公司合并起来。他大谈合作的好处，普尔门注意地倾听着，但是没有完全接受。最后他问："这个新公司叫什么呢?"

卡内基毫不犹豫地说："当然叫普尔门皇宫卧车公司。"

普尔门的眼睛一亮，马上说："请到我的房间来，我们讨论一下。"

这次讨论翻开了工业史新的一页。

如果你不重视别人的名字，又有谁会重视你的名字呢？如果有一天你把人们的名字全忘掉了，那么，你也很快就会被人们遗忘。

记住别人的名字，对他人来说，这是所有语言中最重要的。

如果你想让人羡慕，请不要忘记这条准则："请记住别人的名字，名字对他来说，是全部词汇中最好的词。"

熟记他人的名字吧，这会给你带来好运！

换位思考，使对方感受到被关切之情

很多推销员往往在推销的过程中只顾说他自己觉得很重要的事，他自己觉得客户所需要的事。嘴巴说得太多但是倾听太少，完全不在乎客户的感受，就像连珠炮一样滔滔不绝，甚至企图想要改变客户的需要来达成交易，而他关心的重点中没有一个是客户关心的，所以虽然拜访了千百次却仍然找不到突破口。

设想一下，如果你就是一个在销售员“轰炸”下的客户，你会不会购买呢?

当然不会，因为推销员讲的都不能满足自己的需要，除非他所谈论的刚好是你所需要的重点，自己才会购买。

如果你的方法、态度，都没有办法令自己购买，你怎么可能让客户购买呢?所以在推销任何商品给你的客户之前先试着推销这种商品给你自己，自己去说服自己购买，如果你能够成功地推销商品给你自己，你就已经成功了一大半！这也就是销售中的置换推销，就是要站在客户的立场上做推销。

下面一个古代的小故事能帮助我们弄清什么是置换思考。

《列子·说符》中记载：

有一天，杨布穿了件白色的衣服出去，路上遇雨，于是脱去白色的外套而露出黑色的里衣，等他回到家时，他家的狗对着他大叫，他非常生气，拿起棍子对着狗就要打。他的哥哥杨朱拦住了他，说：“如果你家的白狗出去而回来时成了黑狗，你能觉得不奇怪吗?”

上述故事说明了置换思考的含义就是把当事双方的角色进行置换，站在对方的立场看问题，从而透彻地理解对方，进而对对方做出正确的评估，并做出必要的反应。

所以，进行换位思考应遵循三个步骤：收集对方相关的背景信息；进行综合评估；做出针对性的必要反应。

在销售中，我们只要对角色进行正确定位，并实施针对对策，就会大幅提高销售的成交率。

有一个在淘宝网上经营电话卡的商家，通过店主的用心经营，如今已经拥有4个皇冠的信用度，成功交易15万人次，拥有80%以上的回头客，好评率达99.99%，店主本人也被淘宝予以“super卖家”的荣誉。

有人问他成功的秘诀是什么，在交流中他一直强调置换思考。总是把自己放在一个买家的位置上，想想希望卖家提供哪些服务。当客户的需要得到满足时，生意自然越做越好。比如，店主在销售中发现，现在电话卡多种多样，运营商也很多，买家分辨不清，经常会问有没有适合自己既便宜又好用的卡，于是，店主就写了一个帖子，利用自己的专业知识介绍哪些情况适合用哪种卡。买家看到这个帖子很开心，感到终于找到了自己想要的卡，这样，客户的回头率就高了。

一个优秀的推销员通常会事先收集客户的详细资料，掌握客户的一切信息后，再经过详细规划，然后与客户见面时会这样说："先生，如果我是你，你知道我会怎么做吗?"

自然的，客户就会问："你会怎么做?"这时推销员就可以说出从客户立场精确考虑的建议，并提出有利于他的方面，协助他做最终的决定。

曾有一位著名的推销员讲了这样一个故事：

在杰西初入房地产推销界时，他根本不知道该从何处着手。后来，他看到公司里的一位金牌销售员在他的资料袋里保存了很多资料，这些资料都是与他的推销相关的东西，也是客户需要知道或希望知道的资料，其中包括停车场、商店、学校及建筑物相关的细节。

在许多人看来，这位推销员的做法好像很不明智，带那么多的卡片似乎很不方便，但就是这些卡片帮助他拿到了年度销售总冠军的奖杯！杰西对他提供的丰富资料印象深刻，所以他决定把它用在自己的实际工作中。这个方法最后成了杰西成功的主要因素，也是他为客户着想的起点。

他还提到，即使与客户在生意没有谈成的时候，他也会回家写资料卡，记录刚才见到客户的情形。当他再次做销售拜访的时候，就能侃侃而谈关于客户的一些事情，仿佛是多年的老友。杰西的这种"表演"常常能提高客户的谈话兴致，他们往往会惊讶于杰西对他们的了解。

这些卡片帮了杰西很大的忙，每次他都利用这些资料联系客户，成功率都很高，总的算来几乎超过70%。

在杰西早期的推销工作中，有位先生曾经坚持要买两份同样的投资标的，一份在他名下，另一份给他太太。杰西遵从他的要求，但在当天晚上输入客户资料时，却发现两份分开投资计划合计的费用，比以同样金额投资一份计划的费用高出许多。

第二天一早，他立刻跟客户说明，如果这两份投资能合成一份的话，至少可以省下15%的费用。客户很感激他，并且接受了这个建议。很显然，客户不知道杰西的佣金因此而大减。多年以来，这位客户对杰西的好感依然没变，而杰西的佣金损失，早就通过客户所介绍的其他客户得到了更多的补偿。

置换推销的好处是不言而喻的，它能更深层次地让客户信任你，而你也能得到更多的潜在信息。

把对方当成老朋友来聊天

有人认为聊天是极为浪费时间的事，岂不知一般朋友间的交情多半是从闲谈开始的。实际上，之所以有些人能说会道、关系广泛，就是因为他们闲谈的功夫很棒。

但有些人就是不喜欢闲谈，他们觉得“今天天气怎么样”和“吃过早饭了吗”这一类的话，都是无聊的废话。他们不喜欢谈，也不屑于谈，他们不知道像这一类看起来好像没有意义的话其实是有一定作用的，能够加深朋友间的感情。

一般的交谈总是由闲谈开始的，说些看起来好像没有什么意义的话，其实就是先使大家轻松一下、熟悉一点，营造一种有利于交谈的气氛。

任何事都需要一个良好的开端，就是交谈这样看似简单的事情也不例外。当你面对各式各样的场合，面对各式各样的人物，要能做到通过言谈拉近彼此的距离，实在不是一件容易的事。倘若交谈开始话不投机，就不能继续发展双方的关系，还会使对方感到不快，给对方留下不好的印象。

谈话也是对自身资源的一次挖掘，很考验一个人的知识水平和文化层次，平时除了你最关心、最感兴趣的问题之外，你要多储备一些和别人闲谈的资料，这些资料应轻松、有趣，容易引起别人的注意。

除了天气之外，还有一些常用的闲谈资料：自己闹过的无伤大雅的笑话、惊险故事、健康与医药、家庭问题、运动与娱乐、轰动一时的社会新闻、政治和宗教、笑话，等等。

虽然与人闲谈是人际交流中必要的环节，但需要注意的是，很多人在闲谈中往往把握不好分寸，甚至说一些不负责任的闲话，而这些闲话中难免会涉及别人的隐私，如果说得多了，必然会伤害到一些人。

《智慧书》的作者、哲学家葛莱西安在书中就说过这样的话：“没有一种人类的活动像说话一样需要小心翼翼，因为没有一种活动比说话更频繁、更普通的了，甚至我们的成败输赢都取决于所说的话。”

在人际交往中，人们主要是通过交谈了解一个人的思想和修养的，即使是非正式场合下的闲谈，你的言行也都在透露你的品德。人们很多时候会根据一个人的言语对其表示喜欢或排斥。

在闲谈中，一定要掌握一些技巧，不要随意评价某人，即使这个人并不在现场。谈一些大家共同感兴趣的话题，避免说一些容易让大家感到消极的、不愿意谈及的话题，更不要把自己或别人的隐私当作公共话题来议论。特别是在说笑话或者调侃的时候，不要让别人感觉你是一个不够稳重和没有教养的人。

最好的办法就是在别人的闲谈中留心大家感兴趣的话题，然后加入；或者干脆谈一些诸如经济、体育、娱乐、天气等不容易得罪人的话题。需要注意的是，在说话的时候留意对方的反应，以判断你的话题是否合适，随时做适当的调整。要避免在说话的时候与人发生争论，即使有也要想办法避开。

千万要记住，不要因为闲谈中的无心之举而失去了朋友。

·第三章·

快速突破对方心理防线

联想指令让客户由被动变主动

如果有人跟你说：你要想红色，想红色，快想红色！你脑海中是什么颜色？红色。如果有人跟你说：你不要想红色，不要想红色，不要想红色！你脑海中是什么颜色？依然是红色？为什么会这样？

答案是，你接收到的指令的主体都是一个词：红色。联想是一切活动的起源，不可抗拒的联想指令会让客户变得主动。

催眠大师发现，如果在沟通过程中善用联想指令，就能让对方有所反应，并且对方会认为指令本就是他自己的想法，而不是催眠者发出的联想指令。只要当一个人相信某一件事是完全出于他自己的想法的时候，他不仅抗拒心理较弱，而且回应的概率也会大大上升。比如你的上级对你说：销售50万元根本就不是你本月的目标，一般情况下，你会跟着说：哦，50万元销售额根本就不是我这个月的目标。在销售中，可以利用联想指令使客户相信，他脑中接收到的你传达的意念，是他自己脑海中的想法。

不要低估想象的力量，心理学研究发现，人类的想象力远比意志力强上10倍。而人之所以会联想及思考，是因为意识或潜意识受到刺激，这种刺激可以是很多种形式，比如视觉、听觉、触觉、味觉或嗅觉，甚至从餐厅里飘出来的香味，也可以唤起你对于童年美好的回忆。

一位房地产销售代表带着一对夫妇去看房子，由于这个房子的状态不是特别好，销售代表有些担心。但他们在房前停下来，那位女士的视线穿过房子，发现后院有一棵正在开花的美丽的樱桃树。

她立即高兴地说：“啊，哈里，看那棵美丽的开花的樱桃树！当我还是一个小女孩时，我家后院也有一棵开花的樱桃树。离开后我常常会回忆起那个童年的房子，我总想，如果我能够再次住到一个有开花的樱桃树的房子里，那该多好。”她丈夫点了一下头，握住她的手。

销售人员敏锐地注意到这位女士的话，并判断这对夫妇中，这位女士是决策者。

丈夫哈里挑剔地看着房子。他提的第一个质疑是：“看起来我们得把这个房子的地毯换一下。”销售代表说：“是的，不错。不过从这里，只需一眼，您就能穿过餐厅看到那棵漂亮的开花的樱桃树。”那位女士立刻从后窗看出去，看着那棵樱桃树，她微笑起来。

他们走进厨房，哈里又说道：“厨房有点小，而且管子什么的有点旧。”销售代表说：“是的，不错。但当你做饭时，从这里的窗子望出去，就可以看到后院那棵美丽的樱桃树。”

接着，他们走上楼看其他的房间。哈里说：“墙纸也太老调了，房间需要重新粉刷才行，此外，这些卧室太小了。”销售代表说：“是的，不过请注意，从主卧那里，你们可以轻而易举地将那棵开花的樱桃树的美景尽收眼底。”

看完房子，那位女士对樱桃树是如此钟情，以至于他们不再看任何别的东西。购买的决定就这样做出了。

每个人都有两个意识，即意识与潜意识。意识就如同理智，而潜意识则是人内在的甚至不被觉察的感觉。潜意识不易受到控制，所以，大多数情况下我们所做的让我们满意的决定，都是潜意识在起作用。比如意识告诉我们，吃完饭再吃甜品一定会长胖，不利于健康，但看到诱人的冰激凌，潜意识告诉我们，看上去多好吃啊，吃一次应该没关系。于是，我们很乐意接受潜意识的想法，因为那往往才是我们内心最想要的，于是决定就这样做出。

所以，在销售中，销售员要善于把握客户内心深处真正想要的东西。在你销售的每一件产品或服务中，都有一棵“开花的樱桃树”。也就是说，在你的产品或服务中有某一个东西或某一个点，一定是客户真心想拥有的，是客户潜意识中无法抗拒的。销售员要做的，就是利用联想指令，让客户不断确认自己心中所想，从而下定购买的决心。

销售并不仅仅是一个职业，也是一种能力、一种魅力。催眠式的销售是一个优秀的销售人员必须掌握的销售技巧，而联想则是催眠销售中最重要的应用元素之一。如果你知道怎样有效地去利用联想的作用，使客户的潜意识受到强烈刺激，你就能够把握客户的反应，进而提升你的销售效能。

倾听与询问是打开对方内心的两把钥匙

倾听与询问是打开顾客内心黑箱子的两把钥匙，在询问顾客的需求时，销售人员除了要善于提问，还得搭配运用倾听的技巧，如此，才能真正接近顾客。在与顾客沟通中，每问完一个问题，销售人员都需要以专注的态度去倾听顾客的回答，从而能从中得到想要的信息，同时顾客也会有一种被尊重的感觉。

销售人员介绍完了一款，顾客又指着另一款问，销售人员介绍完后，顾客的眼神又游移到另一款上……

[案例一]

销售人员："这一款机型也不错，原价 2160 元，现价 1800 元，但库房没货了，要买的话就是这台样机，照样能用，保证没有质量问题，照样享受保修服务。您来看里面……"

[案例二]

销售人员："这款机型采用独特的……它的材料属于……功能有……是一款非常合适的机型。"

[案例三]

销售人员："这个机型的最大优点是……其次是……这是我们的质量认证标志……"

在卖场里几乎每天都会有很多顾客对销售人员这样说："小姐，你介绍得挺好的。这样吧，我们再去其他品牌看一下，如果合适的话我们再回来。"这个时候，销售人员是不是应该问问自己，为什么顾客听完了介绍不做任何沟通就走了？

第一个案例中销售人员说法的误区就是，如果顾客对哪一款产品有兴趣销售人员就积极推介哪一款，顾客将不会再信任销售人员。

如果一个销售人员只顾顺着顾客的目光和问话来介绍产品，那么根本无法探明顾客的需要，又如何能掌握沟通主动权引导顾客提出自己的买点和需要呢？

第二和第三个案例误区在于，即使产品有 10 个卖点，也并不是全部讲给顾客听，挑出最打动顾客的一两点即可。

产品介绍必须有重点，要对接到顾客的需求上。要做到这一点，就应该学会对顾客察言观色，确定顾客的类型与需求。如果销售人员不能观察出顾客内在的信息，销售人员的推介就会失去章法，毫无重点，不得要领。结果就会在乱指一气的讲解中把顾客送出门，这是被顾客牵着鼻子走。

不同的顾客有不同的需求，有的需要高档豪华的，有的需要经济实用的，有的需要大容量的，有的需要小容量的，有的人甚至根本不知道自己需要什么样的产品，只有被销售人员触动才能激发。如顾客想要一款时尚外观的，你拼命推荐经济实用的，你说他会购买吗？相反，假如顾客想买低价的，而你总说豪华型性能如何如何优越，这肯定会让他十分尴尬。

因此，谁能打开顾客购买决策的黑箱子，谁就能最有效地进行销售，倾听与询问是打开顾客内心黑箱子的两把钥匙。销售人员要通过问题来发现顾客的真正需求，并在询问过程中积极倾听，让顾客尽量发表真实的想法。有些销售人员一见到顾客就滔滔不绝地说个不停，让顾客完全失去了表达意见的机会，这种做法往往使顾客感到厌烦。

询问在专业销售技巧上扮演重要的角色，销售人员不但可以利用询问技巧来获取所需的信息并确认顾客的需求，而且能主导顾客谈话的主题。询问是最重要的沟通手段之一，它能使顾客因自由表达意见而产生参与感。

需要提醒的是，与“询问”同样重要的是“倾听”。除了要善于提问，销售人员还得搭配运用倾听技巧，如此，销售人员才可能真正接近顾客，而且，这种做法可以使顾客有一种被尊重的感觉。许多销售人员常常忘记这一点，要知道，倾听是确保沟通有效的重要手段。如果在顾客面前滔滔不绝，完全不在意顾客的反应，你很可能会失去发现顾客需求的机会。

倾听和询问是正确掌握顾客需求的重要途径，若销售人员无法善用这两项技巧，其销售将是乏味与盲目的。

另外，为了发现顾客的需求，究竟应该花费多少时间来向顾客提问呢？这通常要看销售的是什么商品。通常，商品的价值越大所需的时间越长，反之则越短。

八个方面，让你把话说到客户心坎上

人们常说，话不投机半句多。如果销售人员也出现这种情况的话，接下来的僵局就很难对付。所以在与客户交流的时候，一定不要耍嘴皮子，要把话说到别人的心坎上。怎样才能把话说到对方心坎上呢？那就是说客户想听的话。客户想听什么话呢？客户想听他感兴趣并且对他有好处的话。那么哪些话、怎样说客户才想听呢？

一、如何提高业绩

业绩是现代企业的生命，也是每个客户最为关注的话题。如果你这么说：“您作为公司的老总，我相信您对公司的业绩问题一定非常关注，是吗？”“不少公司的销售部经理都会为提高业绩而伤透脑筋，如果只需要花 10 分钟就能解决这个问题，您愿意吗？”哪个客户都免不了会有些动心。

二、如何节约开支

在这个微利时代，节约开支就等于获得利润，这几乎已经成了众多企业家的一个共识。如果你对他说：“如果我告诉您，贵公司明年可能会节省 20%的开支，您一定感兴趣，对吗？”那么你们之间的距离就会迅速拉近。

三、如何节约时间

时间就是生命，大多数人都沉沦于忙碌之中痛苦不堪。如果谁跟他说：“我有一种方法，让你每天安心睡到天亮。”那客户不两眼放光才怪呢。

四、如何使员工更加敬业

员工和老板都存在着相互猜疑的情况，如果你了解客户的心理，对他这样说：“目前很多老总打电话告诉我，公司有很多员工不够敬业，我听了真的很难过，如今如何提高员工的敬业精神对每个企业都非常重要，您觉得呢？”那一定会引起他的共鸣。

五、真诚的赞美

“您的声音真的非常好听！”

“听您说话，我就知道您是这方面的专家。”

“公司有您这种领导，真是太荣幸了。”

“跟您谈话我觉得我增长了不少见识。”

听了这样的赞美，没有人的心里不会暗暗欣喜的。有了这一层好感，接下来的谈判会和谐很多。

六、客观看问题的态度

销售员最讳忌的就是夸大其词，让人觉得有忽悠的倾向。如果能以客观看问题的态度对待客户，那客户心里多少也会因此获得一份踏实感。比如说：“您说得非常有道理，我相信，每个企业的存在，都有它存在的理由。”这样的话听起来比较实在、靠谱。

七、新颖的说话方式

人都有一个喜新厌旧的心理倾向，在销售谈判这种最需要口才的行业里，如果还整天一本正经说些陈词滥调，会让人觉得莫名反感。多关注一些热门话题、文学修辞和心理学方面的知识会好很多。如下面这些新颖的说话方式，就很能吸引人。

"猜猜看！"

"这是一个小秘密！"

"告诉您一件神秘的事！"

"今天我告诉您的事情是古往今来没有一个人告诉过您的。"

……

八、对他的理解和尊重

"您说的话很有道理，我非常理解您。"

"如果我是您，我一定与您的想法相同。"

"谢谢您听我谈了这么多。"

以上这些话题都是客户感兴趣的，但在与客户谈话时，销售人员要养成提问题的习惯，通过提问引起客户的注意，再积极地倾听，听出客户的兴趣点。这样销售人员才有机会把话说到客户的心坎上，从而让客户觉得我们很理解和尊重他，最终赢得客户对我们的信任。

产品体验是打消顾客疑虑最有效的方法

百闻不如一见，百见不如一试。让顾客亲身去感受一件产品，是打消顾客疑虑最好的方法。

顾客："你这台笔记本散热行吗？我听说笔记本散热性能都不是很好，因为我经常在家炒股票、看电影、听歌、和亲人聊天，所以基本天天开着电脑。"

销售人员："这个是联想ThinkpadX210系列的笔记本，散热性能当然好啦，它采用了最新的英特尔酷睿i5－520M双核四线程处理器，集成了最新的X5700HD显卡……"

顾客："您说了这么多专业术语，我不太懂啊！我就在家炒炒股票而已，对计算机是个小白……"

销售人员："……"

当你去北京的中关村，或者是深圳的华强北，这种场面相信你一点都不陌生，很多销售人员在回答顾客的种种详细问题的时候，往往总是以背好的技术指标来应酬顾客，这样显得极其生硬，顾客自然会很反感。其实正确的做法应该是：让顾客亲身去感受一下，摸一摸、听一听、闻一闻、看一看，这款产品到底热不热，噪声到底大不大，显示效果到底好不好，正所谓"百闻不如一见"。

家电产品的散热功能既会影响到用户使用产品的舒适性，又会影响到产品的稳定性、使用寿命与安全，尤其是那些常年开启的饮水机、电冰箱和家用电脑。所以顾客在家电卖场看机、试机的过程中，基本都会问到产品的散热性能。

针对这个问题，销售人员最好不要上来就讲解产品所使用的散热技术如何先进等理论知识，而是让顾客亲自摸一下产品样机，销售人员可以让顾客触摸样机的表面、底部、散热孔、机身等部分（当然，千万别摸插座等容易漏电的部分），因为样机每天都是从卖场开门就打开的，会一直处在工作状态，比较具有参考性。让顾客亲自感受机身的确切温度，顾客对这些温度有了切身感受之后，销售人员再详细解释产品所使用的优秀散热技术，以及能够达到的效果，等到解决完顾客对产品散热性能的疑虑之后，销售人员再协助顾客进行初步的产品型号选择。

销售人员可以按照如下模板灵活应对顾客：

顾客："一般的笔记本电脑要么配置低、机子小，要么配置高、机身大，你这款ThinkpadX210机子机身那么小，性能还那么高，散热行不行啊？"

销售人员："先生你看看这款X210样机，咱们卖场的所有样机都是在每天上午9点开门的时候统一打开的，现在是下午3点，已经开了有6个小时了，您摸摸这个机子的键盘、显示器、翻过来机子的机身底部、散热孔等部分，热吗？"

顾客："不热啊，看来散热挺好的。"

销售人员："是的，Thinkpad是专门做商务机的，其产品在全球笔记本市场有着最好的性能体验。X210系列由于机身模具的出色设计以及英特尔迅驰2移动计算平台出色的低功耗、低发热控制，X210在散热方面完全压倒其他品牌，X210所采用的最新款处理器的低功耗和相当强大的GMAX5700整合显卡以及散热孔部分密集的铜质散热鳍片都是其优势。这是所有品牌的笔记本中散热最好的一款，保证您买得放心，用得舒心！"

顾客："嗯！那我就放心了。"

借力使力，让客户不再抗拒

如果你自信满满地说出自己的观点，却遭到他人的反对，你会不会很不痛快？是的，因为没有人希望自己的观点不被认同。作为销售人员，面对客户提出的你并不认同的观点，如何进行反驳，如何做到巧妙表达自己的不同观点的同时也让他愿意接受呢？

借力使力的销售策略可以让你在表达不同意见的时候不引起别人的反感，甚至不引起对方的察觉。在销售中，这种借力使力的方式对于说服对方尤为有效。

什么是借力使力的销售策略？

假如客户对你说："这个手机太贵了。"作为销售员，你可以这样说："是的，我完全同意您的看法，1万元买一部手机确实有些贵，然而只要想想这部手机的性能，就会觉得一点也不贵了。"如果客户告诉你："我没觉得保险有什么必要买。"作为销售员，你可以这样说："如果我是您，我可能也会有同感，然而保险不仅仅是为自己买，更多的是为了家人，您说是吗？"

借力使力销售策略的基础是让对方有足够多的机会表达他的意见，销售员可以根据他所说的，因势利导进行变相的反驳。但前提是一定要让他感觉到你真的尊重或认同他的意见，同时再提出你的意见。这样就不会让客户感觉你在生硬地不留情面地反驳他。所以，在借力使力的销售沟通中，一定要避免使用"可是""但是""不过"等这些转折性很强的字眼，因为"可是"或"不过"等词语会将你之前讲过的话推翻，如果这样，你前面的认同在客户眼中就会变得虚伪。

很多时候，事实和数据也是我们可以借用的一些非常有力的"力"。

格林推销保险许多年了，一次，为了拿下一家广告设计公司的保险业务，他连续工作了很多天，终于有一天，该公司总裁决定与他见一面，以决定保险的事。这是桩大生意，竞争也非常激烈。除总裁之外，参加见面的还有他们公司的其他四个人。格林一落座，就预感到这桩生意可能有变。事实证明格林的预感没错。

总裁："格林先生，我没有什么好消息给你，我们经过仔细研究，决定把这笔保险业务给别人。"

格林："您能告诉我为什么吗？"

总裁："因为虽然他的计划和你的相差无几，可是价格却低得多。"

格林："我能看看具体的数据吗？"

总裁："那样对其他人就太不公平了。"

格林："是的，确实。那别人也看了我的计划书?"

总裁："嗯……不过我只是想让他在计划中给出具体数据。"

总裁把别人的计划递给格林，他一看立即就发现这份计划有问题，把投保人的收益夸大了，这完全是一种误导。他没有直接告诉总裁他受骗了。

格林："我能用您的电话吗?"

总裁（略有些吃惊）："请便。"

格林："您能不能在另一部分机上也听听，总裁先生。"

总裁："可以。"

很快格林就接通了提供不精确数据的保险推销员所属分公司的经理的电话。格林："你好，我是弗兰克·格林，我想向您核实一些数据，您手边有《获得收益手册》吗?"

经理："我有，请问吧。"

格林："请查一下新修改的人寿险 46 岁投保人的收益。"

经理向格林提供了收益数据，格林把数据和手中的那份计划做了对比。46 岁正好是总裁先生的年龄。

格林："第一阶段的收益是多少?"

经理把查到的准确数据告诉了他。

格林："请告诉我第一个 20 年的收益数据。"

经理："我没法向你提供，因为我们公司没有划定这一段的收益数据。"

格林："为什么?"

经理："这是一种新的人寿保险合同，保险公司不知道那些投保人以往的情况。"

格林："你们不能核算一下吗?"

经理："我们没法预测未来的情况，而且法律上也不允许对未来的收益做预测。"

但是，格林手中的那份计划书却核算出了未来 20 年的收益。

格林："谢谢，希望很快能在生意上与您合作。"

挂断电话后，总裁一言不发。格林平静地坐在那里看着他。他抬起头，看看格林，看看他的助手们，说："好啊，这就是事情的本来面目。"

毫无疑问，生意是格林的了。

格林并没有说一句对手的不好，也没有直接跟客户说他的观点错误，而是顺着客户的思路，采取了相应的行动，借用事实与数据让客户了解到他的选择是错误的。

以下是得到客户的认同，让客户对产品和服务满意的应用技巧：

第一，采取肯定回答的制约陈述。也就是找出客户谈话或观点中的合理成分，加以肯定。一般情况下，肯定对方有多种形式，标准例句如下：“这真是个好天气，不是吗?”“您说得很有道理，我同意，同时……”“这栋房子能够让你住得非常舒适不是吗?”

第二，利用反问的方式对话。自然的反问语气可以有效地掩藏你的真实意图，让客户不易觉察。反问式对话通常可以这样提问：“今天的温度难道不是最适宜的吗?”“难道您不喜欢这辆车?”

第三，采取附和式谈判技巧。附和就是说，只要是客户说的对销售有利的，都表示肯定和赞同。假如客户说：“这房子真不错。”你就可以附和说：“可不是吗?”客户说：“我觉得我应该能用到这个产品。”你可以附和说：“是的，这真是个明智的选择。”

第四，采取沉默法。适当的沉默一方面可以防止客户对你产生“急功近利”的印象，另一方面，给客户足够的思考空间，他会考虑你的产品对他的好处。而且，沉默有时候也会给客户一种压力，让他尽快做出决定。

· 第四章 ·

巧施心理攻防战术

巧让对方主动说出底牌

我们在商务交往中常常因摸不透对方的真实意图而受到损失，如果我们使用商用读心术的技巧，这些问题就可以迎刃而解。

商用读心术技巧的一个突出功能就是引导对方主动透露他的真实想法。

一、巧用优化法让对方开口

商业活动以追逐利益最大化为原则，为此人们会不断地进行选择、比较以挑选出最符合自身利益的“目标”。既然人人都在选择，我们何不利用人们的这种心理让其主动说出内心迫切的愿望呢？

（1）“患得患失”心理让对方流露真实想法。“患得患失”心理会让人情不自禁地发出内心的感慨，流露出其真实的想法，而这恰恰是我们想要得到的。作为一个商务人士必须要对自己所从事的领域有着深刻而又长远的认识，才可以很好地使用这种技巧。

乙：“今年的情况很不好，很多厂家都倒闭了，只有您这样的厂子还在正常运转呢，真了不起！”

甲：“哪里！其实也很困难了，只是……”

在这里我们意识到大量工厂倒闭，而这位供应商的工厂仍然在运转时，可以预料到其中必定有着某种原因，我们完全可以将两者进行比较，引诱对方在“患得患失”的心理作用下，不自觉地暴露出经营的真实情况。

（2）“失而复得”让对方激动地说出自己的想法。商务活动中，当商机失而复得时，随之而来的定是喜极而泣。这一连串的心理表现足以让对方失去清醒的认识。我们在商务活动中若能巧妙地运用这一技巧，便可让对方“乖乖地”献上自己的“计划”。

甲："A供应商报价是15万元，B供应商报价是13万元，考虑到我们的关系，这个项目本应……"

比较其他供应商之间的报价，比较时故意将报价说得偏高一点，对方会不自觉地将这些供应商的报价与自己设定的报价相比较。由于价格差距太大，对方会意识到这次合作成功的可能性不大，进而感到非常失望。这时要不失时机地暗示对方还有希望。

（3）"境遇比较"让对方倾诉衷肠。不同的境遇会让人感慨万分，在这种情景下很容易互诉衷肠，我们可以利用这个特点获取对方的信息。

小张："王先生，好久不见，一切都好吧？"

王先生："嗯！还行！"

小张："呵呵，我最近被提升为项目主管了。"

王先生："哦？恭喜你啊！"

摆出自己的现状（编一个也可以），让对方心理产生羡慕、嫉妒的感觉，触发其对自己所处现状的不满。王先生听到小张晋升后会把不满转向公司，这就极容易泄漏公司的重要信息。

小张："哪里！您的能力在我之上，相信会很快晋升的。"

王先生："但愿如此吧！"

小张进一步扩大对方不满的情绪，称赞对方能力出众，王先生心理不自觉地会认为自己怀才不遇，失落感愈加强烈。

小张："怎么了？难道公司还有比你厉害的人？"

王先生："公司最近进行绩效改革，出台了许多政策，晋升恐怕更困难了！"

抓住机会，表达自己的看法，这些看法必须是与对方实际情况相反的，那么这些事情就是与"自我"相抵触的事情。这样对方会自我否定，然后说出主要原因。

小张："嗯！但作为骨干，我觉得您还是会被提升的。"

这时，诚挚地安慰、劝导对方一番，可以让对方对自己的话语深信不疑。

二、佯作不知，刺激对方暴露

怀着已知的事情询问，不知道的事情也可以知道。把这句话用在商务领域，就是一个典型的技巧："假装无知"。故意向对方讨教，激起对方的兴趣，从而有技巧地探询对方的心理活动。

在面对他人的虚心请教时，人往往爱在他人面前炫耀自己，也因此会做一番详细解释，这样一来我们会获得很多“意外”的信息。

（1）表现出无知，迷惑对方。形形色色的商务人士都有着良好的知识与能力，与之交往不要在其面前卖弄自己的聪明。心理学试验表明：一个能力出色的人，如果在人们面前表现出一些失误（误打倒杯子、挠头等），更容易得到人们的青睐和欢迎。因为人们的心里能够容下比自己“差”的人，对表现出众的人则会非常嫉妒。

（2）故意说错话，让对方纠正。我们在与他人交谈时会发现，当别人说错话的时候，我们会不自然地给对方纠正，说很多“真心话”，其实是在无意识地暴露自己的“信息”，包括个性、看法、观点等。我们何不利用这种纠错心理，诱导对方说出更多“信息”呢？

比如在商谈中故意报错价格，打乱对方原有思维模式，无意识间让对方纠正我们的错误，并说出他们对原料价格的评价。这样我们就能轻易获取对方定价标准及相关信息。

（3）请教对方，激发对方讲话兴趣。运用这个策略的第一要求是，我们要尽量表现得谦虚一些，谈话中即使我们知道也不要轻易说出来。因为你越是表现得“无所不知”，越会使对方产生戒备心理，并失去继续说下去的兴趣。如果是请教，对方会很有兴趣地向我们介绍他所知道的一切。

去拜访客户，想推销一件产品，但我们并不是很了解他。这时候该怎么办？我们可以按照下面的步骤展开销售进程。

销售员：“看来您对产品方面的功用很有见解，我刚刚入门，有许多地方还真不知道，还请麻烦您介绍一下！”

客户：“……”

客户会非常自然地介绍一些经验，包括他需要的那一方面，慢慢地通过介绍，我们就能够了解到他真实的想法和需要，然后与其保持一致的立场，很快交易就会成功了。

（4）突然邀请对方谈谈。在一种宽松的氛围中，人们的思维很容易放松下来，警惕性也随之下降，因此我们在交往时应该努力营造一种快乐、轻松的对话语境，促使对方放松警惕。当对方沉浸在轻松的氛围中时，再寻找合适的时机突然邀请对方谈话，这样就可以打破对方的原有计划，从而获得重要信息。

表现自己的幽默，在交流中开一些玩笑。

以轻松的心态表达自己的见解，然后说："刚才都是我说，你也说说。"

与对方侃侃而谈，然后说："说到这突然想起来，你在定价方面很厉害！"

在轻松的氛围里，由于对方意识松懈，面对我们不经意的发问，他们往往会不自觉地泄漏重要的信息。

商业报价中的战术技巧

报价是商务谈判、销售等商业活中的一个重要内容，在报价方面掌握主动权是商务交流的核心。报价一般涉及两个方面，价位的高低和报价的时机。价格过低在议价时会陷于被动，价格过高对方的购买信心将大大受挫；时机选择不对，对方会认为我们动机不纯。商业报价的一般原则是：对方未对我们的产品或服务产生兴趣前不要贸然报价，等对方充分了解后再进行；报价时要选择合理的报价策略，让对方认识到当前的价格是合理的。

一、抓住时机，主动报价

情况不明时贸然报价，会使我们蒙受重大的损失。我们要利用各种手段合理地报价，而关键是要抓住报价时机。

（1）"拖"的艺术。如果没有十足的把握和预见能力，不必急于告诉对方价格，可先介绍产品以吸引对方的注意力，让对方感到产品的确不错，然后再报价。

顾客："你介绍的这个34寸的视清数码彩电多少钱呀？"

销售人员："您真是行家，您看中的可是现在最流行的、最新推出的款式，价格可不便宜，挺贵的！"

（暂停，将沉默留给顾客。）

顾客（有些着急）："到底多少钱呀？"

销售人员："要不说您是行家呢，3480元。"

顾客："为什么这么贵呢？"

没有不关心价格的顾客，当顾客直接询问价格的时候，销售人员要避开价格，先让顾客了解产品性能，确认顾客了解这个产品之后才可以谈价格，从而最终促使顾客认同产品虽贵，却物有所值。

销售人员在遇到顾客直接询问价格的时候，第一反应应该是确认顾客是否了解这个产品。如果顾客不了解产品，销售人员就直接回答顾客的询价，顾客必然会觉得价格不合适。这样，销售人员没有任何解释的空间，顾客也不给销售人员机会来解释产品的技术或独到的领先之处。要像上面案例中的销售人员那样，顾客直接问价后要先说贵，再说具体的价格。当顾客再次询问贵的原因时，则正好是销售人员解释产品性能的机会。

（2）先探路，后报价。报价之前要做好铺垫，也就是说要弄清对方的底细，这样才不至于使我们的报价过高或过低。报价之前我们要采取各种手段让对方透露信息。我们可以使用假设对比法，即先假设问题，然后分析对方回答的真假，进而判断报价的合理水平。

甲："贵方的产品如何我们还不清楚，能够介绍一下吗?"

乙："我们的产品属于中端的产品……完全可以满足你们的需要。"

谈判开始后要求对方介绍自己的产品，我们可以从中发现对方产品的定位、质量、市场等信息，可以帮助我们确定合理的报价。

甲："那太好了，不过我听说你们的设备要比同类企业旧啊！那产品质量是否也稍差一些呢?"

称赞对方的产品，无意中拉近了双方的距离。然后提出假设"话题"，引诱对方透露更多生产方面的事情，我们可以粗略估计其产品生产成本。假设的话题要与对方的生产有关，范围要大一点，至于真假没有关系，对方听了后自然会有所反应，那么他就会不自觉地泄露自己工厂的信息。

乙："您听谁说的？设备都是一样的，而且我们的管理要比他们的好得多，比如……"

对方极力否定说明我们说得不属实，证明它的生产运作、管理都较为先进、完善，这种情况下报价太低对方会难以接受。

如果对方前面说的是假话，他很有可能推托，报价时我们可以适当的杀价。

通过上面的准备，我们对对方的"底细"有所了解，然后我们就可以不紧不慢地说出自己的报价了。

二、以退为进找出平衡

我们经常会遇到对方不认可报价的情况，这是由商业性质决定的。每个人都会追逐利益的最大化，基于这种心理和观念，我们可以做一些让步，让对方感到满意。让步要明确目的，它只是一种平衡对方心理的策略，并不是让我们真正地吃大亏。所以，任何让步都要谋定而后动。

当对方连续要求降价时，我们要表示出很大的无奈，这一点要让对方充分认识，体会到我方的难处。降价时要表现出每退一步都是很艰难的，让对方感到：他的确没有骗我。此外可以主动提出一些优惠的附加条件，当然不能超出承受范围，对方又一次认识到有这么多的优惠条件，自然就可以接受报价了。

以退为进的方法是一种有效的报价方式，避免了与客户发生争执的可能，也坚定了那些犹豫不决的客户的购买决心。

三、缩小说法，刺激对方

如果在报价时听到客户的抱怨“太贵了”“我买不起啊”等，怎么办？要知道，有时候这只是一种下意识拒绝的反应，客户们其实并没有多么理性地考虑这个问题。从心理学的角度讲，“整体价格”对他人的负面刺激是比较大的，因此会使对方觉得它十分“昂贵”以致让人难以承受。

为了破解这种局面，要策略性地将“昂贵的印象”带来的影响缩小。

在向顾客介绍产品时，很多客户往往会拿价格便宜的品牌做比较，这时销售员可以就两个品牌间的差异，将己方产品价格做一番拆分，将整体价格缩小，这样更容易让对方接受。

销售员：“您说得没错，但我给您算一笔账您就明白了。我们的冰箱每小时用电量是××牌子的五分之一；我们的冰箱采用全新的制冷技术，而××牌子的制冷装置十分落后，它的制冷剂是有危害的；我们的冰箱能够在低温下完全杀死病菌，而××牌子容易滋生细菌……您说这3000元值不值得？”

销售员将冰箱缩小至每个功能单元，并与××牌子做比较，将“一分钱一分货”的信息传达给对方。

看到对方犹豫，这其实是对方在考虑我们所说的功能。销售员乘势从生活、健康等角度阐释了物有所值的概念。一般情况下，人们对价格、健康是比较在意的，因此购买的可能性十分大。

巧妙拒绝对方的艺术

在商务活动中，对于对方提出的那些不合理条件我们必须加以拒绝。但拒绝要有技巧、有水平。拒绝对方要依据具体问题采取相应的拒绝策略，其实拒绝是在考验双方的心理承受能力，采用的策略和意图都是双方心知肚明的，关键要看心理和技巧上的博弈。

一、在合适的时机使用强势拒绝

这种情况多发生在对方比较纠缠或狡猾的时候，前者让我们十分为难、尴尬，不答应对方就会麻烦不断；后者让我们手足无措，不答应对方自己将陷于不义。

拒绝有时无须过多考虑对方的感受，一旦掺杂了情感因素，很容易让自己陷入被动的局面。如果对方比较纠缠或狡猾，我们应正气凌然，堂堂正正地拒绝对方的要求，对方往往会被我们的气节与气势所折服。

（1）表明立场，态度鲜明。如果对方通过某些手段提出我们难以接受的条件，我们应该立即表明立场，不要表现出犹豫或软弱的样子，否则对方会乘势“追击”，使得我们不得不答应对方的要求。如何才能坚决表明立场呢？那就是通过讲原则来表明立场。

要时刻记住我们的职责，不要轻易退让或应允，尽量按照原计划进行，如果是授权谈判要尽可能地在授权范围与对方周旋。遇到原则问题，要积极表明自己的态度和立场，不要受对方的诱惑和威胁。

（2）巧问反问，堵住对方的口。使用反诘句拒绝对方不但能够让对方哑口无言，还能打击对方贪得无厌或得寸进尺的心理。“我真的希望你们能够再做一点点让步”，我们可以这样反诘，“这次谈判如果都按照贵方的要求做出无原则的让步，我方还有利润吗？”对方会意识到我们在拒绝他，但又没办法反驳，这样我们从容而又有力地回击了对方的无理要求。

甲：“你们的优惠太少了啊，还希望能再优惠一点。”

乙：“再优惠一点？难道我们要像超市那样天天给你搞活动吗？”

把问题指向第三方事件，把目前事件与第三方事件进行对比，形成一个不符合事实的悖论。这时对方没有反驳的机会，心理上会觉得不好意思，从而找一些话题绕过去，我们也达到了回绝对方的目的。

采用对比的方式反诘，举例按对方提出的方式执行可能出现的结果（举例），对方会意识到这样做的后果，也就不再坚持了。

（3）连续发问，让对方理屈词穷。如果遇到对方的过分要求，我们可以提出一连串的问题进行质疑。一气呵成地发问会让对方措手不及，来不及思考任何问题，无论对方回答或不回答，也足以表明他提的要求太过分了，这样巧妙地将责任转移到了对方身上。

这种方法比较适合只顾自己利益而提出过分要求的商业合作方。

二、委婉拒绝对方的技巧

尽管有的时候拒绝对方需要采用较为强势的策略，但大多数商业场合的拒绝仍然要委婉一些，因而也更需要讲究心理策略。特别是遇到关系深厚的商业伙伴，过于简单的拒绝会让我们失去对方，从而错失商机。为此，我们应该选择灵活的方式婉拒对方。下面这些技巧是商务活动必须掌握的拒绝技巧。

（1）转移话题。心理学研究发现，如果人的注意力专一的时候，恰当地插入新的刺激，那么他的注意力会转移到新的“刺激”上来。在谈判中如果遇到难以回复或难以满足的要求，我们可以转移当下的话题，将对方的注意力转移到某一话题上。

（2）寻找借口。寻找借口，把问题推向于己无关的事物或事件上去，对方的注意力也会随之转移，从而使对方不再对我们纠缠。

（3）回避，不置可否。回避是最常见的一种拒绝方式，其关键在于模棱两可的态度，让对方摸不着头脑或失去坚持的耐心。回避的惯用方式有下面几种：

第一，保持沉默。

对方提出我们无法满足的要求时，我们可以保持沉默，既不表示同意，又不否认。对方捉摸不透我们的心理，丧失了解我们的心理优势，一段时间后对方会重新选择其他的话题作为讨论的内容。但在使用时要注意一些问题。

使用前提是要看我方在谈判中的地位，如果我方占主动可以使用。

要恰当地选择使用时机和对象，不要在老客户身上使用。

持续时间视现场而定，如果对方显示出惊讶、焦躁不安的神情，应该坚持下去；如果对方表现得悠然自得，我们应先开口，并转移话题。

第二，推托其辞。

推托其辞可以在不便说明真相时使用，如“只要上级批准，我立刻执行”，对方无法围绕这个问题继续纠缠，只能接受现实。

第三，答非所问。

答非所问的目的就是提醒或暗示对方“我不同意或换个话题”。

甲：“请介绍一下公司的产品研发情况吧！”

乙：“我们的服务很周到呢。”

我们无法满足对方要求时可以这么说，回答一些毫不相关的问题，暗示对方“这是不可能的”，如果对方领略后，就不会再纠缠下去了。回答的问题不要与上句问题没有任何关联，要包括内在联系、逻辑关系、理论关系等。

商业陷阱的攻防技巧

商场如战场，商业途中需步步小心。据统计分析，有大约70%的公司成为某些重大商业陷阱的受害者。以谈判为例，美国谈判专家尼尔伦伯格说过："谈判是一个'合作的利己主义'的过程。"因此，谈判行为具有利己性和复杂性，谈判者会采用各种手段设置陷阱，从而使谈判变得更加复杂，或虚虚实实，或虚中有实。这就需要我们能够在谈判中识破对方的阴谋，并跳出对方设置的陷阱。

一、无所不在的商业陷阱

我们如何识别、应对商业交流中的陷阱？首先，我们要做的就是熟悉和了解谈判陷阱的种类，以帮助我们意识到凶险所在。

（1）曲意逢迎，夸张赞美。谈判目标是属于自我实现的需要，它是建立在满足较低层次的其他需要前提下，才得以实现。因此双方都会带着诚意而来，否则很难实现合作。当我们参加谈判时，作为"东道主"的一方会热情接待。但在实际谈判中这种真诚被赋予了特殊的用意，即让人无法拒绝。

（2）抛出真假情报。商务谈判中谁能够掌握对方的谈判信息谁就能占据主动，因此获取对方的情报是一项重要的任务。但谈判各方很重视谈判信息的保密措施，对于经验丰富的谈判人员会"主动"泄漏情报，让对方知晓，包括泄漏真实情报和泄漏假情报两种。

泄漏真实情报：泄漏真实情报其实就是摊牌，对方突然听到后会阵脚大乱，如果坚持己见，那么谈判很可能无法继续，如果答应要求则不能按计划获取相应利益。对方突然把底细抛出来，不再死守商业秘密，我们面对这种情况往往会不知所措，对方将决定权让给我们，使得我们一下子陷入被动，只会考虑谈判是否会失败的问题，而不考虑其他，这样很容易答应对方的要求。

泄漏假情报：对方在谈判中会利用我们急于了解情报的心理，"将计就计"地故意把假情报以各种手段"透露"给我们。识别情报真假的一个简单的方法就是不要相信轻易获取的情报。

（3）声东击西。声东击西是一种战术手段，在各个方面都可能体现出来。下面这些技巧如果是对方在运用，你就要认真地考虑好自己的应对策略。

集中某个内容，详细陈述：如果对方缺乏必要的合作条件，会极力强调这个方面有多么的突出。我们可以多次试探性地询问这方面的情况，只需要重复发问就可以了。心虚者听了后，心里会非常着急，往往会急于辩解，一再强调自己的“优势”；如果对方没有撒谎，那么他会回答：“是的”，这是因为自信，没有必要过多地解释。我们可以就怀疑的地方从其他角度提问，了解其真相。将不相关的内容与相关的内容放在一起，如果对方撒谎，那么他会着重陈述那个不相关的内容，而核心问题会一带而过。

处处为我方着想：有些时候对方为了隐瞒真相达到快速交易的目的，会开出很优厚的条件吸引我们。商业活动中人们都追求“利己主义”，会尽最大努力争取尽可能多的利润，但是正常的收益不会很高，除非有什么特殊原因。

大玩“威胁”策略：在谈判中有时会运用“威胁”策略以达到促成合作的目的。但是整个谈判中若将“威胁”策略用得过于频繁，表现出急于求成的心态时，我们就要警惕对方真实的意图，避免在谈判中失利。

（4）退让策略，以小换大。谈判中经常见到对方“无奈”的让步，其实这是对方以小恩小惠换取更大利益的一种手段。如对方不会降价，只会从其他方面给予优惠，包括服务、打折等。

二、细心自信是识破陷阱的关键

商业交流中陷阱无时无处不在，一不小心就会跌落进去，如何才能避开呢？首先我们要明白，对方设置陷阱是利用了我们的心理弱点，如自满、贪婪、不在意、刚愎自用等，明白这些以后，我们就知道该如何避开对方的陷阱了。

（1）避免商务中的短视心理：商务合作应该有远见。只关注与目前谈判有关的事情，忽略从长远的角度考虑问题，会给我们的商业发展带来不利影响。比如不要轻易相信感觉，这会让我们丧失判断力，导致我们只能看到眼前的问题。

（2）合理调节“自信心”：很多人在商业交流中容易表现出过于自信的心态，很容易过高地估计自己的能力，结果导致商务合作中产生不必要的损失。对交易的成功前景夸夸其谈，意味着我们有过于自信的迹象，意识到这一点，然后改正它。

（3）注意细节，不要放过小数目：我们在商务交流中总是从大的方面来考虑得失，忽略小数目，认为它们根本不值一提，或是压根就没注意到，也是一个不利的心理状态。疏于小数目，久而久之便是天文数字般的损失。所以，我们需要格外注意这些问题，比如税率等问题。

（4）学会放弃：在很多商务谈判中，我们顽固地坚持到底，最终身心疲惫，在混乱中草草地下决定，这是非常不明智的行为。在商务交流中，不可盲目地坚持所有原则。

（5）不要有盲从心态：我们在谈判中会无意识地盲目跟从他人的观点，如对方说："我们的产品销量不错，所有客户都很满意……"我们很容易相信这些"热点"。随大众的心态是导致这种行为的主要因素。对方意在暗示我们：不用怀疑了，跟着大家做就可以了。为此我们要极力避免这种心态的出现。

妙用"最后通牒"与"反最后通牒"

"最后通牒"一般都是挽救商业合作的最后一搏。最后一搏，其实是向对方施加强大压力的一种手段，进而使对方心里感到害怕、恐惧，而这种恐惧则是害怕失去"利益"的心理写照，如果对方的心理承受能力脆弱或是我们的要求可以让对方接受，那么他会接受我们的最后通牒；如果对方反抗心理较强或是不在意，那么我们的最后通牒就会失败。

一、使用"最后通牒"的技巧

可以说最后通牒是谈判濒临破裂的一针"强心剂"，但如果使用不当，产生的后果也是相当严重的。如何正确地实施"最后通牒"的策略呢？"最后通牒"最关键的因素有两个方面，即最后时限和最后出价。看似简单的问题执行起来却十分的复杂，需要我们分析现场环境、观察对方的反应、把握对方的心理、考虑说话的时机及评价双方的关系。

（1）最后时限。当出现以下情形时，可以使用"最后通牒"给对方造成压力：

单纯的说服已经没有意义，采取直接的方式成功的概率较大；

同类设备其他厂家也有，不得已的情况下我们也可以选择；

如果再次谈判，耗费的精力大，成本较高；

双方互不认识，且以纯粹的交易为主，"最后通牒"不会损害我们长远的利益。

（2）最后出价。最后出价，也就是最后一次报价，如不同意报价，那么合作就到此为止。与"最后时限"一样，"最后出价"也同样要注意使用的时机。

当我方处于极具优势地位时可以使用，让对方别无选择；

当谈判已无希望的时候，做最后一搏；

当对方的要求极端无理时，可以正气凌然地回击对方。

使用最后出价的技巧基本与使用最后时限的技巧一样，关键在于把握对方的心理特征，给对方充分的自尊，让对方产生举棋不定的心理等，这些都有利于最后出价的成功。

二、“最后通牒”失败后的补救方法

“最后通牒”法的运用，肯定会有失败，甚至失败的概率远远大于成功的概率，这就要求我们学会失败后的补救措施，这样我们也能够体面地下台。

（1）更换高级谈判团队：最后通牒失败后，启用新的谈判团队进行谈判，而新团队的层次要比原团队高，无形中抹掉了最后通牒及原有团队的不愉快的“记忆”，理所当然地进行新的谈判。

（2）转移责任：当最后通牒失效后，我们可以转移责任，避免将自己卷入进去，最常用的方法就是将责任归于公司。对方拒绝我们的最后通牒后，心理上对我们有抵触情绪，甚至会非常生气。我们要表现得很无奈，说明只是公司的意思，即暗示对方不是因为个人的情绪故意威胁、为难对方，这样我们就避免了最后通牒失败后可能产生的尴尬。

三、应对对方的“最后通牒”

上述情况只是讲我们对对方使用“最后通牒”的技巧，但如果对方对我们使用了“最后通牒”，我们如何应对？

首先我们要保持镇定，因为“最后通牒”的最大妙处就是制造人们内心恐慌，使人们对突发的、“无余地”的情况显得手足无措，难以应对。因此保持良好的心态是应对对方“最后通牒”的前提。

此外，我们还得拿出具体的应对策略。

（1）反下“最后通牒”。对手在下最后通牒时如果表现得非常狂妄和自负，我们也可以给对方来个最后通牒。比如下面的例子：

对方：“如果我们这些已经妥协了很多的要求得不到回应，我们就结束谈判。”

我方：“嗯，的确是到该解决的时候了，我们给贵方 5 分钟的考虑时间，如果你们还是坚持自己的意见，那么就像您说得那样结束谈判。”

我们在反用最后通牒时要不卑不亢，给对方极短的时间考虑，对方会感到措手不及，先前的优势一下子荡然无存，转而开始考虑我们的“最后通牒”。

（2）中断谈判。某厂谈判代表与客户进行谈判，对方狮子大开口，并发出最后通牒。那位谈判代表果断中断谈判："谈判到此结束吧，没什么好谈的了。"对方一下就"愣"住了，最后不得不考虑通过其他方式来赢得合作。

当对方拿出"最后通牒"的撒手锏时，我们要保持平静的心态。面对对方的威胁不要盲目坚持，应审时度势，观察对方的企图。如果对方是虚张声势，我们可以"将计就计"一口回绝对方。

·第五章·

从性格入手破解客户心理密码

因人而异，量体裁衣

在各种商务场合中，顾客往往经常有不止一种的心理，但总有一种起主导作用。所以我们一定要揣摩顾客的需求心理倾向，尽量满足其心理需求，促进各种交易圆满达成。

接下来我们就商务领域最多的人群——消费者，来展开对不同性格类型消费者的探讨。

消费者的消费心理会受到消费环境、购买场所、导购情况等多方面因素的影响。例如一个人在收入不同、心情不同的情况下，消费心理就有很大的不同。另外，一些购买行为，比如冲动性购买行为、炫耀性消费或者消费攀比，就是消费心理在行为过程中的一些外化。

一般来讲，顾客的心理有如下几种特征：

一、求实心理

以追求商品的实际使用价值为主要特征。在这种动机驱使下，他们选购商品时特别注意商品的功能、质量和实际效用，而不会强调商品的品牌、包装等非实用价值。

二、求廉心理

以追求商品价格低廉为主要特征，即占便宜心理。中国人经常讲“物美价廉”，其实真正的物美价廉几乎是不存在的，都是心理感觉上的物美价廉。

三、求美心理

指顾客购物时以追求商品欣赏价值、艺术价值为主要目的。这种顾客在选购商品时，特别重视商品的造型、色彩、包装，注重艺术欣赏价值，以及对环境的美化作用，而对商品本身的使用价值往往没有太多的要求。

四、推崇权威

对权威的推崇往往使顾客对权威所推介的商品无理由地选用，进而把消费对象人格化，造成商品的畅销。比如，利用人们对名人或者明星的推崇，大量的商家找明星做代言人。

五、求名心理

以追求名牌为主要特征。这种顾客几乎不考虑价格，非名牌不买，通过名牌来彰显自己的身份，从而获得满足。他们对名牌有一种安全感和信赖感，对名牌商品的质量完全信得过。

六、求新心理

指追求商品的时尚、新颖、奇特为主要倾向。这种顾客一般都有较重的好奇心，讲求样式的流行或与众不同，而不太注意商品的实用性和价格的高低。

七、求便心理

单纯地追求简便、省时。这类顾客有很强的时间和效率观念，他们对商品本身通常不会太挑剔，但绝对不能容忍烦琐的手续和长时间的等候，总是希望能够迅速完成交易。

八、疑虑心理

这是指每一个人在做决定时都会有恐惧感，又称购后冲突，是指顾客购买之后出现的怀疑、不安、后悔等负面心理情绪，引发不满的行为，通常贵重的耐用消费品引发的购后冲突会更严重。

九、安全心理

这类顾客总是把安全保障放在第一位，尤其是像食品、药品、洗涤用品、卫生用品、电器用品等，绝对不能出任何问题。因此，他们非常重视食品的保鲜期、药品的不良反应、洗涤用品的化学反应、电器用具的安全等。只有在经过明确解说或者是承诺后，他们才可能下定决心购买。

十、从众心理

指个人的观念与行为由于受群体的引导或压力，而趋向于与大多数人相一致的现象，导致在购买上会表现出从众倾向，比如，购物时喜欢到人多的门店，在选择品牌时偏向那些市场占有率高的品牌，在选择旅游点时，偏向热点城市和热点线路。

经研究发现，在销售过程中，顾客不仅仅只有一种心理倾向，经常有两种或两种以上，但是在多种需求心理倾向中总有一种起主导作用。所以，销售员在接待顾客的过程中一定要注意揣摩顾客的需求心理倾向，尽量满足其心理需求，促进商品交易圆满达成。

对待演员型客户需多听

附和地倾听，不仅表明了你对他的理解和支持，而且是一种赞美的体现，从而使对方更愿意与你进一步交流，尤其是针对喋喋不休的演员型客户。

多听别人说，才能了解到对方更多的信息。然而，不是每个听力正常的人都懂得倾听的艺术，尤其是想讨对方欢心的时候，仅仅靠听就完全不够了，更重要的是要会适时附和对方。不信，看看下面的例子就知道了。

有人做过这样一个实验，来证明听者的态度对说者有着极大的影响。

实验者让学生表现出一副心不在焉的样子，结果上课的教授照本宣科，不看学生，无强调，无手势；让学生积极投入——倾听，并且开始使用一些身体语言，比如适当的身体动作和眼睛的接触，结果教授的声调开始变化，并加入了必要的手势，课堂气氛生动起来。

由此看出，当学生表现出一副心不在焉的样子，教授因得不到必要的反应而变得满不在乎起来；当学生改变态度，用心去倾听时，其实是从一个侧面告诉教授：你的课讲得好，我们愿意听。这就是无声的赞美起到的积极效果。

从上面的例子也可以看出，倾听时加入必要的身体语言是非常有必要的。

行动胜于语言，身体的每一部分都可以显示出激情、赞美的信息，可增强、减弱或躲避、拒绝信息的传递。善于倾听的人，是不会做一部没有生气的录音机的，他会以一种积极投入的状态，向说话者传递“你的话我很喜欢听”的信息。

俗语说，“眼睛是心灵的窗口”，适当的眼神交流可以增强听的效果。这种眼神是专注的，而不是游移不定的；是真诚的，而不是虚伪的。

倾听者必须做一些“小动作”，身体向对方稍微前倾，表示你对说者的尊敬；正向对方而坐，表明“我们是平等的”，这可使职位低者感到亲切，使职位高者感到轻松。自然坐立，手脚不要交叉，否则会让对方认为你傲慢无礼。倾听时和说话人保持一定的距离，恰当的距离给人以安全感，使说话者觉得自然。动作跟进要合适，太多或太少的动作都会让说者分心，让他认为你厌烦了，正确的动作应该跟说话者保持同步。

倾听并不意味着沉默不语，除了做一些必要的“小动作”外，还得动一动自己的嘴。恰当的附和不但表示你对说者观点的赞赏，还对他暗含鼓励之意。

当你对他的话表示赞同时，你可以说：

“你说得太好了！”

“非常正确！”

“这确实让人生气！”

这些简洁的附和使说话者为想释放的情感找到了载体，表明了你对他的理解和支持。

不仅如此，附和地倾听本身还是一种赞美。它能使我们更好地理解别人，有助于克服彼此判断上的倾向性，有利于改善交往关系。在入神地倾听别人谈话时，你已经让对方感受到了你的真诚。倾听别人的时候，也就是我们设身处地理解他们的幸福、痛苦与欢乐的时候，使我们能够把对方的优点和缺点看得更清楚。而这些结论再通过我们有效的附和来传达到对方心里，这才能算是一次完美的交流。

认真地倾听并在适当时间附和也有利于对方更好地表达自己的思想和情感。在对方明白我们的倾听是对他的尊重以后，他同样会认真地听我们说话，这样彼此的交流才能产生良好的效果。

例如，对于领导来说，仔细地倾听职员的谈话，不仅有助于充分了解下属情况，也说明了你对下属的体贴和关心，这种没有架子的平民领导到哪儿都会受到员工的欢迎。在朋友之间，这种附和式的倾听则能促进情感，加深相互间的理解，引发情感上的共鸣。

所以，与他人交谈的时候，你若想博得对方欢心，想让交流愉快地延续下去，那么，请不要只是倾听，要学着适时地附和。

听人说话时并不是默默地听就好，应该要边听边做出反应，如看着对方的眼睛、上半身往前倾、表情有变化，并在关键处出声附和等，以态度与言词表现出自己正在听。同时还要注意，应在每一段话结束时，不疾不徐地响应，同一句附和语不要重复三次以上，可从表示同感、归纳对方所说的内容等方面来附和。

对待果断型客户要用诱导法将其说服

应对果断型客户，销售人员要善于运用诱导法将其说服，报价时可以稍微高一些，尽量不要说与这次销售无关的事情。

蒋先生是一位退役军人。他具备典型的军人气质，说一不二，刚正而固执，做什么事都方方正正，干干脆脆。这天，他来到××家电卖场为年过六旬的母亲买一台电冰箱。销售人员李明接待了他。

李明："蒋先生您好！欢迎光临××家电商城，您打算购买什么样的冰箱？是您自己用，还是为亲人购买？"

蒋先生（斩钉截铁）："你好！我为老母亲买一台最小型的电冰箱，价格低的就行，母亲生活比较节俭，不想让我乱花钱。"

李明："呵呵，您是一位孝子，可是，您不应该买一台便宜的小型冰箱。您应该买一台容积大一些的质量有保证的名牌产品。"

蒋先生："哼！要是你能说出一套令我信服的理由，我就买。"

李明："母亲生活很节俭，那么如果儿女们逢年过节去母亲家聚餐后，肯定会有一些剩菜剩饭，但是节俭的母亲肯定不舍得扔，即使她们现在有很多闲置的钱，也会继续保持节俭的好习惯，我妈妈就是，每次我们吃剩的饭菜，我都建议倒掉，但是她就是放起来，留做下一次用。节俭的母亲在碰到水果蔬菜大减价的时候肯定会买很多，有时候我们这些做子女的都想不通，她们宁肯为了省几块钱而多买好几斤西红柿什么的。如果您为母亲买一台中型的电冰箱，就可以解决这些问题啦。再说，有一台大冰箱的话，新鲜水果蔬菜的位置安排也比较容易。此外，母亲在这个世上的时间肯定比我们这些做子女的短，人生苦短，及时行孝才对，买一件好产品让父母用得贴心，就是孝心的一种表现。"

（蒋先生沉默，以示认同。）

李明（平静的口吻）："此外，价格很便宜的二三线品牌的电冰箱，质量不如一线品牌可靠，尤其是在用电安全上，一线品牌比如海尔冰箱、新飞冰箱、美的冰箱、西门子冰箱等，不仅有着及时体贴的售后服务，其产品也是极其安全耐用，方便安全耐用的产品，可以明显减少用电隐患。"

（李明突然打住。蒋先生默不作声，隔了一会儿。）

蒋先生："嗯……小伙子你也很有孝心，说得不错！就凭你的真情实意，我就买一台家庭用的中型容量的海尔冰箱吧！"

蒋先生是一位很果断的顾客，销售人员李明比较有经验，他并没有从产品的性能特点和技术参数做为切入点，而是动之以情、晓之以理来打动蒋先生，从而促进销售工作的正常进行。

顾名思义，果断类型的顾客的办事风格是直接、果断，当你听到对方说："就这样吧，你再给我便宜50块钱，我们就成交。"毫无疑问，他一定属于果断型的顾客。果断型顾客有一个明显的特点，就是对任何事情都很有自信，凡事亲力亲为，不喜欢他人干涉。但是，如果他意识到做某件事是正确的，那他就会比较积极爽快地去做。

在讨价还价的过程中，不要试图与这种类型的顾客闲聊来改善产品销售气氛，因为他们认为讨价还价应该直截了当，任何与这个内容无关的话题均为废话，简直就是在浪费时间，所以你要小心过多的寒暄与过分的热情，他们并不习惯这种方式。果断型的人不会在意对方的感觉，也不会顾及面子，缺乏人情味，只关心交易的进展。当购买产品过程中出现分歧时，他们会毫不犹豫地拒绝你，如果产品购买能够满足对方的需要，他们也会立即做出决定。

在产品销售中与果断型顾客针锋相对显然是不明智的，那样只会把事情变得更糟。通常他们会在某个议题上争论不休，并且一定要分出胜负，价格是最常见的争议焦点，也许你的报价已经低于其他卖场的平均价格，但他们绝不会就此罢手，还会努力地压低价格。当遇到这样的局面时，建议在第一次报价时适当调高价格，增加讨论空间，在正式的讨价还价中做出多次让步，虽然从结果上并没有损失，但你让对方认为他们赢得了这次产品销售。如果在每次交易后对方都有很好的感觉，那么他们就很容易下一次也从你这里购买产品。

在产品销售过程中，如果销售人员遇到果断型的顾客，就要善于运用诱导法将其说服。比如说，找出这种顾客的弱点，然后再一步步诱导他转移到你的产品推销上来。

对待结果型客户应注重结果诱导

不要忘记，人人都想追求以自我为中心的利益。在说服对结果看得很重的客户的过程中，以对方关心的利益为诱导，往往能事半功倍。

相信你一定经历过，在说服别人或想拜托别人做事情时，不管怎样进攻或恳求对方，对方总是敷衍应付，漠不关心。这时你首先要消除对方心理上的漠不关心，然后再说服诱导。在推销方面，推销员为了唤起顾客的注意，并达到80%的购买率，往往是先诱导，后说服。

在英国工业革命方兴未艾时，以发明发电机而闻名的法拉第，为了能够得到政府的研究资助，去拜访首相史多芬。法拉第带着一个发电机的雏形，非常热心并滔滔不绝地讲述着这个划时代的发明，但史多芬的反应始终很冷淡，一副漠不关心的样子。

事实上，这也是无可奈何的事情，因为他只是一个政客，要他看着这种周围缠着线圈的磁石模型，心里想着要靠这带来产业结构的大转变，实在是太困难了。但是法拉第在说了下面这段话后，却使原本漠不关心的首相突然变得非常关心起来，他说道："首相，这个机械将来如果能普及的话，必定能增加税收。"

显而易见，首相听了法拉第所说的话后，态度突然有了巨大的转变，其原因就是这个发动机将来一定会获得相当大的利润，而利润增加必能使政府得到一笔很大的税收，首相关心的就在于此。

是的，通常我们行动的目的都是"为自己"，而非"为别人"。如果能够充分理解这一点，那么想要说服他人就有如探囊取物般容易了。只要了解对方真正想追求的利益何在，进而满足他的欲望，便可达到目的。但是，将这条最基本要件抛于脑后的也大有人在。他们没有满足对方最大的利益，一心一意只是想满足自己的私欲。例如下面这个例子：

某酒厂的技术员成功研发了新水果酒，为尽快让产品打进市场，他决定说服厂长批准进而大量生产。

"厂长，又有新的产品研发出来了。这次的产品是前所未有的新发明，绝对能畅销。连我都喜欢的东西，绝对有市场性。我敢拍胸脯保证。"

"什么新产品?"

"就是这个，用梨汁酿制的白兰地。"

"什么？梨汁酿的白兰地?！那种东西谁会喝？况且喝白兰地的人本来就少，更甭说用梨汁酿的白兰地……就是我也不会去喝。不行!"

"请你再评估评估，我认为很可行。用梨汁酿酒本来就不多见，再加上梨子有独特的果香，一定很适合现代人的口味。"

"嗯，我觉得还是不行。"

"我认为绝对会畅销……请您再重新考虑一下。"

"你怎么这样唠叨？不行就是不行。"

这样的劝说不仅充分显露不顾他人立场的私心，还有强迫他人赞同自己意见的意味。

"好歹也要试试看才知道好坏，这是好不容易才研发出来的呀!"

"够了，滚吧!"

最后，厂长终于忍不住发火。这位技术员不仅没能说服厂长，反而砸掉了自己的名声。

碰到这种自私自利、妄自尊大、不知天高地厚的家伙，别人只会感觉：“瞧他的口气，根本是个主观主义者，只会考虑自己的家伙，还想把个人意见强加于别人！”如此一来，怎么可能赢得说服的机会呢？

因此，无论如何，都应该考虑以对方利益为出发点的劝说方式。

欲说服他人，首先应充分考虑对方的利益，再考虑自己的利益，然后将两者合并起来，找出双方共有的利益所在，最后再进行劝说。先不要急着说双方没有共同的利益，一定会有的，重要的是，不要放弃，直到找出为止。

把握女性消费的心脉

女性通常具有较强的表达能力、感染能力和传播能力，善于通过说服、劝告、传话等对周围其他消费者产生影响。女性消费者会把自己购买产品的满意使用感受和接受的满意的服务经历当作自己炫耀的资本，利用一切机会向其他人宣讲，以证明自己有眼光或精明。反过来，女性购物决策也较易受到其他消费者使用经历的影响。这个特点决定女性是口碑的传播者和接收者，一些产品通过女性的口碑传播可以起到一般广告所达不到的效果。但成也口碑，败也口碑，只有过硬的质量才能维持女性消费者的忠诚度。据国外调查表明，通常在对产品和服务不满意的顾客中只有4%会直接对公司讲，在96%不抱怨的顾客中有25%有严重问题；4%抱怨的顾客比96%不抱怨的顾客更可能继续购买；如果问题得到解决，那些抱怨的顾客将有60%会继续购买，如果尽快解决，这一比率将上升到95%；不满意的顾客将把他们的经历告诉给10～20人；抱怨被解决的顾客会向5个人讲他的经历。其中会把自己的抱怨反映给产品或服务提供者的大多数是女性消费者，因此女性顾客的反馈和口碑非常重要，商家一定要讨得女士的欢心才能赢得市场的青睐。

一、女性消费者消费时的热点

（1）注重商品的外表和情感因素。男性消费者在购物时，特别是购买生活日用品、家用电器时，较多地注意商品的基本功能、实际效用，在购置大件贵重商品时有较强的理性支配能力；而女性消费者对商品外观、形状，特别是其中表现的情感因素十分重视，往往在情感因素作用下产生购买动机。商品品牌的寓意、款式色彩产生的联想、商品形状带来的美感或环境气氛形成的温馨感觉等都可以使女性消费者产生购买动机，有时是冲动型购买行为。购物现场的环境和促销人员的讲解和劝说在很大程度上会左右女性消费者的购买，有时甚至能够改变她们之前已经做好的消费决定，使其转为购买促销的产品。

（2）注重商品的便利性和生活的创造性。目前我国中青年女性就业率较高，城镇高于农村。她们既要工作，又要做家务劳动，所以迫切希望减轻家务劳动量，缩短家务劳动时间，从而能更好地娱乐和休息。为此，她们对日常消费品和主副食的方便性有更强烈的要求。新的方便消费品会诱使女性消费者首先尝试，富于创造性的事物更使女性消费者充满热情，以此显示自己独特的个性。

（3）注重商品的实用性和细节设计。女性消费者心思细腻，追求完美，购买的商品主要是日常用品和装饰品，如服装鞋帽等，因此对购买商品时比男性更注重商品细节，通常会花费更多的时间在不同厂家的不同产品之间进行比较，更关心商品带来的具体利益。现在同样的产品比性能，同样的性能比价格，同样的价格比服务，甚至一些小的促销礼品和服务人员热情的态度都会影响女性消费者的购买决定。这就要求商家对产品的细节做到尽善尽美，避免显而易见的缺陷。

二、针对女性消费者的营销技巧

由于女性在消费活动中所处的特殊地位和扮演的特殊角色，形成了其独特的消费心理和消费特点。厂家要充分重视这一庞大主体，针对女性的特点，改善生产和经营，以便吸引和维持女性顾客，为企业带来源源不断的商机。

（1）现场促销活动要关注女性消费者的情绪变化。男性比较注重服务人员的知识和技能，而由于女性同时对态度也比较敏感，服务人员不经意间哪怕一个怠慢的动作、一句不耐烦的话语、一个轻蔑的眼神，都会将之前滔滔不绝的产品推销成果毁于一旦。女性消费者的自我意识、自尊心较强，表现在购买行为中喜欢评价商品，喜欢根据自己的爱好和标准分析商品，评价商品。购买后，她们总愿听到别人的赞赏。营销人员要讲究语言表达的艺术性，尊重女性消费者的自尊心，赞美女性消费者的选择，以博得女性消费者的心理满足感。

（2）女性商品设计要重视细节和外观形象，体现流行和时尚。女性对生活方式的反应要比男性快，女性的审美观影响着社会消费潮流。自古以来，女性的审美观就比男性更加敏锐。现代社会的职业女性对生活中新的、富有创造性的事物总是充满热情。年轻女性的心境和感性支配着流行；女性不仅自己爱美，还注意丈夫、儿女和居家的形象。商品的流行大多是随女性的审美观的变化而变化的，现在的商家也通过每年改变产品的流行样式，利用潮流的力量来激发女性消费者的购买欲望。因为女性对于落后于时尚流行趋势是最不能忍受的，而一般的女性消费者对流行的判断就是商家又推出什么新款式，别人都在穿什么，用什么，即存在严重的从众心理。在这方面，明星广告起了极大的煽动作用，知名人物做产品形象代言人也会明显地促进产品的销售。

（3）采用各种名目繁多的促销活动迎合对价格敏感的女性消费者。采用适当的促销手段，增进女性消费者对本企业及其产品的好感，是开拓女性消费者市场的重要途径。价格的影响对女性比对男性大得多，一般来说，女性很少能够抵制住降价的诱惑。在市场中进行讨价还价的绝大多数都是女性消费者，一方面出于女人节约的天性，比较有耐心；另一方面由于家庭中大多是女性掌握财政大权，直接控制家庭日常开支。男人“开源”，女人“节流”，这是大多数家庭的理财方式。有些女性一方面会花上几百元上千元买一套流行时装，而另一方面在菜场上买菜却对于几元几角讨价还价、斤斤计较，可见女性比较计较小数目的低档品，而对高档品却认为价高质好。附赠品正是迎合了女性的这种心理，比如，两个商店的营销策略不同：一家是低价，另一家是高价但有附赠品；很可能女性在没有时间或能力比较两家商品的质量时，认为高价的质量一定好，而有附赠品就更吸引了她们。

· 第六章 ·

商务中必懂的心理危机转化法

巧妙应对不同性格的客户

不同的商业客户有不同的表现方式，在应对商业客户的不满情绪时，我们应该从不同商业对象的性格特征入手，有针对性地加以处理。

一、应对喋喋不休型客户的技巧

当出现一些不妥后，我们的客户总爱喋喋不休地抱怨，我们可以采用“组合法”让对方实现“软着陆”，让对方的心情放松下来。

客户：“你们真的很差劲，我要投诉你们，发誓从此以后再不买你们的产品了!”

经理：“您批评的是，我们也在反思服务中暴露的问题，接下来希望您能够听一下我们的意见。不知道目前我们公司能够帮助您做些什么?”

客户：“我的冰箱上个月就出毛病了，打了好几次电话，你们说派人来修，但始终没有人来维修，只希望你们马上给我修好。”

对方并非真的要投诉，只是正在气头上，如果劝说不当，对方会更加反感或不愿意接受调解。

这位经理首先承认了错误，避免了与对方产生直接冲突；然后以诚恳的语气希望对方能够听自己的解释。为了避免对方拒绝，逐步提出意见，让对方平静。通过这种组合法的引导，让对方在心理上接受我们，从而达到消除对方抱怨和愤怒的目的。在这个过程中不断对上一句话进行解释，让每一句都能得到对方的认同，最终的核心问题也会圆满解决。

二、应对易怒型客户的技巧

我们经常会遇到易怒型的商业客户，脾气暴躁是其典型的性格特征，往往没等我们开口解释，对方就开始咆哮。遇到这种类型的商业对象，我们应该保持冷静，不要与对方争执。人们在发怒的时候会失去理智，不愿意听任何的劝解。我们要做的是将他的愤怒平息下来，之后按照正常程序处理就可以了。

客户："你们是怎么服务的啊，以后我不在你们这里购置服务器了。"

经理："对不起，这是我们的错。"

听到客户愤怒的咆哮，经理没有争辩，并主动承认错误，这可以在一定程度上缓解客户的愤怒。

客户："肯定是你们的错。"

经理："是的，这次的确是我们的服务不到位，回顾过去的一年，我们的合作是愉快的，但是对我们来说100次中有1次失败，那么我们是失败的。对于这件事，我们真诚地向您道歉。"

经理再次道歉，可以逐步缓解客户的不满情绪，最后达到让客户平息怒气的效果。我们在交谈过程中要不断地使用道歉的字眼儿，能够在不知不觉中抵消客户的对立情绪。

客户："说得好听，这次怎么办?"

经理："对于这次事件我们会依据合约来处理。此外，我向您保证不会再出现类似情况了。这次影响到您的心情还希望您能够原谅，如果您有什么处理意见，不妨说说。"

客户此时已经心动了，愤怒的情绪逐渐消退。

客户："呵呵！我也有难处啊！那就这样办吧!"

最后经理称赞了客户，这足可以让对方尽弃前嫌，重归于好。

三、应对批评型客户的技巧

批评型的商业客户习惯于指责身边的任何事物，但指责后依旧会与我们合作。他们看待事情的时候，总是带着批判和挑剔的眼光，这类人大多属于完美型性格。对于喜欢批评的商业对象，我们会发现越是解释或反驳，对方反而批评得也会越厉害，不如我们坦然接受，多用"是的！是的！这是我们的错"，这样更容易获得对方的谅解。

客户："你们的服务非常差……"

经理："是的是的，感谢您提出宝贵的意见。"

客户："还有，你们做得很不到位。"

经理："是的，看起来做得的确不够完美，您的意见十分宝贵。"

客户："如果这样下去客户还怎么买你们的产品呢？"

经理："是的！您说得对，我们还有许多不完善的地方，我们十分想听听您的意见。"

爱批评的人总会挑出很多让我们意想不到的"毛病"，我们应该做好心理准备，经理在这里继续说"是的"，并征求对方的意见，这是让对方住口的最好方法。

客户："你们应该……"

经理："谢谢您的提醒，我们一定认真研究您的方案。那么我们来说说您的事吧，您觉得该如何处理？或者这样……您看如何？"

爱批评的人会非常积极地谈他的想法和建议，对我们来说不仅可以平静对方的心情，也可以为我们提供"情报"。

对方的情绪平静下来后，我们与他开始谈论"投诉事件"的解决方法，征求对方意见，并说出我们的解决方法。

客户："嗯，我没什么意见，就按你说的办。"

爱批评的人一旦不再肆意批评，就能够接受他人的意见与建议。

四、应对矜持型客户的技巧

矜持型的商业客户一般不愿透露自己内心的真实想法，交流起来非常困难，因而处理其投诉的难度较大。

客户："你们的产品有问题啊！"

经理："很感谢您回馈我们产品的信息，在这里我向您道歉。产品哪些方面有问题呢？"

矜持型的商业客户投诉时，表述非常模糊，不会具体说明情况而且话也比较少。因此，在没有调查清楚问题之前不要轻易承诺，回复时要表达我们的歉意。

客户："哦！使用起来不方便。"

经理："具体是什么表现呢？"

客户："就是不太正常！"

经理："我们派人过去给您检查一下。"

客户："哦！我最近没时间啊。"

经理："那您把它寄过来怎么样啊？"

客户："嗯，没时间！"

这类商业客户一般有着自己的解决方法，但不会轻易透露，其要求比较高，一般令人难以接受。因此在谈话中应避免谈论具体处理方法，主要以调查问题为主，对方为了达到目的会推三阻四并找种种借口拒绝接受关于产品问题的检查，这时我们可以加以利用。

我们不断地提建议，故意让对方不断地否定，但不要说出解决方案，也不要给对方说出来的机会。

经理："看来您对产品的使用不是很熟悉。这样吧，我们给您发一份产品质量调查报告，我们会在您方便的时候去取，之后我们会进行质量分析，然后给您一份质量报告，初步的解决方案按照这份质量报告来制订。"

客户："好吧！"

所有的调查提议被对方一一否决，经理提到了调查报告，对于调查报告对方是不会也不能拒绝的，如此简单的事情还推托的话，自己也无法说服自己。再者，因为此前所有的方法都被他拒绝了，想反悔也不可能了，矜持的人比较在乎面子，所以最终会按照我们的方案办理。

五、应对优柔寡断型客户的技巧

这种类型的商业客户对给出的解决方案总是犹豫不决，倾向于寻找更好的解决方案，有些时候又无法判断究竟该怎么办，总之有种利益受到损害的心理。这种类型的人性格大多是平和型的。

客户："这些产品实在不好用，你们说怎么办？"

经理："嗯，我们给您维修一下。"

客户："那它再坏了呢？我不能再打电话吧！"

经理："没关系的，我们会修好的。"

客户："还是有些担心，不是不相信你们，修来修去我嫌麻烦。"

经理："那给您更新一些零件，不过要收费。"

客户："嗯……没必要！"

经理："那您再交一部分钱，我们给您换台新的？"

客户："……"

经理："这样吧！我们先检查一下，然后再做打算如何？"

客户："好吧！"

我们遇到这样的合作者，在询问未果的情况下可以"自作主张"，对方也会同意和接受。

因为每个方案随时都有可能被否决，我们应一步一步解决。

六、应对争辩型客户的技巧

争辩型的客户有着较强的逻辑推理能力，总是能抓住我们话语中的漏洞适时发问，可能最终会按照他的意愿解决，否则他永远不会同意我们的方案。这样的人也容易与人争辩，即使错了也不会轻易承认，常常会争吵得面红耳赤。当其投诉时，我们不要与其辩论。这类人大多是力量型性格的人。

客户："你们的设备只运行了半年，毛病不断，强烈要求换掉。"

经理："出现了这样的问题是我们的责任，您有理由这么要求。"

客户："你们当初说得真好听，说什么质量一流，看看现在，都快成垃圾了。"

经理："购买前您也调查过我们的产品，说明设备的确不错。目前投放市场的300多台设备运行正常，只有个别机器有些问题，经过调查，一台是操作不当造成的，另一台是因为某个螺丝松动引起异常震动，使得设备精度下降，还有一台是因为润滑油的原因导致设备故障，此外都没有发现故障。"

我们在说服的过程中要避免空洞的说服，以具体的例子来说明问题，并辅以具体数字，这样更具有说服力。

客户："那我的怎么就坏了呢？"

经理："没关系的，您的设备应该是一些小的故障，我们会尽快派人检修，希望您能够定个时间。"

客户："嗯，那好吧！"

对方听了解释后会较为满意，但会询问自己那台设备的处理方案。经理在这里将故障归咎于小问题，在没有确定之前都应该这么说。不征求对方意见直接传达维修的信息，并主动提出维修时间，不给对方争论的机会，对方听了我们的意见后，因为暂时没有其他方法，因此会认为方案是可行的。

如何打败竞争对手

面对激烈的竞争，我们如何才能从竞争对手那里抢到订单呢？循循善诱陈述利害关系，潜移默化中，对方的潜意识里感到与我们的竞争者合作风险巨大，其心理不自觉地会倾向于与我们合作。此外，营造相似的心理感应，能够激起对方情感的共鸣，这种情况下对方会无意识地将合作意向朝我们倾斜。

一、与客户融为一体赢得优势

商业竞争中取得客户的认同感至关重要，古语道“物以类聚，人以群分”，人总是喜欢与和自己性格、行为相近的人打交道。我们在商务交往中应该努力营造这种氛围，让我们与客户变得“相似”起来，融为一体。

（1）点头中流露赞同的态度。交谈中发现对方用眼睛注视着我们，表明他在征求我们对这个问题的态度或是一种不自觉的生理行为，这时我们应该与对方的眼神对接，同时点头表示赞同，点头频率在2～3下左右，不要快速而又频繁地点头。如果对方没有注视我们，则可以适当地“咳嗽”一下，引起对方的注意。

（2）手势要保持相似。说话中发现对方双手交叉或是双臂抱胸，我们应该积极回应。双手交叉的手形要保持一致，如对方是左手压右手，我们也要左手压右手；双臂抱胸也要与对方保持一致，因为某只手（臂）在上或在下反映的性格是不一样的。

（3）呼吸要保持一致。谈话中如果能够与对方的呼吸保持一致，就可以控制谈话节奏，同时可以增加彼此的亲近感。对方说话语速很快时，呼吸会很微弱，说完后会做深呼吸，此时我们要做深呼吸或在对方深呼吸间适当附和，与对方的呼吸同步进行。对方语气平缓，往往呼吸也十分平和，非常有节奏，我们应与对方保持相同的呼吸节奏。深呼吸要在对方深呼吸后进行模仿，否则会被对方误认为我们听得烦了或是嫌他啰唆。

（4）表情要配合对方语气。有些人在说话时会表现出各种各样的表情，我们要注意这些细小的变化并及时做出调整，若对方阐述一个观点时若有所思，那么我们也要显示出一副思考的样子，如双眉紧皱、深呼吸、眼神与对方一致（思考问题），通过这些行为配合对方的举动，营造一种“同类人”的感觉。

二、后发制人战胜竞争对手

策略性地打击竞争对手也是抢单的重要策略之一。与商业对象交谈时，使用暗示可以达到影响对方的潜意识的效果。通过一系列的暗示让对方意识到与我们的竞争者合作存在较大的风险。

我们在与客户交往的过程中，难免会遇到说“不是”的客户，这对我们的说服工作是一个阻碍。

小王：“哦？没有找到合适的位置吗？”

经理：“是！很麻烦，我们已经联系了一些情报公司，要求他们做一些当地的调查。”

果然，小王获得了对方的赞同，并说出具体的问题。

我们在对话中要尽可能多地获取信息，作为下一步我们询问对方的依据。

让对方回答“是的”的过程中，不知不觉使双方的距离逐步拉近。

小王：“难道已经开始了？”

经理：“没有，正在与他们商量。”

在获得由第三方情报公司参与的信息后，小王做出了判断：既然对方地段未定，那么与那家情报公司的合作处于商讨阶段，还没有深入。

于是小王直接询问，并成功预见了自己的判断。

小王：“您是要获得详细的资料，如人流量、地段价格、消费水平吗？”

经理：“是的！”

小王以对方关心的事情作为突破口，很快获得了对方的认同，同时也展示了自己的专业。

小王：“如果有现成的资料您是否想过目一下？”

经理：“当然！”

小王欲擒故纵，故意激起对方的兴趣。

小王：“那么，恭喜您了，说实话我们已经在网上了解到贵公司的需要，因此已经做了一份出来，您过目一下。”

经理：“哦？太好了，我们来商量一下。”

小王先前判断对方与第三方情报公司的合作还未展开，决定后发制人，将自己的计划全盘托出，对方会惊讶于小王的速度和能力，对他来说，此举可以节省大量的时间和精力，合作是自然而然的事情。

学会倾听，给客户表达的机会

很多销售员往往都是能说会道巧舌如簧的演说高手，为了在有限的时间内尽可能全面地介绍自己产品的信息，我们往往习惯于喋喋不休地对客户进行诱导和劝服，介绍我们的产品如何好、我们的服务如何周到等，直到客户扬长而去。很多时候，我们的销售员甚至还不知道我们的客户为什么会拒绝，觉得自己说得很好。

心理学认为，在与人沟通的过程中，表达往往是以自我为中心，是重视自己的感觉；而倾听则是以对方为中心，是对他人的重视和尊重。因此，这二者所带来的效果是完全不同的。

很多时候，我们的销售员就是在自说自话中丧失了顾客。总是以自我为中心的销售员，容易忽略客户的心境和想法，不给客户表达的机会，夸夸其谈，喧宾夺主，必然引起客户的反感。

成功的销售员懂得聆听，认真地听，有兴致地听，听懂客户的话，从而弄明白客户的心理，找准客户心理的突破口，有的放矢，最终顺利地实现交易。

销售员不仅要学会聆听，还应该引导客户说，鼓励客户多说自己的事情，这才是聆听的真正秘诀所在。谈论客户最感兴趣的话题是通往其内心的最好的捷径。因为这样，销售员才能从聆听中获得对销售最有用的信息，了解到客户的真实想法和内心需求，找到突破口，最终达成交易。

尼森服装店的店长沃特便懂得通过倾听来化解与客户在销售过程中遇到的难题。

某天，格林先生从尼森服装店买了一套衣服，但没穿几天便发现衣服掉色，把他的衬衣领子染成了黄色。他拿着这件衣服来到商店，找到卖这件衣服的售货员，想说说事情的经过，可售货员根本不听他的陈述，只顾自己发表意见，使他在失望之余又加了一层愤怒。

“我们卖了几千套这样的衣服，”售货员说，“从来没有出过任何问题，您是第一位，您想要干什么？”当他们吵得正凶的时候，另一个售货员走了过来，说：“所有深色礼服开始穿的时候都多多少少有掉色的问题，这一点办法都没有。特别是这种价钱的衣服。”

“我气得差点跳起来，”格林先生后来回忆这件事的时候说，“第一个售货员怀疑我是否诚实，第二个售货员说我买的是便宜货，这能不让人生气吗？最气人的还是她们根本不愿意听我说，动不动就打断我的话。我不是无理取闹，只是想了解一下怎么回事，她们却以为我是上门找碴儿的。我准备对他们说：‘你们把这件衣服收下，随便扔到什么地方，见鬼去吧。’”这时，店长沃特过来了。

沃特一句话也没有讲，而是听格林先生把话讲完，了解了衣服的问题和他的态度。这样，她就对格林先生的诉求做到了心中有数。之后，沃特向格林先生表示道歉，说这样的衣服有些特性她们没有及时告诉顾客，并请求格林先生把这件衣服再穿一个星期，如果还掉色，她负责退货。她还送给了格林先生一件新的衬衣。

据一项权威调查，在最优秀的销售员中，有高达75％的人在心理测验中被定义成内向的人，他们行事低调、为人随和，能够以客户为中心。他们十分愿意了解客户的想法和感觉，喜欢坐下来听客户的谈话，他们对听话的兴趣往往比自我表述更强烈，而这些正是他们赢得客户的秘诀。

所以说，成功的销售员一定是懂得倾听的销售员。其实，真诚的倾听不仅仅是对客户应有的尊重，也是一种策略。我们在聆听客户说话的过程中，可以通过他的语言分析他的心理、他的顾虑，通过客户说话的语气、语调来判断其心理的变化，从细微处了解客户的消费习惯与个性，了解客户对我们的产品和服务的满意和不满意的地方，因此便能够有针对性地说服顾客，最终达成让对方满意的交易。

拒绝也可以赢得对方的忠诚

“拒绝”并不是一件难事，只要掌握相应的方法就能够轻松解决。前提是我们不必把问题想得过于复杂，总是担心对方的感受而一再犹豫。犹豫会造成态度上的不明朗，使得对方对我方的底线仍抱有幻想，甚至在对方的一再请求下，我们还可能同意对方的要求。

因此，我们要有清醒的认识，采用一些合适的技巧果断地拒绝对方。

一、要降低期望

有时候，对方会不停地恭维、称赞我们的能力——“您在公司可是很有发言权的啊，这件事您完全可以拍板。”——无意中抬高了我们，展现对方对我们的过高“期望”，如果我们头脑发热或是“盛情难却”答应了对方的条件，于公于私都不是一件好事。我们要尽量降低对方的这种不良期望值，摆脱难堪的境地。

（1）保持冷静，在头脑中要有清醒的认识：这只是对方的一个计策，我不能丧失原则。

（2）附和对方，与对方相比较故意降低身价，“哪里，哪里，比起李先生我还差得远呢!”巧妙地将长处转移到对方身上，避免了谈判中尴尬的发生。

（3）适当地讲自己的短处，降低对方的“期望”，如“谢谢夸奖，但是事与愿违啊，很多谈判都败在对方的手里了啊!”这样巧妙地降低了自己的地位。

二、态度要真诚

客户经理小李负责一个项目的谈判，客户邀请他参加一个晚会，但是小李忙于谈判的准备，随便说了一句：“没时间，再说吧。”几天后的谈判中，对方的表现让小李非常惊讶，小李开出十分优惠的条件，对方无论如何也不同意合作。事后小李听同行的人说正是因为那晚的拒绝让对方感到颜面顿失，自尊心严重受损，才导致合作失败。

小李并不是故意冷落客户，但含糊其辞的拒绝方式和态度却让对方觉得是有意让其难堪，严重伤害了客户的自尊心。拒绝总是令人不快的，但只要方法得当，就可以将不利影响降到最低。这其中最重要的一条就是：我们在拒绝对方的时候要尊重对方，无论是言语还是表情都要诚恳，这样对方在心理上也会好受一些，认为我们并不是有意拒绝。

（1）面带微笑，微笑可以让人的愤怒和不满平息下来，它是最好的调和剂。

（2）温文尔雅可以让我们变得优雅、绅士，礼貌可以获得对方的尊敬。

（3）善用手势，拍拍对方肩膀、主动握手都可以获得对方的好感。

（4）热情相送，热情可以感染对方的情绪，可以让对方感到温暖。

三、话语要温和

拒绝对方时过于僵硬的语言会让对方很难堪，甚至因此而怀恨在心。“你们的方案很差劲，我们没兴趣。”这样的话语听起来十分刺耳，绝对会给对方造成很深的伤害，更重要的是我们会丧失风度与商机，这两点是我们能否立足于商界的根本。要避免打击对方，那就必须用温和的话语来婉拒对方。

（1）连连发出敬语，如：“这个方案你们做得很辛苦啊，真是对不起。”对方会感到“可能被拒绝”，虽然很失落，但也会坦然接受。

（2）一直赞美下去，“贵方的提案非常好，我们希望能够继续改进，那样的话就更好了。”虽然是拒绝，但对方心里很高兴，因为至少在某种程度上得到了认可。

（3）不要先否定后拒绝，如：“你们的条件我们恐怕不能答应，但是可以慢慢来嘛。”给对方留下了把柄，会继续纠缠我们。

巧妙化解商务突发危机

谈判或与客户交流的过程中时常会有这样或那样的失误，有一些事虽然看起来是小事，但在严肃的商务交往中对方会认为我们缺乏基本的礼仪，处理不好会影响商业合作。

一、妙用幽默化解尴尬

幽默能够使紧张或尴尬的氛围顿时变得轻松起来，我们在商务交往中遇到失礼的情况后，不妨使用它化解失误。

（1）善用“谐音”，化危情为优势。这种策略可以经常使用，比如下面的例子中：

张先生在与客户谈论关于某项目二期工程的事宜，其间不小心打坏了杯子。谈生意时，打碎东西常被人视作不吉利的事情，果然对方皱了皱眉头。张先生机敏地说道：“这预示着我们的项目将岁岁平安嘛。”对方听了立刻露出了笑容。

张先生利用“岁”与“碎”的谐音，巧妙地将两者联系起来，不仅消除了客户的不满，还将忌讳变为赢得对方好感的优势。

（2）巧妙利用“习俗”掩饰尴尬。在民间有许多习俗，我们可以利用这些习俗产生的共性化解危机。

王先生在谈判中不小心打了一个很响亮的喷嚏，顿时全场鸦雀无声，都在看着他，王先生意识到自己失礼了，很快道：“哈哈，这是我的上司在念叨我呢，他很看重这次谈判啊！”

王先生巧妙地利用“打喷嚏是有人在念叨”这个传统说法，将念叨的人转嫁到上司身上，并借机提出了上司对谈判的期望，不仅化解了尴尬，而且让对方觉得自己诚恳。

（3）使用双关，规避失态。双关即我们所说的“言在此而意在彼”。

王经理在与客户签合同时，不小心将墨水洒在了自己的衣袖上，这让他十分尴尬，对方的人员都在看着他。不到一秒钟，王经理便幽默地道：“哈哈，吃点墨水好啊，我正嫌‘肚子’里的墨水太少了呢。”

我们都知道“墨水”指代一个人的才华，王经理利用双关巧妙地降低自己的身份，抬高对方，从而化解了尴尬。

二、道歉要感染到对方情绪

真诚的微笑和诚恳的歉意，足以打动对方的心，我们在失礼的时候，有必要这么做。

（1）“哎呀！大意了，哎……”笑着说。

用自己天生乐观的心态表达歉意，对方会觉得这是一个爽朗的人，没有必要斤斤计较。

（2）“对不起，真是不好意思……”露出难为情的笑容。

我们过于腼腆或内敛时，能够自然地表达出真诚的情感，相信对方会相信我们的诚意。

（3）“第一次做这个，可能会有一些失误，还望大家能够原谅。”微笑着说。

如果压力太大，我们可以先行道歉。即使真的出了问题，对方也不会责怪我们，有时甚至还会安慰我们。

三、妙用电子邮件打动对方

我们在商务交往中，若遇到失礼的情况，但现场无法解决或没有意识到时，可在双方会晤结束后尽快弥补我们在礼节上所犯的错误。这时可以使用邮件来完成这一任务。邮件的作用最重要的是能够让对方感受到我方的歉意。

（1）用简单的语句打动对方的心。邮件中使用像“非常期待啊”“我好激动啊”“心理有点紧张”“脸有些热”之类的词语。当对方注视这些字眼时，能够激起微妙的心理反应，对邮件的认同度会大大提高。

（2）多次出现对方的名称。邮件是看不见的交流，只能通过眼睛来进行阅读，为此我们要给对方留下深刻印象。我们应该在邮件中多次尊称对方，或点名式的亲切地称赞对方，对方看到自己的名字时自然会提升阅读兴趣，也会更加记住我们的话。

（3）使用赞美性的词语。适当的赞美可以消除抱怨或不满，赞美完后要进行道歉，对方感到我们的诚意后，也就不再追究失礼的问题了。